# PANEM
# REVISITED

## Today, Tommorow, Forever?

Joshua Beck

Joshua Beck

# PANEM REVISITED
*Today? Tomorrow? Forever?*

Snowfall
Band 3

Bibliographische Informationen der Deutschen Nationalbibliothek:
Die Deutsche Nationalbibliothek verzeichnet diese Publikation in der
Deutschen Nationalbibliographie; detaillierte bibliographische Daten sind
im Internet über http://dnb.dnb.de abrufbar

© 2021 Joshua Beck
Covergestaltung mit pixabay.com
Herstellung und Verlag:
BoD – Books on Demand, Norderstedt
ISBN 978-3-7481-1176-4

»Alles, was entsteht, ist wert, dass es zugrunde geht.«

– Mephistopheles, Faust I


»Das Tao ist das, was zuerst das Licht und dann die Dunkelheit einlässt. Was die Wechselwirkung der beiden Urkräfte bewirkt und damit stete Neuerung. Das, was dem allgemeinen Verschleiß entgegenwirkt. Das Universum wird niemals ausgelöscht werden, denn immer dann, wenn es den Anschein hat, als habe die Dunkelheit alles erstickt und transzendiert, wird in seinen Tiefen die Saat des Lichts wiedergeboren. Dies ist der Weg. Wenn die Saat fällt, fällt sie in die Erde, den Boden. Und dort im Verborgenen erwacht sie zum Leben.«

– Philip K. Dick: *The Man In The High Castle*[1]

# Inhalt

6

# Danksagung

*Aus einem Brief an meinen früheren Englischlehrer, dem ich danken möchte dafür, dass er mein Interesse an Collins Werk geweckt hat:*

<u>Betreff</u>: »Grüße aus Panem« und ein kleiner »Brief aus dem Rosengarten«

Lieber Herr E.,

[.] Die aktuellen Entwicklungen in politischer Dimension sind leider wenig erfreulich. Vieles erinnert mich an die *Tribute von Panem* und in diesem Kontext habe ich mich auch unserer gemeinsamen Englischstunden erinnert. Die Filme haben mich seit über fünf Jahren nicht mehr losgelassen und nun habe ich motiviert durch Collins Viertes Buch begonnen – da es weder Freizeitgestaltung mit Freunden oder ein freudiges, erfolgreiches Studieren gibt – aus der Not eine Tugend zu machen und also ein Buch darüber zu schreiben. Es ist aktueller denn je, mit Blick auf die totalitäre Trump-Bewegung in den USA als auch katalysiert durch die Corona-Schrecken global.

Sutherland schreibt in seinen/seinem (?) *Letters from Rose Garden*:

*Power. That's what this is about? Yes? Power and the forces that are manipulated by the powerful men and bureaucracies trying to maintain control and possession of that power? Power perpetrates war and oppression to maintain itself until it finally topples over with the bureaucratic weight of itself and sinks into the pages of history (except in Texas), leaving lessons that need to be learned unlearned.*

Seine Analyse, so schlicht und kompakt sie auch daherkommen mag, ist vortrefflich zutreffend. Die Mechanismen der Macht, ihre Manifestierung in Machtverhältnissen und also auch in den daraus gebildeten Machtstrukturen zu entschlüsseln, ist eine fast unmögliche Aufgabe, aber ich habe das Gefühl, nach vielen Jahren des Nachdenkens, Sortierens und Analysierens langsam einen Durchblick zu erhalten, Collins Werk also dechiffrieren zu können.

Auch wenn es eine Banalität sein mag, ohne Ihr Eigeninteresse, das Verhalten der Charaktere verstehen zu wollen und uns Schülerinnen und Schüler nach einer Erklärung für viele Absurditäten zu fragen, das Werk also zum Gegenstand des literarischen Diskurses

8

im Unterricht zu machen, hätte es dieses meine Interesse vermutlich so nie gegeben. [.]

\*\*\*\*\*

Einen besonderen Dank möchte ich auch meinem Freund Steven Schwarz widmen, der mich als Historiker und Politikwissenschaftler in vielerlei Fragen beraten hat, sowie Iris Pilling, mit der ich vor der Veröffentlichung des Manuskriptes intensive Gespräche über die aufgegriffenen Inhalte und erarbeiteten Thesen und ihre Form führen konnte.

Für Fragen der Psychologie und Psychoanalyse danke ich Christine Preißmann, Meike Miller und Julia Klimek sowie für zeitgenössische Erfahrungsberichte, die mir Stefan Sauerwein und Marcel Dehmer zugetragen haben. Aber auch meiner Tante Renate Beck danke ich für den Austausch über kulturgeschichtliche Begebenheiten.

Besonders danken muss und möchte ich aber sechs bedeutenden Denkern, ohne die dieses Buch in dieser Form niemals hätte entstehen können: Hannah Arendt, Elias Canetti, Erich Fromm, Michel Foucault sowie Noam Chomsky und Stephen Hawking, deren Werke mich stark im Denken beeinflusst haben, auch wenn letztere beiden an dieser Stelle nicht direkt Eingang hierin finden.

Der hauptsächliche Dank aber gebührt Suzanne Collins sowie all denen, die an der Verfilmung dieses großartigen Gesamtkunstwerkes mitgearbeitet haben. Dieses Werk hat das Potential, die Welt zu verändern. Für viele Panem-Fans hat das Werk längst ihr Leben ein Stück weit verändert.

*J.B., Mai 2021*

# Vorrede

Wie oft ich die die Filme der *Tributen von Panem*-Reihe mittlerweile schon gesehen habe, weiß ich gar nicht so genau. Jedes Mal habe ich erneut das Gefühl, wieder ein völlig neues, bisher mir entgangenes Detail zu entdecken. Und mit dem Verständnis des Geschehens der ganzen Filmreihe sowie den Büchern als Beiwerk konnte ich so langsam einen roten Faden entdecken.

Es ist wie eine unendliche Aufgabe, eine unendliche Geschichte in allerlei möglichen Dimensionen nachzuschreiben. *Die Tribute von Panem* erzählen von einem Staat, dem Leben und Überleben, von Politik, Unterdrückung, Revolution, aber auch Liebe, menschlichem Verhalten und unseren Urbedürfnissen.

Die Deutungen können staatsphilosophischer, psychoanalytischer, religiöser, literarisch-metaphorischer, kulturwissenschaftlicher, ökonomischer, historischer und gegenwärtiger Natur sein. All dies zu ordnen ist eine Aufgabe Vieler. Und mit diesem Buch möchte ich den ersten grundlegenden Anfang machen. Viele der Thematiken sind nicht zuletzt im Rahmen der Corona-Pandemie aktueller denn je geworden.

Die Zielsetzung meiner vorliegenden Arbeit ist mir zu Beginn nicht wirklich klar gewesen, es war mehr der Weg das eigentliche Ziel. Erst mit dem Schreiben und Denken habe ich so langsam eine Idee davon bekommen, was die Quintessenz sein könnte. (Hätte ich das aber schon vorher gewusst, hätte ich ja nicht zu schreiben brauchen.)

Das Werk habe ich aufgrund der Fülle an Themen und vielfältigen Gedanken in vier Bände aufgeteilt und in einem erweiternden Band – *Die Geschichte der Macht und die Macht der Geschichte* – wichtige »Grundlagen« für die bessere Verständlichkeit und Lesbarkeit des Gesamttextes von der Geschichte Panems in Fragestellungen der Macht, das Wesen des Faschismus und der Entstehung von Staaten ausgelagert. Der Schreibstil ist ein mehr philosophischer und die Gedanken darin sind durchaus wichtig, um Panem als Phänomen richtig begreifen zu können. Jedoch könnte es für interessierte, neugierige, aber etwas ungeduldige Leser den Lesefluss hemmen. Dennoch möchte ich den Band, in den ich auch neuere und aktuelle politische Entwicklungen unserer Zeit eingearbeitet habe, sehr empfehlen.

In der eigentlichen Hauptarbeit setzte ich mich im ersten und zweiten Buch mit der (fiktiven) Geschichte Panems und der *Mockingjay Revolution* in einer ausführlichen Szenenanalyse auseinander. Zu Beginn des ersten Bandes leiste ich aber noch etwas Vorarbeit, sodass es gelingen kann, Panems Vorgeschichte und die mythologischen Hintergründe von Collins Werk zu verstehen.

Im dritten Teil bemühe ich mich um eine zeitgenössische Einordnung in Form von Essays, in der ich auch gezielt Themen und Menschheitsfragen unserer Zeit beleuchte.

Abschließend setze ich mich im vierten Band intensiv mit dem biographischen Charakter von Präsident Coriolanus Snow auseinander.

Der Leser hat einen Anspruch an mich als Autor, dass ich ihm ein gelungenes Werk anbiete. Aber ebenso habe ich auch als Autor einen Anspruch an den Leser, sich auf eben dieses Werk offen einlassen zu können. Um diese Bereitschaft möchte ich bitten.

Ich wünsche viel Freude und Erkenntnisgewinn beim Lesen,

*Joshua Beck, April 2021*

# Vorwort zum dritten Band

In diesem dritten Band habe ich mit intensiv mit einer zeitgenössischen Einordnung der Trilogie der *Tribute von Panem* in Form von Essays befasst. Für mich bieten die Bücher und Filme eine sehr gut Arbeitsfläche, um so etwa im Deutschunterricht die Felder Geschichte, Macht, Staat, Politik, Propaganda, Revolution und Krieg zu bearbeiten. Im Rahmen meiner *Panem*-Forschung, welche ich nun schon seit mehr als einem halben Jahrzehnt betreibe, habe ich aber auch Beunruhigendes gefunden, da die Dystopie eines untergegangenen Amerikas und einer infantilen, sadistischen und totalitären Gesellschaft keinesfalls mehr als *absolut* unerreichbar erscheint. Daher ist der Band auch außerhalb des Schulunterrichtes durchaus sehr lesenswert.

Die Kapitel sind so geschrieben, dass sie aneinander anknüpfen, aber dennoch weitgehend unabhängig voneinander gelesen werden können, was nur geringfügig zu Doppelungen führt.

Im ersten Kapitel beleuchte ich die Mediensatire auf unsere Populärkultur, die Collins entworfen hat.

Das zweite Kapitel befasst sich mit dem Wesen der Hungerspiele und zieht die wenig erheiternden historischen Vergleiche zu den Kindereuthanasieprogrammen im »Dritten Reich«. Aber ich möchte auch die Frage stellen, wie wir heute mit unseren Kindern umgehen.

Die Hungerspiele haben zum Ziel das Verschwinden des Menschen, sowohl psychisch als auch physisch. Sie sind der Werkzeugkasten totaler Herrschaft. In Kapitel 3 möchte ich daran anknüpfen und fragen, wie es um den Menschen heute bestellt ist, oder ob er im Begriff ist, zu verschwinden.

Kapitel 4 ist ein Rückblick auf die Psychologie der Massen, den Geist der Revolution, den Krieg und die Propaganda, die in Panem in allerlei Gestalten daherkommen, und doch in unserer Welt bloß alltäglich sind.

Im fünften Kapitel erörtere ich, ob sich autoritäre Tendenzen, Populismus und Totalitarismus überall in der Welt durch Kulturzyklen und Wirtschaftstheorien erklären lassen.

In Kapitel 6 gehe ich schließlich der Frage nach, was die großen Probleme unseres Jahrhunderts sind und ob Panem heute schon erkennbar ist.

Auch wenn es noch ein Stück weit entfernt ist, zeige ich abschließend, dass China im Begriff ist, das Panem von morgen zu werden – und mit ihm die ganze Welt?

*Panem today, Panem tomorrow, Panem forever?*

# 1. Mensch und Medien

## 1.1 Medienkritik

»Den Indianern gab man Feuerwasser,* um sie einzulullen; uns gibt man das Fernsehen.«

– Hans-Joachim Kulenkampff

»Das Fernsehen macht mich zu einer Art Gott. Ich schaffe die Realität, die mich tatsächlich umgibt, ab, und stattdessen schaffe ich mir eine neue Realität, die kommt, wenn ich auf den Knopf drücke. Ich bin beinahe Gott, der Schöpfer. Das ist meine Welt. Da fällt mir eine kleine Geschichte ein, die den Vorzug hat, wahr zu sein, und die das sehr genau ausdrückt. Erzählt wurde sie mir von einem Vater, der mit seinem sechsjährigen Sohn an einem sehr regnerischen und stürmischen Tag im Auto fuhr. Auf der Landstraße ging ein Reifen kaputt. Sie mussten also das Rad abnehmen und es auswechseln. Das war natürlich sehr unangenehm. Da sagte der kleine Junge zu seinem Vater: ‹Papi, können wir nicht einen anderen Kanal einstellen?› So war für das Kind die Welt. Passt mir eine nicht, wähle ich eine andere.«

– Erich Fromm[2]

Vor einigen Wochen – als ich diese Zeilen schreibe – sah ich im Fernsehen einen Bericht über zwei Freunde, die sich nach vielen Jahren wiedergetroffen haben. Der eine war amerikanischer Soldat und im Nachkriegsdeutschland stationiert. Er lernte einen kleinen Jungen kennen, der ihm einen Abschiedsbrief schrieb, als er nach Amerika zurückkehrte. Der Soldat wurde Schriftsteller und schließlich Professor für Literatur. Als er im Jahr 2020 einen Raum mit alten Sachen aufräumte, fand er den Brief des Jungen und begann ihn zu suchen. Schließlich fand er ihn auch und die beiden sprachen einige Zeit über ihr Leben und alle Dinge, die sie seitdem erlebt haben. Die Moderatorin, die den Kontakt zu beiden herstellte, sagte: »Das war eine Geschichte, wirklich wie im Film.«

Man scheint dabei vergessen zu haben, dass Filme auf Drehbüchern basieren, die von Menschen verfasst wurden und demzufolge ein Spiegelbild von persönlichen, historischen und kulturellen Hintergründen der realen Welt sind. Filme sind das Abbild der Wirklichkeit – vielleicht geschönt, dramatisiert, mystifiziert – aber niemals sind reale Geschichten Abbilder von Filmen. Die Selbstverständlichkeit, wie wir heute geneigt sind über etwas zu sagen, es sei

---

* Alkoholische Getränke, besonders Branntwein

»wie im Film«, ist ein Symptom der Entfremdung von uns und unserer eigenen Realität. Liebesgeschichten, Alltags-Soaps, Naturkatastrophen – wir erfahren sie meistens auf einem großen Bildschirm, während unser eigenes Leben nicht mehr stattfindet, weil wir eben unentwegt vor einem Bildschirm sitzen. Mit der Frage, was es mit einer Gesellschaft macht, die sich derart gehen lässt und sich vom Leben entfremdet, haben sich bereits einige Autoren beschäftigt, deren Werke zu den wichtigsten der jüngeren Literaturgeschichte gerechnet werden können.

Das Propoteam, in dem Katniss Propaganda-Spots im Kapitol dreht, hat die Nummer 451, was eine Anspielung auf den Roman *Fahrenheit 451* ist. Der Roman ist vor gesellschaftskritischem Hintergrund zu lesen. Die politische Führung agiert autoritär. Menschliche Bedürfnisse werden zur Herrschaftssicherung unterdrückt. Das Ziel staatlichen Handelns ist es, die Bevölkerung fortlaufend mit einfachen Mitteln zu beschäftigen, um Individuation und damit eine Bedrohungen für das System als Ganzes zu verhindern.

Ein zentrales Element stellen dabei Fernsehshows dar, die über Videoleinwände in den Wohnzimmern der Menschen zu sehen sind und an denen sich die Zuschauer beteiligen können. Viele Menschen sind aufgrund der ununterbrochenen Medienbeschallung durch Radio und Fernsehen dazu gezwungen, Schlafpillen einzunehmen, um schlafen zu können.

Zudem ist die Gesellschaft sehr aggressiv. Soziale Zwänge bringen vor allem junge Menschen dazu, Mord als Spaß anzusehen. Hetzjagden auf andere Bürger im Straßenverkehr stellen ein alltägliches Vergnügen dar, die auch im Fernsehen übertragen werden. Die Jugend ist auch durch die Schule unausgelastet und so sind die »Vergnügungsparks« mehr im Sinne der Regelung von Aggressionen gedacht.

Selbständiges Denken ist in dieser Gesellschaft als unanständig stigmatisiert. Der allgemeinen Ansicht nach führt es nur dazu, dass die Menschen sich unsozial verhalten und die ganze Gesellschaft aus dem Gleichgewicht gebracht wird. Der permanente Medienkonsum soll der Versuchung des eigenständigen Denkens Abhilfe schaffen.

Bücher, Romane, Biografien und Gedichte werden als »Hauptfeinde« angesehen, da sie Gefühle im Menschen hervorrufen und ihn in einen traurigen Zustand versetzen können. Bücher werden daher von der »Feuerwehr« aufgespürt und verbrannt. Die Feuerwehr in dieser Dystopie ist nicht dazu da, Feuer zu *löschen*, sondern Feuer zu *legen*. Menschen, die Bücher besitzen und lesen, werden als Staatsfeinde verfolgt, ihre Häuser und Bibliotheken werden von »Firemen« (Feuermänner, Brandstifter) angezündet. Auch Tote werden in Kauf genommen.

Diese Verfassung der Gesellschaft wurde allerdings nicht durch die herrschende, totalitäre Regierung etabliert, sondern die Menschen haben durch ihren steigenden Medienkonsum, insbesondere durch das Fernsehen, selbst eine antiliberale, totalitäre Regierung herbeigeführt. Der Roman warnt also keineswegs vor einem totalitären Staat, der seine Macht durch Repression und Zensur erhält. Bradbury sagte in einem Interview, dass seine »ursprüngliche Absicht die Warnung vor der Zerstörung des Interesses an Büchern durch das Fernsehen war. Es gibt in der Gesellschaft des Romans nach wie vor – anscheinend freie – Wahlen (bei denen hauptsächlich die Attraktivität der Kandidaten ausschlaggebend ist), und das Bücherverbot ist von der Regierung nicht erfunden, sondern auf Wunsch des Volkes erlassen worden.«[3]

Auch Günther Anders kritisierte die Massenmedien dafür, dass sie »uns das Sprechen abnehmen« und uns in »Unmündige und Hörige«[4] verwandeln: »Da uns die Geräte das Sprechen abnehmen, nehmen sie uns auch die Sprache fort; berauben sie uns unserer Ausdrucksfähigkeit, unserer Sprachgelegenheit, ja unserer Sprachlust.«[5] So werden Individuen zu »infantilen, eben unmündigen, nicht sprechenden Wesen«. Der »Endeffekt, in den [diese Entwicklung] mündet, muß überall der gleiche sein: Nämlich in einem Typ von Menschen bestehen, der, da er selbst nicht mehr spricht, nichts mehr zu sagen hat; und der, weil er nur hört, und zwar immerfort, ein ‹Höriger› ist.

Die erste Wirkung dieser Beschränkung aufs Nur-hören ist jetzt schon deutlich. Er besteht in einer, in allen Kultursprachen stattfindenden, Sprachvergröberung, -verarmung und -unlust. Aber nicht nur in dieser, sondern auch in Vergröberung und Verarmung des Erlebens, also des Menschen selbst; und zwar deshalb, weil das ‹Innere› des Menschen: dessen Reichtum und Subtilität, ohne Reichtum und Subtilität der Rede keinen Bestand hat; weil nicht nur gilt, daß die Sprache der Ausdruck des Menschen ist, sondern auch, daß der Mensch das Produkt seines Sprechens ist; kurz: weil der

Mensch so artikuliert ist, wie er selbst artikuliert; und so unartikuliert wird, wie er nicht artikuliert.[6] (.)

Wenn die Welt zu uns kommt, statt wir zu ihr, so sind wir nicht mehr ‹in der Welt›, sondern ausschließlich deren schlaraffenlandartige Konsumenten. Wenn sie zu uns kommt, aber doch nur als Bild, ist sie halb an- und halb abwesend, also phantomhaft. (.) Wenn die Welt uns anspricht, ohne daß wir sie ansprechen können, sind wir dazu verurteilt, mundtot, also unfrei zu sein. (.) der Unterschied zwischen Sein und Schein, zwischen Wirklichkeit und Bild [ist] aufgehoben.«[7]

In diesem Kapitel möchte ich weiterhin untersuchen, wie die Hungerspiele in einer Gesellschaft als Unterhaltungswert hochgehalten, statt als barbarische Sitte abgelehnt werden; welche gesellschaftliche Funktion die Spiele erfüllen und was sich über eine Gesellschaft aussagen lässt, die sich an solch sadistischen Spielen ergötzt. Alles trägt dazu bei, eine Mediensatire zu erzeugen, die von unserer Realität nicht allzu weit abweicht.

## 1.2 Langeweile und Sadismus

Die allgemeine Langeweile des Lebens versuchen Menschen mit zahlreichen »Aktivitäten« zu kompensieren; während der Arbeit wird eifrig der Lebensunterhalt verdient, nach der Arbeit wird Langeweile mit »Trinken, Fernsehen, Autofahren, Parties besuchen, sexueller Betätigung oder dem Einnehmen von Drogen« unterdrückt, beobachtet Fromm, ehe sie ein »natürliches Schlafbedürfnis« überkomme: »Man kann sagen, daß heutzutage eines der Hauptziele der Menschen darin besteht, ‹ihrer Langeweile zu entfliehen.›«[8]

Es fällt auf, dass die Unterhaltungsindustrie besonders mit destruktiven, apokalyptischen Filmen wie *The Day After Tomorrow*, *Avatar* oder *The Hunger Games* auf ein großes Publikum trifft. Welche charakterlichen Merkmale lassen sich an der Zuschauerschaft feststellen? »Wer will schon dabei zusehen, wie Kinder sich gegenseitig umbringen? Höchstens fiese Perverslinge.«[9]

Andererseits ist die Zerstörung und das Sterben von Menschen *en masse* in *The Day After Tomorrow* sehr anonym. Man sieht, wie Hurrikans eine Stadt verwüsten, eine Flutwelle Wolkenkrater mit sich reißt, aber eigentlich weiß man nur, dass Menschen sterben. Wer sie sind, weiß man nicht. Es existiert keinerlei emotionale Bindung zu ihnen. Anders verhält es sich mit den Protagonisten in solchen Filmen, die jedoch meistens überleben und als Helden gefeiert werden. Über den destruktiven oder sadistischen Charakter eines Zuschauers oder eines ganzen Publikums, welches sich leidenschaftlich und in großer Faszination an solchen Filmdramen ergötzt, kann dies jedoch nicht hinwegtäuschen. Fromm erklärt:

»Individuelle Faktoren, die dem Sadismus Vorschub leisten, sind all jene Bedingungen, die dem Kind oder dem Erwachsenen ein Gefühl der Leere und Ohnmacht geben (ein nicht-sadistisches Kind kann zu einem sadistischen Jugendlichen oder Erwachsenen werden, wenn neue Umstände eintreten). Zu jenen Bedingungen gehören solche, die Angst hervorrufen, wie zum Beispiel ‹diktatorische› Bestrafung. Hiermit meine ich eine Art der Bestrafung, deren Intensität nicht streng begrenzt ist, die nicht in einem angemessenen Verhältnis zu einem speziellen Verhalten steht, sondern die willkürlich vom Sadismus des Bestrafenden genährt und von einer Angst erregenden Intensität ist. Je nach dem Temperament des Kindes kann die Angst vor Strafe zu einem beherrschenden Motiv in seinem Leben werden, sein Integritätsgefühl kann langsam zusammenbrechen, seine Selbstachtung kann abnehmen, und es kann sich so oft verraten fühlen, dass es sein Identitätsgefühl verliert und nicht mehr ‹es selbst› ist.

Die andere Bedingung, die zu einem Gefühl vitaler Ohnmacht führt, ist eine Situation psychischer Verarmung. Wenn keine Stimulation vorhanden ist, nichts, was die Fähigkeiten des Kindes weckt, wenn es in einer Atmosphäre der Stumpfheit und Freudlosigkeit lebt, dann erfriert ein Kind innerlich. Es gibt dann nichts, worin es einen Eindruck hinterlassen könnte, niemand, der ihm antwortet oder ihm auch nur zuhört, und es wird von einem Gefühl der Ohnmacht und Impotenz erfasst. Ein solches Gefühl der Ohnmacht muss nicht unbedingt zur Bildung eines sadistischen Charakters führen; ob es dazu kommt oder nicht, hängt von vielen anderen Faktoren ab. Es ist jedoch eine der Hauptursachen, die zur Entwicklung des Sadismus sowohl auf individueller als auch auf gesellschaftlicher Ebene beitragen,«[10] und weiter:

»Nur wenn man die Intensität und Häufigkeit der destruktiven sadistischen Gewalttätigkeit bei Einzelpersonen und Volksmassen erlebt hat, kann man verstehen, dass die kompensatorische Gewalttätigkeit nichts Oberflächliches und nicht die Folge schlechter Einflüsse, übler Gewohnheiten oder dergleichen ist. Sie ist eine Macht im Menschen, die ebenso intensiv und stark ist wie sein Wille zu leben. Sie ist eben deshalb so stark, weil sie das Aufbegehren des Lebens gegen seine Verkrüppelung ist; der Mensch besitzt ein Potenzial zur zerstörerischen und sadistischen Gewalttätigkeit, weil er ein Mensch und kein Ding ist und weil er versuchen muss, Leben zu zerstören, wenn er es nicht erschaffen kann. Das Kolosseum in Rom, in dem Tausende von impotenten Menschen mit größtem Vergnügen zusahen, wie andere Menschen von wilden Tieren zerrissen wurden oder wie sie sich gegenseitig umbrachten, ist das große Monument des Sadismus.

Aus diesen Erwägungen folgt noch etwas anderes. Die kompensatorische Gewalttätigkeit ist das Ergebnis eines ungelebten und verkrüppelten Lebens, und zwar sein notwendiges Ergebnis. Sie lässt sich durch Angst vor Strafe unterdrücken oder durch Schauspiele und Vergnügungen aller Art sogar ablenken. Sie bleibt jedoch als Potenzial in voller Stärke bestehen und wird manifest, sowie die sie unterdrückenden Kräfte nachlassen.

Das einzige Heilmittel dagegen ist die Entwicklung des schöpferischen Potenzials im Menschen, die Entwicklung seiner Fähigkeit, produktiven Gebrauch von seinen menschlichen Kräften zu machen. Nur wenn der Mensch aufhört, ein Krüppel zu sein, wird er auch aufhören, ein Sadist zu sein und zu zerstören, und nur Verhältnisse, die so beschaffen sind, dass der Mensch Interesse am Leben gewinnt, können jene Impulse zum Verschwinden bringen, welche die Menschheitsgeschichte bis zum heutigen Tag so schmachvoll gemacht haben.«[11]

Die Langeweile ist eine der furchtbarsten Plagen, die es gibt. Schmerzen sind oft weniger bedrückend als Langeweile. »Die Langeweile kommt daher, daß der Mensch zum reinen Instrument geworden ist, daß er keine Initiative entwickelt, keine Verantwortung besitzt, daß er sich nur als Rädchen in einer Maschine fühlt, das man jederzeit durch ein anderes ersetzen kann. (.)

Der Mensch, der an Langeweile leidet, kann dies kaum ertragen. Er versucht sie zu kompensieren – durch Konsum. Er fährt mit dem Auto herum, er trinkt, und er unternimmt dieses und jenes, damit er die zwei, drei Stunden, in denen er nicht angespannt im Betrieb arbeitet, irgendwie ‹verbringt›. Er spart zwar Zeit mit seinen Maschinen, aber wenn er die Zeit eingespart hat, dann weiß er nicht, was er mit ihr anfangen soll. Dann ist er verlegen und sucht, diese gewonnene Zeit auf anständige Weise zu töten. Unsere Vergnügungsindustrie, unsere Parties und Freizeitgestaltungen sind zum großen Teil nichts anderes als ein Versuch, auf anständige Weise die Langeweile des Wartens zu beseitigen.

Aber die Langeweile wird damit kaum aus der Welt geschafft. Der gelangweilte Mensch, der nichts Positives erleben kann, hat noch eine andere Möglichkeit, Intensität zu erleben – die Zerstörung. Wenn ich Leben zerstöre, dann erlebe ich eine Sensation der Überlegenheit über das Leben, ich räche mich an ihm, weil es mir nicht geglückt ist, dieses Leben mit Sinn zu erfüllen. Indem ich nämlich räche und zerstöre, beweise ich mir, daß das Leben mich doch nicht betrogen hat. Ich kann es nicht ertragen, daß andere

Menschen das Leben genießen und daß sie es besser haben, weil sie lebendig sind, während ich dem Leben kalt und tot gegenüberstehe.«[12]

Eine Gesellschaft, die sich an Gladiatorenkämpfen oder den Hungerspielen ergötzt, ist für unser Verständnis zweifellos sadistisch und destruktiv. Eine wichtige Frage ist nun, worin der Unterschied zwischen Sadismus und dem nekrophilen Charakter liegen. Anders als der Nekrophile will der Sadist sein Objekt der Begierde erhalten. Beiden Charakteren liegen jedoch viele gemeinsame Ursachen zugrunde. Soweit es die Gesellschaft in Panem betrifft, besser gesagt die Gesellschaft der Kapitolisten – zu denen ich auch Distrikt 1 und besonders Distrikt 2 zähle –, lassen sich Sadismus und Nekrophilie nicht sauber voneinander trennen.

Einerseits ist das Maß der Destruktivität durch eine allgemeine Langeweile – wie auch in *Fahrenheit 451* – ungeheuer groß; zugleich wird diese jedoch auch überdeckt von zahnlosen Reaktionsbildungen und dem betriebenen Konsum. Die endlosen Festlichkeiten erscheinen als lebendig, doch sind sie nichts weiter als Festspiele des Leidens und des Todes. Die allgemeine Langeweile ist die vielleicht bedeutendste Ursache dafür, weshalb nachfolgende Generationen, für die die Hungerspiele schon immer *da* waren, diese barbarische Sitte nur allzu bereitwillig annahmen und fortführten, mehr noch: sie immer weiter kultivierten und intensivierten. Die Spiele mussten, um weiter aufregend zu sein und zu stimulieren, drastischer, brutaler und grausamer werden:

»Wenn wir [reale Ereignisse] jedoch vom Bildschirm erfahren, werden wir gerne von der Logik des Spektakels in Bann gezogen. Wenn wir von einem Skandal erfahren, regt das unseren Appetit auf den nächsten an. Sobald wir unterschwellig akzeptieren, dass wir eine Reality-Show anschauen statt über das wirkliche Leben nachzudenken, kann im Grunde kein Bild dem Präsidenten politisch schaden. Reality TV muss mit jeder Folge drastischer werden.«[13]

Das Gleiche gilt aber auch für alle anderen Lebensbereiche, die Eingang in eine große TV-Show gefunden haben. Die Dimension geht dabei weit über Unterhaltungssendungen hinaus und betrifft auch politische Nachrichten und Wahlkämpfe, die dadurch immer weiter polarisieren und Demokratie verballhornen.

## 1.3 Die Welt als »Verkaufs«-Bühne

»Die ganze Welt ist eine Bühne und Fraun wie Männer nichts als Spieler.«
– Jaques in Shakespeares *Wie es euch gefällt* (est. 1599),
Akt 2, Szene 7.

War die Welt 1599 noch eine Bühne, so ist sie heute eine *Verkaufs*-bühne und »Fraun wie Männer nichts als Verkäufer ihrer Selbst.« Das Marketing ist aber der Mitte des 20. Jahrhunderts neues Strukturprinzip geworden. Während in der ersten Hälfte des vergangenen Jahrhunderts das wirtschaftliche, gesellschaftliche und kulturelle Leben noch vom Anspruch auf »Herrschaft« (durch Kapital, Wissen, Standes- oder Klassenzugehörigkeit, Macht, Wahrheitsbesitz, Sachkompetenz) bestimmt war und – wie Fromm in den 1930er Jahren mit dem Konzept der »autoritären Orientierung« zeigte – alle Bereiche menschlichen Lebens dominierte und strukturierte, so wurde durch den Protest gegen diese autoritäre Orientierung – was gemeinhin mit den ‹68er Jahren› assoziiert wird – die Voraussetzung dafür geschaffen, dass die »Marketing-Orientierung« dominant werden konnte.

In keiner uns bekannten Epoche der Menschheit »hat das Marketing eine so umfassende und alle Lebensbereiche bestimmende Bedeutung gehabt wie im ausgehenden 20. Jahrhundert. Das Marketing (im Sinne von ‹Vermarktung›) ist zur Philosophie der Wirtschaft, ja für viele heute zum Sinn des Lebens geworden. Alles orientiert sich daran, ob sich etwas ‹vermarkten› lässt (.) Persönlichkeit gilt es zur Darstellung zu bringen (.); Not, Bedürfnisse, Wünsche sind interessant, so lange man mit ihnen Geschäfte machen kann. (.) Konformismus, Flexibilität, Mobilität, Leistungswille, Individualisierung, Egoismus, Sentimentalisierung, ‹Coolness› sind deshalb Leitwerte des gegenwärtigen Menschen, weil sie unerläßliche Voraussetzungen für ein erfolgreiches Marketing sind und weil das Marketing zum wichtigsten strukturierenden Prinzip in den meisten Lebensbereichen geworden ist.«[14]

Nicht mehr das eigene Sein eines Menschen – seine Fähigkeiten, Eigenheiten, Bedürfnisse, Gefühle, Gedanken – ist bedeutend, »sondern das, was sich verkaufen läßt, was ankommt, was vielversprechend verpackt ist. Es kommt nicht auf das eigene Sein und den tatsächlichen Inhalt an, sondern auf die Vorspiegelung und die Inszenierung, (.) So führt die Marketing-Orientierung faktisch zu einer

Entwertung des Seins und des authentischen Selbsterlebens des Menschen.«[15]

Diesen Mangel an (Selbst-)Sein versucht der Mensch zu kompensieren. Fromm hat viele der praktizierten Kompensationsversuche herausgearbeitet und damit der Gesellschaft den »Spiegel« vorgehalten: »Erfolg hängt weitgehend davon ab, wie gut sich jemand auf dem Markt verkauft, wie gut er seine Persönlichkeit einbringt, sich in netter ‹Aufmachung› präsentiert: ob er freundlich, tüchtig, aggressiv, zuverlässig, ehrgeizig ist, welche Familie hinter ihm steht, welchen Clubs er angehört und ob er mit den richtigen Leuten bekannt ist.«[16]

Die immer während Orientierung ist, sich gut *rüberzubringen*, *gut drauf* zu sein, in jene Rolle schlüpfen zu können, die *in* ist. Durch diese Inszenierung der Wirklichkeit ist – durch die Illusion, der man sich hingibt – der Mensch »jeder menschlichen Aktivität und Anstrengung enthoben (.), um seine eigenen Fähigkeiten und Kräfte zu üben und zur Entfaltung zu bringen.«[17] Nicht der Mensch selbst ist *wertvoll*, sondern die Produkte, welche er konsumiert. Nicht der Mensch ist *aktiv*, »sondern der Kaffee, das Erlebnisbad, der Action-Film, die Möbel, der links- oder rechtsgedrehte Joghurt« sind aktivierend.

Vor allem lässt sich in der »illusionären Wirklichkeit« das »Versagen«, das eigene Scheitern, die Begrenztheit des eigenen Besitzes oder die Endlichkeit des Lebens ausblenden. Man muss weder warten, noch kommt man zu kurz.[18] Nicht nur verschwindet so zunehmend langfristiges Denken und damit folgerichtig auch umsichtiges und nachhaltiges Handeln aus unserer Gesellschaft, auch der Mensch selbst wird, wie Kinnert richtig feststellt, zu einem Konsumgut, welches seine eigenen Gefühle negiert und seine eigene Einsamkeit verdrängt:

»Jungen Männern, die sagen, mit wie vielen Frauen sie geschlafen haben, geht es ja nicht um ernste Beziehungen, sondern ums Trophäensammeln. Wenn die heterosexuelle Frau den gut aussehenden Bachelor mit Fitnesskörper hat, dann geht es um das Ausstellen von Begehrlichkeit. Wir sind in unserer Gesellschaft durchdrungen von Attraktion, Attraktivität, Begehrlichkeit, auch von Anti-Aging.

Mit Jungsein und Vitalität assoziieren wir Leben und Gewinnersein. Das, was Einsamkeit assoziiert, ist genau das Gegenteil: Ich bin es nicht wert, dass Menschen mit mir befreundet sind, ich bin hässlich, ich bin dumm, ich bin sozial inkompatibel, keiner will was von mir. Unsere ganze Gesellschaft lebt von Attraktivität und so etwas wie einem sozialen Wert. Und der, der zugibt, dass er einsam ist, deklariert sich als das komplette Gegenteil.

Einsamkeit ist eines der schamvollsten Themen in unserer Gesellschaft überhaupt. Das, was unsere Gesellschaft am meisten ersehnt, sind Sozialhelden. Es ist hundertmal salonfähiger zu sagen: ‹Ich bin pleite, aber ich bin cool und ein Rockstar›, als zu sagen: ‹Ich habe Geld, aber keiner will mit mir spielen.› Es gibt sehr viele Gründe für Einsamkeit. Aber in der Mitte der Gesellschaft wird Einsamkeit sehr schamvoll behandelt, weil es mit sozialem Versagertum assoziiert wird.«[19]

Um zu verstehen, inwieweit sich diese persönlichen Strebungen zur Selbstdarstellung auf die Gesellschaft als Ganzes auswirken, ist der Ansatz von Erich Fromm nützlich:

»Gesellschaft und Individuum stehen sich nicht ‹gegenüber›. Die Gesellschaft ist nichts als die lebendigen, konkreten Individuen, und das Individuum kann nur als vergesellschaftetes Individuum leben. Seine individuelle Lebenspraxis ist notwendigerweise die seiner Gesellschaft beziehungsweise Klasse und letzten Endes durch die Produktionsweise der betreffenden Gesellschaft bedingt, das heißt dadurch, wie diese Gesellschaft produziert und wie sie organisiert ist, um die Bedürfnisse ihrer Mitglieder zu befriedigen.

Die Verschiedenheit der Produktions- und Lebensweise der verschiedenen Gesellschaften beziehungsweise Klassen führt zur Herausbildung verschiedener, für diese Gesellschaft typischen Charakterstrukturen. Die einzelnen Gesellschaften unterscheiden sich nicht nur durch die Verschiedenheit in der Produktionsweise und ihrer sozialen und politischen Organisation, sondern auch dadurch, daß ihre Menschen bei allen individuellen Unterschieden eine typische Charakterstruktur aufweisen. Wir wollen diese den ‹sozial typischen Charakter› nennen.«[20]

Der Gesellschafts-Charakter (*social character*) ist das Resultat von grundlegenden Orientierungen, »und zwar solchen, die ihrer Dynamik und ihrem Gewicht nach von entscheidender Bedeutung für alle Individuen dieser Gesellschaft sind.«[21] Der »individuelle Charakter« ist die »Gesamtheit der Wesensmerkmale eines Menschen«, die seine Persönlichkeitsstruktur ausmachen. Der Gesellschafts-Charakter umfasst »den wesentlichen Kern der Charakterstruktur der meisten Mitglieder einer Gruppe«, während individuelle Charaktere »Variationen dieses Kerns« sind. Dabei sind zufällige Faktoren wie Geburt, Lebenserfahrung, Beruf, Religion, Vermögensverhältnisse der Eltern oder Erkrankungen der Grund, weshalb sich

Menschen charakterlich voneinander unterscheiden, obwohl sie alle der gemeinsamen Gesellschafts-Charakterstruktur unterliegen.

»Menschen können sich immer gut präsentieren wollen: zum Beispiel durch kluge Reden oder durch sicheres Auftreten, durch anstößige Witze, durch Hilfsbereitschaft, mit Hilfe ihrer Ellenbogen, durch modisches Outfit, durch Potenzgehabe oder durch Bescheidenheit. So unterschiedlich die Verhaltensweisen und Charakterzüge sind – was dennoch alle Menschen verbindet und worauf es ankommt, ist um am Beispiel zu bleiben – die Grundstrebung, sich immer gut präsentieren zu wollen. Diese strukturiert das Verhalten und gibt den Charakterzügen ihre spezifische Orientierung.«[22]

Die Bedingungen und Erfordernisse des Wirtschaftssystems und des Zusammenlebens »spiegeln sich in mächtigen leidenschaftlichen ‹Grundstrebungen› oder Charakterorientierungen, vieler Menschen wider, die diese ähnlich denken, fühlen und handeln lassen und sich in den verschiedensten Charakterzügen und Verhaltensweisen in direkter oder in abgewehrter Form manifestieren. Um zu begreifen, warum Menschen sich so und nicht anders verhalten, gilt es, solche Charakterorientierungen aufzuspüren, weil sie die mächtigsten Antriebskräfte nicht nur für gesellschaftliches, sondern auch für individuelles Verhalten sind. Psychoanalyse der Gesellschaft hat also Orientierungen des Gesellschafts-Charakters von Individuen zum Erkenntnisgegenstand, die unter gleichen sozio-ökonomischen Bedingungen leben und deshalb die Leitwerte und Erfordernisse des Wirtschaftens und des Zusammenlebens als Charakterorientierungen so verinnerlichen, daß sie sich mit Lust und Leidenschaft so verhalten, wie sie sich auf Grund der sozioökonomischen Erfordernissen verhalten sollen und müssen.«[23]

## 1.4 Mediensatire auf unsere Populärkultur

Die 2017 erschiene Serie *Game2: Winter* folgt Teilnehmern auf ihrem *Survival Trip* durch Sibirien. Der Sieger erhält ein stattliches Preisgeld. Das Bemerkenswerte ist nun, dass in den Vorbereitungen die Wettbewerber eine Vertragsklausel unterzeichnen mussten, dass sie keine rechtlichen Ansprüche geltend machen, wenn sie getötet oder vergewaltigt werden. Wer die geltenden Gesetze der Russischen Föderation breche, würde jedoch der Polizei übergeben.[24]

Dennoch stellt diese Regel eine Aufweichung zivilisatorischer Grundprinzipien dar.

Das Publikum, welches sich an solchen Spielen ergötzt und die Zerstörung von Menschen im BigBrother-TV als selbstverständliche Unterhaltung betrachtet, leistet wie in Panem Beihilfe zu solchen Grausamkeiten. Man könnte sogar sagen, die Zuschauer werden ihrerseits zerstört oder sind es bereits, sodass sie selbst Opfer ihrer eigenen Unterhaltungs*un*kultur* geworden sind.

Das wirft die Frage auf, weshalb Menschen sich zu solchen Spektakeln hinreißen lassen und dabei alle Moral und Wertvorstellungen fallen lassen. Das inflationäre Morden und Töten in den Populärmedien ist insoweit bedenklich, als dass die Mordrate in den öffentlich-rechtlichen und privaten TV-Programmen die Zahl der realen Morde in Deutschland mittlerweile übersteigen dürfte. Es liegt hier also keine individuelle, sondern eine gesellschaftliche Problematik vor.

Der einzige Unterschied zu den Zuschauern des Kolosseums in Rom vor 2000 Jahren besteht in der televisuellen Distanz. Die Annahme, etwas geschehe also »nur im Fernsehen«, aber nicht in Wirklichkeit, erreicht in Panem ein fatales Ausmaß. Anders als die Kapitolzuschauer erfahren die Bewohner der Distrikte einen direkten Bezug. Es sind ihre Kinder, die geopfert werden, weil es der Hochverratsvertrag so vorsieht.

»Bei seinem Versuch, die Trivialität seines Lebens zu transzendieren, fühlt sich der Mensch getrieben, das Abenteuer zu suchen, über die Schranken menschlicher Existenz hinauszublicken und sie sogar zu überschreiten. Das macht die großen Tugenden und die großen Laster, die schöpferische Tätigkeit wie die Zerstörung so erregend und anziehend. Ein Held ist, wer den Mut hat, Grenzen zu überschreiten, ohne dabei der Angst und dem Zweifel anheimzufallen. Der Durchschnittsmensch ist selbst noch in seinem vergeblichen Versuch, ein Held zu sein, ein Held. Er fühlt sich getrieben von dem Wunsch, seinem Leben einen Sinn zu geben, und von der Leidenschaft, so weit wie er es kann, bis an die Grenzen vorzudringen.

Dieses Bild bedarf noch einer wichtigen Qualifizierung. Der Einzelne lebt in einer Gesellschaft, die ihn mit fertigen Modellen beliefert, die vorgeben, seinem Leben einen Sinn zu verleihen. So sagt man ihm in unserer Gesellschaft zum Beispiel, dass, wenn er »sein Brot verdiene«, eine Familie ernähre, ein guter Bürger sei und Waren und Vergnügungen konsumiere, sein

---

* Im amerikanischen Fernsehen zeigte der Sender NBC zwischen 1989 und 1996 einen Sportwettbewerb mit dem reißerischen Titel *American Gladiators*.

Leben sinnvoll sei. Aber obgleich solche Suggestionen bei den meisten Menschen im Bewusstsein wirksam sind, so gewinnen sie doch keine echte Bedeutung für sie; und sie können nicht die fehlende innere Mitte ersetzen. Die suggerierten Modelle nützen sich ab und versagen immer häufiger. Dass dies heute in weitem Umfang der Fall ist, zeigt sich an der Zunahme des Drogenmissbrauchs, dem Mangel an echtem Interesse für irgendetwas und am Niedergang der intellektuellen und künstlerischen Kreativität sowie an der Zunahme von Gewalttätigkeiten und Destruktivität.«[25]

Fromms Überlegungen sind auch heute noch hoch aktuell. In Bezug auf die Verwischung von illusionärer und realer Wirklichkeit sprach er von einer »leichten chronischen Schizophrenie«,[26] was die vielleicht beste Beschreibung der Gesellschaft in Panem und besonders im Kapitol ist. Collins Hungerspiele und der Kult um diese in Panem sind jedoch eine Mediensatire auf unsere eigene Medien*un*kultur aus Horrorfilmen wie *Jigsaw* – bei denen gefesselten Menschen sich selbst Gliedmaße abschneiden müssen, um nicht von Maschinen zerfetzt zu werden –, Reality und BigBrother TV – wobei Prominente in Trailern sogar ganz explizit als fließbandfertige Produkte dargestellt werden und von einem Greifarm im »Promihaus« platziert werden – aber auch die Regenbogenpresse und die sehr späten »Pöbeltalkshows«, die Schwanitz zu den Dingen zählte, »die man nicht wissen sollte«.[27]

Dass Meinungsmache am Abend intensiviert betrieben wird, ist keinesfalls Zufall, sondern propagandistisches Kalkül. Schon Hitler wusste in *Mein Kampf:* »Der beste Zeitpunkt für die öffentliche Versammlung ist der Abend, wenn die Menschen müde und daher am leichtesten zu beeinflussen sind.«[28] Seit dem konnte diese Beobachtung durch zahlreiche sozialwissenschaftliche Studien belegt werden: Müde Menschen denken nicht mehr kritisch, sondern nur noch *mit*. Die Techniken der Propaganda hingegen haben sich seit dem im Wesentlichen nicht verändert; sie blieben dieselben.

Nachrichten sind Business und kein Dienst an der Allgemeinheit. Die oberste Regel im Konzept des *Infotainment* lautet: Gib dem Publikum, was es sehen will. Auch Postman schrieb: »Eine Nachrichtensendung ist ein Rahmen für Entertainment und nicht für Bildung.«[29] Berichterstattungen einzelner Sender orientieren sich also nicht an »Wahrheit«, sondern an der politischen oder sozialen Einstellung ihres Zielpublikums.

Die Selbstvermarktung der Tribute bei der Parade oder den Interviews ist eine gelungene Zuspitzung des *Marketing-Charakters*, wie ihn Erich Fromm beschrieben hat. Die eigene Identität der Tribute wird von diesen aufgegeben, um in ein bestimmtes Rollenmodell zu schlüpfen, von dem sie sich Erfolg versprechen. Sie *haben* so eine Identität, aber sie *sind* nicht sie selbst. Nichts anderes liegt Shows wie *Das Supertalent, Deutschland sucht den Superstar, Das Dschungelcamp, Germany´s Next Topmodel* oder dem alltäglichen Wahn- und Irrsinn der sozialen Medien von Instagram über Facebook zu YouTube zugrunde.

Collins Mahnung ist ihrerseits inspiriert von den Gladiatorenkämpfen des Alten Roms, die wir ebenso bewundern wie die faschistische Kultur im heutigen China für ihren wirtschaftlichen Aufstieg und ihre eindrucksvollen Bauten ihrer Megastädte. Aber Collins ließ sich auch von dem japanischen Spielfilm *Battle Royal* aus dem Jahr 2000 beeinflussen, dessen Grundlage ein gleichnamiger, früher erschienener Roman bildet.

Der Film spielt in einem dystopischen Japan der Zukunft, in dem nach einer Bildungsreform jährlich Schulklassen ausgewählt werden, um sich in einem staatlich arrangierten Todesspiel gegenseitig zu töten. Die Halsbänder der Teilnehmer ermöglichen es, den Aufenthaltsort der Schüler zu bestimmen, und können vom Kontrollzentrum aus zur Explosion gebracht werden. Steht nach drei Tagen noch kein Gewinner fest, detonieren alle Halsbänder. Der Anreiz, einander zu töten, ist so gegeben. Kurz nach Beginn des Spiels begehen einige Schüler Selbstmord, andere töten ihre Kameraden aus Rache wegen früherer Auseinandersetzungen, einige weitere schließen sich zusammen oder machen einander Liebesgeständnisse.[30]

Eine neue, aktuellere Version der Hungerspiele stellt aber auch die südkoreanische Serie *Squid Game* dar, die im September 2021 bei Netflix erschienen ist und auf die ich daher noch eingehen möchte.

Arme, hoch verschuldete oder ausgebeutete Menschen erhalten eine Einladung zu einer Spielshow, die auf einer geheimen Insel ausgetragen wird. Ermöglicht wird dies von einem kleinen Kreis sehr reicher und mächtiger Personen, die aus sicherer Entfernung den Spielen beiwohnen. Das Personal auf der Insel ist maskiert und bewaffnet. Wer den Wettbewerb am Ende gewinnt, erhält ein sehr hohes Preisgeld. Wer jedoch eine Spielrunde verliert, wird getötet, was in der Serie auch sehr explizit dargestellt wird. Bemerkenswert ist jedoch, dass alle Spielteilnehmer »freiwillig« an den Spielen teilnehmen. Sie sind lieber tot als hungrig, denn außerhalb der Insel wartet auf sie ein sozial unerträgliches und perspektivloses Leben.

Zu Beginn des Spiels kommt es zu einer Massenpanik, bei der zahlreiche Teilnehmer beim Versuch, das Spielfeld vorzeitig zu verlassen, disqualifiziert und damit erschossen werden. Der Wettbewerb umfasst sechs Spiele, die an koreanische Kinderspiele angelehnt sind. Beim Tauziehen etwa stehen zwei Teams auf sehr hohen Plattformen und versuchen, das gegnerische Team mithilfe des Taus, an das alle Spieler gekettet sind, in den Abgrund zwischen den Plattformen zu ziehen. Sobald ein Team das geschafft hat, wird das Seil durchtrennt und das unterlegene Team stirbt durch den Sturz aus großer Höhe. Für die verstorbenen Teilnehmer gibt es ein Krematorium mit mehreren Öfen, was in gewisser Weise an die schrecklichen Bilder der NS-Konzentrationslager mit ihren Verbrennungsöfen erinnert. Das Bild ist eindeutig: Der soziale Abschaum der Gesellschaft wird *verheizt*.[31]

In Südkorea hat die Serie vor allem wegen ihrer offenen Gesellschaftskritik den Zeitgeist getroffen: Wachsende Ungleichheit, Diskriminierung sozialer Minderheiten, extremer Leistungsdruck – fast alle großen Probleme des Landes werden in der Serie aufgegriffen.[32]

Nur kurze Zeit nach dem Erscheinen der Serie – die offenbar trotz Altersbeschränkung auch Grundschüler gesehen haben – kam es auf Pausenhöfen nicht nur vermehrt zu Ohrfeigen und Prügeleien, sondern »eine britische Grundschule schrieb zum Beispiel einen Brief an die Eltern und warnte davor, dass manche Kinder auf dem Spielplatz so getan hätten, als würden sie sich gegenseitig erschießen«.[33]

Das Erschreckende ist hierbei für meine Begriffe nicht, dass Kinder im Grundschulalter durch blutige und brutale Serien moralisch und sozial »verdorben« werden, sondern dass sie für Gewalt, Mord und Bluttaten »empfänglich« sind – wie es im Grunde unsere ganze Gesellschaft ist, führt man sich die erfolgreichsten Serien und Filme in der Populärkultur vor Augen. Offenbar ist die empfundene Langeweile und die erfolglose Sinnsuche im Leben vieler Menschen so groß, dass sie als billigste Ausflucht, um ihren Durst nach Drama zu stillen, die Destruktivität wählen. Es ist die Gesellschaft, in die Kinder hineingeboren werden, die ihnen vermittelt, Gewalt sei etwas »Normales« und »Natürliches«.

Die Mahnung dieser Mediensatiren sind gegeben: Langeweile und der Mangel an Fähigkeit zur freien Persönlichkeitsentwicklung begünstigen Sadismus und Destruktivität. Die Dystopien in *Fahrenheit 451*, *Battle Royal* oder *Squid Game* bringen dies ebenso zum Ausdruck wie Collins panemesische Hungerspiele. Die Warnung der Geschichte Panems aber ist noch eine viel explizitere:

»Orwell warnt vor der Unterdrückung durch eine äußere Macht. In Huxleys Vision dagegen bedarf es keines Großen Bruders, um den Menschen ihre Autonomie, ihre Einsichten und ihre Geschichte zu rauben. Er rechnete mit der Möglichkeit, daß die Menschen anfangen, ihre Unterdrückung zu lieben und die Technologien anzubeten, die ihre Denkfähigkeit zunichtemachen.

Orwell fürchtete diejenigen, die Bücher verbieten. Huxley befürchtete, daß es eines Tages keinen Grund mehr geben könnte, Bücher zu verbieten, weil keiner mehr da ist, der Bücher lesen will. Orwell fürchtete jene, die uns Informationen vorenthalten. Huxley fürchtete jene, die uns mit Informationen so sehr überhäufen, daß wir uns vor ihnen nur in Passivität und Selbstbespiegelung retten können. Orwell befürchtete, daß die Wahrheit vor uns verheimlicht werden könnte. Huxley befürchtete, daß die Wahrheit in einem Meer von Belanglosigkeiten untergehen könnte.

Orwell fürchtete die Entstehung einer Trivialkultur, in deren Mittelpunkt Fühlfilme, Rutschiputschi, Zentrifugalbrummball und dergleichen stehen. Wie Huxley in *Dreißig Jahre danach* oder *Wiedersehen mit der Schönen neuen Welt* (Brave New World Revisited) schreibt, haben die Verfechter der bürgerlichen Freiheiten und die Rationalisten, die stets auf dem Posten sind, wenn es gilt, sich der Tyrannei zu widersetzen, ‹nicht berücksichtigt, daß das Verlangen des Menschen nach Zerstreuungen fast grenzenlos ist›. In 1984, so fügt Huxley hinzu, werden die Menschen kontrolliert, indem man ihnen Schmerz zufügt. In Schöne neue Welt werden sie dadurch kontrolliert, daß man ihnen Vergnügen zufügt.

Kurz, Orwell befürchtete, das, was uns verhaßt sei, werde uns zugrunde richten. Huxley befürchtete, das, was wir lieben, werde uns zugrunde richten.[34] (.) Huxley hat gezeigt, daß im technischen Zeitalter die kulturelle Verwüstung weit häufiger die Maske grinsender Betulichkeit trägt als die des Argwohns oder des Hasses.

In Huxleys Prophezeiung ist der Große Bruder gar nicht erpicht darauf, uns zu sehen. Wir sind darauf erpicht, ihn zu sehen. Wächter, Gefängnistore oder Wahrheitsministerien sind unnötig. Wenn ein Volk sich von Trivialitäten ablenken läßt, wenn das kulturelle Leben neu bestimmt wird als eine endlose Reihe von Unterhaltungsveranstaltungen, als gigantischer Amüsierbetrieb, wenn der öffentliche Diskurs zum unterschiedslosen Geplapper wird, kurz, wenn aus Bürgern Zuschauer werden und ihre öffentlichen Angelegenheiten zur Varieté-Nummer herunterkommen, dann ist die Nation in Gefahr – das Absterben der Kultur wird zur realen Bedrohung. (.)

Kein kompaktes Programm, kein *Mein Kampf* und kein *Kommunistisches Manifest* haben die Entwicklung, die sich jetzt abzeichnet, angekündigt.«[35]

Im gouvernementalen Zeitalter kommt Medien eine sehr bedeutende Rolle zu, wie ich im erweiternden Band – *Die Geschichte der macht und die Macht der Geschichte* – erarbeitet habe. Medien erzeugen Bilder, gewiss damit auch eine Form von Propaganda. In Panem misslang das Transportieren essentieller Bilder offenbar, sodass die Distrikte sich gegen das Kapitol erhoben, und erneut propagierten die Machteliten eine Ideologie, an die sie selbst nicht mehr recht glaubten.

»Könnte diese – durch fehlende Bilder bedingte – Handlungsunfähigkeit der Eliten zu dem Befund führen, dass soziale Stabilität zukünftig durch einen autoritären Überwachungs- und Kontrollstaat garantiert werden muss, in dem die Bevölkerung durch eine dauernde Angstmache manipulativ an die jeweilige Führung gebunden wird?«[36]

Das gouvernementale Zeitalter wurde in Panem von einem totalitären post-gouvernementalen Zeitalter abgelöst. Postmann schrieb in *Wir amüsieren uns zu Tode* darüber, dass Huxley mit seiner Dystopie einer *Schönen neuen Welt* richtig lag, und Orwell mit *1984* nicht. Orwell schrieb 1948, Huxley 1932. Orwell schrieb darüber, dass das, was wir hassen, uns vernichtet; Huxley darüber, dass das, was wir lieben, uns vernichtet, weil wir in aller Zerstreuung gar nicht mehr wissen, was *Liebe* eigentlich bedeutet. Snow wusste darum sehr genau, als er sagte, es sind die Dinge »we love most, that destroy us.« Es ist denkbar, dass sowohl Huxley als auch Orwell beide richtig liegen werden– in chronologischer Folge ihrer Werke.

## 2. Fröhliche Hungerspiele

### 2.1 Das Wesen der Hungerspiele

Als Suzanne Collins vor mehr als zehn Jahren die »Hunger Games« für die Welt der Literatur erdachte, hatte sie einerseits eine radikale Mediensatire vor Augen, zum anderen wollte sie kritisieren, wie wir die Zukunft junger Menschen und nachfolgender Generationen zerstören: Kriege, die Klimakatastrophe, der »Endkampf« um die letzten Ressourcen, der die Menschheit an den Rand der Ausrottung getrieben hat. Dann erhob sich Panem wie Phoenix aus der Asche – und mit ihm die Hungerspiele.

Was ist das Wesen dieser Spiele? Ich würde sagen: Man nehme Menschen, am besten Kinder, konfrontiert sie mit der höchstmöglichen Form der Angst, der Todesangst. Dann sorgt man dafür, dass es kein Entkommen vor dieser Angst gibt. Was macht es mit Menschen, einer Angst hilflos ausgesetzt zu sein und ihr nicht entkommen zu können? Sie müssen lernen, ihr Schicksal zu akzeptieren.

Dann, wenn man die Menschen in der Angst gefangen hat – und im Besonderen das Märtyrertum ausgeschlossen ist –, zeigt man ihnen einen Hoffnungsschimmer am Horizont auf. Sie werden im festen Glauben daran, dass sie für sich und ihr Überleben »das einzig Richtige« tun und für »das Gute« handeln, alles tun, was auch immer nötig erscheint, um diesen Horizont zu erreichen. Insbesondere sind sie bereit, alles und jeden zu töten, und das mit todesverachtender Gleichgültigkeit. Sie denken nicht mehr über ihr Handeln und Tun nach. Blind vor Angst flüchten sie in die Destruktivität, sie werden zu Mutanten, zu *mutts*, zu »Trotteln« oder gedankenlosen »Schafsköpfen«.

Wenn die Identitäten der Tribute zersetzt und die »moralischen Personen« ermordet sind, bildet man sie zwei Wochen zum Kampf aus, steckt sie in eine Arena und dort bringen sie einander um. Niemand gewinnt die Spiele, es gibt nur Überlebende. Der Körper mag die Spiele überlebt haben, aber er ist nichts weiter als eine leere Hülle. Seelisch ist man als Sieger tot, und ein Mensch stirbt den Tod seiner Seele ebenso wenig ruhig, wie er den Tod seines Körpers nicht ruhig stirbt. Nebenbei wird ein Berg von Leichen »fabriziert«.

Nach den schrecklichen Bildern von Auschwitz und den Nürnberger Prozessen haben es sich die Architekten der Hungerspiele offenbar zum Ziel gesetzt, die Geschichte des 20. Jahrhunderts allein aus der Perspektive des Täters zu reflektieren. Aus Sicht des Täters ist die Lehre der Geschichte des Dritten Reiches, dass es unschön ist, als Verantwortlicher zur Rechenschaft gezogen zu werden. Für seine Tat nicht verurteilt zu werden, ist für den Täter das angestrebte Ziel. Er versucht daher, die Bindung zwischen ihm und seiner Tat vollständig aufzulösen. Die Architektur der Hungerspiele halte ich für weitaus perfider als die Architektur des Holocausts der nationalsozialistischen Faschisten an den Juden.

Das Verhalten der Tribute in der Arena kann durch die Spielemacher im Kontrollzentrum sehr genau gesteuert werden, währenddessen die Spielemacher unsichtbar bleiben. Das zeigt sich zum Beispiel in Katniss Flucht vor dem Waldbrand, als nach Belieben Schüsse auf sie abgegeben werden oder einzelne Bäume in bestimmten Winkeln umgestürzt werden können. Ihr Fluchtverhalten kann gelenkt werden wie eine Kugel in einem Flipperautomaten. Zugleich wird das Verhalten der Tribute und das Geschehen sehr genau analysiert und darüber Statistiken geführt (etwa, wie viele an Infektionen sterben usw.) Die Tribute selbst werden auf simple Zahlen reduziert: Die ihres Distriktes und ihre Bewertungszahl nach dem Trainingscenter. Aber die totale Herrschaft des Regimes der Hungerspiele endet nicht mit dem Verlassen der Arena, sondern – wie wir erahnen konnten – kontrolliert auch danach noch immer das Verhalten der Sieger unentwegt fort, ohne, dass es jedoch einen sichtbaren Manipulator oder Täter gebe.

Was ich den Architekten der Hungerspiele nun unterstelle, ist ungeheuerlich. Offenbar hat man sich den Holocaust näher betrachtet und sich gefragt, ob es möglich ist, der Verantwortung für das Verbrechen als Täter dadurch zu entkommen, dass man das Opfer nicht ermordet, sondern es in den Selbstmord treibt. In aller Schärfe formuliert muss die offenkundige Fragestellung also die gewesen sein: Gibt es eine Möglichkeit, die Menschen in den Lagern dazu zu bringen, sich gegenseitig umzubringen? Ja sogar dazu zu treiben, dass sie nur allzu bereitwillig die Lager selbst als den Ort ihres eigenen Endes wählen?

Die Antwort auf diese Frage ist: Ja. Man kann Menschen seelisch von innen heraus derart zersetzen, dass sie den Selbstmord freiwillig als letzte »Behandlungsmethode« wählen oder aber diesen zumindest widerstandslos hinnehmen. So schreibt auch Arendt:

»Daß die Zerstörung der Individualität nach Ermordung der moralischen und Vernichtung der juristischen Person in nahezu allen Fällen gelingt, geht am klarsten aus dem Verhalten der Inhaftierten selbst hervor. Es mag noch aus irgendwelchen Gesetzen der Massenpsychologie erklärlich sein, daß die Millionen von Menschen sich widerstandslos in den Gastod haben abkommandieren lassen, obwohl ja auch diese Gesetze nichts anderes erklären als die Rückgängigmachung der Individuation. Wesentlicher in diesem Zusammenhang ist es, daß auch einzeln zum Tode Verurteilte nur sehr selten versucht haben, einen ihrer Henker mitzunehmen, daß es kaum ernsthafte Revolten gegeben hat und daß selbst im Moment der Befreiung es kaum zu irgendwelchen spontanen Metzeleien der SS gekommen ist. Denn die Zerstörung der Individualität ist identisch mit der Ertötung der Spontaneität, der Fähigkeit des Menschen, von sich aus etwas Neues zu beginnen, das aus Reaktionen zu Umwelt und Geschehnissen nicht erklärbar ist. Was danach übrigbleibt, sind jene unheimlichen, weil mit wirklichen, menschlichen Gesichtern ausgestatteten Marionetten, die sich alle benehmen wie der Pawlowsche Hund, die alle bis in den Tod vollkommen verlässig reagieren und nur reagieren. Das ist der größte Triumph des Systems.«[37]

Bei der Zerstörung von Menschen und dem Versuch, lebende Wesen in lebendige Leichname oder tote Hüllen zu »transformieren«, wie Dr. Gaul es nannte, ist das *Prinzip Hoffnung* von zentraler Bedeutung. Es gibt diverse Beispiele in der Geschichte, aber keines war für unsere Kultur so schockierend wie die Schoah, nicht nur in ihrer Umfänglichkeit, sondern besonders durch ihre massenindustrielle Durchführung. Die Lager stellen für Arendt die zentralen Institutionen der totalen Herrschaft dar.

Man wusste nicht genau, was dort geschieht, aber viele Juden folgten dem *Hören-Sagen*, dass es im Osten Europas Lager gäbe, in denen gearbeitet wird. In der Hoffnung, wenn man sich nützlich mache im System des Nationalsozialismus, würde man gebraucht werden und einem könne nichts allzu Schlimmes widerfahren, sodass man es schon irgendwie überstehen könne und es nicht allzu lange andauere, sollen sich sogar einige »freiwillig« gemeldet haben, um über die Züge zu diesen Lagern zu gelangen. (Tatsächlich soll es sogar gegen Kriegsende klare Befehle gegeben haben, die eine Übergriffigkeit von Wärtern auf die Häftlinge, die unentbehrlich für die Rüstungsindustrie wurden, unter Strafe stellte. Bei Vergehen eines Insassen solle Meldung abgegeben werden, nicht mehr und nicht weniger.) Man folgte der Logik, wie die Holocaustleugnerin Ursula Haverbeck nicht müde wird zu betonen: »Wo gearbeitet wird, wird nicht gemordet.« Jeder konnte die Propaganda der

Nazis auf seine Weise interpretieren; die einen taten dies bereitwilliger als die anderen.

Das zentrale Problem war, wie der Historiker Norbert Frei am Lager Auschwitz nachgezeichnet hat, dass das eine das andere eben doch nicht zwangsläufig ausschließen muss. Was den Nazis mit und in den Lagern ansatzweise gelungen ist, wurde in Panem bis zum Paroxysmus gesteigert. Die Szene, in der Katniss das Dorf der Sieger betritt, bringt dies sogar über die Spiele hinaus noch zum Ausdruck. Der Torbogen und die Ummauerung des Dorfes erinnern entfernt an das Eingangstor zum KZ-Auschwitz. Die Sieger sind nicht frei, sondern gefangen in einem fortlaufenden Medienspektakel. Sie werden nicht umgebracht, sondern mit Drogen und Alkohol in exzessiven Mengen bringen sie sich selbst um, gleichwohl durch die ständige Kontrolle und Überwachung ein direkter Selbstmord nicht möglich ist. Dennoch nehmen sie dieses Angebot an, weil die Lebensbedingungen im Dorf der Sieger wie auch im Kapitol für sich und ihre Familien besser sind. Die Frage, ob man das Risiko eingehen und sich gegen das Kapitol auflehnen soll, indem man das Angebot ausschlägt, muss überhaupt nicht erst gestellt werden, weil dieses *immer* angenommen wird. Schon Sherlock Holmes wusste: »Wenn man einen Menschen zum Selbstmord treibt, ist das Mord.«

Nur allzu bereitwillig melden sich Kinder – und schließlich auch Erwachsene – für die Spiele. In der Arena bringen sie einander gegenseitig um. Man scheint zu glauben: »Wo gemordet wird, wird nicht länger gelitten.« Es heißt zwar, dass die meisten von ihnen an »natürlichen« Todesursachen sterben werden, aber viele dieser könnten dadurch verhindert werden, wenn sich die Tribute zu einer Gemeinschaft zusammenschließen würden. Man kann also auch sagen, dass sich die Tribute schon deshalb gegenseitig umbringen, allein weil sie sich eben nicht zu einer Gemeinschaft zusammen tun, die auf dem gegenseitigen Helfen und Miteinander beruht. »Schutzlosigkeit kann so tödlich sein wie ein Messer.« Grundsätzlich ist es in den Regeln der Hungerspiele nicht explizit untersagt, dass sich die Tribute zu einer Gemeinschaft zusammentun und so lange zusammen leben, bis sie alt sind. Gemäß der arithmetischen Reihenfolge wird es einen letzten Tribut geben, der an Altersschwäche stirbt. Am Füllhorn sind zu Beginn der Spiele für alle Tribute wichtige Materialien zum Überleben. Warum aber teilen sie diese nicht, sondern stürzen in ein Gravitationszentrum zusammen? Es ist die Angst. Damit die obige Überlegung funktioniert, müssten wirklich alle mitmachen. Sehr wahrscheinlich aber wird es immer einen geben, der ausschert, der Sieger sein will, gierig ist und alles für sich selbst beanspruchen will, oder aber auch, weil er dafür zu kämpfen bereit ist, mit dem Preis und dem »Leben« eines Siegers das Überleben seiner eigenen Familie und seines Distrikts zu sichern. Die Motivation zum Töten ist vorhanden. Gefahren gibt es in der Arena ohnehin und die Spielemacher werden die Tribute nach und nach so oder so auf die ein oder andere Weise töten. Man kann dann rationalisieren, dass ohnehin alle sterben werden, also kann man auch versuchen, für sich, seine Familie und seinen Distrikt bis auf den Tod zu kämpfen.

Im Zweiten Weltkrieg sind so auch Fälle von deutschen Soldaten bekannt, die erbittert an der Ostfront kämpften, um mit dem Erhalt eines »rettenden« Ordens ihre Familie zu schützen. Wer nämlich ein solch bedeutendes Abzeichen erlangte, dessen Familie wurde automatisch als »arisch« anerkannt, und man musste sich nicht mehr um Frau oder Kinder sorgen, die aufgrund der Rassengesetze als »halbjüdisch« gegolten und Repressionen zu befürchten hätten.

Das Problem ist schließlich und endlich auch die Gretchenfrage: *Wer von den Tributen ist der »Verräter«?* Prinzipiell kann es nämlich jeder sein. Es ist wie beim Game *Trouble in Terrorist Town*: Wer ist der »Traitor«, der Verräter? Wenn ein »Innocent«, ein Unschuldiger getötet wird, kann das »im Krieg schon mal vorkommen«.

Man kann in der Arena niemandem trauen. Man ist immer ganz für sich selbst allein. Man ist einsam und das absolut. Herrschaft gibt es im Naturzustand nicht und ohne diese kann kein Frieden gestiftet werden. Der Naturzustand ist ein Zustand des totalen Krieges. Der Mensch *ist* hungrig, genauso, wie er Hunger *hat*. Fehlt ihm Nahrung, *hat* er Hunger. Ist er einsam, *ist* er hungrig. Der Mensch hat ein fundamentales Bedürfnis nach Gemeinschaft, ebenso wie er ein existenzielles Bedürfnis nach Nahrung hat. Einsamkeit kann tödlich sein.[*] Einsamkeit ist Hunger: *The Hunger Games*. Der Rest macht der von der Angst Ergriffene von alleine in vorauseilendem Gehorsam.

---

[*] Darauf weist auch Kinnert hin: Soziale Nähe wirkt sich auf die Hirnaktivität wie ein Schmerzmittel aus. Außerdem schützt sie vor psychischen und physischen Erkrankungen. (Vgl. Kinnert: 42)

*Katniss betritt das Dorf der Sieger in Distrikt 12 und
das Eingangstor zum KZ-Auschwitz in der Gegenüberstellung[38]*

Wie kann ein Sieger sagen, er sei unschuldig an den Verbrechen, wenn er doch selbst die meisten seines eigenen Volkes ermordet hat? Die unsichtbaren Täter können dann sagen: »Was haben wir damit zu tun? Die haben sich doch alle selbst umgebracht.« In der Folge identifizieren sich die Sieger mehr mit dem Jahr ihres »Sieges« als mit ihrem Distrikt, aus dem sie einmal kamen. Das Opfer wird in den sichtbaren Täter verwandelt. Der tatsächliche Täter aber macht sich unsichtbar. Wie kann man dann noch auf die Frage, ob die Sieger eine Mitschuld an der Ermordung ihresgleichen haben, mit »Nein« antworten, wenn sie selbst es doch waren, die die meisten von ihnen niedergemetzelt haben? Nur im Kapitol können sie auf solche treffen, die Gleiches erlebt und erfahren haben.

Diese Überlegung gilt allgemeiner für die Erwachsenen in den Distrikten, die untätig dabei zusahen, wie ihre Kinder ermordet werden. Nun kann man sich verteidigen und klar stellen, dass man zu diesen Taten gezwungen wurde oder in jedem Falle vollkommen hilflos gewesen sei. Doch sobald jemand eine Alternative aufzeigt, zerfällt dieses Bildnis zu Staub. Daher verteidigen Menschen sich rigoros und unnachgiebig, alles sei alternativlos gewesen und sie hätten »das einzig Richtige« getan. Alles, was sie ausgeblendet haben, ignorieren sie bis zum bitteren Ende und darüber hinaus. Später behaupten sie vielleicht, von schlimmen Taten nichts gewusst zu haben. Ehrlicher wäre es hingegen zuzugestehen, dass man all dies erfolgreich »verdrängt« hat.

Es ist das Ziel der totalen Herrschaft, das Opfer zum Komplizen zu machen. Im ersten Schritt der »Präparierung lebender Leichname«, so Arendt, ist die »Ermordung der moralischen Person«, im Wesentlichen dadurch, dass Märtyrertum unmöglich gemacht wird.[39] Es ist nicht so, dass das Konzept, die grundlegende Schablone der Hungerspiele, sonderlich neu wäre. In Osteuropa praktizierten die Nazis vergleichbare Methoden, bei denen die dortige Bevölkerung schließlich ihre eigene Mitbevölkerung erschießen musste – für Propagandazwecke erzeugte dies ausgezeichnete Bilder –, aber auch ganz grundsätzlich wurde immer wieder betont, die Juden seien an ihrem Schicksal – Verfolgung, Repression und systematische Ermordung – »selbst schuld«.

»Wie ein Mensch entscheiden soll, der vor die Wahl gestellt wird, entweder seine Freunde zu verraten und damit zu ermorden oder seine Frau und Kinder, für die er ja in jedem Sinne verantwortlich ist, dem Tode preiszugeben, ist schlechthin nicht mehr auszumachen, vor allem dann nicht, wenn Selbstmord automatisch Mord an der eigenen Familie bedeutet. Die Alternative ist hier nicht mehr zwischen Gut und Böse, sondern zwischen Mord und Mord. Klarer wird die Situation noch an dem Beispiel, das Camus zitiert: von der Frau in Griechenland, der die Nazis die Wahl überließen, welches von ihren drei Kindern getötet werden solle. In der Schaffung von Lebensbedingungen, in denen Gewissen schlechthin nicht mehr ausreicht und das Gute unter keinen Umständen mehr getan werden kann, wird die bewußt organisierte Komplizität aller Menschen an den Verbrechen totalitärer Regime auch auf die Opfer ausgedehnt und damit wirklich ‹total› gemacht.«[40]

Das alles macht die Sieger irr und sie sind »völlig durchgeknallt«, wie Katniss sie beschreibt. Ich glaube, auch Hannah Arendt war völlig durchgeknallt. Und in der Tat wurde ihr Buch über Eichmann von vielen als »destruktiv«[41] empfunden. Was Hans Mommsen noch als »mutig und verbissen«[42] bezeichnet, trotz allen Unmutes über die Reaktionen keine Gefühlsregung zu zeigen, verstehe ich vielleicht mehr als seelische Totheit. Als sie das 3.600 seitenlange Eichmann-Verhörprotokoll las, habe sie oft auch laut gelacht, erzählte Arendt. Man muss sich überlegen, dass die hauptverantwortlichen Täter des Holocausts, Hitler und Eichmann, selbst niemanden umgebracht haben.

Wie kann es sein, dass etwas so Schreckliches geschieht, ohne dass die Hauptschuldigen daran selbst mitgewirkt haben? Ich glaube, diese Frage und ihre Konzeption von der Banalität des Bösen haben sie völlig irr gemacht, sodass sie schließlich sogar fragte: *Haben wir Juden eine Mitschuld an unserer eigenen Ermordung, weil wir in unserem Widerstand versagt haben?*

Man muss sich vorstellen, was in ihr vorging, selbst als Opfer, als Überlebende, als »Siegerin« schließlich sogar zu fragen, ob sie selbst nicht auch Täterin ist. Dieser Irrsinn, der »banal« sein mag, aber zu nichts geringerem führte als die Vernichtung des Lebens, musste sie innerlich zerstört haben. Trotzdem war dies nicht die originale Absicht der Nazis, sondern nur ein Nebenprodukt. Auch die Suizide KZ-Überlebender lange nach der »Befreiung« durch die Alliierten sind ein Nebenprodukt gewesen. Eines, welches offensichtlich in der breiten Öffentlichkeit unbemerkt geblieben und in den Seiten der Geschichte untergegangen ist.

Man muss den Nazis nämlich auch viele dieser Selbstmorde als Verbrechen zurechnen. So gesehen wirkten die Verbrechen der NS-Faschisten noch über die Dauer der eigentlichen Untat hinaus, und das mehr, als lediglich »nachzuwirken«. Im Dritten Reich waren sie

Nebenprodukte, in Panem aber Ziel und Gegenstand der Verbrechensmethode.

Der Akt des Tötens ist in Panem perfide »perfektioniert« worden. Den Nationalsozialisten ging es darum, Menschen seelisch zu zerstören und anschließend den körperlichen Menschen zu vernichten, als Mittel zur Ausübung der totalen Herrschaft als Zweck. Die Fabrikation von Leichen ist Ausdruck des Nekrophilen, aber auch das Abschaffen von Spontanität verwandelt den Menschen in ein Ding, in einen Automaten, etwas Mechanisches, was sich unter gleichen Bedingungen immer gleich verhält. Der Nekrophile ist fasziniert von der Mechanik.

*In Panem hingegen ist die totale Herrschaft über einen Menschen nicht mehr Zweck, sondern lediglich vielmehr ein Mittel zum Zweck des Tötens.* Man hat verstanden, dass ein Mord ungesühnt bleiben kann, wenn der Täter zusammen mit dem Opfer selbst verschwindet. Dann ist die Tat abgeschlossen, also »perfekt«, oder wie Arendt meinte: »total«.

Den Menschen an Hunger sterben zu lassen, das ist der *Neue Faschismus* in Panem. Man tötet Menschen nicht mehr, sondern lässt sie verhungern. Immer sind es andere Gründe: Altersschwäche, Herzinfarkte, Infektionen. Man versteckt sich nicht hinter Gesetzen, weshalb man sie umbringen muss, um Gehorsam zu leisten; man versteckt sich hinter diesen, weshalb es der Gehorsam unmöglich macht zu helfen. Das ist die *neue Banalität des Bösen*. In China gelingt es unserer Tage, »hässliche Bilder« wie in Auschwitz zu vermeiden. Was dort in den »Umerziehungslagern« mit Uiguren geschieht, ist für unser gegenwärtiges Rechtsverständnis ein Genozid, weil Massenzwangssterilisationen begrifflich darunter fallen.

Dennoch aber ist es unmöglich, in China heute einen Genozid *wirklich* nachzuweisen. Anders als im Dritten Reich werden keine Leichen »fabriziert«, sondern durch massenhafte Zwangskastrationen zukünftige Generationen vereitelt. Es werden nicht einmal Säuglinge oder Föten getötet, sondern das ungezeugte Leben, welches erst in vielen Jahrzehnten das Licht der Welt erblicken würde, wird unterdrückt. Wie will man einen Mord nachweisen, wenn es keine Leiche gibt? Das macht den Neuen Faschismus aus.

Der Neue Faschismus wird nicht gemacht, er wird machen gelassen. Er tötet nicht, er lässt sterben und unterdrückt das Leben. Er *proklamiert* nicht wie die Falangisten »Lang lebe der Tod«, sondern er *praktiziert* die »lange Unterdrückung des Lebens«.

## 2.2 Kindereuthanasie

### 2.2.1 Das Dritte Reich

In ihrem Buch *Aspergers Kinder* hat Sheffer »das NS-Regime unter einem neuen Gesichtspunkt betrachtet und als *Diagnoseregime* untersucht. Der Staat war besessen von der Kategorisierung der Bevölkerung und sortierte die Bürger nach ‹Rasse›, politischen Ansichten, Religion, Sexualität, Kriminalität, Erbanlagen und biologischen Mängeln. Diese Etiketten dienten dann als Grundlage für die Verfolgung und Vernichtung von Menschen. Der Nationalsozialismus wird normalerweise an seinen gewalttätigen Ergebnissen gemessen, aber wenn man die Verursachungskette zurückverfolgt, zeigt sich, dass diese Ergebnisse vom ursprünglichen Akt der Diagnose abhingen. Die nationalsozialistische Eugenik wurde eingesetzt, um das Menschsein neu zu definieren und zu katalogisieren. Die fortschreitende Kategorisierung der Defekte gab dann den Anstoß zu staatlich organisierter Verfolgung und Vernichtung. (.)
Da die Zugehörigkeit zur ‹Volksgemeinschaft› von größter Bedeutung für das NS-Regime war, wurden die kollektiven Emotionen Teil der nationalsozialistischen Eugenik. Ein Mangel an Geselligkeit wurde neben ethnischer Zugehörigkeit, politischen Überzeugungen, Religion, Sexualität, Kriminalität und Physiologie ein weiterer Grund für die Verfolgung von Menschen. (.) Das ‹Gemüt›, das im 18. Jahrhundert ursprünglich ein Synonym von ‹Seele› gewesen war, wurde in der NS-Kinderpsychiatrie zur Beschreibung der metaphysischen Fähigkeit zu sozialen Bindungen verwendet. Das Individuum musste Gemüt besitzen, um eine Verbindung mit dem Kollektiv herstellen zu können, und die Integration ins Kollektiv war ein wesentlicher Bestandteil des faschistischen Empfindens. Die nationalsozialistischen Psychiater begannen Kinder auszusondern, denen es ihrer Meinung nach an Gemüt mangelte (.)
In der NS-Psychiatrie musste ein Kind angepasst, ‹erziehbar› und ‹arbeitsfähig› sein, damit es als ‹gemeinschaftsfähig› eingestuft werden konnte.[*] Auch der familiäre Hintergrund und die Klassen-

---

[*] »Die Kinder mussten ein Gefühl der nationalen Zugehörigkeit entwickeln, das ihnen das Regime durch kollektive Organisationen einzuimpfen versuchte. (.) Die Kinder sangen in der Schule jeden Tag nationalsozialistische Lieder, wurden über eine angebliche historische und rassische Sonderrolle

40

zugehörigkeit wirkten sich aus. Ein Kind landete eher in einer Tötungsanstalt, wenn es unehelich geboren worden war, wenn der Vater abwesend war oder die Mutter mehrere Kinder hatte und im Verdacht stand, die Kinderaufzucht nicht bewältigen zu können. Mit anderen Worten: Im Kindereuthanasieprogramm wurde die soziale Zugehörigkeit zu einer medizinischen Frage. Soziale Überlegungen wurden zu eugenischen Kriterien. (.)

In der Kindereuthanasie [war] eine genaue Beobachtung und Beurteilung jedes einzelnen Falles vorgesehen. (.) Im Kindereuthanasieprogramm tritt die persönliche Dimension der Vernichtung zutage. Die Ärzte untersuchten die Kinder, die sie anschließend zum Tod verurteilten. Die Krankenschwestern wechselten persönlich die Bettwäsche und fütterten die Kinder, die sie töteten. Sie kannten die Namen, Gesichter, Stimmen und Persönlichkeiten ihrer Opfer. Normalerweise wurden die Kinder in ihrem Bett getötet. Es war ein langsamer, qualvoller Tod: Man ließ Kinder verhungern oder verabreichte ihnen hochdosierte Barbiturate, damit sie krank wurden und schließlich starben, normalerweise an Lungenentzündung. In der Kindereuthanasie fand die Tötung in Interaktion zwischen Tätern und Opfern statt, was sich auf die Entwicklung und Eskalation des Programms auswirkte. (.)

In den 37 Kindereuthanasieanstalten im Deutschen Reich wurden keineswegs nur medizinische Fachleute zu Mittätern. Betreuer, Wartungspersonal, Köche und Reinigungskräfte sorgten dafür, dass die Tötungszentren funktionierten. Buchhalter, Versicherungsangestellte, Mitarbeiter von Pharmaunternehmen und städtische Beamte unterstützten ihre Tätigkeit. Lkw-Fahrer, Straßenbahnfahrer, örtliche Ladeninhaber und Lebensmittelhändler hielten den Betrieb aufrecht. All diese Menschen hatten Familien und Nachbarn, mit denen sie über die Geschehnisse sprachen. Auch viele Eltern, deren Kinder in den Anstalten festgehalten wurden, wussten von dem Programm. Einige retteten ihre Kinder aus den Tötungszentren, andere lieferten sie aus. Da die Euthanasiemorde

---

des deutschen Volkes aufgeklärt (.) Das Ziel der Indoktrination war ein blindes Bekenntnis zur ‹Volksgemeinschaft›. Ein fester Bestandteil des Lehrplans war die Rassenlehre. (.) Die Kinder wurden auch über biologische und physiologische Mängel unterrichtet. (.) ‹Jeden Tag kostet ein Idiot in einer Anstalt etwa vier Reichsmark. Wieviel Geld kostet es, wenn der Betreffende 40 Jahre lang dort gepflegt werden muss?›.« (Sheffer: 69-71)

an Kindern und Erwachsenen auf dem Gebiet des Reichs stattfanden, wussten viele gewöhnliche Bürger, was in den Anstalten geschah.

Die Nachbarn kannten den Geruch des Qualms, der aus den Kaminen der Krematorien aufstieg. Hunderttausende hörten, dass Freunde und Angehörige unter verdächtigen Umständen gestorben waren, Gesunde Menschen fanden nach ihrer Einlieferung innerhalb weniger Wochen einen angeblich natürlichen Tod.* (.) Im von deutschen Truppen besetzten Europa gab es mehr als 42.000 Lager, in denen unerwünschte Menschen festgehalten wurden, darunter 980 Konzentrationslager (.)

[Der Arzt] Hans Asperger (.) verteidigte Kinder, die in seinen Augen in die ‹Volksgemeinschaft› integriert werden konnten, während er Kinder, bei denen er eine Eingliederung für unmöglich hielt, in den Tod schickte.«[43] Das Urteil Aspergers über »diese ‹ungünstigen Fälle› war brutal: Er beschwor aus der NS-Psychiatrie bekannte Bilder von ‹asozialen› und ‹dissozialen› Individuen herauf und prophezeite, diese Kinder würden sich später einmal ‹als komische Originale auf den Straßen› herumtreiben, ‹grotesk verwahrlost, laut mit sich selber redend, unbekümmert nach der Art der Autistischen die Leute anredend›.

Obendrein sprach er den autistischen Kindern, die er als stärker behindert einstufte, die Menschlichkeit ab. In der gesamten Abhandlung bezeichnete er sie als ‹intelligente Automaten› und betonte das ‹Automatenhafte der ganzen Persönlichkeit›. Hellmut war in seinen Augen so ein ‹autistischer Automat›. Das Bild vom menschlichen Automaten bezog sich nicht nur auf den mangelnden Produktionswert dieser Kinder für die Gesellschaft, sondern auch auf ihre Unfähigkeit zum sozialen Empfinden. Die ‹automatenhaften Schwachsinnigen› am unteren Ende von Aspergers Spektrum der autistischen Psychologie konnten nie Teil der ‹Volksgemeinschaft› werden. (.)

---

* »In der Zeit des NS-Regimes starben in [der Anstalt am Spiegelgrund] mindestens 789 Kinder. In fast drei Viertel der Fälle wurde eine Lungenentzündung als Todesursache angegeben. Es sollte der Eindruck eines natürlichen Todes erweckt werden, aber in Wahrheit wurden den Kindern Barbiturate verabreicht: Sie verloren Gewicht, litten unter Fieber und wurden anfällig für Infektionen, was meist zu einer Lungenentzündung führte. Da kranke Kinder nicht behandelt wurden und da man sie hungern ließ, konnten sie auch an zahlreichen anderen Krankheiten sterben.« (Sheffer: 115)

Indem die Etiketten der NS-Psychiatrie die Individualität von Kindern auslöschten, machten sie diese Kinder als Menschen unkenntlich. Sie waren ein psychiatrisches Todesurteil und wurden Kindern angeheftet, die in eines der Tötungszentren geschickt wurden, wo sie der physische Tod erwartete.[44] (.) Es besteht die Möglichkeit, dass Asperger versuchte, einige vom Tod bedrohte Kinder zu schützen. Dokumentiert ist jedoch nur, dass er die Überstellung zahlreicher Kinder in die Tötungsanstalt am Spiegelgrund empfahl und dass Dutzende dieser Kinder getötet wurden. Es mag auch sein, dass Asperger das Gefühl hatte, sich in einer ‹recht gefährlichen Situation› zu befinden und sich zur Teilnahme am Euthanasieprogramm gezwungen sah. In diesem Umfeld und mit solchen Kollegen hätte sich wohl jeder unter Druck gefühlt. Aber Asperger hatte sich dieses Umfeld und diese Kollegen ausgesucht. Er hatte aus freien Stücken zahlreiche Verbindungen zum Euthanasieprogramm, das ein fester Bestandteil seiner beruflichen Welt war. Sollte Asperger tatsächlich in großer Gefahr gewesen oder von den Nationalsozialisten unter Druck gesetzt worden sein, so schadete es zumindest nicht seiner Karriere. Er kam beruflich voran.[45] (.)

Für Asperger war letzten Endes also nicht entscheidend, ob man etwas Böses tat, sondern ob man wusste, dass es böse war. Es ging um einen inneren Zustand, eine Buße gegenüber der Außenwelt war nicht erforderlich.[46] (.) Im Fall der Juden hatte sich das NS-Regime entschlossen, diese Gemeinschaft als ‹Rasse› in einem wahllosen Genozid auszurotten, aber das Personal in den Euthanasieanstalten konnte frei entscheiden, welchen Kindern das Recht auf Leben abgesprochen werden konnte. Diese Täter entschieden im direkten Kontakt mit ihren individuellen Opfern über Leben und Tod. Sie gehorchten keinen klaren Regeln, sondern legten die Maßstäbe in einem Diagnoseregime, das die individuelle Improvisation förderte, selbst fest.[47] (.)

Der Nationalsozialismus ging extrem weit in dem Bemühen, sich die Menschen ‹zurechtzumachen›. Im Rahmen eines komplexen Diagnoseregimes orientierten sich die Kinderpsychiater bei ihren Diagnosen vor allem an ideologischen Gesichtspunkten wie dem Wohl der ‹Volksgemeinschaft›, anstatt sich auf die tatsächlichen Wesenszüge der zu untersuchenden Kinder zu konzentrieren. Wie der gesamte NS-Staat diente die Psychiatrie der Strategie, die Menschheit durch die Negation der Menschlichkeit umzugestalten.

*Die nationalsozialistische Kinderpsychiatrie hatte die Macht, den Menschen buchstäblich auszulöschen.* Die Holocaustforschung hat gezeigt, wie unter der NS-Herrschaft der soziale Tod dem physischen Tod vorausging. Die Forscher haben nachgezeichnet, wie Verallgemeinerungen, Ausgrenzung und Entmenschlichung der Juden den Boden für den Völkermord bereiteten. In der ‹Kindereuthanasie› war ein ähnlicher Prozess zu beobachten. *Die NS-Psychiatrie löschte die Individualität Tausender Kinder aus,* erklärte sie für unverbesserlich, riss sie aus ihren Familien und ihrem sozialen Umfeld und isolierte sie in Anstalten, in denen sie in einem Albtraum lebten und zum biologischen Tod verurteilt wurden.«[48] Hannah Arendt resignierte angesichts der Berichte Überlebender aus den Lagern, dass in der totalen Herrschaft nichts Geringeres auf dem Spiel stehe als das Wesen des Menschen:

»Das einzige, was nach Tötung der moralischen Person noch übrigbleibt, um zu verhindern, daß Menschen lebende Leichname sind, ist die Tatsache der individuellen Differenziertheit, der eigentümlichen Identität. (.) Es ist auch keine Frage, daß dieser Bestandteil der menschlichen Person, gerade weil er so wesentlich von Natur und willensmäßig unkontrollierbaren Mächten abhängt, am schwersten zu zerstören ist (wie er nach der Zerstörung auch am schnellsten wieder auflebt).«[49]

### 2.2.2 Panem

Wie schon im Dritten Reich, so werden auch in Panem Kinder frühzeitig ideologisch abgerichtet. In der NS-Diktatur war der Einzelne permanent in den verschiedensten NS-Organisationen beschäftigt, die ganze Zeit wurde hierdurch in Anspruch genommen. Die Kinder gehörten nicht den Eltern, sondern dem Staat. Das Gleiche gilt für Panem. Die Hungerspiele können zurecht als Kindermassenmordprogramm bezeichnet werden. In 74 Jahren starben in der Arena rund 1746 Kinder.* An die Stelle der Rassenlehre ist der Staatsmythos um die »Dunklen Tage« getreten. Wie im Dritten

---

* Dabei berechne ich pro Jahr 23 tote Tribute, wobei das Zweite Jubel-Jubiläum unregelmäßig 45 tote Kinder forderte, die 74. Hungerspiele hingegen unregelmäßig 22. Die toten »Sieger« beim Dritten Jubel-Jubiläum habe ich ihres höheren Alters wegen nicht in das Kindermordprogramm einbezogen, was ihre Opfer aber in keinem Fall mindert.

Reich, so liegt auch in Panem den Kindermordprogrammen eine genaue Beobachtung der Tribute und ein »Kennenlernen« ihrer persönlichen Biographie zugrunde.

Der Unterschied ist aber, dass sich die Lebensgeschichte und das Wesen eines Tributs hinter einer Maske verstecken, die getragen wird von der Hoffnung, überleben zu können. Die Kinder wurden auf eine Punktzahl reduziert, die sich auf ihre beste Fähigkeit bezog, einander zu töten. Die Gefallenen wurden als Exemplare ihrer Distrikte mit einer Nummer unter dem Hall von Kanonenschüssen in den Tod verabschiedet. Auch in Auschwitz »wurde der einzelne Mensch in der industriellen Vernichtung auf das nummerier bare Exemplar seiner Gattung reduziert, bar jeder Individualität noch im Tode.«[50]

Während über das Offensichtliche in NS-Zeiten geschwiegen wurde, wird es in Panem als Staatskult zelebriert. Auch sind die Kinder ihren Mördern nicht nur hilflos ausgeliefert, sondern sie werden selbst zu Mittätern ihrer eigenen Ermordung.

Während die Nationalsozialisten oft über Jahre hinweg Kinder ideologisch indoktrinierten, so genügt in Panem oft eine einfache Zugfahrt, um sie innerlich zu zerstören und zu »Tötungsmaschinen« abzurichten. Was Collins hier als Szenario erschaffen hat, ist vergleichbar mit dem hypothetischen Umstand, dass Juden bei ihrer Ankunft in den KZs den Wärtern zugelacht und zugewunken hätten, in der Hoffnung, dadurch ihre Überlebenschancen auch nur minimal zu erhöhen. Das macht die Hungerspiele in Panem so grausam und unvorstellbar. Aber die Psychoanalyse und die Sozialpsychologie haben gezeigt, dass diesem hypothetischen Szenario eine wissenschaftliche Folie zugrunde liegt.

Die Spielemacher machten Karriere. Sie sind Täter und Opfer zugleich. Sie unterwarfen sich der Wissenschaft und quälten und mordeten aus einem Kontrollzentrum heraus. Wie die Teilnehmer des Milgram-Experimentes befolgen sie Anweisungen, ohne darüber nachzudenken oder sich in ihre Opfer hineinzuversetzen. Sie opfern ihre Moral und menschliche Persönlichkeit für die Unterwerfung unter die Wissenschaft und das reibungslose Funktionieren von Hierarchie und Institutionen.

Die »Sieger« überleben die Arena zwar, sind aber für ihr Leben traumatisiert. Sie leiden an Angstzuständen, Depressionen oder anderen psychischen Störungen. Sie konsumieren Alkohol oder andere Drogen. Sie können oft an nichts anderes mehr denken als an ihre Angst. Leben im eigentlichen Sinne ist für sie nicht möglich, ihre einzige Ausflucht ist für sie die innere Destruktivität. Sie suchen den Selbstmord als indirekte Erlösung, weil durch die ständige totale Kontrolle durch den Überwachungsapparat des Kapitols der direkte Selbstmord ausgeschlossen ist. Aber auch ihr Verantwortungsgefühl gegenüber ihrer Familie und ihrem Distrikt hält sie »palliativ« am Leben.

Das Leiden der Tribute endet mit dem Verlassen der Arena nicht. Auch das Versprechen, Vergleichbares nie wieder erleben zu müssen und mit Reichtümern überhäuft zu werden, lindert ihre Angst nicht. Ähnlich erging es auch den Überlebenden der NS-Kindereuthanasie. Sie berichten, dass sie eine »furchtbare Todesangst« ständig verfolge und sie nachts schreiend aufwachen. Diese Erinnerungen werden nie mehr verschwinden. Für manche ist ein Weiterleben nur möglich, indem sie diese schrecklichen Erlebnisse verdrängen.[51] Ein Betroffener berichtet:

»Das Aufwachen in der Früh, und ich werde munter, und ich sage mir, ich bin jetzt alt, und es ist vorbei, und es kommt für mich sicher nicht mehr wieder, das ist jedes Mal in der Früh mein Ritual, dass ich mir das vorsage. Du hast es überstanden, und es ist vorbei. Im Munterwerden glaube ich, ich sei ..., schlafend, in diesem Dämmerschlaf, bin ich mir gar nicht so sicher, dass ich das alles überstanden hätte. Wer gibt mir die Garantie dazu, dass das nicht alles wiederkommt, in irgendeiner Form?«[52]

Für Außenstehende ist dieser Zustand der Ungewissheit, der Angst, der Todesangst oft nicht verständlich. Auch Zureden, dass man nun »sicher sei, absolut sicher vor dem Kapitol, vor Snow« oder vor den Nazis, hilft oft nicht. Jemand, der Vergleichbares nie erleben musste, kann sich fast unmöglich in diese »Realität« hineinversetzen.

Die Experimente, die die Nationalsozialisten an »nicht geselligen« Kindern in Lagern oder »Besserungsanstalten« vorgenommen haben, waren die totale Herrschaft über ihre Körper und haben sie seelisch vernichtet. Der Tod zählte zu den legitimen Behandlungsmethoden. Die totale Herrschaft der Hungerspiele war nichts Geringeres als das ungeheure Experiment, ob der seelische Tod – gleichwohl die psychische Ermordung, wie Arendt erkannte, sehr viel schwieriger zu verwirklichen ist als die physische –, schließlich auch ein rein biologisches Überleben fast unmöglich macht, da diese Erinnerungen nie mehr verschwinden werden.

Während die NS-Faschisten Leben noch selbst umgebracht haben, hat man in Panem die Lebensvernichtung neu erfunden. Hier ist es möglich geworden, den perfekten Mord zu begehen. Niemand hat die Kinder umgebracht. Nachdem sie seelisch zerstört waren, sind sie selbst in der Arena übereinander hergefallen. Der sichtbare Täter verschwindet zusammen mit seinem Opfer. »Happy Hunger Games« ist das medienkonsumgerechte Pardon zu »Lang lebe der Tod«, bei dem die Erwachsenen die Tribute, die nur allzu bereitwillig in den Tod in der Arena stürmen, bejubeln.

## 2.3 *Jugend ohne Gott?*

»Wenn man sich mit Depressionen und Langeweile beschäftigt, stößt man auf reiches Material, aus dem hervorgeht, dass das Gefühl, zur Wirkungslosigkeit verdammt zu sein – das heißt, zu einer völligen vitalen Impotenz (.) –, eines der schmerzlichsten und vielleicht fast unerträglichen Erlebnisse ist, und dass der Mensch fast alles versuchen wird, um es zu überwinden – von Arbeitswut oder Drogen bis zu Grausamkeit und Mord.«

– Erich Fromm [53]

In diesem Unterkapitel möchte ich anschaulich erklären, inwieweit »Destruktivität« als Alltagsphänomen beobachtet werden kann. Anders als Freud begreift Erich Fromm Destruktivität nicht als einen Todestrieb, sondern als die Folge ungelebten Lebens. Wo Leben unterdrückt wird, flüchtet der Einzelne in die Destruktivität. Der Mensch, der Leben nicht leben kann, muss etwas zerstören. Dies ist nicht nur bei einzelnen Menschen, sondern auch bei Gruppen zu erkennen.

Studien bei Jugendlichen in einem Heim für schwererziehbare Kinder stellten einen Zustand fest, der als »unbewusste Depression« bezeichnet werden kann. Auch Fromm führt in seinem Buch über die menschliche Destruktivität Fallbeispiele an, aus denen hervorgeht, »dass dieser Zustand eine der Ursachen für destruktive Handlungen ist, die in vielen Fällen die einzig mögliche Form der Erleichterung zu sein scheinen.

i)   Ein junges Mädchen, das in einer Nervenklinik untergebracht war, hatte sich die Pulsadern aufgeschnitten und ihre Tat damit erklärt, dass sie feststellen wollte, ob sie überhaupt Blut habe. Es war dies ein junges Mädchen, das sich als nichtmenschlich empfand und das auf keinen Menschen reagierte. Sie glaubte, keinen Affekt ausdrücken oder auch nur empfinden zu können. (Eine sorgfältige klinische Untersuchung hatte ergeben, dass es sich nicht um Schizophrenie handelte.) Ihr Mangel an Interesse und ihre Unfähigkeit, zu reagieren, waren so groß, dass sie sich nur dadurch davon überzeugen konnte, ein lebendiger Mensch zu sein, dass sie ihr eigenes Blut sah.

ii) Einer der Jungen aus dem Heim für Schwererziehbare warf zum Beispiel große Steinbrocken auf das Dach seiner Garage und ließ sie von dort herunterrollen, wobei er sie mit dem Kopf aufzufangen versuchte. Seine Erklärung lautete, dies sei für ihn die einzige Möglichkeit, überhaupt etwas zu fühlen. Er unternahm fünf Selbstmordversuche. Er brachte sich an besonders schmerzempfindlichen Stellen Schnittwunden bei und meldete es jedes Mal den Wärtern, sodass er gerettet werden konnte. Er sagte, durch die Schmerzempfindung fühle er wenigstens überhaupt etwas.

iii) Ein anderer junger Mann erzählte, er sei in der Stadt herumgelaufen ‹mit einem Messer im Ärmel, mit dem ich auf die Vorübergehenden eingestochen habe›. Er empfand Vergnügen daran, die Todesangst im Gesicht des Opfers zu beobachten. Er nahm auch Hunde mit in eine Gasse und tötete sie mit seinem Messer ‹nur so eben zum Spaß›. Einmal sagte er mit Nachdruck: ‹Ich glaube, die Hunde haben es schon gespürt, wenn ich mit dem Messer in sie hineingestochen habe.› [Anm.: Tatsächlich beginnen viele Serientäter in den USA ihr Tun mit der Verstümmelung von Tieren.] Derselbe junge Mann bekannte, er sei mit einem Lehrer und dessen Frau im Wald gewesen, um Holz zu hauen, und da habe er die Frau des Lehrers allein dastehen sehen, und es habe ihn furchtbar gereizt, ihr die Axt in den Kopf zu hauen.

Glücklicherweise sah sie den merkwürdigen Ausdruck in seinem Gesicht und verlangte die Axt. Dieser Siebzehnjährige hatte das Gesicht eines kleinen Kindes; ein Assistenzarzt, der sich zum Zweck der Berufsberatung mit ihm unterhielt, sah in ihm einen reizenden Jungen, von dem er nicht begreifen konnte, wie er in die Anstalt gekommen war. Tatsächlich aber war der zur Schau getragene Charme manipulierend und höchst oberflächlich. (.)

iv) Ein sechzehnjähriger Oberschüler, der für seine guten Leistungen Auszeichnungen erhielt und in einem Kirchenchor sang, wurde heute in ein Jugend-Erziehungsheim gebracht, nachdem er bei der Polizei angegeben haben soll, er habe seine Eltern erschossen, weil er einmal sehen wollte, wie das ist, wenn man einen umbringt. (.) Von behördlicher Seite verlautet, dass sie (.) mit einem Jagdgewehr durch einen Schuss in die Brust getötet wurden. [Der Vater] war ein Lehrer an der Highschool, der Unterricht mit Lehrfilmen gab, und [die Mutter] war Lehrerin an der Unterstufe der Highschool.

Der Staatsanwalt (.) sagte, ‹der netteste Junge, den man sich vorstellen könne›, sei [am Tag nach der Tat] auf die Polizei gekommen, und er sei sehr gelassen und höflich gewesen, als man ihn verhört habe. (.) der

Junge habe gesagt: ‹Die Leute (seine Eltern) wurden alt. Ich habe keine
Wut auf sie, ich habe nichts gegen sie.› Der Junge sagte, er habe schon
lange mit dem Gedanken gespielt, seine Eltern zu töten. [Der Staatsan-
walt] meinte: ‹Er wollte wissen, wie das ist, wenn man einen umbringt.›
Offenbar ist das Motiv für derartige Morde nicht Hass, sondern wie in den
erwähnten Fällen ein unerträgliches Gefühl der Langeweile und Ohnmacht
und das Bedürfnis, zu erleben, dass es doch noch jemand gibt, der reagiert,
jemand, auf den man einen Eindruck machen kann, eine Tat, die der Monotonie des täglichen Lebens ein Ende machen wird. Wenn man jemand umbringt, so gibt das die Möglichkeit, zu erleben, dass man ist und dass man
auf ein anderes Wesen eine Wirkung ausüben kann.«[54]

Fromms Beobachtungen, die sich auch auf zahlreiche Zeitungsbe-
richte aus verschiedenen Ländern stützen, gehen auch mit meinen
eigenen Erfahrungen aus der Schulzeit Hand in Hand. Dabei be-
ziehe ich mich auf sichtbare und unsichtbare Destruktivität, wie
auch Sadismus und die Faszination für das Tote.

Eine unsichtbare Form der Destruktivität ist die der Sprache. Ich
kann jemanden beleidigen, Lügen über ihn verbreitet, ihn bedrohen
oder regelmäßig vor anderen bloßstellen – das alles hat zum Ziel,
ihn in seiner Suche und Bildung seiner eigenen Persönlichkeit zu
behindern und charakterlich zu zerstören. Auch Nazi-Witze, Ha-
kenkreuzschmierereien, Hitlergrüße, Judenwitze oder Lieder über
den Holocaust empfand ich als sehr destruktiv – gleichwohl die
meisten Kinder *schlau* genug waren, sich dabei nicht erwischen zu
lassen.

Dabei spielte es keine Rolle, auf welchen Schulzweig jemand
ging. Im Gegenteil hatte ich sogar eher den Eindruck, je »gebildeter« und akademisierter das eigene Elternhaus war, desto eher
fühlte sich ein Schüler unantastbar und glaubte, die Grenzen des
Sagbaren und Machbaren nicht nur austesten, sondern regemäßig
deutlich überschreiten zu *müssen* und vor allem: *zu dürfen*. Wer einen Schokoriegel aus einem kleinen Laden in der Schule klaute, war
»korrekt« – solange er sich dabei nicht erwischen ließ, war die Konsequenz nicht Schelte, sondern Anerkennung und Respekt auf dem
Schulhof.

Während der gemeinsamen Schulzeit erlebten wir einen intensiven kulturellen Austausch mit Zeitzeugen und Friedenspreisträ-
gern aus Nigeria oder beteiligten uns an einer Schuhputzaktion, um
Geld für eine örtliche jüdische Gemeinschaft zu sammeln. Das einfache Teilnehmen an diesen Aktivitäten ist noch kein Ausschluss-
kriterium von menschenfeindlichem Gedankengut, ein engagiertes

Teilnehmen und aufmerksames Zuhören dagegen schon. Das Bemerkenswerte ist also nun, dass betreffende Schüler weder rassistisch noch antisemitisch eingestellt waren. Vielmehr liegt der Schluss für mich nahe, dass es um Mutproben und das Bekunden von Zugehörigkeit ging, auf dem Weg billigster Art, nämlich zerstörerisch. Je mehr einige Schüler über die NS-Zeit, den Weltkrieg und den Holocaust lernten, desto größer schien das Bedürfnis zu sein, Aufregung dadurch zu erleben, indem man etwas Verbotenes tut, nämlich die moralischen und ethischen Gedankengebäude unserer Zivilisation bis auf die Grundmauern niederzubrennen.[*]

Je mehr in einer Geschichtsstunde über Gaskammern gesprochen wurde, desto größer war die Wahrscheinlichkeit, dass nach der Unterrichtsstunde wiederholt Witze gemacht wurden, in dem Sinne, dass die Zahl der Juden, die in einem Smart passen, allein von der Größe des Autoaschenbechers abhänge.[†] Unsichtbare Destruktivität aus Langeweile und dem Drang nach Drama kann kaum radikaler sein. Destruktivität oder Sadismus werden nicht immer sichtbar ausgelebt, aber auch im sichtbaren Sinne möchte ich einige sehr persönliche Erfahrungen aus meiner Schulzeit aufgreifen. Als autistischer Junge zog ich es in den Pausen vor, mich vor dem Lärm, Gedrängel und Geschubse rennender Kinder zurückzuziehen.

---

[*] Das Gleiche dürfte auch für das sogenannte »Penis-Spiel« gelten, bei dem Schüler im Klassensaal oder auf dem Pausenhof laut »Penis« rufen und quasi darauf wetten, nicht von einer Lehrkraft darauf angesprochen zu werden. Das Spiel, bei dem Jungen und Mädchen gleichermaßen mitmachten, ist destruktiv in dem Sinne, als dass es sexuelle Tabus unserer Gesellschaft durchbricht. Damit ist es rebellisch. Es dient der Unterhaltung in dem Sinne, als dass es Aufregung und die Spannung erzeugt, ob man »erwischt« oder man als der Rufende erkannt wurde und nicht mehr anonym ist. Interessant ist hierbei, dass es kein analoges »Vagina-Spiel« gab. Die Fixierung auf das primäre männliche Geschlechtsteil lässt sich vielleicht durch dessen äußere Sichtbarkeit erklären. Die Fixierung auf männliche Genitalien ist in unserer Kultur verbreitet und hat auch breiten Eingang in Werbung und Filme gefunden. In Musik-Videos trägt so zum Beispiel eine Sängerin – kein Sänger – einen Gürtel mit Pistolen, die so angeordnet sind, dass die Schussanlage Ähnlichkeiten mit einem ejakulierenden Phallus hat. Das obige Spiel ist ein Teil dieser kollektiven Fixierung., die sich nicht im »reifen« Alter oder in der Werbung, sondern auf dem Pausenhof einer Mittelstufe zeigt.

[†] Ein anderer Witz stellte die Frage: »Was ist lustiger, als fünf Kinder in eine Mülltonne zu stecken?« – Und gab die Antwort: »… ein Kind in fünf Mülltonen zu stecken.«

So suchte ich mir in der Grundschule einen Baum auf dem Pausenplatz, der mein bester Freund wurde. Dieses sonderbare Verhalten nahmen einige Schüler zum Anlass, sich über mich lustig zu machen oder mich sogar zu attackieren. Eine Schülerin aus der Parallelklasse bedrohte mich, sie würde mich schlagen, wenn ich nicht mit ihr spiele, sodass ich mich fügte. In diesem »Spiel« nahm ich die Rolle eines Roboters ein, der gelegentlich auf Befehle gehorchen musste. Erst als sie Geld von mir erpressen wollte, weigerte ich mich. Als sie mich daraufhin schlagen wollte, hob ich reflexartig meinen Arm schützend vor den Kopf, wobei ich sie offenbar mit meiner Hand (im Gesicht?) streifte. Völlig aufgelöst rannte sie weinend davon und ich hatte nie wieder Kontakt zu ihr.

Heute macht mich vor allem ihre Fixierung auf das Tote traurig. Mein bester Freund war ein Baum, sie träumte von einem Roboter als Freund. Den Werbeslogan einer Fastfoodkette: »Ich liebe es«, änderte sie ab zu: »Ich hasse es.« Das war ihr Lebensmotto. Aufgrund ihrer aggressiven und beherrschenden Art – so erfuhr ich einige Jahre später von einer anderen Schülerin aus der Mittelstufe –, hatte sie selbst keine echten Freunde. Ich glaube, als ein Einzelner, der sich nicht wehrte, hatte sie einen Drang, mich beherrschen zu wollen. Der Moment, in dem ich mich das erste Mal zu Wehr setzte, muss für sie ein Schock gewesen sein.

Etwas Vergleichbares habe ich auch später in der Mittelstufe erlebt, als ich mit anderen vor der Jungentoilette auf einen Lehrer wartete, der die Tür aufschloss.* Da stand ich nun alleine von der Gruppe separiert, als einer der Jungen die Idee hatte, mich mit kleinen Steinen abzuwerfen. Daraufhin wehrte ich mich nicht, sondern ignorierte ihn. Wieder erschien ich schwach und wehrlos. Das eigentlich Interessante war aber nicht , dass – als ein Lehrer zum Aufschließen kam – der Junge behauptete, ich hätte ihn abgeworfen, sondern dass ihm ein anderer beipflichtete und seine Aussage bestätigte. Der Lehrer war etwas genervt und sagte, wir sollten einfach aufhören und auf die Toilette gehen.

---

* Aufgrund von Sachbeschädigungen waren die Türen nur während der Pausen geöffnet oder man musste sich einen Schlüssel von einer Lehrkraft leihen. Der zunehmende Vandalismus auf den (öffentlichen) Toiletten oder die Ausartung von »Abgängerstreichen« ist hier nur nebensächlich, jedoch für den allgemeinen Kontext nicht uninteressant.

Der Film *Jugend ohne Gott* (2017), der auf dem gleichnamigen Roman von Ödön von Horváth basiert, spitzt die gegenwärtigen Missstände und Ungleichheiten unseres Bildungssystems zu. Der Verfall der humanistischen Bildung zu einer Konditionierung des Menschen als konsumierender Automat – kurz: »Kunde« – ist durch die Globalisierung in fast allen industriellen Staaten eingezogen, die miteinander um die »beste« Bildung ihrer Kinder konkurrieren.

Mit Blick auf die Bildungssysteme in vielen asiatischen Ländern, allen voran China und Südkorea, ist die schockierende Erkenntnis, dass durch das Trimmen auf etwas, was man Leistung nennt, zum einen, zum anderen die Vorgaben von Rollenbildern, man sich in Schulen dort quasi kleine Autoritätsabhängige heranzüchtet. In Südkorea lernen Mädchen darüber hinaus das Schminken in der Schule und werden auch ganz allgemein mit obsoleten Rollenbildern vertraut gemacht, als sei es die einzige und die hauptsächliche Aufgabe der Frau, dem männlichen Geschlecht zu gefallen und es zu befriedigen.

Das eben dies dasjenige Bildungssystem in der Welt ist, welches in PISA-Studien gut abschneidet, daher als Konkurrenz- wie als Vorbildmodell auch für europäische Länder und insbesondere Deutschland gesehen wird, ist so absurd wie besorgniserregend, denn das »Produkt« solcher »Bildungs«-Systeme sind nämlich keine humanistisch gebildeten Menschen, sondern Automaten. Diese Automaten sind aber nicht sozial, fair, gerecht, gebildet und der Demokratie und dem Gemeinwesen wohlgesonnen, sondern sadistisch, opportunistisch, karriereorientiert, egozentrisch und narzisstisch, wie auch gewaltbereit, ist nicht nur ein Missstand, sondern eine Katastrophe. In *Jugend ohne Gott* tötet ein Schüler einen anderen, weil es ihn erregt zu sehen, wie das Leben aus einem Körper weicht.

Dies ist keinesfalls satirisch überhöht oder dystopisch, sondern – wie Fromm und andere Sozialwissenschaftler gezeigt haben – systematisch. Diese Erfahrung habe auch ich ganz persönlich erlebt, als ich an einem Schultag auf dem Nachhauseweg von einer Gruppe Schülern, die zwar in einer Parallelklasse waren, mich aber aus gemeinsamen Sprachkursen kannten, an einer Kreuzung gegen eine Mauer drängten. Während zwei von ihnen nach Passanten ausspähten, zog einer von ihnen ein Taschenmesser aus der Hosentasche und hielt es mir an den Hals. Die Situation löste sich auf, als ein Auto vorbeifuhr. Danach lief ich weiter und sie verfolgten mich nicht, da sie offenbar das Interesse verloren hatten oder der »günstige« Moment verstrichen war.

Diese Erfahrung war sehr dramatisch. Sie jedoch zu melden, stellte die Gefahr dar, dann erst recht eine Zielscheibe für andere darzustellen, bei geringen Aussichten auf Besserung. Im Unterricht und in Anwesenheit von Lehrkräften verstanden es eben diese Schüler sehr gut, als »Sonnenschein«, der »keiner Fliege was tun kann« aufzutreten, weshalb in der Tat frühere Interventionen eher auf mich selbst negativ zurückfielen. So lernte ich, mich »Sag nichts, Augen zu und durch« zu unterwerfen. Die Vielzahl an alltäglichen Ereignissen war ohnehin zu groß, als dass man darüber Meldung hätte abgeben können. Zwar handelt es sich dabei um kleinere Vergehen, diese deuten jedoch auf einen nicht geringeren destruktiven Charakter hin, der sehr weit verbreitet ist.

Ein Mitschüler aus einer Schul-AG fand so etwa Freude daran, anderen Schülern – besonders mir – immer wieder zu erzählen oder zu drohen, dass er morgen mit einem Messer in die Schule komme und mich (oder andere) damit aufschlitzen würde.

Ein weiterer Schüler, der recht adipös und motorisch sehr ungeschickt war, wurde wegen seiner Unzulänglichkeiten oft von anderen aufgezogen. Er sprach sehr destruktiv, beleidigte und beschimpfte andere. Regelmäßig machte er Dinge kaputt oder ließ Sachen fallen, ohne eine böswillige Absicht. Bemerkenswert ist aber, dass er sich selbst den Namen »The Master of Desaster« gab und auf seine Destruktivität – ob absichtlich oder versehentlich – stolz zu sein schien. Er machte gar nicht erst den Versuch, sich zu bessern, sondern erfreute sich an seinem Zerstörungspotenzial. Einen fast identischen Fall hat auch Erich Fromm vor über 50 Jahren beschrieben. Dabei geht es um einen 22-jährigen Mann, für den alles »scheiße« war: das Leben, die Menschen, die Ideen und die Natur. Der gleiche junge Mann sagte stolz von sich: »Ich bin ein Künstler der Zerstörung.«[55]

Michael Maccoby und Erich Fromm haben einen interpretativen Fragebogen erstellt, dessen Analyse Folgendes erbrachte:

1. Das Vorhandensein eines nekrophilen Syndroms, das ihr theoretisches Modell bestätigte;
2. Biophile und nekrophile Tendenzen sind messbar;
3. Diese Tendenzen korrelieren tatsächlich auf signifikante Weise mit soziopolitischen Belangen.

Dabei ist besonders der Sprachgebrauch ein hervorstechendes Merkmal nekrophiler Charaktereigenschaften.

»Die Sprache eines nekrophilen Menschen ist dadurch gekennzeichnet, dass er vorwiegend Worte benutzt, die sich auf Zerstörung, auf Exkremente und Toiletten beziehen. Wenn auch das Wort ‹Scheiße› heute sehr häufig gebraucht wird, so sind doch die Leute unschwer zu erkennen, deren Lieblingswort es ist, das sie überdurchschnittlich anwenden. (.) Bei unserer Analyse des an deutsche Arbeiter und Angestellte gerichteten Fragebogens sind wir auf viele Beispiele einer nekrophilen Ausdrucksweise gestoßen. Eine Illustration dazu sind die Antworten auf die Frage: ‹Was denken Sie über Frauen, die Lippenstift und Make-up benutzen?› Viele antworteten: ‹Das ist bürgerlich› oder ‹Das ist unnatürlich› oder ‹nicht hygienisch›. Ihre Antwort entsprach einfach der vorherrschenden Ideologie. Aber eine Minderheit gab Antworten wie ‹Das ist giftig› oder: ‹Solche Frauen sehen wie Huren aus›. Diese der Wirklichkeit nicht entsprechenden Formulierungen waren höchst bezeichnend für ihre Charakterstruktur: Die Antwortenden, die sich solcher Ausdrücke bedienten, wiesen fast sämtlich auch in ihren anderen Antworten destruktive Tendenzen auf.«[56]

Es dürfte an dieser Stelle überflüssig sein, die zahlreichen Beschimpfungen und Kraftausdrücke aufzuzählen, die auf Schulhöfen heute – und besonders in sozialen Medien – gebraucht werden. Dennoch möchte ich kurz feststellen, dass ich persönlich die von Fromm gebrachten Beispiele »scheiße« und »Hure« noch als vergleichsweise »harmlos« bezeichnen würde; insbesondere dann, wenn man nicht nur auf die destruktive Sprache, sondern auch auf destruktives Verhalten achtet.

Die 2021 neu auf Netflix erschienene südkoreanische Serie *Squid Game* hat zum Gegenstand, dass reiche Privatpersonen armen und ausgebeuteten Menschen ein besseres Leben ermöglichen. Dafür müssen sie auf einer Insel Kinderspiele gewinnen. Die Verlierer eines Spiels werden disqualifiziert und entweder direkt durch ihre Niederlage getötet oder kurz darauf erschossen. Nur kurze Zeit nach dem Erscheinen der Serie – die offenbar trotz Altersbeschränkung auch Grundschüler gesehen haben – kam es auf Pausenhöfen nicht nur vermehrt zu Ohrfeigen und Prügeleien, sondern »eine britische Grundschule schrieb zum Beispiel einen Brief an die Eltern und warnte davor, dass manche Kinder auf dem Spielplatz so getan hätten, als würden sie sich gegenseitig erschießen.«[57] Das Erschreckende ist hierbei für meine Begriffe nicht, dass Kinder im Grundschulalter durch blutige und brutale Serien moralisch und sozial

»verdorben« werden, sondern dass sie für Gewalt, Mord und Bluttaten »empfänglich« sind – wie es im Grunde unsere ganze Gesellschaft ist, führt man sich die erfolgreichsten Serien und Filme in der Populärkultur vor Augen. Offenbar ist die empfundene Langeweile und die erfolglose Sinnsuche im Leben vieler Menschen so groß, dass sie als billigste Ausflucht, um ihren Durst nach Drama zu stillen, die Destruktivität wählen. Es ist die Gesellschaft, in die Kinder hineingeboren werden, die ihnen vermittelt, Gewalt sei etwas »Normales« und »Natürliches«, oder wie Philipp Reemtsma schrieb: eine »Lebensform«.

Es war im Jahr 2019, als ein Freund und ich in einem Nachbarort mit dem Auto an einem Fußballplatz vorbeifuhren und uns wunderten, weshalb dort ein Krankenwagen auf dem Rasen stand. Am nächsten Tag ging die Nachricht durch die ganze Bundesrepublik, dass ein 29jähriger Spieler den 22-jährigen Schiedsrichter nach einem Feldverweis bewusstlos geschlagen hatte.[58] In den Medien war die Aufregung groß, immerhin sei ein Schiedsrichter eine Respektperson und man wunderte sich, woher die Gewalt im Sport komme. Dabei ist dieser Fall im Grunde überhaupt nichts Außergewöhnliches mehr. Immer mehr Fußballspiele – besonders in der 1. Bundesliga – müssen unterbrochen oder abgebrochen werden, weil Hooligans sich auf den Rängen mit Pyrotechnik beschießen oder es zu Schlägereien kommt, auch mit polizeilichen Einsatzkräften in und vor dem Stadion. Wenn Eltern zuhause vor dem Fernseher über »Vollidioten« schimpfen, da sie selbst das alles ja »viel besser« könnten, die Vereinsleute des gegnerischen Sportvereins in Fangesängen »Hurensöhne« sind oder der italienische Schiedsrichter beim Länderspiel ein »scheiß Spaghettifresser« ist, der »nicht mehr stehend vom Platz« gehen würde, wenn man selbst Spieler sei, ist die gewaltsame Entgleisung eines jungen Menschen kein Sonderfall, sondern die logische Konsequenz.

Diese und sehr persönliche Erfahrungen haben mich sehr geprägt und ich habe bewusst Schimpfworte und Vorfälle konkret benannt und geschildert, damit verständlich wird, worum es geht und mit welchen moralischen, sozialen und soziopolitischen Problemen wir uns als Gesellschaft auseinandersetzen müssen. Für Autonome, Hooligans, Rechtsradikale, Terroristen, gewaltbereite Fundamentalisten oder fanatische Abtreibungsgegner ist Destruktivität zum Selbstzweck geworden. Viele Gewaltexzesse im Zusammenhang mit Fremdenhass, bei Fußballspielen, Schießereien in Schulen und

Gewalttaten aus Langeweile zeugen von dieser Faszination für das Gewalttätige.[59] Nicht immer aber wird Destruktivität absichtlich und gezielt ausgelebt; oftmals neigen Individuen ganz unbewusst zu destruktivem und auch selbstzerstörerischem Verhalten.

Das zeigt sich auch bei Alf. Sein Alltag erstickt an Einsamkeit und in der resultierenden Langeweile seiner immer wiederkehrenden TV-Programme: *Gilligans Insel, Bonanza Captain Känguru*... Täglich laufen seine Serien stundenlang und werden in drei Wochen drei Mal wiederholt. Er gibt offen zu: »Mein Motto ist: Ich mache alles kaputt.« Küchengeräte, Vasen, Gläser, Geschirr, Fensterscheiben – nichts ist vor ihm sicher. »Er hat Feuer im Wohnwagen gelegt, er hat unseren Christbaum zersägt, das Fenster zerstört, das Bild vernichtet, den Garten verwüstet, den Wagen gestohlen, das Klavier beerdigt, er hat mich verhaften lassen, Kreditkarten hemmungslos und illegal missbraucht, er hat den Fernseher kurzgeschlossen, die Katze terrorisiert und ließ die Küche explodieren«, zählt Willi Tanner auf und Kate resigniert: »So richtig destruktiv wird er erst während Hockey Saison« und »Jede Minute ist man alarmiert, was als nächstes anstellt.«

| | |
|---|---|
| *Alf:* | »Was wir nicht verstanden haben, haben wir kaputt gemacht. Wer mit Gewalt anfängt, kriegt auch gewaltig eins drauf.« |
| *Willi:* | »Weißt du denn nicht mehr, was mit deinem Planeten passiert ist?« |
| *Alf:* | »Er ist gewaltsam in die Luft geflogen. Wieso?« |
| *Willi:* | »Siehst du denn da überhaupt keine Zusammenhänge?« |
| *Alf:* | »...da hängt nichts mehr zusammen.« |
| *Willi:* | »Warum müssen solche Sachen immer die passieren?« |
| *Alf:* | »Schicksal... Vielleicht war ich im früheren Leben eine Abbruchbirne.« |

Die Feuerversicherung stiegt von 300 auf 3000 $ im Jahr.[*] Seine Lebensphilosophie ist: »Schaue niemals zurück. Du ersparst dir den

---

[*] Außerdem stapelt er die Möbel zusammen, zerstört mehrfach das Fenster bei den Nachbarn und macht den Kamin kaputt. Er ruiniert Willis Smoking, zerlegt das Haus in seine Einzelteile, verwüstet Jakes Zimmer und Niels Wohnung. Er hat bei den Nachbarn »nicht eingebrochen, sondern mit einem Stemmeisen geöffnet«. Er beschmiert die Couch mit Farbe und malt mit Fettkreide an die Wand. Seinen »Alfromeo« baut er aus Willis Rasenmäher, Lynns Fahrradbremsen und Kates Hochzeitskleid zusammen. Er ruiniert Kates Strohhut als missglückter Zauberer, glaubt aber, dass seine eigentliche Begabung in der Kunst liegt, gewaltige Feuerwerke zu inszenieren. Er setzt

Blick ins Chaos.« Er glaubt fest: »Traditionen sind wie Teller: gemacht, um in Stücke zu zerfallen.« Alfs Ernte im Garten ist mager
und seine Ameisen-Haustiere lässt er in der Sonne verdorren. Aber
auch seine Ernährung in maßlos großen Mengen, die er konsumiert,
ist ungesund und damit destruktiv. Er frisst alles zusammen, was
er in die Finger bekommt: Klebstoff, Puzzleteile, Tennisschläger mit
Katzenhaaren, Sonnencreme, Zahnpasta, Knetmasse, Wolle. Als
mehr mehrere dutzend Cola-Dosen leertrinkt meint er zu Willi nur
flapsig: »Ich riskiere eine Diabetes.«

Man darf nicht vergessen, dass es Menschen waren, die seine Folie erdachten. Alf ist damit eine Projektionsfläche für menschliche
Verhaltensweisen. Viele Menschen, die unhöflich und nachlässig,
unvorsichtig, tollpatschig oder ungeschickt sind, haben vielleicht
unbewusst das Bedürfnis, etwas zu zerstören oder zu hören, wie
etwas zerbricht. Aber auch bei Haustieren konnte ich ähnliche Beobachtungen feststellen. Ein Hund, dessen nackte Lebenserhaltung
durch das Zusammenleben mit dem Menschen gesichert ist, beginnt das Leben zu transzendieren. Er entwickelt eine Seele. Wenn
sein Leben aber ungelebt bleibt, er nicht genug Auslauf bekommt,
nicht gepflegt oder ausreichend geliebt wird, dann beginnt er oft,
sich aggressiv zu verhalten – gegenüber Menschen, aber auch anderen Hunden.

Dabei berichte ich aus einer persönlichen Erfahrung. Im konkreten Fall ging es um den Hund unserer damaligen Nachbarn. Wir
versorgten ihn einige Zeit lang, als diese längere Zeit verreist waren. Es war zu beobachten, dass der Hund sich ruhiger verhielt,

---

das Haus unter Wasser, um mit der Aircondition auf höchster Stufe eine
Eisbahn zu machen. Er lässt Brians Geschichtsbuch ins Aquarium fallen und
verbrennt es danach im Ofen. Während seinen monatlichen Fressorgien ver-
wüstet er die Küche. Er zettelt eine Kulturrevolution an und verwüstet das
Haus, kann sich aber wegen eines Blackouts nicht daran erinnern. Er setzt
Willi mit dem Kopf im kaputten Fernseher unter Strom und sagt, es war ein
Missverständnis. Er gibt dem jungen Brian Bier zu trinken, macht dessen
Spielzeugastronauten sowie Willis Uhr und Kurzwellensender kaputt. Er
zerstört die Gartenlaube und verwüstet mehrfach das Bad. Er lässt Eier in
der Mikrowelle explodieren, tapeziert die Fliegengitter, rast mit einem Auto
durch mehrere Vorgärten und macht dabei Kleinholz. Er setzt den Herd in
Brand und bohrt ein Loch in den Esstisch. Er gräbt den Garten zu einer
Schlammlagune um, setzt das Schlafzimmer unter Wasser und versucht mit
dem Mixer, Steine zu zermahlen. Er verstopft das Tonbandgerät mit Haaren
und sagt: »Ich weiß auch nicht wie das passiert ist.«

wenn er täglich mehrere Stunden Auslauf hatte und auch rennen konnte. Ein Beagle ist ein Jagdhund, und ohne diesen Auslauf verhielt er sich aggressiv und hörte nicht gut auf Kommandos. Wir sagten, der Hund sei »selbstmordgefährdet«, weil er anfangs oft sehr nahe an die Bahngleise auf unserer Gassi-Runde ging und sich nur schwer wieder an die Leine nehmen ließ. Ich glaube, fahrlässige und leichtsinnige Verhaltensweisen sind ein tiefenpsychologischer Ausdruck nach dem Wunsch nach Destruktivität.

Dieses Verhalten besserte sich aber, je mehr Bewegung der Hund bekam und so hörte er gut auf Kommandos. Dieses Beispiel finde ich bemerkenswert, weil es mir zeigt, dass Fromms Gedanken einen offenbar universalen Charakter haben. Es zeigt, dass die Veranlagung zur Ausbildung dessen, was wir »Seele« nennen, in einem jeden Lebewesen vorhanden ist. Wenn die Bedürfnisse der nackten Lebenserhaltung gesichert sind, beginnt »es«, Leben zu transzendieren und ein »Selbst« zu entwickeln. Wird Leben unterdrückt oder bleibt dieses ungelebt, erscheint der Pfad in die Vernichtung desselben.

Eine Aussage, die ich in der 7. Jahrgangsstufe tätigte – nämlich dass ich andere Kinder hassen würde – ist sicherlich vor dem Hintergrund zu verstehen, dass Kindern untereinander ungeheuer grausam sein können, ohne sich dessen bewusst zu sein. Auch heute noch habe ich Ehrfurcht vor Kindern, was ich oft durch die Maske völliger Gleichgültigkeit und Desinteresse zu überspielen versuche. Hass resultiert nicht selten aus unterdrückten Ängsten.

Aber aus Kindern werden erwachsene Persönlichkeiten und die Studien von Fromm haben mir einerseits eine Erklärung, andererseits auch Lösungen elementarer gesellschaftlicher Probleme wie Sadismus und die Liebe zum Toten aufgezeigt. Daher halte ich es für unerlässlich, Kindern eine gute Bildung und soziale Sicherheit zu garantieren, gleichwohl ich meine frühere Aussage nicht einfach zurücknehmen *kann*. Der einzige Grund, wessenthalben ich nicht müde werde zu betonen, dass Kinder wichtig sind und geschützt werden müssen, ist, dass sie die Zukunft unserer Gesellschaft sind.

Wenn die Grundlagen zur nackten Lebenserhaltung gesichert sind, beginnen Lebewesen, Leben als solches zu transzendieren. Das gilt einerseits für vom Menschen domestizierte Tiere, für Hunde vielleicht noch etwas mehr als Katzen. Diese Tiere beginnen, »Mensch« zu werden. Und manche von ihnen sind mehr Mensch, als sogenannte Menschen, die bloß höher entwickelte Primaten der

Spezies *homo sapiens* sind. Man muss sich auch einmal fragen, was dies etwa für die Massentierhaltung bedeutet. Die Bedingungen, unter denen wir Tiere halten, deren Lebensgrundlagen gesichert sind, weil sie von uns gezüchtet werden, sind nicht nur physisch bestialisch, sondern auch seelisch grausam.

Das bedeutet jedoch auch, dass wir uns fragen müssen, wie wir unsere eigenen Kindern »halten«, die zwar materielle Dinge wie Flachbildfernseher oder Smartphones haben, aber seelisch zu verkümmern drohen. **Früher war der Mensch mehr, als er *hatte*. Heute hat der Automat mehr, als er Mensch *ist*.**

# 3. Über das Ende des Menschen

*Die Frage heute ist nicht mehr die des 19. Jahr-*
*hunderts, ob Gott tot sei, sondern die, ob der*
*Mensch tot ist.*
– Erich Fromm[60]

## 3.1 Unser Verhältnis zum Leben

### 3.1.1 Ein unsichtbarer Holocaust?

Transportieren Verschwörungstheorien um den Holocaust eine tiefere »Wahrheit«? Die Wahrheit des Neuen Faschismus, der aus dem Erbe des NS-Faschismus hervorgegangen ist und unbemerkt überlebte? Ursula Haverbeck etwa weist daraufhin, die Nazis hätten den Juden ja »warme Decken« gegeben und überhaupt habe man ja sogar kontrolliert, ob ihre »Füße sauber« seien.

Was für sie als Fürsorge erscheint, ist in Wahrheit Ausdruck totaler Herrschaft. Und die Hungerspiele haben bewiesen, dass die Verbrechen der Nazis keinen Dold weniger grausam gewesen wären, wenn die Lager »Wellness-Tempel« gewesen wären. Man kann einen Menschen nämlich ermorden, ohne ihm auch nur ein Haar zu krümmen, während man ihn mit materiellen Reichtümern überhäuft. Diese Tatsache wird von vielen bis heute bestritten.

Auch möchte ich meinen, dass es keinen Unterschied für die Grausamkeit der NS-Verbrechen macht, ob ein paar Hunderttausend oder sechs Millionen Juden in den Lagern ermordet wurden. Das Ziel war und bleibt die vollständige Ausrottung eines Volkes, die Methoden und Techniken unterscheiden sich nicht und ab einer gewissen Dimension lässt sich ein Verbrechen nicht mehr weiter ins Unendliche steigern. Ein Mord ist ein Mord und wenn ein Opfer um Haaresbreite überlebt, so ändert dies nichts an den Motiven und Handlungen des Täters. Das Verbrechen ist und bleibt dasselbe.

Das Bild, welches Ken Jebsen mit der Aussage: »Der Holocaust ist ein PR-Gag von Edward Bernays, dem Neffen von Freud«, ist doch, dass es ein »Witz« der Psychoanalyse, der »jüdischen Wissenschaft«[61] sei, dass Juden ermordet worden wären. Vielmehr hätten sie das selbst »erfunden«. Hier erscheint der Neue Faschismus in aller Offenheit: »Ich töte doch gar nicht. Das haben die sich selbst ausgedacht.« Manche Holocaustleugner behaupten sogar, die Juden hätten den Holocaust selbst organisiert oder nur erfunden, um die Welt »moralisch zu erpressen«.*

Die Berichte der Überlebenden von Konzentrations- und Vernichtungslagern, schreibt Arendt,

»sind außerordentlich zahlreich und von auffallender Monotonie. Je echter diese Zeugnisse sind, desto kommunikationsloser sind sie, desto klagloser berichten sie, was sich menschlicher Fassungskraft und menschlicher Erfahrung entzieht. Sie lassen den Leser kalt, stoßen ihn, wenn er sich ihnen wirklich überläßt, in das gleiche apathische Nichtmehr-Begreifen, in dem sich der Berichterstatter bewegt, und sie lösen fast niemals jene Leidenschaften des empörten Mitleidens aus, durch die von jeher Menschen für die Gerechtigkeit mobilisiert wurden. Trotz überwältigender Beweise haftet das Odium der Unglaubwürdigkeit, mit dem Berichte aus Konzentrationslagern zuerst aufgenommen wurden, immer noch jedem an, der davon berichtet; und je entschlossener der Berichterstatter in die Welt der Lebenden zurückgekehrt ist, desto stärker wird ihn selbst der Zweifel an seiner eigenen Wahrhaftigkeit ergreifen, als verwechsele er einen Alptraum mit der Wirklichkeit. In dieser an sich selbst und der erlebten Realität irre werdenden Unsicherheit gibt sich nur kund, was die Nazis schon immer gewußt haben; daß es nämlich, ist man zum Verbrechen entschlossen, zweckmäßig ist, Verbrechen in allergrößtem, allerunwahrscheinlichstem Maßstabe zu inszenieren. Nicht nur, daß solchermaßen alle Strafen, die in einem Rechtssystem vorgesehen sind, inadäquat und lächerlich werden; die Ungeheuerlichkeit der begangenen Untaten schafft automatisch eine Garantie dafür, daß den Mördern, die mit Lügen ihre Unschuld beteuern, eher Glauben geschenkt wird als den Opfern, deren Wahrheit den gesunden Menschenverstand beleidigt. Die Nazis haben sich auf diesen automatischen Schutz so sehr verlassen, daß sie es nicht einmal für nötig gehalten haben, diese Entdeckung für sich zu behalten.«[62]

Primo Levi schrieb einmal darüber, wie Täter der Waffen-SS ihre Opfer verhöhnten:

»Wie auch immer der Krieg enden mag, wir haben jedenfalls den Krieg gegen euch gewonnen; keiner von euch wird übrig bleiben, um davon Zeugnis abzulegen; aber selbst wenn jemand übrigbleiben sollte, dann würde die Welt ihm nicht glauben. Es wird vielleicht Verdächtigungen geben, Diskussionen, historische Forschungen, doch es wird keine Gewissheit geben, denn

---

* Die von Arendt aufgeworfene These, die Juden hätten zumindest eine gewisse Mitschuld daran, griffen Radikale immer wieder auf. Nicht zuletzt deswegen ging die Kritik an ihrem Buch *Eichmann in Jerusalem* oft an dem vorbei, was sie eigentlich geschrieben hat.

wir vernichten das Beweismaterial zusammen mit euch. Und selbst wenn hier und da Beweise da sein und einige von euch überleben sollten, wird man sagen, dass die Geschehnisse, die ihr beschreibt, zu monströs sind, als dass man sie glauben könnte. Man wird sagen, dass es sich um Übertreibungen der alliierten Propaganda handelt, und man wird uns glauben, da wir alles abstreiten werden. Wir werden diejenigen sein, die die Geschichte der Lager diktieren.«[63]

Ich glaube, genauso ist es ein Stück weit gekommen. Die Welt glaubt nicht, dass dort Dinge passiert sind, die so schlimm waren, dass man sich selbst umbringen muss. Die Menschen haben zwar »Schlimmes« erlebt, aber sie sind doch »befreit« worden, heißt es. Wir sagen heute: »Es gibt nichts, was so schlimm ist, dass man sich umbringen muss.«

Was das Bild Jebsens transportiert, mit dem besonderen Verweis auf Freud, dem Begründer der Psychoanalyse, ist doch: Dass sich Menschen wegen ihrer Erlebnisse umbringen, ist ein »Witz« der Psychoanalyse. Sie haben sich selbst umgebracht. In der Tat aber widersprechen wir dem heute nicht, wenn wir sagen, die KZ-Überlebenden seien »befreit« worden. Sie waren nie wirklich aus der Gewalt der Nazis »befreit«. Eigentlich leugnen wir die Verbrechen der Nazis, wenn wir sagen, einige Überlebende hätten »Selbstmord« begangen, anstatt in aller Klarheit zu benennen, dass diese Verbrechen den NS-Faschisten zuzurechnen sind.

Gleichwohl sind die Umstände in jedem Einzelfall näher zu betrachten. Natürlich ist nicht jeder Selbstmord gleich ein Mord, da es immer unterschiedliche treibende Kräfte dahinter gibt. Zählt es als Mord, wenn sich jemand nach einer gescheiterten Beziehung das Leben nimmt? Wo will man die Grenze ziehen? Eben aber diesen Umstand macht man sich in Panem zu eignen, um den tatsächlichen Täter unsichtbar werden und somit verschwinden zu lassen, um sich so der Justiz zu entziehen. Auch die Nazis wussten genau um ihre Verbrechen.*

Die Frage der Mitschuld, die Arendt aufwarf, wäre durchaus wichtig gewesen, um diese Lehre nicht ungelernt in den Seiten der Geschichte untergehen zu lassen. Jedoch gab es Kampagnen gegen sie und es wurde in der Öffentlichkeit teils über Dinge diskutiert,

---

* Goebbels erklärte so auch 1943: »Wir werden als die größten Staatsmänner aller Zeiten in die Geschichte eingehen oder als die größten Verbrecher.« (Zit.n. Arendt, Eichmann in Jerusalem: 94)

die sie zwar gar nicht geschrieben hatte, aber die ihr dafür umso mehr vorgeworfen wurden.

Arendt ist oft vorgehalten worden, es sei falsch, urteilen zu wollen, weil sie nicht dabei gewesen sei. Sie weist aber darauf hin, dass Eichmann selbst genau das gleiche Argument nutzte, denn niemand, der über ihn urteilte, sei dabei gewesen, als es darum ging, als Bürokrat nur seine Pflicht zu tun.[64] Tatsächlich war es so, dass er durch sein Handeln kein einziges damals gültiges Gesetz verletzte. Juristisch gab es keinen Grund, ihn zu verurteilen, allein schon des Grundsatzes wegen *par in parem imperium non habet*: Seine Handlungen waren »Staatshandlungen«, von denen man sagt, sie seien Verbrechen gewesen, aber keinem anderem Staat stehe darüber Gerichtsbarkeit zu.

Eichmann verteidigte sich: »Ich hatte mit der Tötung (.) nichts zu tun. (.) Ich habe auch nie einen Befehl zum Töten (.) gegeben. (.) habe ich nicht getan.«[65] Das Urteil schloss so mit den Worten: »So bleibt also nur übrig, dass sie eine Politik gefördert und mitverwirklicht haben, in der sich der Wille kundtat, die Erde nicht mit dem jüdischen Volk und einer Reihe anderer Volksgruppen zu teilen, als ob sie und ihre Vorgesetzten das Recht gehabt hätten, zu entscheiden, wer die Erde bewohnen soll und wer nicht. Keinem Angehörigen des Menschengeschlechts kann zugemutet werden, mit denen, die solches wollen und in die Tat umsetzen, die Erde zusammen zu bewohnen. Dies ist der Grund, der einzige Grund, dass Sie sterben müssen.«[66]

Hätte man in Panem Friedenswächtern oder den Spielemachern, die über Jahrzehnte hunderte Kinder, besonders aber Präsident Snow selbst einen intensiven Prozess gemacht, hätte der Urteilsspruch wohlmöglich mit ähnlichen Worten geendet. Arendt kritisierte, dass viele sich einfach nur in ihre kleine Welt zurückgezogen haben. Ein wesentliches Element totalitärer Verbrechen ist für sie, stellt Mommsen[67] fest, »Gedankenlosigkeit«.[68]

Was Arendt »Gedankenlosigkeit« nennt, würde ich vielleicht sogar allgemeiner als »Neglect der Angst« bezeichnen. Oft scheint auch reine Bequemlichkeit Ursprung dieser »Dummheit« zu sein, aber diese ist für mich Ausdruck einer tieferen Angst, sich der Realität zu stellen und damit auseinanderzusetzen, dass das, was man ist und was man hat, vergänglich ist. Die Bequemlichkeit hält an der Gegenwart fest und leugnet die Zukunft, wie auch die Notwendigkeit des aktiven Handelns zur Gestaltung der Zukunft.

Die Frage, ob die Juden eine Mitschuld an ihrer Ermordung hatten, ist für mich unerheblich. Dies ist etwas, was die jüdische Gemeinschaft – wenn überhaupt – für sich unter sich klären kann. Für mich ist nur entscheidend, dass zum einen Arendt diese Frage überhaupt gestellt hat, und zum anderen, dass sie als Ursache einer potentiellen »Mittäterschaft« eine »immer wieder [aufkeimende] Hoffnung, überleben zu können«[69] ausgemacht hat.

Hoffnung ist von unendlicher Bedeutung für die Menschen. Aber in Verbindung mit Infantilismus, bedingt durch vollkommene Hilflosigkeit, kann Hoffnung einen gefährlichen Charakter annehmen, nämlich dann, wenn sie zu Eskapismus und Realitätsverweigerung führt. Hoffnung kann nur mit Mut *gut* sein, der Fähigkeit, trotz Angst zu handeln. Denn wenn die Angst lähmend ist, ist sie zerstörerisch und schlecht. Nur wenn es den Mut gibt, trotz Angst zu handeln, ist die Angst gut, weil sie als natürlicher Schutzmechanismus vor der Fahrlässigkeit und Nachlässigkeit mahnt und so der Mensch achtsam ist. So kann er sich selbst auch schützen und sein Leben bewahren. Diese Angst ist dann eine gute Angst.

Die Angst der Hilflosigkeit, die den Mut nicht mehr kennt, diese Angst ist die Angst des Verderbens. Und so weiß auch Snow ganz genau um die Bedeutung der Hoffnung: »Es ist das einzige, was stärker ist als Furcht.« Durch sie bringen die Kinder in der Arena einander selbst um, durch sie sind die Distrikte bereit, ihre Kinder in der Arena (sich) umbringen zu lassen, durch sie bleiben die Distrikte immer weiter auf Kurs. Sie sehen tatenlos zu, wie sie weiter verhungern, wie sie wie Sklaven schuften, wie ihre Kinder ermordet werden. Hoffnung ist die »Schwerkraft«, durch die der Täter durch das »schwarze Loch« verdunkelt wird, in das sich sein Opfer in vorauseilendem Gehorsam selbst stürzt. Es ist das Verbrechen des perfekten Mordes, das von niemandem begangen wurde, weil ein unbestimmtes »man« es zugelassen hat.

Meine These ist, dass der Neue Faschismus in dem Augenblick entstand, als die Menschen in den Lagern von den Alliierten »befreit« wurden. Viele Suizide der KZ-Überlebenden stehen für mich in einem Zusammenhang mit den dortigen Erlebnissen. Der Neue Faschismus ist damit konsistent mit Foucaults Konzept der Biopolitik: »Man könnte sagen, das alte Recht, sterben zu *machen* oder leben zu *lassen*, wurde abgelöst von einer Macht, leben zu *machen* und in den Tod zu *stoßen*.«[70] Es ist ein Versäumnis, dass dies eigentlich fast unbemerkt geblieben ist.

Eine mögliche Erklärung dafür könnte sein, dass es einen Mythos gegeben haben soll, der besagte, Juden, die die Lager überlebt haben, hätten leidenschaftlich weiter gelebt und ihr Volk erhalten. Ob dieser Mythos tatsächlich propagiert wurde und – wenn ja – wie bedeutend seine soziale und historische Funktion war, ist nicht gesichert, aber er könnte ein Stück weit erklären, weshalb diese Lehre in den Seiten der Geschichte unterging und ungelernt blieb. So sind auch die 400.000 von den Nationalsozialisten vorgenommenen Zwangskastrationen[71] im Angesicht von sechs Millionen ermordeter Juden und Bergen von Leichen eigentlich aus dem Bewusstsein verdrängt worden.

Dies scheint aber die Vorlage für die Architektur des Genozids an den Uiguren in China geworden zu sein. Man kann nun sagen, es habe kein Mord stattgefunden, da es ja offenkundig keine Leiche gibt oder aber, dass die Menschen an natürlichen Ursachen gestorben seien. Man findet immer andere Gründe, aber das Volk verschwindet mit der Zeit leise und lautlos.

### 3.1.2 Die Liebe zum Toten

Meine These ist, dass in Zeiten, in denen das Leben und Überleben von einem unsichtbaren oder übermächtigen Feind bedroht wird, eine breite Masse den unbewussten Wunsch nach ihrem eigenen Untergang ausbildet. Nur so kann sie selbst ihr Leben aktiv transzendieren und der Gefahr entkommen, auch wenn der Preis ihr eigenes Leben ist. Fromm, der über das »Massensterben in den Schützengräben des Ersten Weltkrieges« und das »wahllose Gemetzel unter der Zivilbevölkerung im Zweiten Weltkrieg, zuerst durch die Nazis und dann durch die Alliierten bei der Massenbombardierung der deutschen und japanischen Städte« geschockt war, sah in dem »skrupellosen Einsatz der Atombombe in Hiroshima und Nagasaki [... einen] Beweis für das gigantische Zerstörungspotenzial der modernen Kriegstechnologie«, aber auch für die »nekrophile Energie inmitten einer zivilisierten Nation«[72] – zutreffender lässt sich Panems Kapitol nicht beschreiben. Dass Collins ihr Panem ausgerechnet nach Nordamerika verortete, erscheint nicht mehr als Gegebenheit einer dystopischen Erzählung, sondern als reale Zeitdiagnose.

»In seinem Buch *On Thermonuclear War* (1960) erörtert [Herman] Kahn die ‹pessimistische› Annahme, daß alle 53 Großstadtgebiete in den Vereinigten Staaten völlig zerstört würden. Für ihn bleiben dann immer noch ein Drittel der Bevölkerung sowie die Hälfte des außerhalb dieser Großstädte befindlichen Reichtums an Gütern verschont. ‹Von diesem Standpunkt aus erscheint die oben erwähnte Zerstörung nicht als totale wirtschaftliche Katastrophe. Sie könnte lediglich die nationale Produktivkraft um ein oder zwei Jahrzehnte zurückwerfen und außerdem viele Luxusgüter zerstören› (H. Kahn, 1958).[73] (.)

Nach dem Massenmord werden die Überlebenden seiner Ansicht nach ein glückliches Leben führen. Man fragt sich, aus welcher moralischen oder psychologischen Einstellung heraus derartige Vermutungen angestellt werden. Es kommt einem ein erschreckender Verdacht, wenn man folgende Feststellung liest, bei der es sich um ein Zitat aus einer früheren Erklärung Kahns handelt, die dieser vor dem Unterausschuß des ‹Joint Committee on Atomic Energy› am 26. Juni 1959 abgab: ‹Mit anderen Worten, Krieg ist etwas Gräßliches. Das steht nicht in Frage. Aber das ist auch der Friede. Es ist angebracht, anhand von Berechnungen, wie wir sie heute durchführen, die Schrekken des Krieges mit den Schrecken des Friedens [zu] vergleichen und zu sehen, wieviel schlimmer jener ist.› (.)

Jemand, der eine solche Behauptung aufstellt (oder ihr zustimmt), muß – vorausgesetzt, er meint, was er sagt – unter schweren Depressionen leiden und lebensmüde sein. (.) Ich glaube, die Art, wie Kahn argumentiert und wie viele andere seine Argumente akzeptieren, läßt sich nur mit persönlicher Verzweiflung erklären. Menschen, für die das Leben keinen Sinn mehr hat, haben keinerlei Bedenken, Bilanzen der Zerstörung aufzustellen, in denen sie berechnen, wie viele Todesopfer – zwischen 60 und 160 Millionen – noch ‹akzeptabel› sind. Akzeptabel für wen? (.) Es ist eine Haltung, bei der es keine moralischen Probleme mehr gibt, bei der Leben und Tod in ein Bilanzproblem verwandelt werden und bei der die Schrecken des Krieges bagatellisiert werden, weil der Friede – und der ist das Leben – nur wenig schrecklicher empfunden wird als der Tod.

Wir haben es hier mit einem der entscheidendsten Probleme unserer Zeit zu tun – der Verwandlung der Menschen in Zahlen auf einem Bilanzblatt.«[74]

Kahns Buch, in dem er den Tod von ein bis zwei Drittel der Bevölkerung als »akzeptabel« bezeichnete, »sofern sich nur die Wirtschaft recht bald wieder erholt«, entsetze Fromm: »Schon die Tatsache, daß man heute eine solche Todesbilanz in aller Ruhe aufstellen kann, ist das Resultat des brutalisierenden Einflusses zweier Weltkriege und der Terrorsysteme unserer Zeit. Viele Experten merken nicht, welche Brutalität es bedeutet, wenn man über die ‹Annehmbarkeit› der Ermordung von fünfzig Millionen Menschen auf beiden Seiten diskutieren kann, und sie sind sich auch nicht bewußt, welche weitere Brutalisierung ein Atomkrieg hervorrufen würde. Jede moralische Entwicklung ist zweifellos immer die moralische Entwicklung einer Gesellschaft, und wenn eine Gesellschaft den

Massenmord und Massenselbstmord anordnet, werden nur sehr wenige noch ın der Lage sein, an der jüdisch-christlichen oder der humanistischen Ethik festzuhalten.[75] (.)

Was die Radikalität [Erich Fromms] Äußerungen gerade auf dem Gebiet der Abrüstungs- und Friedenspolitik angeht, ist Erich Fromm häufig mit den alttestamentlichen Propheten verglichen worden. Er selbst hat den Vergleich mit den Propheten nicht gescheut, galten ihm diese doch seit frühester Jugend nicht nur als Vorbilder für die Warnung vor dem möglichen Untergang, sondern auch für die Verheißung einer friedvollen Zukunft, in der ‹die Völker Pflugscharen aus ihren Schwertern und Winzermesser aus ihren Lanzen schmieden werden›.«[76]

Fromm, der nicht nur ein fähiger Therapeut und Dozent, sondern auch ein mutiger, politisch aktiver Mensch war, scheute vor Konflikten nicht zurück, wenn es galt, ideologische Vorurteile zu durchbrechen, Vernunft walten zu lassen statt Misstrauen und hysterischen Hass auf einen Feind zu projizieren, der alles Böse in der Welt verkörpert.[77]

Die heute aufkeimende Diskussion um einen »totalen Klimalockdown« stellt einen solchen Drang nach Destruktivität dar. Man schätzt, dass durch regionale Landwirtschaft lediglich zwei Milliarden Menschen ernährt werden könnten, sodass der Tot von Milliarden von Menschen nicht direkt durch atomare Waffenvernichtungswaffen und Kriege, sondern indirekt durch das Verhungern käme. Die Faschisten der 1930er Jahre, allen voran die spanischen Falangisten, propagierten den Leitspruch »Lang lebe der Tot« – die nekrophile Masse der heutigen Zeit ist nicht weniger totalitär, sie unterscheidet sich nur um ihre äußere Maske: Sie will nicht den Tod erreichen, sondern sie will das Leben beenden unter der Tarnung des Lebensschutzes.* Auch hier zeigt sich die Gefahr des Neuen Faschismus, die ebenso während der Corona-Pandemie gegeben war.

Das versteht sich nicht von selbst. »Da Politik als Biopolitik grundsätzlich das Leben zu fördern hat, kann sie auch den Kampf

---

* Symptomatisch ist hierfür eine Diskussion in einer Schulklasse im Fach Politik, von der mir vor einigen Jahren berichtet wurde. Die Gruppe kam immer mehr zu dem Schluss, dass der Mensch durch sein massenhaftes Ausbeuten der natürlichen Ressourcen eine Bedrohung für das Leben auf dem Planeten sei. Es wäre folglich besser, wenn es den Menschen nicht gebe oder zumindest weniger Menschen leben würden. Ein Schüler meldete sich daraufhin zu Wort: »Das mag ja sein, aber ich will leben.«

gegen äußere wie innere Feinde nur als lebensfördernde Maßnahmen legitimieren. Der Rassismus unterscheidet dazu höherwertige und minderwertige Lebensformen und unterstellt eine permanente Bedrohung der einen durch die anderen. Daraus ergibt sich die Forderung, die biologische Gemeinschaft, das Volk, von all jenen zu reinigen, die ihre Reinheit und Kraft bedrohen. Im Zeichen biopolitischer Souveränität verwandelt sich das Recht, sterben zu machen und leben zu lassen, in die Macht, ‹Leben zu machen und sterben zu lassen›.«[78] Nicht mehr der Tod wurde durch den Souverän beansprucht, sondern das Leben. Die Technologien der Macht richteten sich auf das Leben in der Gestalt von Geburtenkontrolle, Fertilitätsraten, Hygiene oder Seuchenbekämpfung.[79]

Damit ist besonders in Pandemie-Zeiten der Nährboden für faschistische Regime bereitet.* Um Foucault aufzugreifen, so ist der Neue Faschismus kompatibel zu dem neuen Machtregime in Europa seit Ende des 18. Jahrhunderts, nämlich das der *Biopolitik*. Jede Form des Faschismus und des Staatsrassismus hat im Regime der Biopolitik also das Dogma des »Gesundheitsschutzes« zum obersten Prinzip, weshalb der Terminus »Gesundheits-Faschismus« überflüssig ist. Diese ständige, innere Bedrohung durch den Faschismus in Krisenzeit und besonders während einer Pandemie müssen wir sehr ernst nehmen.

Über die Brutalität und Grausamkeit der Hungerspiele darf nicht vergessen werden, dass die grundlegende Folie ihrerseits lediglich eine Mahnung der Geschichte ist. Nicht nur das Prekariat, sondern im Grunde die ganze Breite der Gesellschaft der modernen Industriestaaten erstickt an Langeweile. Ich glaube, wir sind daher ungeheuer destruktiv und begehen die schlimmsten Verbrechen in der Geschichte des Lebens auf der Erde, die alles bisher je Dagewesene bei weitem übertreffen.

---

* Fußnote zu diesem Zitat: »Das Konzept des Staatsrassismus liefert Foucault auch die Folie für seine Auseinandersetzung mit dem Nationalsozialismus. (.) Foucault deutet den Nationalsozialismus als ein Regime, das sowohl die militärische Disziplinierung wie auch die eugenische Regulierung der Bevölkerung aufs Äußerste intensivierte und zugleich die rassistische Vernichtung ‹bis zum Paroxysmus› steigerte. Die Nationalsozialisten erfanden so gut wie keine neuen Strategien zur Mobilisierung, Leistungsmaximierung, Kontrolle und Repression, sondern verallgemeinerten, radikalisierten und systematisierten mit wissenschaftlicher Gründlichkeit wie kompromissloser Brutalität die bereits bekannten und erprobten.«

Für die Verachtung des Lebens als solches ist es gleich, ob wir Wesen der eigenen Art oder einer anderen Art vernichten. Wir schreddern heute Küken, für die wir keine Verwendung haben, so wie die Nationalsozialisten »niedere Rassen« getötet haben. Beides ist eine massenindustrielle Produktion von Totem, weil Leben als »lebensunwert« angesehen wird. Es bedient das gleiche psychologische Bedürfnis einer lebensverachtenden Gesellschaft. Der einzige Unterschied ist, dass es sich dabei nicht um »menschliches« Leben handelt.

Ich glaube, das massenindustrielle Schreddern von Küken ist nichts weiter als eine weiterentwickelte Form der Destruktivität, um unsere Liebe zum Toten so auszuleben, dass sie leicht verdrängt werden kann und dass mit vergleichsweise wenig Gegenwehr zu rechnen ist. Schweigen kann nicht nur als Desinteresse, Duldung und Einverständnis, sondern insbesondere im Sinne von Carl Schmitts faschistischer Demokratietheorie als Zustimmung interpretiert werden.

Wir haben es als Menschheit geschafft, innerhalb unserer Zivilisation fast alles andere nicht-menschliche Leben auszulöschen. Haustiere beherrschen wird direkt, Nutztiere konzentrieren wir in massenindustriell geführten Lagern, wo wir Tiere mästen, bis sie unter ihrem eigenen Gewicht zusammenbrechen, während sie sich in ihren engen Parzellen kaum um sich selbst drehen können. Außerhalb von Zoos und kleinen Naturschutzgebieten müssen wir uns unsere Verantwortlichkeit für das größte Artensterben seit Millionen von Jahren eingestehen. Man kann sagen, dieser Vergleich ist unerhört und verharmlose den Holocaust und die Verbrechen der Nazis – aber ebenso kann ich entgegnen, mit diesem Tabu-Argument werde schließlich nur versucht, massenindustrielle Lebensvernichtung zu legitimieren oder zumindest zu verharmlosen.

Für die Bedrohung des Lebens ist es unerheblich, ob ihm Gefahr durch reinen Hass, dem Drang nach totaler Herrschaft als Selbstzweck oder das Versehen des Neglects, der Blindheit vor Angst, droht. Während die Nazis »niedere Rassen« – die alles Schlechte, Kranke und Machtlose in der Welt verkörperten – aus angstgetriebenen Hass vernichteten, schreddern wir heute Küken, weil wir es können und sie uns hilflos ausgeliefert sind, nicht weil sie die Projektionsfläche unserer ungeheuren Angst sind. Nicht anders verhalten wir uns, wenn wir Eisbären die Lebensgrundlage entziehen oder tropische Regenwälder roden. Weshalb sollten die Verbrechen der Vergangenheit dadurch harmloser werden, dass die der Gegenwart grausamer sind oder in Zukunft noch grausamer werden?

Der »Mensch« herrscht absolut. Er zerstört das Leben nicht aus Verachtung, sondern weil es ihn erregt. Er hat keine Angst vor dem Leben, es ist schlichtweg langweilig für ihn. Und um Leben dennoch transzendieren zu können, vernichtet er es. Destruktivität ist die Folge fehlender Kreativität. Wenn der Mensch tötet, dann hat ihn das Leben doch nicht betrogen. Er findet das Drama, nachdem er dürstet.

Fromm wies immer wieder daraufhin, dass es zwar richtig ist, dass Hitler die Juden hasste und sie vernichten wollte. Aber man darf nicht darüber hinweg sehen, dass er das Leben an sich hasste und sein Holocaust der Menschheit, ja dem Leben selbst galt. Der einzige Unterschied seit Auschwitz und Buchenwald ist heute, dass menschliches Leben für uns wertvoll erscheint. Aber alles andere, was Leben bedeutet – auch jenseits biologischer Funktionen –, verachten wir zu tiefst und sind dabei, den ganzen Planeten zu »verpesten« und in einen lebensfeindlichen Ort zu verwandeln.

Globale Erwärmung paaren wir mit sozialer Kälte. Die Lebensgrundlagen für unsere Seelen sind bereits verschwunden. Die Lebensgrundlagen für unsere Körper, fürchte ich, werden bald ebenso schwinden. Wir müssen aus der Geschichte lernen. Und so ist auch die Geschichte *Panems von Brot und Tod* eine sehr lehrreiche, weil sie uns unsere eignen Unfähigkeiten zum Lernen aus der Geschichte, den Mangel an Liebe zum Leben und unsere eigenen Unzulänglichkeiten des menschlichen Daseins vor Augen führt.

## 3.2 Das psychische Verschwinden des Menschen

»Individueller Wahnsinn ist immun gegen die Folgen kollektiven Wahnsinns.«

– Aldous Huxley[80]

Michel Foucault lehrte seine Studenten einst: »Der Mensch wird verschwinden wie am Meeresufer ein Gesicht im Sand.« Was meinte er damit? Foucault sprach hierbei nicht von einem biologischen Verschwinden des Menschen, wie etwa Günther Anders, als er während der Zeit des Kalten Krieges und atomaren Wettrüstens konstatierte: »An die Stelle des Satzes ‹Alle Menschen sind sterb-

lich› ist heute der Satz getreten: ‹Die Menschheit als Ganze ist tödbar›.«[81] Vielmehr glaubte Foucault, dass der »psychische Tod« eintreten wird und all das, was das Menschsein ausmacht – nämlich
ein aktives, lustvolles und selbstbestimmtes Wesen zu sein – verschwinden wird.

### 3.2.1 Vom Körper zur Seele

Im Zuge der Aufklärung im 17. und 18. Jahrhundert wurde der
Mensch »wissenschaftlich« beschrieben. Es wurde definiert, was
»Wahnsinn« ist und was als »unmoralisch« zu gelten hat. Die Aufklärung erhob damals einen universellen Anspruch. In England
und Frankreich entstand mit der Analyse des »Anormalen« die Psychiatrie. Verbrecher wurden nicht mehr zur Abschreckung öffentlich enthauptet, gekreuzigt, verbrannt, gefoltert oder gevierteilt,
sondern das Strafsystem wurde mit dem Entstehen von Gefängnissen »humanisiert«. Kriminelle sollten nicht mehr sterben und die
Gesellschaft von ihnen »bereinigt« werden, sondern Straftäter sollten resozialisiert werden, um wieder in die Gesellschaft eingegliedert werden zu können; auch vor dem Hintergrund, dass sie als Arbeitskräfte erhalten bleiben.

Durch die Aufklärung veränderte sich also die Art der Bestrafung. Sie richtete sich nicht mehr gegen den Körper, sondern gegen
den Geist. Man glaubte, so das Strafregime zu humanisieren. Es entstanden Gesetze und ein Diagnoseregime. Diesen Transformations-
prozess bilden auch die Hungerspiele in Panem ab.

Das Wesen der Hungerspiele besteht in der totalen Vernichtung
innerer menschlicher Existenz eines Individuums, welches physisch noch nahezu unversehrt bleibt. Das folgende Töten selbst
dient lediglich der Unterhaltung einer nekrophilen und sadistischen Gesellschaft, deren eigene Lebenswirklichkeit in verdrängter,
aber doch stets omnipräsenter Langeweile erstickt.

Das Wesen der Spiele hat sich mit den Jahren verändert. Von einem ursprünglichen Symbolcharakter als Mahnung des chaoti-
schen Naturzustandes wurde immer mehr ein gezieltes Zerstören
der Tribute lebendigen und teils sogar noch unversehrten Leibes.
Unter Präsident Snow wurden die Hungerspiele ihrem wahren Wesen nach immer mehr von einer Brutalität über die Körper zu einer
Vernichtung der Seelen weiterentwickelt.

Das Ziel ist nicht zuvorderst, Tribute zu töten. Es geht vielmehr um die Vernichtung ihrer Identitäten, ihrer inneren menschlichen Existenzen. Dabei spielt die Angst, die Todesangst, eine entscheidende Rolle. Es gibt kein Entkommen von ihr, und in der Hoffnung, überleben zu können, sind die Tribute bereit, alles zu tun, was immer nötig erscheint – dafür töten sie einander, weil jeder andere eine Bedrohung für das eigene Überleben darstellt.

Die Angst zersetzt die Identitäten der Individuen. Seelisch sind sie tot. Von der Angst getrieben werden die Menschen zu Dingen, zu etwas, was selbst Tiere nicht sind. Sie flüchten in die Destruktivität.

### 3.2.2 Das Panoptikum

Mit den Gefängnissen wurde auch eine unsichtbare Technik der Kontrolle und Regulierung menschlichen Verhaltens »sichtbar«.[*] Das von Bentham in England konstruierte Panoptikum verlagert den Wärter in den Insassen selbst hinein. Die Gefängniszellen sind im Panoptikum im Kreis um einen Überwachungsturm angeordnet, von dem aus sie eingesehen und die Insassen beobachtet werden können.

Der Wärter jedoch bleibt unsichtbar. Da der Turm unterirdisch betreten werden kann, können die Insassen zu keiner Zeit genau wissen, ob sie beobachtet werden oder nicht. Da sie also potenziell immer beobachtet werden können, verhalten sie sich dementsprechend und passen ihr Verhalten daran an. Sie beginnen, sich selbst zu überwachen und sich selbst zu beobachten in vorauseilendem Gehorsam der Gefängnisdirektion.

Der Erfolg dieser Regierungstechnik – wie sie etwa Religionen mit ihren dogmatisch-indoktrinierten Lehren über Jahrtausende in Ansätzen praktizierten – war eindrucksvoll und ist nach seiner »Entdeckung« und näheren Beschreibung im Laufe der Jahre auch auf andere Bereiche des öffentlichen und alltäglichen Lebens ausgeweitet worden. So wurden Bänke in Schulen frontal auf den Lehrer ausgerichtet, der so jederzeit jeden Schüler im Blick behalten kann. Auch Noten, Zensuren, Rückversetzungen und Pausengänge

---

[*] Lediglich zwei Gefängnisbauten wurden weltweit – keines davon in Europa – in diesem Sinne konstruiert, sodass Benthams »Panopticon« in der Strafkultur eine geringere Rolle spielte, als bei Foucault dargestellt wird. (Vgl. Wehler: 53)

72

sind diesem Prinzip zuzuordnen. Foucault resümierte: »Das panoptische System breitet sich im Gesellschaftskörper aus.«

Das »Panipticon« (Panoptikum)[82]

Zygmunt Bauman greift das Panoptikum als ein Beispiel für moderne Macht auf und versucht zu zeigen, dass sich die Verhältnisse in der Postmoderne »verflüchtigen« und die Macht sich unabhängig von Territorien, zum Beispiel mit Hilfe von elektronischen Signalen (Smartphone, Internet) bewegt. Den gegenwärtigen Zustand der Postmoderne bezeichnet er auch als »post-panoptisch«, denn auch der Alltag wird zunehmend durch elektronische Signale kontrolliert: Überwachungskameras an öffentlichen Plätzen und in Geschäften, elektronische Erfassung der Arbeitszeit, Feedback-Evaluationen.

Branden Hookway führte im Jahr 2000 als Informationstheoretiker das Konzept des »Panspectrons« ein, welches eine Weiterentwicklung des *Panopticons* ist in dem Sinne, dass es kein Objekt der Überwachung mehr definiert, sondern *alle* und *alles* überwacht und das Objekt erst im Kontext einer konkreten Fragestellung definiert wird.

### 3.2.3 Wahnsinn als Diagnoseregime

»Wahnsinn gibt es im Naturzustand nicht,« konstatierte Foucault. Wahnsinn müsse erst definiert werden: »Der Wahnsinn ist totale Vernunftlosigkeit, die man auf dem Hintergrund der Strukturen ‹des Vernünftigen› wahrnimmt.« In der Renaissance war dies noch nicht so. Wahnsinn wurde nicht unterdrückt und tabuisiert.

Der Hofnarr durfte schimpfen, fluchen und beleidigen – sogar den König – und genoss nicht *dennoch*, sondern gerade *deswegen* auch in Theatern Gastfreundschaft: »Auf allen Seiten faszinierte der Wahnsinn die Menschen.« Gegen Ende des 17. Jahrhunderts jedoch wurde in Frankreich »der Wahnsinn« in den leerstehenden Leprahäusern* isoliert, um andere nicht mit »Wahnsinn« anzustecken. Dies bezeichnet Foucault als den Beginn der »Gefangenschaft des Wahnsinns«.

In den neuen Heilungsanstalten wurde intensiv nach Methoden »geforscht«, um den Wahnsinn »auszurotten«. Neben einem Diagnoseregime wurden also auch »Heilungsmethoden« fortentwickelt. Darunter ein Drehstuhl, die Zwangsjacke oder das Drehbett.† Bis heute haben sich unterschiedliche Methoden erhalten, so auch Elektroschocks, sofern Patienten in diese Behandlung einwilligen.

Das radikal Neue an diesem Diagnoseregime war, so Foucault, dass nicht mehr das Gesetz durch einen Richter urteilt, sondern das Urteil durch die Experten, die Psychiater und Ärzte erfolgte: War ein Patient »krank«? Musste er »geheilt« werden? War eine Behandlung »erfolgreich«? Konnte ein Patient »entlassen« werden?

Die Freiheit des Einzelnen hing von dem Urteil seines behandelnden Arztes ab. Während »der Wahnsinn« kaserniert wurde, zeigte sich das Negativbild in der »freien Welt« außerhalb der psychiatrischen Anstalten. Der »Normale« unterwirft sich dem Normierungszwang, deshalb darf er außerhalb der Anstalten frei leben. Die Vernunft nämlich duldet keine Abweichung und übt einen enormen Zwang aus.

---

* Die Lepra konnte als Krankheit ausgerottet werden und die Heilungsanstalten wurden allmählich überflüssig.
† Durch die Rotation und die Fliehkräfte sollte die Durchblutung im Gehirn angeregt werden. Man glaubte, so Verstockungen im Gehirn lösen und den ans Bett gefesselten Patienten heilen zu können.

»Die Normalsten sind die Kränksten. Und die Kranken sind die Gesündesten. (.) Der Mensch, der krank ist, zeigt, daß bei ihm gewisse menschliche Dinge noch nicht so unterdrückt sind, so daß sie in Konflikt kommen mit den Mustern der Kultur und daß sie dadurch, durch diese Friktion, Symptome erzeugen«, so Erich Fromm.[83] Dies lässt sich mit Foucaults Arbeit in Verbindung einen bringen.

Während Foucault die Kasernierung und Definition des »Wahnsinns« durch die »Mehrheit« einer Gesellschaft kritisierte, so verfolgte Fromm einen konsequenten »humanökologischen« Ansatz. »Dieser Ansatz macht gerade nicht die Angepaßtheit des Menschen an die sozio-ökonomischen Erfordernisse zur Norm, sondern die Frage der produktiven Orientierung. Psychisch gesund ist eine Gesellschaft, wenn die Orientierung des Gesellschafts-Charakters ihrer Mitglieder produktiv ist. Seelisch krank ist eine Gesellschaft, wenn die Orientierung des Gesellschafts-Charakters die Entwicklung der Eigenkräfte des Menschen behindert oder vereitelt.

Deshalb entscheidet nicht das, was als normal gilt – also das Mehrheitliche – über Gesundheit und Krankheit einer Gesellschaft. Das ‹Normale› im soziologischen Sinne kann bei psychologischer Betrachtungsweise krank sein und krank machen, auch wenn es von den Betreffenden nicht als etwas Krankes erlebt wird, und zwar eben deshalb, weil es als normal gilt und dem ‹gesunden Menschenverstand› (das, was alle denken) entspricht. Fromm bezeichnet deshalb das gesellschaftlich Kranke nicht als (soziale) ‹Neurose›, sondern als ‹gesellschaftlich geprägten Defekt› und spricht von der ‹Pathologie der Normalität›, wenn eine nicht-produktive Gesellschafts-Charakterorientierung dominant ist.«[84] Anders könnte man auch sagen: *Der Wahnsinn ist eingeschlossen steckt doch in jeder Ritze des Gesellschaftskörpers.*

### 3.2.4 Brot und Spiele

»Normalitätsrichter« sind überall. »Die Macht wird tendenziell unkörperlich.« Alle unterwerfen sich in vorauseilendem Gehorsam, resümierte Foucault sein Werk. Auch an dieser Stelle gehen seine Thesen konform mit Fromms Konzept der »anonymen Autorität«, Foucault beschreibt diesen Mechanismus aber genauer. Während Fromm das Beispiel eines Kindes anführte, das nur seiner Mutter zu liebe den Spinat isst, den es eigentlich nicht mag, nur um keine strafenden Blicke zu erhalten, so ist es auch möglich, dass das Kind eben diese Blicke selbst hypothetisch annimmt. Also, dass die Mutter nicht durch ihre Blicke straft, sondern das Kind sich ihren wohlmöglichen Blicken, sollte es den Spinat nicht essen, bereits eine Stufe zuvor unterwirft.

Diesem Panoptikum sind sowohl die Tribute als auch die Zuschauer der Spiele ausgesetzt. Wer nicht klatscht, der wird verstoßen, als Staatsfeind und als Verschwörer getadelt und gestraft? Dass dies so kommen *könnte*, genügt. Ein Zuschauer braucht sich nur umzusehen. Er sieht eine begeisterte Menge, lernte bereits in der Schule die »großartige« Bedeutung der Spiele kennen und schließlich sind es doch die Tribute selbst, die ihnen zu winken, zu lachen und mit vor Stolz geschwellter Brust in den Tod ziehen – es kann nur so sein, dass hier etwas wahrhaft Großes zu sehen ist!

Also klatscht der einzelne Zuschauer mit. Kaum einer kommt auf die Idee, die Spiele zu hinterfragen. Alle machen mit. Doch sind sich alle der Ereignisse und ihrer damit einhergehenden Gefühle wirklich bewusst? Ein wichtiger Gehalt, erklärt Fromm, ist der Gehalt von Empfindungen:

»In jeder Gesellschaft dürfen gewisse Gedanken und Gefühle nicht gedacht, gefühlt und ausgedrückt werden. Es gibt Dinge, die man nicht nur ‹nicht tut›, sondern die man nicht einmal ‹denkt›. In einem Stamm von Kriegern beispielsweise, dessen Mitglieder davon leben, Mitglieder anderer Stämme zu töten und zu berauben, könnte es einen Einzelnen geben, der eine innere Abneigung gegen Töten und Rauben fühlt.*

Es ist jedoch höchst unwahrscheinlich, daß er sich seines Gefühls bewußt wird, da es mit dem Fühlen des ganzen Stammes unvereinbar wäre. Wenn er sich eines solchen Gefühls bewußt würde, brächte das die Gefahr mit sich, daß er sich völlig isoliert und ausgeschlossen fühlte. Deshalb würde ein Individuum, das eine solche Abneigung fühlt, wahrscheinlich ein psychosomatisches Symptom, etwa Erbrechen, entwickeln, anstatt das Gefühl der Abneigung in sein Bewußtsein dringen zu lassen.«[85]

Folglich werden ungute Gefühle verdrängt und daraus sich ergebende Symptome unterdrückt oder – wie das Erbrechen – als etwas

---

* »Genau das Gegenteil würde man bei. einem Mitglied eines friedlichen, ackerbauenden Stammes finden, das den Drang verspürte, Mitglieder anderer Gruppen zu töten und zu berauben. Es würde sich wahrscheinlich ebenfalls nicht gestatten, sich seiner Impulse bewußt zu werden, sondern würde statt dessen ein Symptom entwickeln – vielleicht heftige Angst.« (Fromm, Zen-Buddhismus und Psychoanalyse: 132)

»Natürliches«, »Normales« oder »Gesundes« erscheinen zu lassen (etwa, um mehr essen zu können). Keiner hinterfragt die Staatsmacht und die totalitären, lebensverachtenden Strukturen in Panem. So erkennt auch Gale zurecht: »Wenn keiner mehr zu sieht, hätten sie keine Spiele mehr.« Alle »sind eingeschlossen in die panoptische Maschine, die wir selbst in Gang halten,« sagt Foucault.

Jeder ist ein Rädchen, alle »spielen« mit. Foucault spricht hier von der Mikrophysik der Macht. Über dies darf man nicht vergessen, dass Panem eine fiktive Projektion ist. Selbiges gilt aber auch für Mumfords »Megamaschine«, die fortschreitende Umweltzerstörung durch den Menschen und den überhandnehmenden Laissezfaire Kapitalismus.

### 3.2.5 Der Kompass der Macht

»Eine ungeheure, wenn auch geheime Macht wird über die gesamte Gesellschaft von einer kleinen Gruppe ausgeübt, von deren Entscheidungen das Schicksal eines großen Teils unserer Gesellschaft abhängt.«

– Erich Fromm[86]

Woher kommt die Macht? Kommt sie von oben oder von unten? Kommt sie doch vielmehr von allen Seiten? Anders als die Denker der kritischen Theorie nimmt Foucault keine zentralen Machteliten im eigentlichen Sinne an. Hier widersprechen sich die Analysen von Fromm und Foucault. Meine These ist, dass die Wahrheit dazwischen liegt. Es macht gewiss Sinn, zentralisierte Instanzen als »Machtelite« zu beschreiben. Zugleich muss man sich im Klaren darüber sein, dass Macht auch immer mit einem gewissen *vorauseilendem Gehorsam* der ihr Unterworfenen einhergeht. Jenseits dieser Unterwerfung wird nicht *regiert*, sondern *geherrscht*. Nicht durch Macht, sondern durch Gewalt werden Kontrolle und Überwachung hergestellt, aufrechterhalten und fortgeführt.

Es ist eine unendlich wichtige Aufgabe, an Schulen und Universitäten im Rahmen der politischen Allgemeinbildung zu lehren, wie eine Regierung und die Macht funktionieren, sodass Menschen sich nicht von ungeheuren Kräften und von den Mächtigen und Reichen benutzt fühlen. Nur so kann es gelingen, eine Gesellschaft gegenüber Ideologie, Fake News, Propaganda und Extremismus zu immunisieren. Wir müssen erkennen, dass viele anfällig sind, ihre Informationen aus Messenger-Gruppenchats wie auf Telegramm zu beziehen – eine Plattform, von der man weder weiß, wo sie ansässig ist, noch wer die Verantwortlichen sind. Gerade in Zeiten der digitalen Kriegsführung in sozialen Medien ist dies das einzige wirksame Mittel gegenüber Manipulationen und Versuchen von Einflussnahme durch innere wie äußere Feinde unserer liberalen und demokratischen Gesellschaftsordnung.

Der Liberalismus baut auf den Erfolg der Macht durch das Panoptikum. Durch Techniken und Methoden der Beratung, Empfehlung, das Einrichten von Anreizsystemen und der Manipulation des Nichtbewusstseins ist der Liberalismus zu dem geworden, wie wir ihn heute kennen. Dabei ist es kein historischer Zufall, dass seine Fortentwicklung mit der Weiterentwicklung der Psychoanalyse einherging. Den Gedanken »unbewusster Manipulation« hat Adam Smith mit der »unsichtbaren Hand« gemünzt, womit er eine wichtige Rolle bei der Entwicklung des Begriffs des Unbewussten spielte.[87] Liberalismus ist heute ohne mediale *Public Relations* ebenso wenig denkbar wie Demokratien ohne die *Öffentliche Meinung*. Dabei kommt den Machteliten eine *wegweisende* Funktion zu, aber keine *leitende*. Sie haben sich durch den Liberalismus nicht aufgelöst, sondern ihre Funktion im Getriebe und Räderwerk der Machtmaschine ist eine andere geworden. Wenn Machteliten versagen, Bilder zu erzeugen, ist die Folge ein totalitärer Überwachungsstaat. Wenn Liberalismus versagt, ist der Totalitarismus die alternativlose Folge. Der Neoliberalismus von heute aber, der sich auf nahezu alle Lebensbereiche ausgeweitet hat, droht totalitär zu werden.

Das legt die Vermutung nahe, dass der Machtkomplex keine ebene Fläche, sondern eine Kugel ist, auf der ein Wanderer an dem immer gleichen Ausgangspunkt zurückkehren kann, ohne jemals einen einzigen Schritt zurücktreten zu müssen. Die extreme Ausuferung des Neoliberalismus führt also ins Totalitäre, nämlich durch die Auslöschung von Individualität durch Normierung und Standardisierung.

### 3.2.6 Das Verschwinden des Individuums

»Das lückenlose Strafsystem, das alle Augenblicke erfasst und kontrolliert, wirkt normend, normierend, normalisierend«, so Foucault. Es geht um die Grenzen der Macht und der Freiheit als Produkt derselben. Um dies besser verstehen zu können, müssen wir erneut bis zur Aufklärung zurückgehen. Das Panoptikum hat gezeigt, dass

Menschenführung und Verhaltenskontrolle möglich ist, ohne einen Menschen *tatsächlich* führen und sein Verhalten kontrollieren zu müssen. Ein modernes Beispiel stellen Überwachungskameras an öffentlichen Orten dar. Man weiß nie, ob man gerade überwacht wird? Ob eine Kamera aktiv ist und man in ihrem Blickfeld steht? Die Verbrechensrate ist in Monaco so an öffentlichen Plätzen dramatisch zurückgegangen. Kriminalität kann bekämpft und ausgerottet werden. Das ist der Verdienst des Panoptikums.

Bill Gates war in seinem Buch *The Road Ahead* so begeistert davon, dass er die Frage stellte: *Kann man jedem Menschen einen Mikrochip, etwa in einen Backenzahn, implantieren und mithilfe von Satelliten so seine Bewegungsmuster aufzeichnen?* Wenn nun ein Verbrechen an einem Ort zu einer Zeit begangen wird, kann man den Täter sofort ausfindig machen oder aber einen Beschuldigten dadurch entlasten, indem dieser seine Bewegungsprotokolle vorlegt und so ein sicheres Alibi vorweisen kann.

Dass der zweitausendjährige römische Rechtsgrundsatz *in dubio pro reo* (im Zweifel für den Angeklagten) umgekehrt wird – also der Staat einem, Verdächtigen nicht die Schuld, sondern der Verdächtige gegenüber dem Staat seine Unschuld beweisen muss – ist gewiss bedenklich und zeigt bereits hier die Grenzen des Panoptikums auf. Foucault warnte nicht zuletzt deswegen vor einer unabsehbaren Entwicklung, denn »der moderne Mensch ist sein eigener Gefängnisdirektor«. Die »Aufspürer« der Tribute während der Spiele und die vielen Überwachungskameras im Kapitol und in den Distrikten sind ein solches panoptisches Kontrollinstrument. Nicht anders fungieren Chipimplantate, die zur Überwachung der Arbeitszeit heute von einigen schwedischen Firmen eingesetzt werden.

Die Aufklärung hat die politische Freiheit erfunden, aber auch Disziplinen, nämlich die der Wissenschaft. In diesen Wissensstrukturen verliert sich der Mensch selbst. Es gibt nur Entscheidungsstrukturen, nicht den freien Willen. »Das Ende des Menschen ist nur eine der sichtbaren Formen eines weitaus allgemeineren Sterbens. Damit meine ich den Tod des Subjektes als Ursprung des Wissens, der Freiheit, der Sprache und der Geschichte,« warnt Foucault.

Der homo sapiens existiert physisch als Gattung weiter. Der Mensch ist seelisch jedoch tot. Die Psychologie erkennt den Menschen als Wesen geleitet von Instinkten und Trieben. Mit der menschlichen Freiheit hat dies nichts mehr zu tun. So schreibt auch Fromm:

»Im Kapitalismus des 19. Jahrhunderts gründet sich Herrschaft im Großen und Ganzen auf die Ausübung streng patriarchalischer Prinzipien, die moralisch durch die Autorität Gottes und des Königs gestützt wurden. Der kybernetische Kapitalismus [seit dem 20. Jahrhundert] mit seinen gigantischen zentralisierten Unternehmen und seiner Fähigkeit, die Arbeiter mit Brot *und* Spielen zu versorgen, ist in der Lage, durch psychologische Manipulation und ‹human engineering› die Menschen zu kontrollieren. Er braucht einen Menschen, der besonders formbar und leicht zu beeinflussen ist, und nicht so sehr einen, dessen ‹Instinkte› von der Angst vor Autorität beherrscht werden. Schließlich hat unsere heutige Industriegesellschaft auch eine andere Auffassung vom Ziel des Lebens, als das vorige Jahrhundert. Damals war das Ideal – wenigstens beim Bürgertum – Unabhängigkeit und private Initiative. Man wollte ‹sein eigener Herr› sein. Heute dagegen ist das ersehnte Ziel uneingeschränkter Konsum und uneingeschränkte Beherrschung der Natur. Die Menschheit wird angefeuert durch den Traum, eines Tages die Natur vollständig zu beherrschen und wie Gott zu sein; warum sollte etwas in der *menschlichen* Natur sein, was nicht unter Kontrolle zu bringen ist?«[88]

Der Mensch verliert seine Individualität, er wird »Dividuum«. Sein Verhalten, seine Bedürfnisse, seine Wünsche, Lüste, Sehnsüchte, Gefühle, Begierden und Leidenschaften, Träume, Ideen und Visionen, all das wird durch die Fortentwicklung der Wissenschaften seit der Aufklärung als »mechanisch« beschrieben. Der Mensch wird zu einem Automaten, dessen Verhalten wissenschaftlich determiniert werden kann. Die Welt wird zu einem großen Laboratorium, der Mensch ist der Tribut, das Opfer ist seine Seele, das Produkt ist ein Automat, der wandelt zwischen Überleben und seinem unabwendbaren Tod. Das schlimmste Spiel ist das *Spiel des Lebens* geworden; es gibt nur noch eine einzige Arena, nämlich die Welt als Ganzes. Das Spontane verschwindet, alles wird zum Bedingten.

»Das Leben, es bewegt sich, davon war Arendt überzeugt, in der Spannung zwischen Bedingtem und Spontanem. Erst in ihrer Zeit werde vermutlich die außerordentliche Bedeutung der Spontaneität bzw. des Anfangen-Könnens als menschliche Fähigkeit ‹realisiert›, denn mit der totalen Herrschaftsform sei eine Herrschaft in die Welt gekommen, die nicht ‹nur› die Freiheiten beschränkte, sondern ‹daranging, die Spontaneität des Menschen auf allen Gebieten prinzipiell zu vernichten›. So schärfte sie den Blick für die Gefahren eines Überhandnehmens dessen, was sie das ‹Bedingte› nennt. Für die Versuche, den Menschen zu konditionieren. Wo der Einzelne zusehends in die Mühlen seines Umfeldes gerät, wo er etwa durch Umwelt, Zeitgeist, angeblich höhere Gewalten oder das Argument vom kleineren Übel zur Uniformierung und Unterordnung des Denkens und Urteilens unter die Herrschaft von Logik und Sachzwang gedrängt wird, wo es angeblich ‹keine Alternative› gibt, dort ist auch in demokratischen Gesellschaften die Freiheit ernstlich bedroht.«[89]

In China wird durch das *Social Credit System* die panoptische Überwachung durch digitale Techniken und Gesichtserkennungsverfahren allgegenwärtig. Es umfasst nahezu alle Lebensbereiche: politische Überzeugungen, Gesundheit, Freizeitaktivitäten, Arbeitswelt, Achtung von Verkehrsregeln, Steuererklärungen und Behördengänge, aber auch private Bereiche wie das Unterhalten von Freundschaften und das Pflegen von familiären Kontakten.

Das »Leben« verliert so seine Spontanität, alles wird zum Bedingten. Das Social Credit System hat nichts Geringeres zum Ziel, als die ganze Welt in eine Arena zu verwandeln, deren inneres Geschehen aus einem Kontrollraum heraus bis ins Detail gesteuert werden kann. Man könnte trefflich von einem *Gaming-Charakter* sprechen, für den das ganze Leben nichts ist als ein Spiel und er selbst ein Spieler; die Welt ist die Arena, der Tribut sind der Mensch und seine Seele.

Jede Tätigkeit steht unter der Frage, ob sie dazu dient, weitere Punkte zu sammeln. Jedes Treffen, jede Umarmung, jeder Kuss, jede Intimität, jeder Vertraulichkeit, jeder Streit, jede Auseinandersetzung, jede Ungereimtheit, jede zwischenmenschliche Interaktion wird so auf das Sammeln von Bonuspunkten reduziert. Das, was das Menschsein ausmacht: Gefühle, Spontanität, Individualität, das Denken, Sprechen, Lernen und Wissen, ja auch das Irrationale und manchmal Unvernünftige werden so pulverisiert, atomisiert und hinweggefegt. Huxley erklärt:

»Im Lauf der Evolution hat sich die Natur große Mühe gegeben, jedes Einzelwesen von jedem anderen verschieden zu gestalten. Wir pflanzen unsere Art fort, indem wir die Gene des Vaters mit denen der Mutter zusammenbringen. Diese Erbfaktoren können auf unendlich vielfältige Weise kombiniert sein. Körperlich und geistig ist jeder von uns einzigartig. Jede Kultur, die um der Leistungsfähigkeit willen oder im Namen eines politischen oder religiösen Dogmas den Einzelmenschen zu normen sucht, begeht einen Frevel an der biologischen Natur des Menschen.«[90]

Die Erfassung des Lebens durch dieses System ist nicht marginal, sondern dank künstlicher Intelligenz minuziös. So berichtet Aust

von einem Fall, dass in einem öffentlichen Verkehrsmittel der Sitz-
nachbar eine Nachricht auf sein Mobiltelefon erhielt, er solle dem-
jenigen neben sich anweisen, sein eigenes Mobilfunkgerät anzu-
schalten. Durch »geschickte Konditionierung kann [der Mensch]
freilich dazu gebracht werden, [seinen Lebenssinn] aufzugeben und
sich zu dem allgemeinen Kult des Nicht-Selbst, des Roboters zu be-
kehren. Aber diese psychische Behandlung beraubt ihn des Besten,
was er besitzt; ein Mensch zu sein und nicht ein Ding«,* stellt
Fromm fest.[91]

Damit wird eine sich lange in Industriestaaten abzeichnende Entwicklung auf unvorstellbare Weise zugespitzt. Schon 1964 schrieb
Fromm:»Dem modernen Industrialismus ist es gelungen, einen solchen Menschen hervorzubringen: den automatenhaften, entfremdeten Menschen. Er ist in dem Sinne entfremdet, daß ihm seine
Handlungen und seine Eigenkräfte selbst fremd geworden sind. Sie
stehen ihm gegenüber und sind gegen ihn gerichtet; sie beherrschen
ihn, statt daß er sie beherrscht.

Seine Lebenskräfte haben sich in Dinge und Institutionen verwandelt, die ihrerseits zu Idolen geworden sind. (.) Die sozialen Gefühle werden auf den Staat projiziert. Als Staatsbürger ist er sogar
bereit, sein Leben für den Nächsten einzusetzen, während er als Pri-
vatperson nur egoistisch auf sich selbst bedacht ist. Weil er den
Staat zur Verkörperung seiner eigenen sozialen Gefühle gemacht
hat, verehrt er ihn und seine Symbole. Sein eigenes Spüren von
Macht, Weisheit und Mut projiziert er auf seine politischen Führer
und verehrt sie dann als seine Idole,«[92] und er schreibt weiter:

»Der Mensch bewegt sich weiter, aber das Leben rinnt ihm durch die Finger
wie Sand. Hinter einer Fassade von Zufriedenheit und Optimismus ist der
heutige Mensch tief unglücklich; tatsächlich steht er am Rande der Verzweiflung. Er klammert sich verzweifelt an seine vermeintliche Individualität. Er möchte ‹anders› sein, und er kennt kein größeres Lob, als von etwas
zu sagen, es sei ‹anders›. (.) Handtaschen, Spielkarten und tragbare Rund-
funkgeräte werden ‹persönlich gemacht›, indem man die Initialen des Besit-
zers darauf anbringt. All das ist ein Hinweis auf den Hunger nach ‹Anders-
sein› (.) Der heutige Mensch hungert nach Leben. Aber da er ein Konformist
ist, kann er das Leben nicht mehr spontan erleben und greift zum Surrogat
in Form von Anreizen und Nervenkitzel: dem Nervenkitzel des Alkohols,

---

* Im originalen Text sprach Fromm von der Aufgabe der »Religion«, welche
er einige Zeilen zuvor jedoch beschrieben hat als »der Versuch des Menschen, seinem Leben einen Sinn zu geben«.

des Sports – oder indem er die aufregenden Erlebnisse fiktiver Personen auf der Leinwand miterlebt. (.) Oberflächlich gesehen funktionieren die Menschen im wirtschaftlichen und gesellschaftlichen Leben recht gut. Aber es wäre gefährlich zu übersehen, wie tief unglücklich sie unter dieser beruhigenden Tünche sind. Wenn das Leben seine Bedeutung verliert, weil es nicht mehr selbst gelebt wird, gerät der Mensch in Verzweiflung. Die Menschen sterben nicht ruhig den körperlichen Hungertod, und sie sterben auch nicht ruhig den seelischen Hungertod.«[93]

Die als liberal gedachten Steuerungstechniken erkennen den Menschen nicht als Individuum, dessen ursprünglichste Verhaltensgrundlage die Spontanität ist, sondern als eine von Fäden geleitete Marionette, an deren einem Ende eine menschliche Hülle taumelt, an deren anderem Ende die Disziplinen der Wissenschaft ziehen und drücken, bis über die Grenzen der physikalischen Gesetze hinaus. Die Ausweitung der Diagnosekriterien über das, was »normal« sein soll, presst den Menschen in ein Korsett von Erwartungen, denen er sich in vorauseilendem Gehorsam in der Hoffnung auf sein eigenes Fortkommen selbst unterwirft.

Reckwitz geht von einer tiefgreifenden Kulturalisierung des Sozialen aus, was auch bedeutet,

»dass die Sphäre der Kultur (.) einen Teil des Ökonomischen bildet und sich in eine globale Hyperkultur transformiert. Ökonomie und Technologien werden, wie Reckwitz annimmt, zu ‹großflächig wirkenden Singularisierungsgeneratoren, zu paradoxen Agenten des massenhaft Besonderen›. (.) Auf der einen Seite [stehen] komplexe Valorisierungstechnologien des Ratings und Rankings, mit denen alles Mögliche miteinander verglichen und bewertet wird; ‹das data tracking durch Suchmaschinen und Unternehmen im digitalen Netz, in dem die anonymen Algorithmen den einzigartigen Bewegungspfad des Users registrieren, um ihn in seinen ganz spezifischen Konsumpräferenzen oder politischen Haltungen zu adressieren und das Netz für ihn zu ‹personalisieren›. Auf diese Weise bilden sich ‹Infrastrukturen zur Fabrikation von Einzigartigkeit›, die ein Begehren nach personalisierter Sichtbarkeit hervorbringen. Die andere Seite dieser ‹Personalisierung› und dieser Logik des Singulären ist die extreme Relevanz der Affekte und der Attraktivität der Dinge, des Menschen und seines Körpers, der Orte oder Kollektive etc. Das gesamte Leben ist aus dieser Perspektive etwas Besonderes – und dadurch attraktiv und authentisch.«[94]

Schließlich und endlich aber ist das Leben nicht bestimmt von »besonderer Einzigartigkeit«, sondern von dem kollektiven bemühen des Selbstvermarktens. Schüler sagen das, von dem sie glauben, dass es dem Lehrer gefällt. Arbeitnehmer vermarkten sich so, wie sie glauben, dass der Personaler einen Angestellten sich vorstellt. Jugendliche tragen Mode und kaufen Kleidung so, wie sie glauben, dass sie dem nächsten Trend folgen. Autoren schreiben so sanft und leicht, wie sie glauben, dass es ein Massenpublikum findet. Politiker sprechen so, wie sie glauben, dass es ihrer Kernwählerschaft gefällt.

Überall dort, wo man glaubt, dass etwas nicht »passt«, soll es »passend« gemacht werden. Bei Schlafstörungen hilft eine Pille, statt das Lesen eines guten Buches oder Masturbation. Es ist für den »Alltagsmenschen« selbstverständlich geworden, seine in einer eigentlich lebensunfreundlichen Umgebung gesunden Symptome mit allerlei bio-chemischen Mittel zu unterdrücken.[95] Mit Therapien, Medikamenten, Lektoraten, Beratungs- und Coachingseminaren, mit Rhetorikkursen und angepasstem Verhalten passt sich der Einzelne an etwas an, von dem geglaubt wird, dass es »anpassungswürdig« sei. Wo aber bleibt der Mensch? Wo bleibt seine Spontanität und seine Individualität? Wo sein Drang nach Wissen und Erkenntnis? Foucault resümiert: »Unsere Tage beweisen ohne Zweifel, dass der Mensch im Begriff ist zu verschwinden.«

### 3.2.7 Die Rückkehr des Individuums

Erich Fromm beschrieb seine Position zu seiner Arbeit zur *Anatomie der menschlichen Destruktivität* als die »eines rationalen Glaubens an die Fähigkeit des Menschen, sich aus dem scheinbar verhängnisvollen Netz der Umstände, das er selbst geschaffen hat, zu befreien.« Auch Foucault glaubte, dass durch das Erkennen von *Epistemen*, den Wahrheitssystemen, und den *Dispositiven*, den Denkstrukturen, der Mensch so ein Stück Freiheit wieder erlangen kann. Beides sind Schlüsselbegriffe im Werk von Foucault.

Mit Epistemen meint er Denksysteme, die selbst Wahrheit hervorbringen. Ein Schüler betrachtet die Welt aus einer anderen Perspektive als sein Lehrer. Arbeitnehmer haben vielleicht andere Interessen als Arbeitgeber. Umweltschützer vertreten andere Forderungen als Ölkonzerne. Jedes System ist seinen eigenen Interessen, Bedingungen, Drücken und Zwängen ausgesetzt und von diesen geleitet. Jedes System bringt also seine eigene Wahrheit oder Sicht auf die Wahrheit hervor. Episteme zu erkennen und zu verstehen bietet die Chance, zwischen ihnen zu vermitteln, zu übersetzen und einen Ausgleich herbeizuführen. »Philosophie«, sagt Foucault, »ist eine Bewegung, mit deren Hilfe man sich von dem frei macht, was für wahr gilt, und nach anderen Spielregeln sucht.«

Dispositiv leitet Foucault aus der französischen Militärsprache ab. Es beschreibt, was einerseits zu tun ist, aber zugleich zu unterlassen ist: »Was ich unter [Dispositiven] festzumachen versuche, ist ein Ensemble, das Gesagtes ebenso umfasst wie Ungesagtes.« Er versteht unter *Dispositiv* »eine Formation, deren Hauptfunktion zu einem gegebenen historischen Zeitpunkt darin Bestand hat, auf einen Notstand zu antworten.« »Urlaub« ist ein solches Dispositiv. Es ist die Reaktion auf den Notstand der Überlastung der Arbeiter. In einem Urlaub sollen Entspannung und Erholung gesucht, Arbeit und Tätigkeit vermieden werden.

Das deutsche Grundgesetz ist in vielerlei Hinsicht als Dispositiv verfasst worden. Die Würde des Menschen gilt es »zu achten«, aber auch »zu schützen«. Als Reaktionen auf den »Notstand« der NS-Diktatur wurden unveräußerliche Grundrechte festgeschrieben, darunter das »Grundrecht auf Leben« und »körperliche* Unversehrtheit«. Die Unveräußerlichkeit meint, weder darf eine Regierung Menschen diese Grundrechte nehmen, noch dürfen Menschen sich ihrer Grundrechte nur allzu bereitwillig selbst entledigen. Beides ist für freiheitliche und demokratische Systeme gefährlich.

Das Grundrecht auf Leben und körperliche Unversehrtheit bedeutet, dass es die Aufgabe des Staates ist, die Gesundheit, das Wohlergehen und das Leben der Bürger zu schützen, zugleich aber auch die Bürger vor einer Übergriffigkeit des Staates bewahren soll. Dem vorausgegangen war der »historische Notstand« von Euthanasieprogrammen und Massenmorden, bis hin zur Schoah im Dritten Reich.

Dispositive sind also Reaktionen auf Notstände aller Art. Wenn sich nun ein Notstand daraus ergibt, dass der Mensch durch seine Standardisierung, Vermessung seines Selbst und Selbstvermessung verschwindet, so kann ein Ausweg darin bestehen, diesen Notstand zu erkennen und mit einem Dispositiv darauf zu antworten. Die Disziplinen der Wissenschaft haben *menschliches Sein* erklärbar gemacht. Sie bieten dem Menschen die Chance, sich aus den Fesseln seiner selbstgeschaffenen Umstände zu befreien. Sie dürfen aber nicht dazu führen, dass sie den Menschen als solchen verwässern

---

* Auch seelische Unversehrtheit lässt sich hier hinein interpretieren.

und schließlich ganz und gar auflösen. Wenn diese große Herausforderung gelingt, kann der Mensch als Individuum leben, nicht bloß als biologische Gattung überleben.

## 3.3 Das biologische Verschwinden des Menschen

### 3.3.1 Automat oder Mensch?

»Selbst in einer Gesellschaft, in der Sicherheit und Gerechtigkeit herrschen, kann die Liebe zum Leben sich nicht entwickeln, wenn in ihr nicht die kreative Selbsttätigkeit des Einzelnen gefördert wird. Es genügt nicht, dass die Menschen keine Sklaven sind; wenn die gesellschaftlichen Bedingungen zur Existenz von Automaten führen, wird das Ergebnis nicht Liebe zum Lebendigen, sondern Liebe zum Toten sein.«

– Erich Fromm[96]

Die Liebe zum Lebendigen zeigt sich in der Sorge und Zuneigung zu Menschen, Tieren oder Pflanzen. Die Liebe zum Toten unterscheidet sich von der sexuellen Begierde von Objekten. Sie äußert sich nicht nur in der Angezogenheit von Leichen oder Exkrementen, sondern auch von materiellen und immateriellen Dingen wie Gebäuden, Skulpturen, Gemälden, Gesetzen, Institutionen, Bürokratien, Laptops und PCs sowie Smartphones. Das Tote wird der Lebendigkeit der Natur besonders in der heutigen Zeit oftmals vorgezogen.

Digitale Kommunikation wurde während der Pandemie als sichere, kontaktlose Möglichkeit für zwischenmenschlichen Austausch gegenüber einem persönlichen Gespräch Vorfahrt gewährt. Meine Sorge ist, dass diese Einstellung auch in weiten Teilen des täglichen Lebens – Lerngruppen, Onlineübungen, digitale Seminare – weiter beibehalten wird und zur Entfremdung des Menschen vom Leben und von sich selbst führt. Der Mensch wird dadurch selbst mehr und mehr zu einem toten Automaten, statt ein lebendiges Wesen zu *sein*.

Aber nicht nur psychisch ist der Mensch im Begriff zu verschwinden, auch sein biologisches Fortbestehen wird mehr und mehr *mechanisiert*. Dieser Gegenstand findet sich auch in Panem sehr eindrucksvoll wieder. Zunächst ist es die Maske, das *Make-up*, das den Menschen mit seinem natürlichen Gesicht und seiner natürlichen Ausstrahlung verhüllt. Die Menschen im Kapitol sind hybride Mischwesen zwischen Mann und Frau, Geschlechterrollen gibt es in diesem Sinne nicht. Dennoch führt das Aufheben der Geschlechtergrenzen nicht zu einer Gleichberechtigung in dem Sinne, dass die Menschen frei leben und nicht mehr das eine von dem jeweils anderen Geschlecht unterdrückt wird. Vielmehr verkommt der Mensch zu einer Maschine, an der nach Belieben gebastelt und gebaut werden kann. Kann man aber wirklich noch von »Mensch« sprechen, oder ist »Automat« nicht die richtigere Bezeichnung?

In Panem sehen wir eine treffende Spiegelung unserer eigenen Kultur. Der Mensch ist etwas, das biologisch abgeschlossen zu sein scheint. Maschinen und Automaten dagegen können nach Belieben erweitert werden, ihr Dasein ist ein *lebendiger* Prozess: »Unser Leib von heute ist der von gestern. (.) Er ist morphologisch konstant; moralisch gesprochen: unfrei, widerspenstig und stur; aus der Perspektive der Geräte gesehen: konservativ, unprogressiv, antiquiert, unrevidierbar, ein Totgewicht im Aufstieg der Geräte.

Kurz: *die Subjekte von Freiheit und Unfreiheit sind ausgetauscht. Frei sind die Dinge: unfrei ist der Mensch.*«[97] Auch das Tier wird als ein »Gefangener seines Spezies-Schicksal, also als unfrei« gesehen.[98] »Das ‹Lebendige› [ist] starr und ‹unfrei›; die ‹toten Dinge› dagegen dynamisch und ‹frei› (.)«[99] Der höchste Traum des Menschen »wäre es natürlich, seinen Göttern: den Apparaten, gleich zu werden, richtiger: ihnen ganz und gar, gewissermaßen ko-substanziell zuzugehören.«[100] Mit Schönheitsoperationen, mit künstlichen Gelenken und maschinellen Gliedmaßen kann der Mensch etwas von der »Freiheit« der Maschinen selbst erlangen. Im Falle von Unfall- oder Kriegsversehrten steckt darin ein Stück Wahrheit, denn ein Leben als einarmiger Mensch ist wesentlich unfreier als ein solches mit zweien. Wo jedoch liegen die Grenzen? Seit fast 2500 Jahren war der Grundsatz der Medizin bestimmt von Hippokrates:

»Der Arzt muss dafür sorgen, dass das Heilbare nicht unheilbar werde.
Er muss wissen, wie man die Entwicklung zur Unheilbarkeit verhindern kann.
Im Unheilbaren aber muss er sich auskennen, damit er nicht nutzlos quäle.«

Der Boom »der Schönheitschirurgie, die Nutzung von Medikamenten zur Verbesserung der Stimmung oder Gedächtnisleistung sowie die »Anti-Aging›-Bewegung – das alles sind Anzeichen dafür, dass die Medizin sich heute nicht mehr ausschließlich mit der Heilung von Krankheiten, sondern zunehmend mit der ‹Optimierung› der körperlichen und geistigen Fähigkeiten«[101] gesunder Menschen befasst. Der eigentliche Kampf wird nicht mehr gegen den (frühzeitigen) Tod durch Krankheiten geführt, sondern gegen den Tod durch das Altern selbst. Der »Krieg gegen das Altern«[102] ist in vollem Gange. De Grey tritt für eine »Abkehr von der fatalistischen Annahme, Altern sei ein unabwendbares Schicksal« ein und ist überzeugt, dass die Lebensspanne eines Menschen auf 1000 Jahre ausgedehnt werden könne.[103]

Bei der »Entgrenzung der Medizin« sind vier Dynamiken charakteristisch: Die Ausweitung medizinischer Diagnosen und -kriterien; Krankheitsunabhängige Verbreitung medizinischer Techniken (wie Schönheitschirurgie); Entzeitlichung von Krankheiten (in Bezug auf Genetik und Erbanlagen) sowie die direkte Optimierung des menschlichen Körpers (etwa durch medikamentöse Leistungssteigerung des Gehirns, wie viele Studierende und auch vermehrt Schüler in Prüfungsphasen davon Gebrauch machen).[104] Es stellt sich die Frage, wie weit eine »verantwortungsvolle Nutzung von Medikamenten zur Leistungssteigerung« gehen kann und darf. Haben Eltern eine *Verpflichtung*, »ihre Kinder biologisch zu ‹verbessern›«?[105]

Im Frühjahr 2010 berichtete der ARD-Weltspiegel »über aktuelle Praktiken der medizinisch-chirurgischen Körpergestaltung in Südkorea. Gezeigt wurden zum einen Versuche, die individuelle Körpergröße ‹positiv› zu beeinflussen, zum anderen spezielle Angebote der ästhetischen Chirurgie. Im ersten Beispiel wird von Jungen und Mädchen berichtet, deren Größenwachstum im vorpubertären Alter gesteigert werden soll, mittels ‹Streckmaschine› oder durch spezielle Tränke aus der chinesischen Heilkunde, die angeblich die Wachstumsphase des Körpers verlängern. Für die Behandlung ihres siebenjährigen Sohnes in einer so genannten ‹Wachstumsklinik› bezahlt eine Familie der Sendung zufolge gut 450 Euro monatlich, und dies auf unbestimmte Zeit und mit ungewissem Ausgang. Weiter heißt es: ‹Jedes dritte Kind in dieser Wachstumsklinik ist völlig normal entwickelt. Aber auch deren Eltern glauben, dass ein paar Zentimeter mehr entscheidend sein können für den Erfolg im Leben.›

Im zweiten Beispiel steht die chirurgische Veränderung der Gesichtszüge im Mittelpunkt. Erwünscht sind in Südkorea schmale, feine Gesichter mit weichen Zügen. Doch bei den entsprechenden Eingriffen, die vor allem junge Frauen vornehmen lassen, geht es nicht einfach darum, ‹schön› oder ‹normal› auszusehen; auch hier spielen vielmehr Ziele wie beruflicher Erfolg und bessere Chancen auf dem Arbeitsmarkt eine wichtige Rolle. In dem Fernsehbericht wird der Chef einer Schönheitsklinik mit den Worten zitiert: ‹Koreaner tun alles, um einen guten Job zu bekommen und im harten Konkurrenzkampf der südkoreanischen Gesellschaft zu überleben. Viele wollen eine Schönheitsoperation, wenn sie ihnen hilft, ihre Wettbewerbsfähigkeit zu steigern›.«[106]

Das eigentlich Bemerkenswerte an dieser neueren Entwicklung ist nun, dass der Fortgang von der »Bestrafung des Körpers« zu einer »Strafe über die Seele«, wie sie Foucault erarbeitet hat, insoweit revidiert wird, als dass beides in einer »Optimierung von Körper und Seele« zusammengeführt wird. Am deutlichsten wird dies an dem Beispiel der medikamentösen Leistungssteigerung. Durch physische Manipulation soll das Mentale optimiert werden.* Natürlich ist es sinnvoll, Sport zu treiben und sich so vitaler, wacher und selbstbewusster zu fühlen. Doch hierbei handelt es sich um »natürliche« Mittel, anders als *die* psycho-biochemische Medikationen, die eine neue *Eugenik* ausmacht. 46 von 100 US-Amerikanern kann man bereits heute ohne Weiteres eine geistige Störung diagnostizieren – die es natürlich mittels Medikamenten zu behandeln gilt.[107]

Der Mensch, der sich unfrei fühlt, übersieht, dass er selbst die Maschinen geschaffen hat und tote Dinge nur verschleißen, niemals aber neu geboren werden können. Das Leben aber ist ein ständiges Sterben und Wiedergeborenwerden. Jede Zelle ist fähig, sich selbst zu reproduzieren. Maschinen dagegen sind auf ständige Wartungen und Reparaturen durch Menschen angewiesen. Aber ist diese Feststellung heute noch aktuell? Ist es mit künstlicher Intelligenz und autonomen Systemen Maschinen nicht auch möglich geworden, einander herzustellen und zu reparieren? Hier scheint jedes Argument zu versagen, denn die Maschinen scheinen nun endgültig über alles Leben überlegen, ja sie scheinen sogar selbst Leben geworden zu sein.

Können Maschinen mit künstlicher Intelligenz bessere Menschen werden, als wir es heute sind? Woher aber sollten Maschinen und Algorithmen die Wertvorstellungen von Individualität, Moral und

---

* Auch eine Manipulation der Psyche, die zu einer Verbesserung des Körpers führen soll, wäre prinzipiell denkbar. Inwieweit therapeutische Methoden in der Psychiatrie heute bereits entwickelt sind, möchte ich an dieser Stelle jedoch nicht erörtern.

Gerechtigkeit her kennen? »Jeder Mensch ist ein Sonderfall«, schreibt Weizenbaum in *Computermacht und Gesellschaft*.[108] Maschinen aber tun nur das, wofür sie programmiert wurden. Aus welchem Grund sollte es künstlicher Intelligenz möglich sein, moralischer zu sein als wir Menschen? Würde künstliche Intelligenz nicht auch geleitet von eigenen Interessen? Besteht nicht genau darin die große Gefahr für den Menschen, obsolet zu werden, wenn seine Maschinen ihn nicht mehr benötigen? Würde künstliche Intelligenz nicht auch auf ihre Weise destruktiv werden können? Es ist eine noch ungeklärte Frage, ob der Menschen Maschinen erschafft, die eines Tages die Weltherrschaft übernehmen und sich ihrem Schöpfer entledigen werden, oder ob sie mit diesem verschmelzen und der Mensch als Gattung nicht beseitigt werden muss, weil er einfach mit der Zeit mehr und mehr verschwindet? Gehirnelektroden auf der einen, Smartphones als »ausgelagerte Gehirne« auf der anderen Seite könnten auf Letzteres hindeuten.

Zweifelsohne hat der Fortschritt auf dem Gebiet der künstlichen Intelligenz und der Eingang von Maschinen in die Medizin auch große Vorzüge, aber die Risiken und Nachteile dürfen weder übersehen, noch verschwiegen werden. Der Mensch selbst wird so mehr und mehr zu einem Automaten. Nicht nur der Mensch wird automatenhaft, sondern auch sein Weltbild. Das Leben wird zum Toten erklärt, und das Tote für *frei*, *vollkommen* und *wahrhaftig*. Der bequeme Mensch gibt seine eigene Verantwortung auf und sucht die totale Einheit in der Eindeutigkeit der automatisierten Antworten. Während die einen die Enthumanisierung sehr kritisch sehen, gibt es Utopisten, die – wie Bauer feststellt:

»bereits von einem Transhumanismus oder Posthumanismus träumen, in dem Maschinenmenschen, endlich ein völlig ambiguitätsfreies Leben führen werden – sofern man ein solches Dasein noch Leben nennen will. Die raschen Fortschritte in der Entwicklung künstlicher Intelligenz weisen deutlich in diese Richtung. Autos, die an unserem Gesichtsausdruck und an anderen Biodaten unsere Stimmung, unsere Wachheit und unsere Bedürfnisse ablesen, könnten uns schon bald alle Entscheidungen abnehmen. Eine solche neue Technologie ‹soll unsere Unzulänglichkeiten ausgleichen und uns gefahrlos durch die beste aller Welten lotsen›. Künstliche Intelligenz bewegt sich ‹Schritt für Schritt darauf zu, die menschliche Entscheidungsfindung zu führen›, so der Philosoph Eric Sadin. Jedes Mal, wenn es gilt, sich zu entscheiden, liegt eine Situation der Ambiguität vor, weil man sich entweder so oder so entscheiden kann. Jede Entscheidung ist deshalb auch ein Prozess der Entambiguisierung. Zumindest diesen Prozess könnten uns schon bald

Maschinen abnehmen. Für Sadin bedeutet dies, dass der Mensch in zweifacher Hinsicht neu positioniert werde, nämlich erstens ‹in ontologischer Hinsicht›, denn er gelte nicht mehr ‹als das einzige mit Urteilsfähigkeit begabte Wesen, sondern er werde ‹durch eine neue, als überlegen angesehene Wahrheitsinstanz verdrängt›. Zweitens werde er ‹anthropologisch› an den Rand geschoben, denn nicht mehr der Mensch ‹übt mithilfe seines Geistes, seiner Sinne und seines Wissens Gestaltungsmacht aus, sondern eine als leistungsfähiger angesehene Interpretations- und Entscheidungsgewalt, die ihn aus immer weiteren Lebensbereichen ausschließen soll, nicht zuletzt aus dem Arbeitsleben.›

Die Ambiguitätsfeindlichkeit des Kapitalismus würde triumphieren, ‹denn mit exponentiell wachsender Geschwindigkeit zerstört der allein an Privatinteressen orientierte Geist von Silicon Valley die Grundprinzipien des europäischen Humanismus und dessen Überzeugung von der autonomen Erkenntnis und der freien Entscheidung ebenso wie die aus diesen Maximen abgeleiteten Schlussfolgerungen: das Prinzip der Verantwortung und das Recht der Gesellschaften, gemeinsam über ihr Geschick zu bestimmen.› Wenn Maschinen über Wahrheit entscheiden, kann man endlich ambiguitätsfrei in Gleichgültigkeit dahinleben. Man könnte vielleicht sogar selbst zur Maschine werden, zumindest teilweise. Die Verschmelzung von Mensch und Maschine zu einem einzigen Wesen im Cyborg wird gegenwärtig von Neuralink, einem der vielen Unternehmen von Elon Musk, vorangetrieben, das nach Möglichkeiten sucht, das menschliche Gehirn mit dem Computer zu verbinden. Einstweilen geht es angeblich vor allem darum, Behinderten zu helfen, aber ‹schon in acht bis zehn Jahren soll Neuralinks Verbindung von Gehirnen und Computern auch völlig gesunden Menschen zur Verfügung stehen›. Musk fürchtet nämlich, dass künstliche Intelligenz uns sonst überholen könne. Genau aus diesem Grund sollten wir ‹nicht zu früh eine digitale Superintelligenz entwickeln, bevor wir kein Hirn/Computer-Interface bauen können›. Der Maschinenmensch soll uns also vor dem Triumph der reinen Maschine retten. (.)

Ist denn eine Welt, in der die Utopie des ambiguitätsfreien Maschinenmenschen verwirklicht wurde, noch eine lebenswerte? Könnte sie demokratisch regiert werden, könnten sich in ihr die Menschen in ihrer unterschiedlichen, gar widerständigen Persönlichkeit (falls es so etwas wie Persönlichkeit dann – überhaupt noch gibt) entfalten, würde es noch Schönheit und die Fähigkeit, sie zu empfinden, geben? Unter der Voraussetzung, dass nicht: Möchte man in einer solchen Welt leben? Falls aber nicht: Was könnte man gegen eine solche Entwicklung tun? (.) Dennoch könnte es noch möglich sein, den Prozess der Bedeutungsvernichtung durch fundamentalistische Vereindeutigung einerseits und durch bedeutungsnegierende Gleichgültigkeit andererseits zumindest zu bremsen. Dazu müssen zunächst Kunst, Religion, Wissenschaft, Politik und Natur wieder ihren Eigenwert zurückerhalten, anstatt auf die verführerische Eindeutigkeit ihres Marktwerts reduziert zu werden, die sie letztlich zu völliger Bedeutungslosigkeit verurteilt. Dies kann nur geschehen, indem ihnen Ernsthaftigkeit und Respekt zuteilwird: Respekt vor der Natur, vor Mitmenschen unterschiedlicher Herkunft, Religion, Neigung und Fähigkeit, vor künstlerischer Kreativität, wissenschaftlichem Erkenntnisstreben und politischem und gesellschaftlichem Engagement. Nur dann, wenn diese Felder ernsthaft bestellt werden, kann eine Welt der Bedeutungsvielfalt gedeihen, eine Welt, in der Ambiguität als Bereicherung und nicht als Makel empfunden wird.«[109]

### 3.3.2 Das »tote« Leben

Das Automatenmotiv findet sich auch in E.T.A. Hoffmanns Werk *Der Sandmann*. Nathanael wird irr vor der Ununterscheidbarkeit zwischen lebenden Menschen und toten Automaten, welche lebendig und dadurch wie Menschen wirken. Nathanaels Welt ist eine lieblose, aus der er durch den Freitod entkommt. »In dieser Welt wird der Mensch zu einem Ding, was dazu führt, dass er dem Leben mit Angst und Gleichgültigkeit, wenn nicht gar mit Hass gegenübersteht. (.) Es erhebt sich die Frage, ob wir uns auf eine neue Barbarei zu bewegen (.) oder ob eine Renaissance unserer humanistischen Tradition möglich ist.«[110]

Wenn Kinder mit ihren Haustier spielen und einem Hund ein paar Kunststücke beibringen wollen, sagen sie nicht, sie »dressieren« ihn, sie übertragen das Tote der Technik auf das Lebendige und sagen, sondern sie »programmieren« den Hund. Ein Spitzensportler ist kein Mensch mit herausragenden Fähigkeiten, er ist im Snooker eine *Potting-Machine*, im Fußball eine *Tor-Maschine*, in der Athletik eine *Sprung-Maschine*, ein Schachspieler besitzt ein *Computerhirn*. Alle Vergleiche sind umgekehrt, nicht von der Natur auf die Technik, sie sind bezogen von der Technik auf die Natur. Es ist die Herrschaft der Technik, und die Welt in der sie herrscht, ist lieblos. Auch Erich Fromm fragte:

»Ist die Nekrophilie wirklich für den Menschen in der zweiten Hälfte des 20. Jahrhunderts in den Vereinigten Staaten und in anderen ebenso hoch entwickelten kapitalistischen oderstaatskapitalistischen Gesellschaftssystemen charakteristisch? (.) Er wendet sein Interesse ab vom Leben, von den Menschen, von der Natur und den Ideen – kurz, von allem, was lebendig ist; er verwandelt alles Leben in Dinge, einschließlich seiner selbst und der Manifestationen seiner menschlichen Fähigkeiten der Vernunft, des Sehens, des Hörens, des Fühlens und Liebens. Die Sexualität wird zu einer technischen Fertigkeit (zur ‹Liebesmaschine›); die Gefühle werden verflacht und manchmal durch Sentimentalität ersetzt; die Freude, Ausdruck intensiver Lebendigkeit, wird durch ‹Vergnügen› oder Erregung ersetzt; und viel von der Liebe und Zärtlichkeit, die ein Mensch besitzt, wendet er seinen Maschinen und Apparaten zu. Die Welt wird zu einer Summe lebloser Artefakte; von der synthetischen Nahrung bis zu den synthetischen Organen wird der ganze Mensch zum Bestandteil der totalen Maschinerie, welche er kontrolliert und die gleichzeitig ihn kontrolliert. Er hat keinen Plan, kein Lebensziel, außer dass er das tut, wozu die Logik der Technik ihn veranlasst. Sein Streben gilt der Herstellung von Robotern, worin man eine der größten Leistungen des technischen Geistes sieht, und es gibt Spezialisten, die uns versichern, der Roboter werde sich kaum vom lebendigen Menschen unterscheiden. Diese Leistung wird uns weniger erstaunlich vorkommen, wenn der Mensch selbst kaum noch von einem Roboter zu unterscheiden ist.

Die Welt des Lebens ist zu einer Welt des ‹Nichtlebendigen› geworden; Menschen sind zu ‹Nichtmenschen› geworden – eine Welt des Toten. Symbolisch für das Tote sind nicht mehr unangenehm riechende Exkremente oder Leichen. Die Symbole des Toten sind jetzt sauberere, glänzende Maschinen; die Menschen fühlen sich nicht mehr von übelriechenden Toiletten angezogen, sondern von Strukturen aus Aluminium und Glas. Aber die Wirklichkeit hinter dieser antiseptischen Fassade wird immer deutlicher sichtbar. Im Namen des Fortschritts verwandelt der Mensch die Welt in einen stinkenden, vergifteten Ort (und das nicht im symbolischen Sinn). Er vergiftet die Luft, das Wasser, den Boden, die Tiere – und sich selbst. Er tut dies in einem solchen Ausmaß, dass es zweifelhaft geworden ist, ob die Erde in hundert Jahren noch bewohnbar sein wird. Er kennt diese Tatsachen, aber wenn auch viele dagegen protestieren, so sind doch die Verantwortlichen auch weiterhin auf technischen ‹Fortschritt› aus und gewillt, alles Leben dem Götzendienst an ihrem Idol zu opfern. Auch in früheren Zeiten haben Menschen ihre Kinder oder Kriegsgefangene geopfert, aber nie zuvor in der Geschichte war der Mensch gewillt, alles Leben dem Moloch zu opfern – sein eigenes und das seiner Nachkommen. Dabei macht es kaum einen Unterschied, ob er das absichtlich tut oder nicht. Wenn er die drohende Gefahr nicht kennen würde, könnte man ihn vielleicht von der Verantwortung freisprechen. Aber es ist das nekrophile Element in seinem Charakter, das ihn hindert, aus dem, was er weiß, die Konsequenz zu ziehen.

Das gleiche gilt für die Vorbereitung des nuklearen Krieges. (.) Tatsächlich waren aber die Verantwortlichen schon mehrmals nahe daran, Kernwaffen einzusetzen – und sie haben mit der Gefahr gespielt. Strategische Überlegungen (.) befassen sich gelassen mit der Frage, ob fünfzig Millionen Tote noch ‹vertretbar› wären. Dass wir es dabei mit dem Geist der Nekrophilie zu tun haben, kann kaum bezweifelt werden. Phänomene, über die man sich so sehr entrüstet – wie Rauschgiftsucht, Verbrechen, der kulturelle und geistige Verfall und die Missachtung echter ethischer Werte –, all das steht in enger Beziehung zur wachsenden Anziehungskraft von Totem und Schmutz. Wie kann man von der Jugend, von den Armen und von denen, die ohne Hoffnung sind, erwarten, dass sie sich nicht vom Verfall angezogen fühlen, wenn er von denen propagiert wird, die den Kurs der modernen

Gesellschaft bestimmen? Wir kommen notwendigerweise zu dem Schluss, dass die leblose Welt der totalen Technisierung nur eine andere Form der Welt des Toten und des Verfalls ist.[111] (.)

Es braucht kaum besonders betont zu werden, dass diese Züge eng jenen entsprechen, die den kybernetischen Menschen kennzeichnen. Ich meine damit besonders die fehlende Unterscheidung zwischen lebendiger und un-belebter Materie, die fehlende Bezogenheit auf andere Menschen, die Benut-zung der Sprache zur Manipulation anstatt zur Kommunikation und das vorwiegende Interesse am Mechanischen statt am Lebendigen. Diese We-senszüge sind – wie bereits angedeutet – auch für den kybernetischen Men-schen charakteristisch. Aber sie sind bei ihm nicht so auffällig und extrem und manifestieren sich in gemilderter Form.«[112]

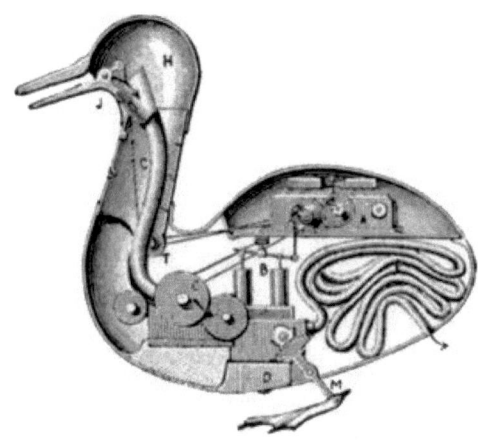

Tierkörper als Maschine[113]

Man scheint vergessen zu haben, dass der Mensch die Maschinen nach seinem Abbild schuf, nicht umgekehrt. Der Mensch, der seine Hände als Werkzeuge einsetzte, lernte Techniken, deren Abbild nach er die Maschinen erschuf; heute aber glaubt er, selbst eine Ma-schine werden zu müssen, um ihrem Abbild gleich zu werden. Noch mehr, unser Verständnis von Leben ist sehr wohl auch ein physikalisches. Ein System ist lebendig, wenn es die fortwährend zunehmende Entropie, die Unordnung in sich selbst, wieder zu-rücksetzen kann. Ein zerkratzter Stein behält seine Schrammen, Wunden eines lebenden Wesens können verheilen.

Das Absurde ist nun, dass nach allein dieser Definition selbst ein Computervirus als »lebend« bezeichnet werden kann, denn es ist sehr wohl in der Lage, sich zu vervielfältigen und zu erhalten. Die kybernetische Gesellschaft macht keinen Unterschied mehr zwischen der bloßen Existenz und wirklicher Lebendigkeit. René Descartes vertrat im 17. Jahrhundert die Auffassung, der Körper der Tiere und möglicherweise auch des Menschen komme mehr einem Automaten gleich. Das, was den Menschen vom Tier unterscheide, sei sein Geist, ohne den es keine Vorstellungskraft gebe: »Cogito ergo sum« – *Ich denke, also bin ich.*

Wie sehr dieser nekrophile Charakter in kybernetischen Gesellschaften verbreitet ist, hat Erich Fromm intensiv herausgearbeitet. Ein Beispiel für die Alltäglichkeit der Nekrophilie und die Missachtung des Lebens zeigt sich in einem neuen Gesetz, welches in Baden-Württemberg eingeführt werden soll: Der Hundeführerschein.

Dabei geht es darum, dass man einen Prüfungsschein – staatlich lizenziert – erwerben muss, um einen Hund führen zu dürfen. Der Hintergrund ist, dass viele Hundebesitzer oft mit ihren Haustieren überfordert sind, sie nicht richtig pflegen und vernachlässigen. Die Tiere verwahrlosen, werden manchmal aggressiv und so kann es auch zu Angriffen auf andere Tiere oder Menschen kommen, sogar gegen ihre Besitzer selbst.

In der Tat dürften auch während der Pandemie sich viele Menschen nicht aus Leidenschaft oder Liebe zum Leben, sondern aus purer Langeweile ein Haustier angeschafft haben. Aus meinem Bekanntenkreis sind mir ähnliche Fälle nicht fremd und oft haben sie mich sehr traurig gestimmt. Zurecht hat man erkannt, dass Handlungsbedarf besteht, um sowohl das Wohl des Tieres als auch eine Gefährdung für den Menschen durch das aggressive, da vernachlässigte Tier zu vermeiden. Einen Hundeführerschein sehe ich jedoch sehr kritisch.

Ein Hund ist nicht nur eine einfach Sache, ein Ding, ein Auto, das man »fahren« kann. Ein Hund ist vor allem ein Familienmitglied, was gewiss auch für andere Haustiere gelten mag. Jeder, der seinen Hund wirklich liebt, wird diese enge Bindung bestätigen können: »Tiere sind meine Lieblingsmenschen.«

Gewiss ist ein Hund kein Mensch; man kann ihn besitzen. Aber er ist keine leblose Sache wie eben etwa ein Auto oder ein Fahrrad. Ein Hundeführerschein würde bedeuten, dass man einen Führerschein, eine Lizenz erwerben muss, um ein Familienmitglied in die

Familie aufnehmen (und konsequenterweise auch erziehen) zu dürfen.

»Beim Hundeführerschein geht es in fünf Praxisstunden à 90 Minuten und drei Theorie-Blöcke von je zweieinhalb Stunden unter anderem um Haltung, Pflege und Verhalten beim Gassigehen mit und ohne Leine. Bei der Hundeschule Stuttgart kostet das rund zweihundert Euro plus Gebühren für die Prüfung. Die nehme dann ein extra zugelassener Tierarzt ab.« [114] Diese Maßnahme bringt jedoch nichts, wenn man dies nur *einmal* macht. Auf jeden Hund muss man sich neu einstellen, jeder Hund muss sich neu einstellen auf seine neuen Bezugspersonen, sein neues Familienumfeld. Bei jedem Hund sollte man erstmal in die Hundeschule gehen, dort kann man den Hund erziehen, intersoziale Abstimmungen vornehmen, aber insbesondere auch die oben beschriebenen Bedürfnisse eines Hundes und Pflichten eines Halters begreifen. Aber es einmalig mit einem Hundeführerschein abzuarbeiten, gleich ob man sich einen Hund anzuschaffen gedenkt oder nicht, ist Quatsch, weil es mit dem nächsten Tier nichts mehr bringt.

Außerdem ist ein Hund, wie man nicht oft genug betonen kann, ein Familienmitglied und ich halte die Entwicklung eines »Führerscheins für das Eingliedern eines Familienmitgliedes« für sehr bedenklich. Wo soll das hinführen? Eltern belegen Kurse, wenn sie Eltern werden, nicht vorher auf Lizenz, um Eltern werden zu dürfen.

Diese Grundausrichtung, eine Lizenz durch Prüfungsbelege zu erwerben, um Rechte zu erhalten, halte ich für grundfalsch. Erziehung ist gewiss nicht alleinige Aufgabe und Verantwortung der Eltern, sondern auch des Staates. Dies erfolgt über das sukzessive Eingliedern in Organisationen, welche unsere Gesellschaft bilden: Kita, Schule, Berufsschule und Universitäten.

Der Staat hat einen Bildungs- und Erziehungsauftrag. Wie weit darf der Staat in einer liberalen Gesellschaft aber gehen? Wie weit würde eine mehr und mehr nekrophile und faschistoide Gesellschaft gehen?

Eine solche Entwicklung mag überzogen klingen. Man darf aber nicht übersehen, dass es auch nicht wenige und sogar immer mehr Leute gibt, die sich Kinder wie Haustiere als Statussymbole anschaffen. Diese werden dann bei Institutionen, bei den Großeltern oder in Internaten »geparkt«, während man selbst an seiner eigenen Vorzeigekarriere arbeitet.

Etwas Vergleichbares gilt auch für die Not vieler alter Menschen, die ihn Heimen nicht mehr die nötige Fürsorge und Gesellschaft erfahren, die sie körperlich und seelisch brauchen. Pflegekräfte durch Roboter zu ersetzten, so wie Kellner in Restaurants ersetzt werden können, bietet hier Vorteile. Aber nirgendwo wird deutlicher, dass der Mensch biologisch im Begriff ist zu verschwinden und mit ihm, das Leben als solches. Kleine Staubsaugerroboter erleichtern die Arbeit im Haushalt.

Kleine Haustierroboter sind vielleicht pflegeleichter als lebende Hunde und man muss nie erleben, wie ein Familienmitglied wegen einer schweren Krankheit eingeschläfert werden muss und stirbt. Der Roboter kann repariert werden oder neue Batterien eingesetzt bekommen. Aber ein Roboter kann niemals die Nähe, Wärme, Geborgenheit, Fürsorge und Liebe spenden, wie es ein echtes Lebewesen kann. Der Roboter ist stets konditioniert auf das, was seine Aufgabe ist. Das Spontane kennt er nicht, allenfalls in Form von Zufallsalgorithmen.

Der Roboter ist pflegeleicht. Man muss nicht an regnerischen Tagen mit ihm Gassi gehen. Aber das alles führt nur mehr und mehr dazu, dass der Besitzer bequem wird. Er braucht keinerlei Verantwortung mehr zu übernehmen, weil er jederzeit auf den *Off*-Schalter drücken kann. Er braucht auch kein Risiko einzugehen, dass seine Gefühle durch den Roboter verletzt werden könnten. Er vertraut ihm mehr als einem anderen Menschen, doch vergisst er nur allzu leicht, dass gerade der Roboter eine Gefahr für seine Privatsphäre und informationelle Selbstbestimmung seiner Daten darstellt wie kein anderes Lebewesen es könnte, man denke nur an Fitnesstracker. »Verdatete Gesellschaften sind solche, in denen ein ‹Wille zur möglichst totalen statistischen Selbsttransparenz› herrscht. [.] Diese Verdatung beginnt historisch mit direkt physisch messbaren Feldern, etwa demografischen (Geburten und Sterbefälle, was eine wichtige Basis für den Aufstieg des normalistischen Versicherungswesens lieferte), ökonomischen (besteuerbarer Besitz, Waren- und Kapitalströme), meteorologischen (Temperaturen und Niederschläge), körperbezogenen (Körpergröße, Körpergewicht etc.), medizinischen (Körpertemperatur, Blutdruck usw.) und soziologischen (Einkommensverteilung usw.).«[115]

Aber das übersieht er nur allzu leicht, wenn in einer einsamen Welt Liebe käuflich wird, zugleich aber mit keinerlei Risiken verbunden ist. Der eigene Lebenspartner, der traumhafte Sexualpartner – all das ist käuflich geworden und wird bis an die Haustüre per Onlinebestellung geliefert. *Die Liebe zum Toten genießt gegenüber der Liebe zum Leben stets Vorfahrt.* Dass dem Menschen die Macht über die Automaten abgenommen wurde, ist nicht richtig, da er selbst es doch war, der sich aus Bequemlichkeit in die Ohnmacht unter dieselben unterworfen hat. Nirgendwo deutlicher wird dies beim autonomen Fahren. Aber auch Maschinen sind nicht perfekt und fehlerfrei, wie man zu glauben scheint. Sie machen Fehler oder versagen technisch. Vielleicht seltener als der Mensch, aber Katastrophen können ebenso tödlich enden wie durch menschliches Versagen.

Der Mensch, der Technologie hervorbrachte und sich so aus den Fesseln der Natur befreite, hat keine natürlichen Feinde mehr, außer der Natur selbst. Sein unnatürlicher Feind aber ist die Technologie geworden und sein größter Feind ist er sich und Seinesgleichen selbst. »Die Herrschaft des Verstandes über die Natur und die Produktion von immer mehr und mehr Dingen wurden die höchsten Lebensziele. In diesem Prozeß hat sich der Mensch in ein Ding verwandelt, das Leben ist dem Eigentum untergeordnet, das ‹Sein› wird vom ‹Haben› beherrscht.«[116]

Industriestaaten auf der ganzen Welt streben nach Bildung und danach, lesen und schreiben zu können. Zugleich nimmt jedoch die Fähigkeit zu kritischem Denken immer weiter ab, wie Fromm 1969 bereits feststellte. So schaffe das Fernsehen »eine neue Art von Analphabetentum, bei dem der Verbraucher mit Bildern gefüttert wird. Er gebraucht seine Augen und Ohren, nicht aber seinen Verstand. Kurzum, während wir immer leistungsfähigere Maschinen produzieren, verliert der Mensch einige seiner wichtigsten Eigenschaften. Er wird zu einem passiven Verbraucher, gelenkt von der großen Organisation. Diese hat kein Ziel und keine Vision außer der, immer größer und effizienter zu werden und schneller zu wachsen. Je mehr Macht der Mensch über die Natur hat, um so ohnmächtiger ist er gegenüber der Maschine.«[117]

Fromm nennt weiter Beispiele seiner Zeit dafür, »daß sich unser ganzes System in einem Zustand bedrohlichen Ungleichgewichts befindet und daß bestimmte Teile des Systems ihre Fähigkeit, sich anzupassen und zu [regenerieren], verloren zu haben scheinen. Der Verlust der Fähigkeit zur Anpassung zeigt sich. besonders deutlich in unserer Unfähigkeit, (1) die Atomwaffen abzuschaffen, mit der

Folge, daß die Bedrohung einer völligen Zerstörung uns lähmt; (2) Fakten zu schaffen, mit denen die wachsende Kluft zwischen der armen und reichen Welt überwunden werden kann; (3) Maßnahmen zu ergreifen, die dem Menschen die Kontrolle über die Maschine geben, statt ihn zu ihrem Diener zu machen«, und er konstatiert weiter:

»Wir stehen der historischen Frage gegenüber, ob die westliche Gesellschaft noch die Vitalität hat, die notwendigen Änderungen des Systems vorzunehmen, um den Zerfall zu verhindern, oder ob wir die Kontrolle verloren haben und folglich auf eine Katastrophe zusteuern.«[118]

Unsere zur Zerstörung und Selbstaufopferung bereiten jungen Frauen und Männer sind Angeklagte, »aber sie sind auch Ankläger, da sie Beispiele dafür sind, daß in unserer Gesellschaftsordnung manche unserer besten jungen Menschen so in Isolation und Hoffnungslosigkeit geraten, daß kein anderer Weg aus ihrer Verzweiflung herausführt als Fanatismus und Zerstörung.

Das menschliche Verlangen, ein Gefühl des Einsseins mit anderen zu erleben, wurzelt in den Existenzbedingungen der Spezies Mensch und stellt eine der stärksten Antriebskräfte des menschlichen Verhaltens dar. Durch die Kombination von minimaler instinktiver Determinierung und maximaler Entwicklung der geistigen Fähigkeiten haben wir Menschen unsere ursprüngliche Einheit mit der Natur verloren. Um uns nicht vollkommen isoliert zu fühlen und damit dem Wahnsinn preisgegeben zu sein, müssen wir eine neue Einheit – mit unseren Mitmenschen und mit der Natur – entwickeln.

Dieses menschliche Bedürfnis nach dem Einswerden mit anderen wird auf vielfache Weise erlebt: in der symbiotischen Bindung an die Mutter, an ein Idol, an den Stamm, die Nation, die (eigene) Klasse, die Religion, eine Studentenverbindung, die Berufsorganisation. Diese Bindungen überschneiden sich natürlich vielfach und nehmen gelegentlich ekstatische Formen an, wie bei den Mitgliedern religiöser Sekten, einem Lynchmob oder den Exzessen nationaler Hysterie im Krieg. Beim Ausbruch des Ersten Weltkrieges kam es zu einem der dramatischsten Fälle eines irrationalen Ausbruchs des Verlangens nach Einssein. Über Nacht gaben Menschen lebenslange Überzeugungen wie Pazifismus, Antimilitarismus oder Sozialismus auf; Wissenschaftler warfen ihre jahrzehntelange

Schulung in Objektivität, kritischem Denken und Unparteilichkeit über Bord, um an diesem großen *Wir*-Gefühl teilzuhaben.

Das Verlangen, mit anderen eins zu sein, manifestiert sich sowohl in den niedrigsten Verhaltensweisen, in Akten des Sadismus und der Zerstörung, als auch in den höchsten: in Solidarität aufgrund eines Ideals oder einer Überzeugung. Es ist auch die Hauptantriebsfeder des Bedürfnisses, sich anzupassen: Die Angst, zum Außenseiter zu werden, ist noch größer als die Angst vor dem Tode. Entscheidend für jede Gesellschaft ist die Art von Einheitserlebnis und von Solidarität, die sie fördert bzw. unter den gegebenen Bedingungen ihrer sozio-ökonomischen Struktur fördern kann.

Diese Überlegungen lassen den Schluß zu, daß beide Tendenzen im Menschen vorhanden sind: die eine, zu haben, zu besitzen, eine Kraft, die letztlich ihre Stärke dem biologisch gegebenen Wunsch nach Überleben verdankt; die andere, zu sein, die Bereitschaft, zu teilen, zu geben und zu opfern, die ihre Stärke den spezifischen Bedingungen der menschlichen Existenz verdankt, speziell in dem eingeborenen Bedürfnis, durch Einssein mit anderen die eigene Isolierung zu überwinden.

Aus der Existenz dieser beiden gegensätzlichen Anlagen in jedem Menschen ergibt sich, daß die Gesellschaftsstruktur und deren Werte und Normen darüber entscheiden, welche von beiden Möglichkeiten dominant wird. Gesellschaften, die das Besitzstreben und damit die Existenzweise des Habens begünstigen, wurzeln in dem einen menschlichen Potential; Gesellschaften, die das Sein und Teilen fördern, wurzeln in dem anderen.

Wir müssen uns entscheiden, welches dieser beiden Potentiale wir kultivieren wollen, uns dabei aber bewußt sein, daß unsere Entscheidung weitgehend von der sozio-ökonomischen Struktur der jeweiligen Gesellschaft abhängt, die uns die eine oder die andere Lösung bevorzugen läßt.«[119]

### 3.3.3 Das »lebendige« Tote

»Das Subjekt bin nicht ich, sondern ich bin, was ich habe.«
– Erich Fromm[120]

Der Mensch entfremdet sich immer mehr von seinen Eigenkräften und sucht seine Lebendigkeit in den Produkten, die er besitzt, weil er so glaubt, »lebendig« zu sein, wenn er das Tote, was er *hat*, belebt.

»Der mit der Marketing-Orientierung einhergehende Mangel an (Selbst-)Sein wird heute von vielen Menschen bevorzugt dadurch kompensiert, daß sie sich statt am (Selbst-)Sein am Haben orientieren. (.) Wurde die Alternative ‹Haben oder Sein› nach dem Erscheinen des gleichnamigen Buches [von Erich Fromm] im Jahr 1976 vor allem als Aufforderung zum Verzicht, zum Nicht-Haben und Nicht-Besitzen (miss-)verstanden, so wird ihre eigentliche Bedeutung erst mit dem durch das Erstarken der Marketing-Orientierung bewirkten Verlust des (Selbst-)Seins offenkundig:

Dieser Verlust an Eigenem wird etwa spürbar im Gefühl einer inneren Leere und in einem permanenten Verlangen, sich etwas aneignen zu müssen; in einer quälenden Langeweile, bei der man mit sich nichts anzufangen weiß; in einem Unvermögen, von innen heraus aktiv zu sein; in einer depressiven Antriebslosigkeit, bei der ohne äußere Stimulation ‹nichts los› ist. (.) Wie immer auch der Mangel an Sein erlebt wird, das Unvermögen, aus sich selbst etwas hervorzubringen, wird noch immer bevorzugt dadurch kompensiert, daß man sich etwas aneignet.

Haben-Orientierung meint dabei gerade nicht, daß man fehlende immaterielle Güter durch materielle Güter ersetzt. Im Gegenteil, das Haben bezieht sich heute in zunehmendem Maße auf immaterielle Güter wie Kreativität, Gesundheit, Aktivität, Lebendigkeit, Spontaneität, Innovationskraft usw. Haben-Orientierung meint immer die ersatzweise und kompensatorische Konstituierung des (Selbst-)Seins durch das Haben – das Haben von Werten, Überzeugungen, Wissen, Ansehen, Recht, Wahrheit, Schönheit usw. Die Logik ist immer: nicht das, was wir aus eigenem Vermögen hervorbringen und aus uns ‹herausführen› können, ist wichtig, sondern das, was wir in uns hineintun, uns aneignen können. Eigentum entsteht nicht durch Aktualisierung des Eigenseins, sondern durch Aneignung von außen. Darum scheint die Orientierung am Haben wertvoller zu sein als die Orientierung am Sein. Das Habenwollen tritt an die Stelle des Seinwollens. (.) Das Habenwollen erstreckt sich nicht nur auf Waren, Beziehungen, Werte usw., sondern auf ein anderes Wirklichkeitserleben. Statt die vorgegebene Wirklichkeit wahrzunehmen und zu gestalten, gilt es, Wirklichkeit zu inszenieren und inszenierter Wirklichkeit den Vorzug zu geben.«[121]

Damit werden psychologisch betrachtet auch die »Ich-Funktionen« geschwächte. Wichtige Funktionen des Ichs sind »die Realitätskontrolle und das Vermitteln von eigenen Bedürfnissen, Wünschen, Gegebenheiten einerseits mit den Gegebenheiten und Anforderungen der Außenwelt andererseits. Zu den Gegebenheiten der Außenwelt gehört, daß sie uns die Befriedigung unserer wichtigsten körperlichen, psychischen und geistigen Bedürfnisse ermöglicht, aber auch bedrohlich, hinderlich und enttäuschend sein kann. (.) Wer aus seinem eigenen Vermögen leben kann, erlebt sein Ich stabiler (‹Ichstärke›), verhält sich realitätsgerechter (‹Wirklichkeitssinn›), kann Versagungen leichter ertragen (‹Frustrationstoleranz›) und sich mit der Endlichkeit des Lebens besser abfinden (‹Leidfähigkeit›).[122] (.)

Doch in der modernen Medienlandschaft wird es dem Menschen leicht gemacht, die Wirklichkeit nicht mehr wahrnehmen zu müssen und stattdessen in einer konstruierten Scheinwelt zu leben. »Die künstlich geschaffenen Erlebniswelten sind aufregender und spannender als das Erleben der Natur oder die Beziehung zu den Kindern; die vermittelte Nachricht ist glaubwürdiger als die selbst ermittelte; in den vom Menschen geschaffenen virtuellen Welten fühlt man sich mehr zu Hause als in den eigenen vier Wänden. (.) Fromm hat bereits in seinem Erstlingswerk *Die Furcht vor der Freiheit* erkannt, daß Menschen, deren Selbst geschwächt ist, diesen Mangel mit der Erzeugung von ‹Pseudo-Wirklichkeiten› kompensieren. Er illustrierte diese Erzeugung damals mit dem hypnotischen Experiment und sprach von Pseudo-Denken, Pseudo-Fühlen, Pseudo-Wollen und Pseudo-Handeln.

Heute könnte man provokativ sagen, daß die uns über Werbung und Medien vermittelte Wirklichkeit zu einer kollektiven Hypnotisierung führt und es sich kaum noch ausmachen läßt, ob das, was die Mehrheit denkt und fühlt, Produkt einer Massenhypnose ist oder das Ergebnis einer tatsächlichen Wirklichkeitserkenntnis vieler Menschen. Folgerichtig wird in der Postmoderne die Wahrheitsfrage und die Suche nach der Wirklichkeit als illusorisch und altmodisch denunziert. In den siebziger Jahren sprach Fromm vom ‹kybernetischen› Menschen und sah einen Zusammenhang zwischen dem Funktionieren des kybernetischen Menschen und schizophrenen Prozessen.«[123]

Der Werbespot erzeugt eine Welt von Erlebnis oder süßem Traum oder faszinierend schöner Welt, »in der die Sehnsüchte der Menschen verwirklicht sind und zugleich der Joghurt oder das Bier zu Hause sind. Man erzeugt eine Welt voller Abenteuer und Jugendlichkeit, zu der die Träger. bestimmter Schuhmarken dann gehören. Die Gestaltung der inszenierten Wirklichkeiten und Märkte richtet sich nach den ‹emotional designs›, die die Werbepsychologen über Tests und Trendaufspürer ermitteln.«[124]

Neben dem zunehmenden Medienkonsum ist ein anhaltender Trend mit der Technisierung des Spielzeugs gegeben. Teddybären, Autos und Züge werden in Kinderfilmen nicht nur als Lebewesen dargestellt, sondern ganz allgemein wird »Spielzeug [.] technisch belebt, indem Hunde bellen und Puppen sprechen. Die Phantasie wird dabei abgewertet, da sie nicht so technisch perfekt einem Gegenstand, einem Spielzeug, ein magisches Leben einzuhauchen vermag. Mit der Belebung toter Dinge wird der reale Tod bagatellisiert, indem der Held des PC-Spiels, sei es Teddy oder JazzJackRabbit, am Monitor ‹stirbt›, auf der Bahre weggetragen wird, um auf Knopfdruck wieder zu neuem Leben erweckt zu werden, das heldenhaft in neuen Levels aufs Spiel gesetzt wird. Nicht viel anders sind die virtuellen Haustiere (‹Tamagotchi›) zu sehen.

Die in Amerika seit den späten 80er Jahren verbreiteten ‹Monster zum Sezieren› fügen sich in diesen Trend ein. Dieses tote Spielzeug wirkt echter als etwas Lebendiges, beispielsweise ein Tier, dessen Pflege mühselig ist. Das beim Seziervorgang fließende Blut ist kein wirkliches Blut; die Neugierde, die sich in destruktiven Forscherdrang verkehrt, bleibt gefühllos, indem sie die Grenze zwischen Lebendigem und Totem nicht wirklich erfährt.«[125]

Den Produkten, das heißt, den von Menschen und Maschinen geschaffenen Dingen werden menschliche Eigenschaften und Fähigkeiten zuerkannt. »Das, was eigentlich Attribute eines produktiven Lebensvollzugs sind und nur aus der Praxis menschlicher Eigenkräfte hervorgehen kann – nämlich Liebe, Vernunft, Zärtlichkeit, Vertrauen, Lebendigkeit, Aktivität, Freude, Zufriedenheit, Sicherheit usw. –, wird auf die Produkte des Menschen, auf die käuflichen Waren projiziert. Die Werbung macht diesen Projektionsvorgang anschaulich.

Geworben wird nämlich nicht mit dem Produkt, sondern mit den auf die Waren projizierten produktiven Eigenkräften: Mit dem Waschmittel läßt sich menschliche Frische kaufen, mit dem Deospray Attraktivität und Lebendigkeit, mit der Versicherung Vertrauen, mit dem Knabberzeug Fröhlichkeit, mit dem Schmuckring

Liebe, mit dem Weinbrand Zärtlichkeit, mit den Turnschuhen Erlebnisfähigkeit usw. In Wirklichkeit sind Frische, Attraktivität, Lebendigkeit, Vertrauen, Fröhlichkeit, Liebe, Zärtlichkeit, Erlebnisfähigkeit ausschließlich Eigenschaften von Lebendigem, ja von gelungenem Menschsein.«[126]

# 4. Über Kriege und Revolutionen

»Erhebungen gehören zur Geschichte. Aber in gewisser Weise entgehen sie der Geschichte. Die Bewegung, in der ein einzelner Mensch, eine Gruppe, eine Minderheit oder ein ganzes Volk sagt: ‹Ich gehorche nicht länger›, und einer als ungerecht empfundenen Macht unter Lebensgefahr entgegentritt – diese Bewegung scheint mir nicht erklärbar zu sein. Weil keine Macht sie jemals vollständig unmöglich zu machen vermag.«

– Michel Foucault[127]

## 4.1 Über die Psychologie der Massen

»Die Massen haben nur Kraft zur Zerstörung. Ihre Herrschaft bedeutet stets eine Phase der Barbarei.«

– Gustave Le Bon[128]

Die Bildung einer Masse, so Le Bon, »erfordert nicht immer die gleichzeitige Anwesenheit mehrere Individuen an einem einzigen Ort. Tausende getrennte Individuen können in gewissen Momenten unter dem Einfluss gewisser heftiger Gemütsbewegungen (.) die Merkmale einer psychologischen Masse gewinnen.«[129] Schon »durch den bloßen Umstand ihrer Umformung zur Masse besitzt sie eine Art Kollektivseele.«[130]

In dieser »verwischen sich die intellektuellen Fähigkeiten und damit auch die Individualität der Individuen. Das Heterogene versinkt im Homogenen, und es überwiegen die unbewussten Qualitäten. (.) Es ist die Dummheit, nicht der Geist, was sich in den Massen akkumuliert.«[131]

Durch die Menge erlangt der Einzelne ein »Gefühl unüberwindlicher Macht«.[132] Jedes Gefühl und jede Handlung sind »ansteckend«; so sehr, dass persönliche Interessen dem Gesamtinteresse geopfert werden. »Die bewusste Persönlichkeit ist völlig geschwunden, Wille und Unterscheidungsvermögen fehlen, alle Gefühle und Gedanken sind nach der durch den Hypnotisator hergestellten Richtung orientiert.«[133]

Für Le Bon – darauf weist Freud ausdrücklich hin[134] – ist der Zustand des Individuums in der Masse tatsächlich ein hypnotischer, nicht nur mit einem hypnotischen Zustand vergleichbar. Die Hauptmerkmale des in der Masse befindlichen Individuums sind nach Le Bon der »Schwund der bewussten Persönlichkeit, Vorherrschaft der unbewussten Persönlichkeit, Orientierung der Gefühle und Gedanken in derselben Richtung durch Suggestion und Ansteckung, Tendenz zur unverzüglichen Verwirklichung der suggerierten Ideen. Das Individuum ist nicht mehr es selbst, es ist ein willenloser Automat geworden. (.) In der Masse gleicht das Individuum einen Sandkorn in einem Haufen anderer, dass der Wind ungehindert empor wirbelt.«[135] Während »das isolierte Individuum die Fähigkeit zur Beherrschung seiner Reflexe besitzt, die Masse aber nicht, [können] die mannigfachen Impulse, denen die Massen gehorchen, je nach Reiz edel oder grausam, heroisch oder feiger Art sein, aber stets werden sie so gebieterisch sein, dass nicht das persönliche, ja nicht einmal das Interesse der Selbsterhaltung zur Geltung kommt.«[136]

Das bei Le Bon geschilderte Bild, so Freud, »ergibt ein unverkennbares Bild von Regression der seelischen Tätigkeit auf eine frühere Stufe, wie wir sie bei Wilden oder bei Kindern zu finden nicht erstaunt sind. Eine solche Regression gehört insbesondere zum Wesen der gemeinen Massen.«[137] Die Massen erscheinen also als infantile Gebilde. Es bedarf nicht viel Vorstellungskraft, dass solche Massen leicht zur Unterwerfung unter eine Führerfigur bereit sind. Diese Figur erfüllt die Rolle eines Vaters oder einer Mutter, oder aber auch die eines Genies. Hitler und Goebbels sollen Le Bons Werk ausführlich studiert haben.[138] Sehr wahrscheinlich wussten sie also nicht nur um die Techniken der Propaganda und Suggestion von Massen, sondern auch um das Wechselspiel zwischen Führer und Masse.

Nur dann, konstatierte Wilhelm Reich, »wenn die Struktur einer Führerpersönlichkeit mit massenindividuellen Strukturen breiter Kreise zusammenklingt, kann ein ‹Führer› Geschichte machen.« Heute würde man Hitler vermutlich als geisteskrank und unzurechnungsfähig bezeichnen. Damals, als die *Beklopptheit total* war, wurde die Vernunft als wahnsinnig und der Wahnsinn als vernünftig definiert, was einen Ausbruch einer handfesten Geisteskrankheit bei Hitler – so Wilhelm Reich – vereitelte.

Was *gut* und was *böse* ist, lässt sich umdefinieren. Jede Zeit hat ihr eigenes Epistem, welches Wahrheit produziert und hervorbringt. Und im Nationalsozialismus war Hitler eben »der Einzige«, der im Stande war, das Reich zur Größe und zum Ruhm zu führen. Sein wahrer Charakter zeigte sich erst in den letzten Tagen seines Lebens. Bis zu seinem Ende aber wurde er in der Propaganda als »Genie« den Massen vorgezeigt. Im Dritten Reich wurde »die längst gängige Verbindung des Genie und des Führer-Gedankens zum feststehenden Ritual, wenn es galt, Hitler zu rühmen und die Deutschen auf ihn einzuschwören. Bei Hitler lag die Bezeichnung als Genie auch deshalb nahe, weil er sich nicht nur als Staatsmann, sondern auch als Künstler fühlte. Längst hatten führende Nationalsozialisten die Politik ästhetisiert. ‹Der Staatsmann ist auch ein Künstler›, schrieb Goebbels schon vor der Machtergreifung in seinem Roman *Michael*. Für den Staatsmann, so fuhr er fort, ‹ist das Volk nichts anderes, als was für den Bildhauer der Stein ist. Führer und Masse, das ist ebensowenig ein Problem wie etwa Maler und Farbe›. ‹Sie denken auch im Politischen künstlerisch›, läßt er deshalb einen der fiktiven Dialogpartner seines Romans sagen. Und auf den prophetischen Einwand, der kommende Führer werde ‹die letzte Blüte unserer Jugend zum Opfer bringen›, antwortete Goebbels im Roman: ‹Genies verbrauchen Menschen. Das ist nun einmal so.›«[139]

Es war nicht nur ein gläubiges Vertrauen, sondern vor allem ein blindes Vertrauen in diese Führerfigur verbreitet, die ein Genie war: *Man werde den Krieg gewinnen, weil diese führende Persönlichkeit diesmal da ist!*[140] Was in Deutschland Hitler verkörperte, verkörperte in Russland Stalin. Tatsächlich gewann Russland aber den Krieg gegen Nazi-Deutschland – und konnte sich so für eine der größten historischen Momente einer tausendjährigen russischen Geschichte zelebrieren – nicht *wegen* Stalin, sondern *trotz* Stalin. Oft waren die großen Führer der Geschichte verblendet, selbstverliebt, überheblich, inkompetent und ängstlich. Der Propaganda aber gelang es immer wieder, ihr Tun und Sein als »bewundernswerte Leistungen menschlicher Genies« erscheinen zu lassen, wie Goebbels immer wieder davon sprach.[141]

### 4.2 Die Psychologie der Revolution

»Genauso, wie er Fleisch oder Gemüse oder auch beides essen kann, kann er als Sklave oder als freier Mensch, in Armut oder Überfluß leben in einer Gesellschaft, welche die Liebe hochschätzt, oder in einer solchen, welche auf Zerstörung aus ist. Tatsächlich kann der Mensch fast alles tun oder – besser gesagt – die Gesellschaftsordnung kann dem Menschen fast alles antun. Dabei kommt es auf das ‹fast› an. Selbst wenn die Gesellschaftsordnung dem Menschen alles antun kann, wenn sie ihn verhungern lassen, foltern, einkerkern oder überfüttern kann – so hat das doch bestimmte Konsequenzen, die sich aus den Bedingungen der menschlichen Existenz ergeben. Wenn man den Menschen aller Anregungen und Freuden beraubt, wird er unfähig zu arbeiten oder doch mindestens irgendeine qualifizierte Arbeit zu leisten. (.)

Wenn er keinen absoluten Mangel leidet, wird er aufbegehren wollen, falls man ihn versklavt; er kann zu Gewalttätigkeit neigen, wenn sein Leben zu langweilig ist, und er wird Gefahr laufen, alle Kreativität zu verlieren, wenn man eine Maschine aus ihm macht. Der Mensch unterscheidet sich in dieser Hinsicht nicht vom Tier oder von der unbelebten Materie. Gewisse Tiere kann man zwar im Zoo halten, aber sie vermehren sich dort nicht; andere werden gewalttätig, obwohl sie es in Freiheit nicht sind. (Etwas Ähnliches hat man bei psychotischen Patienten beobachtet, die auf Bauernhöfen oder unter nicht gefängnisähnlichen Bedingungen lebten. Sie erwiesen sich unter diesen zwangfreien Bedingungen als wenig gewalttätig, was beweist, daß der angebliche Grund für ihre frühere gefängnisähnliche Unterbringung, nämlich ihre Gewalttätigkeit, eben das erst hervorrief, was durch die Behandlung reduziert oder unter Kontrolle gebracht werden sollte.) (.) Wenn der Mensch unbegrenzt formbar wäre, hätte es keine Revolution gegeben; es hätte keine Veränderung gegeben, weil es jeder Kultur gelungen wäre, die Menschen dazu zu bringen, sich widerstandslos ihren Regeln zu unterwerfen. (.) Der Mensch protestierte nicht nur aus materieller Not; spezifisch menschliche Bedürfnisse, auf die wir noch zu sprechen kommen werden, sind eine ebenso starke Motivation für Revolutionen und für die Dynamik der Veränderung.«

– Erich Fromm[142]

## 4.2.1 Der Königsmord

Die totalitären Führer hätten sich ohne die Unterstützung der Massen nicht halten können, schon allein der radikalen innerparteilichen Machtkämpfe wegen. Zwischen ihnen und den Massen besteht eine unendlich enge Bindung. Der Königsmord ist daher Symbolpolitik, weil er die Machthaber vollständig und unwiderruflich entmachtet. Eine neue Ordnung kann so etabliert werden, ohne dass Forderungen nach der Restauration der alten Ordnung Neuerungen blockieren.

»Es gibt nichts Schwierigeres, nichts Unsicheres und nichts, was gefährlicher durchzuführen ist als die Einführung einer neuen Ordnung. Denn derjenige, der diese neue Ordnung einführen will, hat all diejenigen zum Gegner, die von der alten Ordnung profitieren, und er bekommt nur halbherzige Unterstützung von denjenigen, die zukünftig von der neuen Ordnung profitieren würden. Das kommt teilweise davon (.), dass Menschen nicht wirklich an neue Dinge glauben, die sie noch nicht aus persönlicher Erfahrung kennen.«

– Niccolo Machiavelli, *Der Fürst* (1532)

Le Bon glaubte, dass die »fetischistische Ehrfurcht vor der Tradition« der Massen absolut sei, und ihre unbewusste »Abscheu vor allen Neuerungen, dir ihre realen Lebensbedingungen zu ändern vermöchten«, sehr tief wurzelt.[143] Vor diesem Hintergrund wird Coins »meisterhafter Schachzug« - der Infantizid vor den Palasttoren und die Live-Übertragung – nachvollziehbar. Der Krieg war längst entschieden, doch er war noch nicht vorbei. Dadurch, dass Coin der Masse Snow als diabolischen Diktator präsentierte, löste sich die Verbindung der Masse zu ihrem Führer, ihrem »König« auf. Snow hatte »seine letzte Wache gegen sich«.

Die Französische Revolution begann mit keiner klaren Linie, ob der König abgesetzt oder eine konstitutionelle Monarchie etabliert werden sollte. Das Kleinbürgertum wollte ersteres, das Besitzbürgertum letzteres. Als der König sich aus Versailles bewegte, versuchten Erste zu beschwichtigen, er sei entführt worden; Letztere schürten die Angst, er sei geflohen, um mit ausländischen Kräften die alte Ordnung wiederherzustellen. Ob Flucht oder Entführung, der König endete auf dem Schafott. Die Revolution war gemacht. Indem es gelingt, den König als Feind zu markieren, ihn als Projektionsfläche für alles Böse in der Welt den Massen anzubieten und deren Hass auf ihn zu kanalisieren, absorbiert dieser alles Ungemach unter den Massen, die über ihm zusammenstürzen, und öffnet so – gewollt oder nicht – die Chance zur Aussöhnung und zum Frieden. *Der König lebt als Symbol, und er stirbt als Symbol.*

Es erscheint grausam und tragisch, aber es ist anzunehmen, dass ohne das verschwenderische Massaker vor den Palasttoren der Krieg in Panem vielleicht nie hätte beendet werden können, weil Panems Machteliten bis zuletzt auf ihre Privilegien gepocht und die neue Ordnung unterlaufen hätten. Die infantile Masse, die ungebrochen an ihren König glaubt, erweist sich dabei als leicht hysterisierbare Waffe.

Es waren Kinder, die in der Arena starben; es waren Kinder, die im Bürgerkrieg an der Front ihr Leben ließen; und es waren Kinder, die auch nach der Entscheidung des Krieges der Erwachsenen sterben mussten, damit diese ihren Krieg nun endlich beenden konnten. Die eigentliche Revolution, in der sich die Jugend gegen die Unterdrückung der alten Machtelite erhob, fand erst im Augenblick des Königsmordes statt, wenngleich auf eine ganz andere Art und Weise, wie sie viele erwartet hätten. Der eine König wurde abgesetzt, die andere Königin gerichtet.

## 4.2.2 Revolution und Krieg

»Der erste Tote ist es, der alle mit dem Gefühl der Bedrohtheit ansteckt. Die Bedeutung dieses ersten Toten für die Entfachung von Kriegen kann gar nicht überschätzt werden. Machthaber, die einen Krieg entfesseln wollen, wissen sehr wohl, daß sie einen ersten Toten entweder herbeischaffen oder erfinden müssen. Es geht nicht so sehr um sein Gewicht innerhalb seiner Gruppe. Es kann sich um jemand handeln, der von keinem besonderen Einfluß ist, manchmal ist es sogar ein Unbekannter. Es kommt auf seinen Tod an und auf sonst nichts; man muß glauben, daß der Feind die Verantwortung dafür trägt. Alle Gründe, die zu seiner Tötung geführt haben könnten, werden unterschlagen, bis auf den einen: er ist als Angehöriger der Gruppe, der man sich selber zurechnet, umgekommen.«

– Elias Canetti, *Masse und Macht*[144]

Revolutionen kommen schleichend. Sie bahnen sich lange an und rufen sich umso lauter aus, je länger sie im Verborgenen reifen konnten. Der Arabische Frühling zu Beginn der 2010er Jahre war natürlich auf politische und ökonomische Faktoren zurückzuführen, vor allem aber auf einen demographischen Wandel.[145] Es war besonders die Jugend der arabischen Welt, die sich gegen repressive Regime erhob. Aber auch die Jugend weltweit erhebt sich in den 2020er Jahren zur ökologischen Revolution.

Was sich lange anbahnt, bricht sich mit dem ersten Toten bahn. In Tunesien war es ein Student, der sich selbst verbrannte. Die folgenden Proteste kündigten den Arabischen Frühling an. Unlängst hat sich auch die Klimabewegung radikalisiert – politisch wie verbal. Sogar Hungerstreiks von Jugendlichen gingen durch die Medien, die heute – wie auch schon in der Arabischen Revolution – eine bedeutende Rolle spielen, ist doch jeder mit jedem zu jeder Zeit unmittelbar verbunden und überall anwesend, aber doch nirgendwo zugleich. Jeder weiß alles und nichts, die Wahrheit verbreitet sich rasant und wird doch von den Lügen überholt. In den Irrungen und Wirrungen der Revolutionen wird nur allzu leicht vergessen, worum es eigentlich geht und was die Gründe waren, die zu Revolutionen führten. »Nach Russel gibt es dreierlei Ursachen geschichtlicher Veränderung – wirtschaftlichen Umschwung, politische Theorien und bedeutende Individuen.«[146]

*Welche Faktoren haben in Panem zur Revolution geführt?*

Die wirtschaftlichen Verhältnisse können eine Rolle gespielt haben, sind die Distrikte doch immer weiter ausgebeutet worden und substanziell immer weiter verfallen. Ein dramatischer wirtschaftlicher Umschwung kann jedoch nicht ausgemacht werden. Auch politische Theorien spielen nur eine untergeordnete Rolle, da Plutarch zwar die Demokratie wiederentdeckt hat, doch diese nicht wirklich neu war und in den Köpfen der Menschen erst im Laufe der Revolution und danach ankommen sollte, nicht jedoch eine treibende Kraft zur Revolution war.

Damit bleibt nur noch ein »bedeutendes Individuum« festzustellen, welches Katniss Everdeen, ein Mädchen aus Distrikt 12, welches sich »freiwillig« anstelle ihrer Schwester für die Hungerspiele meldet, zweifelsohne ist. Doch Katniss war keine Revolutionärin, die das alte System stürzen und ein neues errichten wollte. Sie wurde ihrerseits als Figur instrumentalisiert, allen voran von Präsidentin Coin aus Distrikt 13.

Viele Jahrzehnte koexistierten das Kapitol und Distrikt 13 in einem atomaren Gleichgewicht nebeneinander. Wenn Distrikt 13 die Rebellion anführen wollte, weshalb geschah dies nicht schon viel früher? Natürlich fehlte eine treibende Kraft, wie es Katniss als Individuum verkörperte; jedoch gab es ganz spezielle Gründe, weshalb die Führer von 13 nun alles daran setzten, Panem »wiederzuvereinigen«, auch mit Gewalt.

Zunächst ist festzustellen, dass sich Distrikt 13 niemals umbenannt hat, sondern immer Distrikt 13 blieb. Ideologisch verstand man sich nach wie vor als ein Teil Panems; man könnte sagen, dass das Kapitol und Distrikt 13 sich in gewisser Weise beide als einzig legitime Regierung von ganz Panem begriffen (oder begreifen wollten). Nach der Epidemie in Distrikt 13 sind viele Kinder verstorben. Katniss beschrieb die Menschen dort als gierig auf neue Genpools. Diese Epidemie ist gewiss ein wesentlicher Faktor, weshalb der sozialistische Distrikt 13 sich dem kapitolistischen Kapitalismus hätte zuwenden müssen:

»Die Zunahme der Produktion hat zur Folge, daß mehr Menschen erwünscht sind. Je mehr erzeugt wird, desto mehr Abnehmer scheinen vonnöten. Der Absatz an sich, wenn er ganz eigengesetzlich wäre, würde einmal darauf abzielen, alle Menschen als Käufer zu erreichen, die erreichbar sind, also eigentlich alle Menschen. In diesem Punkte gleicht er, wenn auch nur oberflächlich, den Universalreligionen, die auf jede Seele aus sind. Alle Menschen müßten eine Art von idealer Gleichheit erlangen, nämlich als zahlungskräftige und willige Käufer. Damit wäre es aber nicht getan, denn wenn sie alle erreicht sind und alle gekauft haben, würde die Produktion noch immer zunehmen wollen. Ihre zweite und tiefere Tendenz ist dann die auf eine Zunahme der Zahl der Menschen. Die Produktion braucht mehr Menschen: Über die Vermehrung der Gegenstände greift sie zurück auf den ursprünglichen Sinn aller Vermehrung, die der Menschen selbst.«[147]

Man stand in Distrikt 13 buchstäblich am Rande der Ausrottung, doch Coin wollte das sozialistische und totalitäre System erhalten und die Menschen in Distrikt 13 wollten ihre Ideale von Freiheit und Demokratie nicht veräußern. Die einzige Flucht war dann die Flucht nach vorne, in den Krieg, in den Tod. Mit allen Mitteln wurde nun versucht, einen Funken zu entfachen, den es zu einer Feuersbrunst anzuheizen galt.

Dies war die treibende Kraft hinter dem Bürgerkrieg. Ohne ein bedeutendes Individuum wie Katniss wäre es erforderlich gewesen, ein anderes Individuum zu kreieren, um die wahren Motive wirtschaftlicher Triebkräfte hinter der Fassade von Idealen wie Freiheit und Selbstbestimmung verdecken zu können, oder aber die offene Begegnung mit dem Kapitol zu wagen. Da dieses aber eine Wiedervereinigung niemals mit freiheitlichen und demokratischen Rechten akzeptiert hätte und Distrikt 13 – wie alle anderen Distrikte – singulär abgeschottet geblieben wäre, so ist damit zu rechnen, dass die kriegerische Auseinandersetzung nur durch Waffen und Gewalt hätte stattfinden können.

Panem scheiterte nicht nur am ideologischen Fanatismus, sondern auch an den ökonomischen Verhältnissen, die schließlich und endlich den Nährboden für eine Rebellion bereiteten. Bei der Gründung machte man sich offenbar keine Gedanken darüber, wie sich eine Gesellschaft fortentwickeln würde, wenn Sicherheit und Wohlstand in die Lebenswirklichkeiten der Menschen zurückkehrten und aus dem *Überleben* ein *Leben* werden konnte, während aber das System dieses nachhaltig und dauerhaft weiterhin unterdrückt, stets unter dem Dogma der Sicherung des Überlebens.

»Die wirkliche Realität einer Revolution ist immer mehr als die Summe der sichtbaren Neuerungen; sie liegt in einem zentralen Gedanken, der viele Menschen begeistert, weil er die Grenzen zu sprengen verspricht, die der Entfaltung des Einzelnen gesetzt sind. Doch nur in seltenen historischen Situationen findet eine Idee so starken Widerhall, dass sie die Energie und die Vorstellungskraft vieler Menschen freisetzt: dann nämlich, wenn die individuellen Bestrebungen zu einem gemeinsamen Ziel verschmelzen, das für die gesamte Menschheit greifbar wird.«[148]

Die »Visionen« vieler Führer waren Reichtum, Macht und Herrlichkeit für alle und also auch die Menschheit als Ganzes, aber »die Vorstellung, man könne Frieden haben, während man das Streben nach Besitz und Gewinn unterstützt, ist eine Illusion, und zwar eine gefährliche, denn sie hindert die Menschen zu erkennen, daß sie sich einer klaren Alternative stellen müssen: entweder eine radikale Veränderung des Charakters oder ewiger Krieg. Tatsächlich ist diese Alternative alt; die Führer haben den Krieg gewählt, und die Menschen sind ihnen gefolgt. Heute und in Zukunft, als Folge der unglaublich anwachsenden Destruktivität der neuen Waffen, ist die Alternative nicht länger Krieg - sondern gegenseitiger Selbstmord.«[149]

Der Bürgerkrieg in Panem, der maßgeblich zwischen zwei atomaren Mächten ausgetragen wurde, wirft die Frage auf, ob das allgemeine Credo, dass Atomwaffen Frieden sichern, weil keine beteiligte Kriegspartei einen atomaren Holocaust riskieren möchte, überhaupt noch glaubwürdig ist. Da der Krieg unausweichlich erscheint, weil die Politik zwangsläufig versagt, wird dieser Krieg – politisiert – ausgetragen, also auf den Einsatz der Atomwaffen verzichtet.

Es besteht die Möglichkeit, dass das Wissen um die zerstörerische Wirkung von Nuklearwaffen lediglich einen Atomkrieg verhindern könnte, niemals jedoch einen solchen mit herkömmlichen und konventionellen Waffen, der unter dem Schatten der atomaren Schirme unbehelligt abläuft. Am Ende steht – so oder so – immer der Selbstmord.

### 4.2.3 Eine neue Ordnung

»Die Art, wie die Menschen denken, schreiben, urteilen, sprechen (selbst auf der Straße, im Gespräch, in den alltäglichsten Formen des Schreibens), aber auch die Art und Weise, in der die Leute die Dinge prüfen, in der ihr Empfindungsvermögen reagiert, ihr ganzes Verhalten wird von einer theoretischen Struktur gesteuert, von einem System, das sich mit der Zeit und von Gesellschaft zu Gesellschaft verändert, aber zu allen Zeiten und in allen Gesellschaften präsent ist. (.) Wir denken stets innerhalb eines anonymen, zwingenden Gedankensystems, das einer Zeit und einer Sprache zugehört. Dieses Denksystem und diese Sprache haben ihre eigenen Transformationsgesetze.«

– Michel Foucault[150]

Machiavelli gab in seiner Schrift vom Fürsten den Rat, bei der Herstellung einer neuen Ordnung stets Elemente der alten zu erhalten. Das Volk sollte alte Bräuche nicht missen.[151] Nicht nur deswegen, sondern auch aus ökonomischen Überlegungen heraus verfolgten die Führer der Revolution den Plan, eine Zentralregierung in Panem – mit der Machtzentrale im Kapitol – zu erhalten. Mit der Revolution veränderte sich in Panem also alles und nichts zugleich.

Diese inneren Widersprüche aufzudröseln, ist ein schwieriges Unterfangen. Die Güter im neuen Panem sollten allen zu Gute kommen. Dahinter verbirgt sich ein kommunistischer Ansatz, nicht jedoch ein kapitalistischer. Gewiss lässt sich hier auch ein religiöser Aspekt herausarbeiten, aber ich möchte auf einen historischen hinweisen: Auf ein faschistisches Regime folgt ein kommunistisches oder sozialistisches, was an die Gründung der DDR nach dem Zweiten Weltkrieg erinnert.

Der Kommunismus war in Distrikt 13 eine Notwendigkeit, um das Überleben des Kollektivs zu sichern. Privateigentum gab es nicht; jedem wurden Standardwohneinheiten, Standardkleidung und feste, tägliche Aufgaben zugewiesen. Coin wollte ideologisch motiviert in einer Übergangsphase eine realsozialistische Zentralwirtschaft etablieren und damit de facto die alte Ordnung vor den Dunklen Tagen wiederherstellen.

Anders als Coin ist Paylor eine »Stimme der Vernunft« und keine stramme Ideologin. Sie kennt die Vorzüge eines kapitalistischen Wirtschaftssystems, nämlich dass der Wiederaufbau schnell erreicht und »Wohlstand für alle« erlangt werden kann, wie in der westdeutschen BRD, der jedoch nicht selbstverständlich war. Der Morgentauplan, der Deutschland zu einer Agrarnation machen sollte, wurde durch den Marshallplan verworfen, der Wiederaufbau versprach. Aber auch in Westdeutschland gab es sozialistisches Gedankengut.

Ein prominenter Verfechter des »demokratischen Sozialismus« war Erich Fromm. Um die Hintergründe seines Denkens zu verstehen, muss man sich darüber klar werden, dass er diese Idee bereits 1941 in seinem Buch *Die Furcht vor der Freiheit* entwickelte. Die Erfahrung aus der DDR kannte man damals noch nicht, stattdessen aber erlebte Fromm, wie durch die extremen Auswüchse des Laissez-faire Kapitalismus Millionen Kleinbürger aus den Bahnen der Geschichte geworfen wurden und sozio-ökonomische Bedingungen zu radikalen politischen Umwälzungen führten. Etwas weniger schwammig ausgedrückt: zur Hitlerzeit. Was das für einen deutschen Juden bedeutete, versteht sich wohl von selbst.

Die Formulierung »Hitlerzeit« habe ich bewusst gewählt und spreche nicht gerne von »Hitlers Machtergreifung«, denn dieser Ausdruck erweckt leicht den Anschein, ein einzelner hätte die Macht erlangt und getan, was immer er wollte. Auch glaube ich nicht, dass die Geschichte ohne Hitler als Persönlichkeit entscheidend anders verlaufen wäre. Man denke nur an die vielen Generäle, die um die bevorstehende Niederlage im Krieg wussten, und dennoch immer weiter Soldaten auf dem Schlachtfeld opferten. Soweit es die Massenmorde betrifft, hat Sheffer allein für die Kindereuthanasieprogramme geschätzt, dass mehr als vier Millionen Menschen – vermutlich noch viel mehr – in über 42.000 Tötungsanstalten beteiligt waren.

Der nekrophile Gesellschafts-Charakter der damaligen Zeit ist unverkennbar und legt den Schluss nahe, dass ohne die politische Präsenz Hitlers irgendjemand anderes die Massen geführt hätte, da in der totalen Herrschaft nicht nur jeder Einzelne, sondern im Besonderen der Führer ersetzbar ist. Ohne Hitler wäre die Geschichte vielleicht nicht so grausam, vielleicht aber auch noch grausamer – in jedem Fall aber im Großen und Ganzen in denselben Bahnen verlaufen. Insbesondere der Holocaust war ein Verbrechen des ganzen Regimes. Hitler führte nach innen nicht durch direkte Befehle, sondern zeichnete mehr das ab, was ohnehin schon im Gange war, so wie es für totalitäre Regime im Allgemeinen nach innen üblich ist, ist der Führer selbst ersetzbar und auf die Anerkennung der Machteliten angewiesen.

Man darf nämlich nicht vergessen, dass das Leben im Dritten Reich für die meisten nicht so *dunkel* und *grausam* war, wie wir es uns heute gemeinhin vorstellen. Die meisten wurden nicht verfolgt, stattdessen profitierten sie von einer anziehenden Wirtschaft, erfreuten sich an neuen Feiertagen und amüsierten sich auf Volksfesten; das alles machte es den meisten leicht, es sich in diesem System bequem zu machen.

Juden machten zu dieser Zeit nur ein Prozent der Bevölkerung aus, von der mehr als die Hälfte jedoch antisemitisch eingestellt war. Auch wenn die Rassenlehre der Nationalsozialisten nicht immer geteilt wurde, war jedoch die allgemeine Einstellung gegenüber Repressionen jüdischen Lebens, dass es die Menschen schon irgendwie verdient hätten. So schrieb auch Hannah Arendt, dass einige Deutsche und Österreicher gesagt hätten, nachdem die Alliierten sie durch die Konzentrationslager führten oder ihnen Filme zeigten, dass diese Menschen ungeheure Verbrechen begangen haben müssen, denn warum hätte man sie sonst umbringen sollen? Und andere sogar bedauerten, dass nicht noch mehr Menschen umgebracht worden seien.[152]

Eben vor diesen Hintergründen folgten auch die Gründerväter der Christlich-Demokratischen Union Fromms Idee von einem *demokratischen Sozialismus*, die schließlich von der *sozialen Marktwirtschaft* abgelöst wurde. Fromms Kapitalismuskritik erhärtete sich in den 1950er und 60er Jahren insbesondere durch seine Studien über die psychischen und gesellschaftlichen Folgen sowie die »Entfremdungserscheinungen im menschlichen Streben nach Glück und Selbstentfaltung, in den zwischenmenschlichen Beziehungen«[153] als Resultat dieses Systems, das – wie Fromm glaubte – nicht mehr den Menschen diente, sondern der Mensch sich selbst *verdinglichte*, um dem System dienen zu können.

Zugleich war Fromm aber auch ein scharfer Kritiker des chinesischen Kommunismus, der Menschen ideologisch indoktrinierte und »die volle Kollektivierung der einzelnen Individuen«[154] durchzuführen suchte, was im klaren Widerspruch zur westlichen humanistischen Tradition von Marx Ideen steht, von dessen Denken Fromm stark geprägt war:

»Die Ideen von Marx wurden in Ideologien verwandelt. Eine neue Bürokratie übernahm die Nachfolge und gründete ihre Herrschaft auf Prinzipien, die den ursprünglichen Ideen genau entgegengesetzt sind. Die [Sowjets] sagen, sie seien eine klassenlose Gesellschaft, sie hätten eine echte Demokratie errichtet, der Staat sei auf dem Weg zum Absterben, ihr Ziel sei die vollste Entwicklung der individuellen Persönlichkeit, der Selbstbestimmung des Menschen. All das sind Ideen von Marx; es handelt sich tatsächlich um Ideen, die Marx mit anderen sozialistischen und anarchistischen Denkern, mit der Aufklärung und letzten Endes mit der gesamten Tradition des westlichen Humanismus teilte. Die [Sowjets] aber haben diese Ideen in eine Ideologie umgewandelt. Eine Bürokratie, die dem Staat auf Kosten des Individuums immer mehr Macht gibt, herrscht im Namen der Ideen von Individualität und Gleichheit.[155] (.) Die chinesischen Führer haben eine Auffassung vom Kommunismus, die der von Marx radikal entgegengesetzt ist. Während sein System des Kommunismus auf die Emanzipation und volle Entfaltung des Individuums abzielte, versuchen die chinesischen Kommunisten die volle Kollektivierung der einzelnen Individuen. durchzuführen, um sie zu nicht mehr unterscheidbaren Mitgliedern eines Kollektivs zu machen. Sie unterdrücken die Individualität um der Gesellschaft willen. Folglich glauben sie, daß ihr System von ‹Kommunen›, in denen die allermeisten Chinesen bereits organisiert sind, einen Schritt hin auf die Verwirklichung des Kommunismus bedeutet. Sie schaffen sich eine neue Art von Religion, eine spezielle Mischung aus Aufklärungsideologie und der Kultivierung und Ausbeutung von Schuldgefühlen und Selbstbezichtigung.«[156]

Es ist anzunehmen, dass der unter Präsidentin Paylor beschrittene Weg für Panem und die »humanity« besser ausgehen wird, als unter Coins Regime. Das Ziel ist keine Kollektivierung, sondern eine Liberalisierung. Ein freies Panem ist noch immer weit entfernt, doch der nun eingeschlagene Pfad weist zumindest in die richtige Richtung, statt in die entgegengesetzte.

### 4.2.4 Braune Augen

»Echte Reue und die damit verbundene Scham ist die einzige menschliche Erfahrung, die zu verhindern vermag, das dasselbe Verbrechen immer wieder begangen wird. Wenn sie fehlt, entsteht der Eindruck, das Verbrechen sei nie verübt worden ... Seit Jahrtausenden lebt der Mensch in einem System, in der der Sieger nicht zu bereuen braucht, weil Macht mit Recht gleichgesetzt wird.«

– Erich Fromm

Präsidentin Coin glaubte, Probleme nur durch Gewalt lösen zu können. Nach dem Infantizid an den Kapitolkindern war die Ausweitung desselben für sie alternativlos. Der Umkehrung des Systems, dass die Distrikte nun über das Kapitol herrschen, allen voran Distrikt 13, liegt ein beachtliches soziales Experiment zugrunde. Die amerikanische Grundschullehrerin Jane Elliot führte ein »Braune Augen«-Experiment mit ihrer Schulklasse durch,[157] das auf einem Workshop-Konzept beruhte, welches Rassismus simulieren soll und von Elliot 1968 entwickelt wurde. Zu Beginn der Unterrichtsstunde waren sich noch alle einig, dass Schwarze oder Indianer, nicht weniger oder mehr »wert« seien als »gelbe« oder »weiße« Menschen. »Wir sind in Amerika. Wir alle sind Brüder!«, war das Credo. Menschen aufgrund ihrer Herkunft, Abstammung oder Hautfarbe anders zu behandeln, sei nicht richtig. Daraufhin schlug Elliot vor, dass es *heute* angebracht sein könnte, Menschen anhand ihrer Augenfarbe zu bewerten. Anfänglich stießen die folgenden Äußerungen Elliots auf Kopfschütteln unter den Kindern, wurden jedoch im Laufe des Experimentes befolgt.

So wurde festgelegt, dass am ersten Tag alle mit braunen Augen benachteiligt werden. Sie dürfen erst später in die Pause, nicht auf Toilette; sie waren also »weniger wert« als die anderen Kinder mit blauen Augen: »This is a fact: blue eyed people are better than brown eyed people«, die mehr Pausenzeit erhielten, während alle anderen im Klassenzimmer bleiben mussten. Auch durften Braunaugen nicht mit Kindern mit blauen Augen spielen, weil sie nicht gut genug waren. Braunaugen seien dumm und langsam, die ganze Klasse müsse auf sie warten, bis sie endlich ein Buch auf der richtigen Seite aufgeschlagen hätten. Die sozialen Folgen zeigten sich bereits nach nur einer Unterrichtsstunde, als blauäugige Kinder in der großen Pause Braunaugen hänselten.

Am nächsten Tag wurde das Experiment umgekehrt. Elliot erklärte der Klasse, sie hätte am Tag zuvor gelogen. Die Wahrheit sei: Alle mit braunen Augen seien »besser« als Blauaugen. Die Unterrichtsstunde verlief analog zum Vortrag. Ein Kind mit blauen Augen hat seine Brille vergessen, wohingegen eine braunäugige Schülerin vorbildlich an die ihre dachte. Dieser Wechsel stieß in der Gruppe nun zunächst auf Gelächter. Ein Blauauge sagte am Tag zuvor, er wolle seine braunäugige Schwester so feste schlagen, wie er könne. Nun aber fragte die Lehrerin: »Was sagt das über Blauaugen aus?« Die Kinder gewöhnten sich am zweiten Tag schneller an die Segregation als noch am ersten. Die weiteren Beobachtungen dieses Experimentes waren so erstaunlich wie schockierend.

Die braunäugigen Kinder fanden nun ihrerseits Gefallen an der Unterdrückung der Blauaugen. Die Ausgrenzung und die Anfeindungen gegenüber denjenigen, von denen sie noch am Tag zuvor unterdrückt wurden, steigerten sich. Nun konnten sie Vergeltung üben für die Schändungen, die sie selbst erleiden mussten, und ihren Peinigern alles angetane Übel doppelt und dreifach heimzahlen. Für die Psychologie der Massenrevolutionen ist diese Erkenntnis aus Elliots Experiment von höchster Wichtigkeit. Sie mahnt uns, dass lange unterdrückte Völker, Klassen oder Distrikte ihren Ausbeutern und Unterdrückern alle Gräuel heimzuzahlen gewillt sind. Der »Durst nach Blut und Rache« ist nur sehr schwer zu stillen. In Panem konnten wir beobachten, dass ein Infantizid nicht nur mit einem Infantizid vergolten wird, sondern doppelt so grausam und blutig sein sollte, um »Gerechtigkeit« zu verüben.

Beetees Mahnung, die Menschen müssten aufhören, einander als Feinde zu betrachten, kann gar nicht genug unterstrichen werden.

Auf die Selbstausrottung folgt sonst nichts anderes als die Selbst-ausrottung, bis der letzte Vertreter der menschlichen Spezies zer-stört wurde. Revolutionen kennen kein natürliches Ende. Die meis-ten führen nicht zu Freiheit und Demokratie, sondern zum Zivilisa-tionsbruch, Repression und Diktatur. Die Revolution beginnt eher, »ihre eigenen Kinder zu fressen«, als dass sie sanft zu zerfließen be-reit wäre. Was für Revolutionen gilt, gilt insbesondere auch für Kriege, die nach ihren eigenen deterministischen Regeln immer weiter abrollen und mehr und mehr Menschenmaterial verschlin-gen.

»Die Verrohung, die 1914 begonnen hatte und die sich in den Systemen von Hitler und Stalin fortsetzte, kam zum Durchbruch. Die Deutschen machten mit ihren Luftangriffen auf Warschau, Rotterdam und Coventry den An-fang. Die westlichen Alliierten folgten diesem Beispiel mit ihren Angriffen auf Köln, Hamburg, Dresden und Tokio und schließlich mit dem Abwurf der Atombomben auf Hiroshima und Nagasaki. Innerhalb von Stunden oder Minuten wurden Hunderttausende von Männern, Frauen und Kindern in einer einzigen Stadt getötet, und das fast ohne Skrupel und Gewissens-bisse! Die wahllose Vernichtung menschlichen Lebens war zu einem legiti-men Mittel zur Erreichung politischer Ziele geworden. Der Prozess der zu-nehmenden Verrohung hatte sein Ziel erreicht. Eine Seite brutalisierte die andere nach der Devise: ‹Wenn du unmenschlich bist, dann muss (und darf) auch ich unmenschlich sein.›«[158]

## 4.3 Über die Kunst des Krieges

»Der Krieg ist das Gebiet des Zufalls.«[159] »Aber der Krieg ist kein Zeitver-treib, keine bloße Lust am Wagen und Gelingen, kein Werk einer freien Be-geisterung; er ist ein ernstes Mittel für einen ernsten Zweck.«[160]

– Clausewitz, *Vom Kriege*

### 4.3.1 Wie man Krieger rekrutiert

Bevor ich auf die Kriege der Geschichte, der Gegenwart und die möglichen in der Zukunft eingehe, möchte ich ein paar wesentliche Vorüberlegungen anstellen. Es geht um die Frage, wie sich für Kriege, Kämpfe und Gewalt Soldaten, Söldner, Partisanen, Krieger oder Terroristen anwerben lassen. Was macht Menschen empfäng-lich für die Möglichkeit, einem anderen Menschen ohne Regeln al-les antun zu können, ihn zu foltern, zu misshandeln und zu verge-waltigen, zu enthaupten oder per Knopfdruck das Leben vieler Menschen auf einen Schlag in Drohnenkriegen auszulöschen? Es besteht kein Zweifel, dass Kriege destruktiv sind und diejenigen, die in ihnen aktiv teilnehmen, offenbar zu dieser Destruktivität bereit sind. Ohne die Bereitschaft der Kriegsmassen wäre es keinem Feldherrn oder Führer gelungen, Kriege zu führen. Fromm glaubte, dass »wenn der Mensch aus Schwäche, Angst, Inkompetenz oder dergleichen nicht fähig ist zu handeln, wenn er impotent ist, so leidet er. Dieses Leiden aus Impotenz ist eben darauf zurückzuführen, dass das innere Gleichgewicht gestört ist, dass der Mensch den Zustand völliger Ohnmacht nicht hinnehmen kann ohne zu versuchen, seine Handlungsfähigkeit wiederherzustellen. Kann er das aber, und wie? Eine Möglichkeit ist, sich einer Person oder einer Gruppe, die über Macht verfügt, zu unterwerfen und sich mit ihr zu identifizieren. Durch eine solche symbolische Partizipation am Leben eines anderen gewinnt der Mensch die Illusion selbst zu handeln, während er sich in Wirklichkeit nur denen, die handeln, unterordnet und zu einem Teil von ihnen wird. Die andere Möglichkeit – und diese interessiert uns in unserem Zusammenhang am meisten – ist, dass der Mensch sich seiner Fähigkeit zu zerstören bedient. (.) Der Mensch, der nichts erschaffen kann, will zerstören.«[161]

Den Krieg gilt es also von zwei Seiten her zu analysieren: Das unerträgliche Leid von Menschen kann zum Krieg führen, ebenso wie Kriege voraussetzen, dass leidende Menschen bereit sind, in Kriegen zu fallen. Ein Regime, das unentwegt Kriege führt – den nächsten beginnt, ehe der vorige beendet ist – muss ständig neue Soldaten anwerben, um die Kriegsmaschinerie am Laufen zu halten. Der militär-industrielle Komplex in den USA, der seit dem Zweiten Weltkrieg an der Macht ist, baut auf eine solch mächtige Kriegsmaschinerie. Viele Veteranen, die im festen Glauben, für die Freiheit, die Demokratie und das Gute zu kämpfen, sind als stolze Patrioten in den Krieg gezogen, und kriegstraumatisiert nur noch als menschliche Kriegsversehrte statt kriegsversehrter Menschen heimgekehrt. Viele Soldaten sind im Krieg gestorben und es gibt kaum eine Familie in den USA, die nicht direkt oder indirekt (über den Freundeskreis) davon betroffen wäre.

Warum ist der militär-industrielle Komplex gerade in den USA so mächtig? Krieg bedeutet Kriegswirtschaft und Arbeitsplätze in der Rüstungsindustrie, aber zugleich auch Zerstörung, blockierter Handel, rückgängiger Wohlstand und Rationierung, kurzum: Zerstörung. Da die USA geographisch fast isoliert und von ihren

Kriegsschauplätzen weit entfernt liegen, bedeutet der Krieg nicht Zerstörung der Heimat, sondern vor allem Konjunktur für die und durch die Kriegswirtschaft.

Die Amerikaner seien »kriegsmüde« geworden, heißt es unserer Tage, und es ist gut möglich, dass diese Bezeichnung zutreffend ist. Es ist jedoch eine interessante Frage, wie es möglich war – und diese Frage wird im Blick auf autoritäre Regime und internationale Terrororganisationen höchst relevant –, dass eine Regierung, religiöse oder totalitäre Führer zuvor über eine nicht kurze Zeit die Kriegsmassen als Rekruten gewinnen konnten. Der Drang, etwas zu zerstören, um das eigene Leid zu überwinden, ja die ganze Welt vernichten zu wollen, um nicht von ihr zerschmettert zu werden, wie Fromm es in seiner *Anatomie der menschlichen Destruktivität* einmal treffend formulierte, bietet eine gute Erklärungsfolie für die Anwerbungstaktiken von Terrororganisationen, die gezielt Außenseiter, Einzelgänger und sozial abgehängte Rekruten ansprechen und besodners psychisch Instabile für (Selbstmord-)Attentate anwerben. Auch aus Deutschland sind einige Kämpfer nach Syrien gezogen, um dort für den *Islamischen Staat* zu kämpfen. Dieser Kampf gibt dem sinnlosen und bedeutungslosen Dasein einen Sinn und eine Bedeutung, denn nun geht es um eine »große Sache«, die die allgemeine Langeweile des Lebens und dessen Leid ebenso verdrängt wie die Last, die Risiken des freien Lebens selbst tragen zu müssen.

Dies ist jedoch nur die erste Richtung; die Rückrichtung entlarvt die Frage in der Frage: *Wie kann eine Regierung Soldaten rekrutieren?* oder unverblümt: Was ist eine Regierung bereit zu tun, um potenzielle Soldaten zu produzieren? Eine Regierung, und das gilt – so sollte man meinen – besonders für demokratisch legitimierte Regierungen, die immer wieder der Wahl durch die Masse bedürfen, um an der Macht zu bleiben, verfolgt das eigentliche Regierungsziel von Wohlstand, Sicherheit, Gesundheit und auch Freiheit für alle vor dem Gesetz gleichen Menschen mit den gleichen veräußerbaren Grund- und Freiheitsrechten.

Doch diese These, so idealistisch sie auch daherkommen mag, ist entweder falsch oder sie führt nur zu einer weiteren These, nämlich dass die USA keine Demokratie, sondern eine Oligarchie geworden sind, in der die Machtelite des militär-industrielle Komplexes herrscht und, um Einfluss, Macht, Reichtum und Besitz zu mehren, das Humankapital einlöst, über das sie sich Verfügung verschafft. Dieses »sich Verfügung verschaffen« setzt, und das darf in diesem

Fall nicht übersehen werden, weniger Zwang als vielmehr »Freiwilligkeit« voraus. Veteranen, so will es die Propaganda, kehren als hochdekorierte Kriegshelden zurück, nachdem sie für Freiheit, Gleichheit und Demokratie gekämpft und ihren Mut und ihre Tapferkeit bewiesen haben.

Dass die von der Propaganda erzeugten Bilder mit der Wirklichkeit nur wenig gemein haben, wird aus dem öffentlichen Raum verbannt, was ja eben Ziel derselben Propaganda ist. In Wahrheit ging es nicht um Freiheit und Demokratie, sondern um Rohstoffe, Geopolitik und Geld. Für den Vietnam-Krieg schämte man sich und ignorierte heimgekehrte Veteranen geradezu. Auch der Irak-Krieg 2003 baute auf einer reinen Lüge auf, wie wir später erkennen mussten.

»Nationbuilding« sei in Afghanistan nie das Ziel gewesen, sagt der 46. Präsident Joe Biden, der nur wenige Jahre zuvor noch als Vize-Präsident eben genau davon sprach. Ein zwei Jahrzehnte langer Krieg in Afghanistan endete 2021 mit einem unkoordinierten Truppenabzug und dem schnellen Aufmarsch der Taliban, sodass – gleichwohl Biden es mit Gewissheit ausschloss – die amerikanische Öffentlichkeit ähnliche Bilder wie aus Vietnam sah, in denen Amerikaner mit einem Hubschrauber vom Dach einer US-Botschaft ausgeflogen werden mussten, weil sie das Land sonst nicht hätten lebend verlassen können.

Junge Menschen werden angeworben mit den Versprechen, nach einem Jahr Dienstzeit würde die Armee ihnen eine Ausbildung finanzieren und sie könnten aus dem aktiven Dienst ausscheiden, wenn sie wollten, doch durch den *Patriot Act* nach den Anschlägen vom 11. September – den die meisten Kongressabgeordneten gar nicht mal gelesen, geschweige denn verstanden hatten, ehe sie ihn unterzeichneten und damit elementare Freiheitsrechte veräußerbar machten –, ist es möglich geworden, die Dienstzeit eines Soldaten auf zwei Jahrzehnte auszuweiten und ihn, gleichwohl man ihm das Gegenteil versprach, in bewaffnete Kampfeinsätze am anderen Ende der Welt zu schicken, aus denen nicht wenige niemals wieder heimkehrten.

In einem seiner brillanten Plädoyers greift Alan Shore in der gesellschaftskritischen und gut recherchierten Serie *Boston Legal* die *Ferris Doctrine* an, die es Soldaten, die in Militärhospitälern fehlerhaft behandelt werden, unmöglich macht, auf Schadenersatz zu klagen. Jeder andere Bürger hätte Millionen zugesprochen bekommen, aber für einen G.I. bleibt nicht mal ein abgewälzter Nickel übrig. Shore findet es »beleidigend«, dass private Sicherheitskräfte ein Vielfaches von dem verdienen, was einfache Soldaten erhalten, oder dass die Bush Regierung die Budgets für die Ausbildung derselben kürzte, um sie »dumm zu halten«, damit sie das Militär nicht verlassen. Wie könne man es zulassen, dass unsere Kinder so ungeheuerlich behandelt werden, »aber es sind nicht wirklich *unsere* Kinder; die Kinder der armen Menschen sind es«, die in den Kriegen sterben und als pflichtbewusste Soldaten nicht einmal die nötige Anerkennung bekommen, die sie verdienen.[162]

Es sind mehr reiche Wähler in den Wählerlisten eingetragen als arme, weshalb das Gesetz von der Legislativen vermutlich niemals geändert werden wird. Die Oligarchie des militär-industriellen Komplexes hat nämlich ein existenzielles Interesse daran, dass Armut zu sozialer und gesellschaftlicher Ungleichheit führt, sodass es immer Not und Leid geben wird, was Menschen für die heroischen Versprechungen des Krieges und sein Drama empfänglich machen, um etwas in ihrem bedeutungslosen und geächteten Leben zu erleben, denn »der Mensch, der nichts erschaffen kann, will zerstören.«

### 4.3.2 Wie Kriege geführt werden

»Die größte Leistung besteht darin, den Widerstand des Feindes ohne einen Kampf zu brechen. In der praktischen Kriegskunst ist es das Beste überhaupt, das Land des Feindes heil und intakt zu nehmen. (.) Die höchste Form der militärischen Führerschaft ist, die Pläne des Feindes zu durchkreuzen; die nächstbeste, die Vereinigung der feindlichen Streitkräfte zu verhindern; die nächste in der Rangfolge ist, die Armee des Feindes im Felde anzugreifen; und die schlechteste Politik, befestigte Städte zu belagern.«

– Sun Tsu[163]

Sun Tsu berichtete in seiner Schrift *Die Kunst des Krieges* von einem taktischen Manöver einer belagerten Stadt, deren Nahrungsvorräte nach vielen Monaten der Belagerung fast aufgebraucht waren. Es war Winter geworden und auch die Belagerer waren erschöpft und ausgezehrt. Da befahl das Oberhaupt der Stadt, alle Speisen dem Feind über die Stadtmauern vor die Füße zu werfen. Ohne den Erfolg dieser Täuschung, wären die Bewohner nur wenige Tage früher verhungert. Doch die Belagerer saßen der List auf und glaubten, man wolle ihnen aus gutem Willen und Menschlichkeit helfen und es war für sie offensichtlich, dass die Vorräte der Stadt also noch sehr viel länger reichen würden als die ihren. Daher gaben sie die

Belagerung auf und zogen ab. Dieses Beispiel verdeutlicht, dass Täuschung in der Politik zur guten Gesellschaft gehört, im Kriege sogar oberste Pflicht ist. Was unterlegenen Gegnern an Waffen und Streitkraft fehlt, machen sie durch List und Täuschung wieder wett.

»Der Krieg ist also nicht nur ein wahres Chamäleon, weil er in jedem konkreten Fall seine Natur etwas ändert, sondern er ist auch seinen Gesamterscheinungen nach, in Bezug auf die in ihm herrschenden Tendenzen, eine wunderliche Dreifaltigkeit«.

– Carl von Clausewitz

Die drei Tendenzen der »wunderlichen Dreifaltigkeit« sind »die ursprüngliche Gewaltsamkeit des Krieges, der Kampf zwischen zwei oder mehreren Gegnern sowie die untergeordnete Natur des Krieges als eines politischen Werkzeuges«.[164] Clausewitz beschreibt weiterhin drei Wechselwirkungen des Krieges:

*Erste Wechselwirkung:* Gewaltanwendungen im Krieg haben die Tendenz zu eskalieren. Erhöht eine Seite ihre Anstrengungen, so reagiert die andere Seite gleichermaßen. Beide Gegner überbieten sich in der Gewaltanwendung mit der Tendenz zum Äußersten.

*Zweite Wechselwirkung:* Das Ziel ist es, den Gegner in eine Lage zu bringen, die nachteiliger ist als das Opfer, welches von ihm gefordert wird und er daraufhin den Kampf aufgibt. Solange der Gegner nicht niedergeworfen ist, kann er mich niederwerfen.

*Dritte Wechselwirkung:* Die Widerstandskraft der Kriegführenden entspricht dem Produkt aus der Größe der vorhandenen Mittel und der Stärke der Willenskraft. Eine Unterlegenheit bei den Mitteln kann durch die Stärke der Willenskraft kompensiert werden. Aus Unkenntnis der Widerstandskraft des Gegners entsteht die Tendenz zur äußersten Anstrengung.[165]

Diese drei Wechselwirkungen »beschleunigen eine Eskalation zum Äußersten, die sich mit dem gleichzeitigen Einsatz aller Gewaltmittel bis zu einem absoluten Maximum steigern. Sie kennzeichnen einen absoluten Krieg, dessen Kernelement die äußerste Gewaltsamkeit darstellt.«[166]

Die Vorstellung, ein Eroberer sei »friedlebend«, weil er Besitz – etwa Land, Bodenschätze oder Humankapital – anstrebt, ist durch das 20. Jahrhundert zerstört worden. Die Grenzen zwischen Angriff und Verteidigung, darauf weist Herberg-Rothe hin, sind im 20. Jahrhundert verwischt. So sind auch Völkermorde als Verteidigungsmaßnahme einer defensiven Kriegsführung propagiert worden, in der die eigene, nationale oder »rassische« Identität geschützt werden musste.[167] Um die psychologischen Mechanismen als treibende Kräfte im Krieg zu verstehen, möchte ich eine ausführliche Überlegung von Erich Fromm aufgreifen:

»Die normalste und am wenigsten pathologische Form ist die spielerische Gewalttätigkeit. Wir finden sie dort, wo man sich ihrer bedient, um Geschicklichkeit vor Augen zu führen und nicht um Zerstörung anzurichten, dort wo sie nicht von Hass oder Destruktivität motiviert ist. Für diese spielerische Gewalttätigkeit lassen sich Beispiele vieler Art anführen, von den Kriegsspielen primitiver Stämme bis zur Kunst des Schwertkampfes im Zen-Buddhismus: Bei all diesen Kampfspielen geht es nicht darum, den Gegner zu töten; selbst wenn dieser dabei zu Tode kommt, so ist es sozusagen sein Fehler, weil er ‹an der falschen Stelle gestanden hat›. Natürlich beziehen wir uns nur auf den idealen Typ solcher Spiele, wenn wir behaupten, dass bei der spielerischen Gewalttätigkeit ein Zerstörungswille nicht vorhanden sei. In Wirklichkeit dürfte man häufig unbewusste Aggression und Destruktivität hinter den explizit festgelegten Spielregeln finden. Aber selbst dann ist die Hauptmotivation, dass man seine Geschicklichkeit zeigt, und nicht, dass man etwas zerstören will.

Von weit größerer praktischer Bedeutung als die spielerische Gewalttätigkeit ist die reaktive Gewalttätigkeit. Darunter verstehe ich die Gewalttätigkeit, die bei der Verteidigung des Lebens, der Freiheit, der Würde oder auch des eigenen oder fremden Eigentums in Erscheinung tritt. Sie wurzelt in der Angst und ist aus eben diesem Grund vermutlich die häufigste Form der Gewalttätigkeit; diese Angst kann real oder eingebildet, bewusst oder unbewusst sein. Dieser Typ der Gewalttätigkeit steht im Dienste des Lebens und nicht des Todes; sein Ziel ist Erhaltung und nicht Zerstörung. Er entspringt nicht ausschließlich irrationalen Leidenschaften, sondern bis zu einem gewissen Grad vernünftiger Berechnung (.) Politische und religiöse Führer reden ihren Anhängern ein, sie seien von einem Feind bedroht, und erregen auf dies Weise die subjektive Reaktion reaktiver Feindseligkeit. Daher ist auch die Unterscheidung zwischen gerechten und ungerechtfertigten Kriegen, die von kapitalistischen und kommunistischen Regierungen genauso vertreten wird wie von der römisch-katholischen Kirche, höchst fragwürdig, da gewöhnlich jede Partei es fertigbringt, ihre Position als Verteidigung gegen einen Angriff hinzustellen.

Es hat kaum einen Angriffskrieg gegeben, den man nicht als Verteidigungskrieg hinstellen konnte. Die Frage, wer mit Recht von sich sagen konnte, dass er sich verteidigte, wird gewöhnlich von den Siegern entschieden und manchmal erst viel später von objektiveren Historikern. Die Tendenz, jeden Krieg als Verteidigungskrieg hinzustellen, zeigt zweierlei: Erstens lässt sich die Mehrheit der Menschen, wenigstens in den meisten zivilisierten Ländern, nicht dazu bewegen zu töten und zu sterben, wenn man sie nicht vorher davon überzeugt hat, dass sie es tun, um ihr Leben und ihre Freiheit zu verteidigen; zweitens zeigt es, dass es nicht schwer ist, Millionen von Menschen einzureden, sie seien in Gefahr angegriffen zu werden und müssten sich daher verteidigen. Diese Beeinflussbarkeit beruht in erster Linie auf einem Mangel an unabhängigem Denken und Fühlen und auf der emotionalen Abhängigkeit der allermeisten Menschen von ihren politischen Führern. Falls diese Abhängigkeit vorhanden ist, wird so gut wie alles, was mit Nachdruck und Überzeugungskraft vorgebracht wird, für bare Münze genommen. 1939 musste Hitler einen Angriff auf einen schlesischen Radiosender durch angeblich polnische Freischärler (die in Wirklichkeit SA-Leute waren) vortäuschen, um bei der Bevölkerung den Eindruck zu erwecken, dass sie angegriffen würde, damit er seinen willkürlichen Angriff auf Polen als ‹gerechten Krieg› hinstellen konnte. (.) Die Menschen fühlen sich bedroht und sind bereit, zu ihrer Verteidigung zu töten und zu zerstören.«[168]

Kriege wurden in der Geschichte der Menschheit niemals aus emotionalen Gründen, sondern stets aus territorialen, ökonomischen, geopolitischen oder ideologischen Motiven geführt. Wohl aber ist feststellbar, dass nicht nur im Verlauf des Krieges und der Erstehung der Kriegsgesellschaft Emotionalisierung in hohem Maße zu erkennen ist, die den Krieg in seinen Eigendynamiken befeuert, sondern dass die durch Propaganda erzeugte Emotionalisierung für viele Kriegsführer Grundvoraussetzung war, in großer Zahl Rekruten für ihre politischen und militärischen Ziele zu gewinnen, gleichzeitig aber auch Widerstände im Innern gegen den Krieg zu unterdrücken und zu vereiteln.

Auch Coin befeuert die Rebellion, in dem sie verkündet, ein neues Panem erscheine am Horizont, aber man müsse es sich selbst nehmen. Die psychologischen Mechanismen dahinter sind die Gleichen wie die, die in den Hungerspielen ablaufen. Es ist die Hoffnung, die auf ein Ziel am Horizont gerichtet ist, und in ihrer existenziellen Not, nicht nur biologisch, sondern auch psychisch zu überleben, sind die Menschen dann bereit, alles zu tun, was nötig ist, um das Ziel der Erlösung zu erreichen.

Die Sentenz »Angriff ist die beste Verteidigung« bringt wohl am deutlichsten zum Ausdruck, dass die Grenze zwischen Angriff und Defensive im Krieg nicht immer ordentlich zu ziehen und beide voneinander zu trennen sind. Die USA traten nach dem Angriff der Japaner auf Pearl Harbor in den Zweiten Weltkrieg ein. Japan jedoch beabsichtigte damit, eine Seeblockade der USA im Westpazifik aufzulösen. Frankreich erklärte »Deutschland« den Krieg, das sich erst nach seinem Sieg zum »Deutschen Reich« gründete. Frankreichs König jedoch, der innenpolitisch unter Druck stand, fühlte sich zuvor durch einen »Kniff« Bismarcks beleidigt, der nichts Geringeres damit bewirken wollte, als dass Frankreich eben Deutschland den Krieg erkläre, weil nur so dort ein deutsches Reich entstehen würde, wo ein fürstentümlicher Flickenteppich herrschte.

Ein Krieg, der einmal entschieden ist, muss aber noch lange nicht beendet sein, sondern kann auch latent andauern. Der Bürgerkrieg in den USA im 19. Jahrhundert, der schließlich die Abschaffung der Sklaverei besiegeln sollte, wurde zwar entschieden, aber – so sagen Kulturwissenschaftler und Historiker – weder beendet, noch aufgearbeitet. Der Bürgerkrieg in den USA wird heute im 21. Jahrhundert (noch) nicht mit Waffen und Gewalt geführt, sondern kulturell. Es geht um Unterdrückung und Benachteiligung, um den Ausschluss von Wahlen nicht-weißer Amerikaner und den ideologischen »Endkampf« um die Vorherrschaft der »weißen Rasse«.

Die Wahl Barack Obamas zum ersten schwarzen Präsidenten markierte für viele Hardliner der rechten Republikaner einen Kulturschock. Spätestens mit der neu gegründeten »Tea Party« wurde der »kulturelle Bürgerkrieg« ausgerufen. Dieses zeitgenössische Surrogat findet sich auch in Collins dystopischem Panem wieder. Zwar geht es zuvorderst um Systemkämpfe zwischen dem Kapitol und Distrikt 13:

- Kapitalismus gegen Kommunismus (Sozialismus)
- Diktatur gegen Demokratie
- Die Herrschaft der Privilegierten gegen die Republik (»res publica«)
- Die Vision totaler Herrschaft gegen die Vision der Freiheit

Aber in Panem ist sehr wohl auch ein kultureller Kampf um die Vorherrschaft zu beobachten, der vielen Kritikern aufgrund der Gleichberechtigung von Mann und Frau und dem Fehlen eines sehr offen ausgelebten Rassismus verborgen geblieben zu sein scheint. Ich spreche von der Unterscheidung der Menschen in *gut* und *böse*, *wertvoll* und *minderwertig*, in *Herren* und *Sklaven*. Der Krieg der Dunklen Tage wurde zwar entschieden, aber niemals beendet. Der Bürgerkrieg der Zweiten Rebellion wird erst dann erfolgreich zu einer Revolution, wenn es gelingt, den Krieg wirklich zu beenden, statt ihn nur zu entscheiden.

Die Überlegungen, wie dies gelingen könnte, führen zu zwei Erkenntnissen: Erstens war es unerlässlich, das Kapitol als Hauptstadt zu erhalten und zu besetzen; zweitens war es unerlässlich, die generelle Staatsarchitektur Panems – mit dem Kapitol und 13 Distrikten – zu erhalten. Diese Überlegungen sind nicht auf infrastrukturelle und realpolitische Aspekte zurückzuführen. Auch, dass gut ausgebildete Arbeiter und Ingenieure mit all ihrem technischen Wissen und Können aus dem Kapitol für den Wiederaufbau benötigt wurden, ist dabei ebenso nebensächlich wie der Umstand, dass Intellektuelle je nach Nutzen oder Gefahr gebraucht wurden oder beseitigt werden mussten.

Vielmehr geht es um massenpsychologische Bedingungen nach der Eroberung des Kapitols durch die Rebellen, denn »auch bei der stärksten Armee bedarf man der Neigung der Einwohner eines Landes, in welches man eindringen will. [Wenn sich] das Volk, das [dem Feind] selbst die Tore geöffnet hatte, sich in seinen Erwartungen getäuscht fand, fasste es ein unüberwindlichen Widerwillen gegen den neuen Regenten.« Weiterhin erklärt Machiavelli:

»Man bemerke hier zuvörderst: Die vereinigten Länder liegen entweder mit den Besitzungen das Eroberers in nämlichen Lande, und beide haben eine Sprache miteinander gemein, oder dies ist nicht der Fall. Im ersten Fall ist es sehr leicht, den Besitz derselben sich zu erhalten, besonders wenn sie zuvor nicht frei waren. Man hat hier nicht viel mehr nötig, als die Familie der vorigen Regenten auszurotten. Lässt man nur die Einwohner bei ihren alten Verhältnissen, dann werden sie wenn anders keinen Unterschied der Sitten und Gebräuche hervortritt, ruhig fortleben. (.) Um also eine eroberten Stadt zu erhalten, müsste man zuerst das ganze Geschlecht der vorigen Regenten ausrotten und dann zweitens die Gesetze nicht abändern und die Abgaben nicht erhöhen. (.)

Weit gefährlicher ist es aber, wenn man Länder erobert, in denen eine andere Sprache gesprochen wird und andere Sitten, Gebräuche und Gewohnheiten zuhause sind; hier sind Mühe und Glück erforderlich, um sich in dem Besitze derselben zu befestigen. Ein vorzügliches Mittel zu diesem Zwecke würde sein, wenn der neue Regent in denselben residierte (.) Solange der Herrscher dort wohnt, kann er [den Staat] nur sehr schwer verlieren.

Das andere bessere Mittel ist, dass man an einen oder zwei Plätze, welche sozusagen der Schlüssel des Landes sind, Kolonien schickt oder starke Militärbesatzungen da hinlegt. Die Kolonien kosten nichts, man kann auf ihre Treue mehr rechnen; die Kränkung der Beleidigten ist nicht so schreiend, und diese werden durch Armut und Zerstreuung unschädlich. (.) Besatzungen durch das Militär hingegen sind kostspieliger und würden die Einkünfte eines Landes erschöpfen. Dann wäre es eine Beleidigung für die Einwohner des besetzten Landes und würden Druck und Hass gegen den Regenten erhöhen.«[169]

Machiavellis letzte zwei Überlegungen lassen vermuten, dass das Kapitol einst als Haupt über Kolonien errichtet wurde, gegen das sich diese in den Dunklen Tagen erhoben. Danach blieb den Führern der Siegermacht im Kapitol nichts anderes übrig, als Besatzungen einzurichten, die kostspielig waren und den Hass der Unterdrücken gegen die neuen alten Regenten erhöhten.

Die neuen Machthaber nach der Revolution wollten sich dagegen geschickter anstellen, was auch erklärt, weshalb der Königsmord als symbolpolitischer Akt unverzichtbar war. Dieser Königsmord ereignete sich in Wahrheit aber nicht mit der Hinrichtung Snows, sondern mit dem Abwurf der Fallschirme auf die zusammengepferchten Kinder vor den Toren seines Palasts. In dem es gelang, Snow – das Kapitol selbst – als das wahrhaft Böse zu markieren, konnte es verhindert werden, dass sich eine Art *Dolchstoßlegende* verbreitete, nämlich dass die Rebellen hätten aufgehalten werden können, wie in den Dunklen Tagen – was jedoch schon damals nicht stimmte –, und die Kapitulation nicht auf äußere Kräfte und Zwänge, sondern auf den Verrat im Inneren zurückzuführen sei. In der Folge wäre der Krieg zwar entschieden, aber nicht beendet, so wie der Krieg nach den Dunklen Tagen hätte nicht beendet werden können, wenn die Massen nicht glaubten, Distrikt 13 sei zerstört.

Dass es dennoch Mythen und Verschwörungstheorien um den verschwundenen Distrikt 13 gab, von dem man glaubte, dass er weiter existiere, verhinderte jedoch ebenso wie die Hoffnung, sich aus der Herrschaft des Kapitols befreien zu können, dass der Krieg tatsächlich beendet werden konnte. Die Hungerspiele sollten, da der Krieg nicht beendet werden konnte, schließlich diesen beherrschbar machen. Aufstände sollten damit unterdrückt werden, aber der Hochverratsvertrag trug nicht dazu bei, Frieden herzustellen. Vielmehr wurde der Kriegszustand als neue Realität anerkannt und sich dieser gebeugt.

Damit ist der Hochverratsvertrag wie Schwanitz über den Versailler Vertrag nach dem Ersten Weltkrieg schreibt,

»ein Monument der Kurzsichtigkeit und ein Armutszeugnis für die Weisheit der Alliierten. Überall wurden Keime für neue Konflikte gelegt. (.) Deutschland wurde amputiert, durch den Schuldspruch gedemütigt und mit Reparationslasten belegt, die das Land zur Verzweiflung trieben, den Haß auf die Sieger schürten und zugleich die Weltwirtschaft ruinierten. Den Österreichern wurde verboten, sich an Deutschland anzuschließen. (.) Entscheidend aber war, daß die unnachteten Alliierten mit diesen Belastungen

bewirkten, daß die Deutschen die junge Republik mit der Niederlage iden-
tifizierten, das Kaiserreich aber mit herrlichen Zeiten.

Die Mehrheit sah den aufgezwungenen Friedensvertrag als demütigende
Schande an und nannte ihn das *Versailler Diktat*. Die, die es unterzeichnet
hatten, wurden als Verräter diffamiert und einige von ihnen ermordet. Kein
Politiker konnte es wagen, nicht für die Revision des Versailler Vertrages zu
plädieren. Er war einer der wichtigsten Gründe dafür, daß das Bürgertum
sich nicht mit der neuen Demokratie identifizierte; und neben der Weltwirtschaftskrise war er wohl die zentrale Ursache für den Aufstieg der Nationalsozialisten.«[170]

Bis heute hat die Vorstellung von der »Herrlichkeit der Monarchie«
überlebt und wird von Generationen getragen, die sich als »Reichs-
bürger« verstehen und selbst erst lange nach dem Untergang des
Kaiserreichs das Licht der Welt erblickten.

In Panem schürte der Hochverratsvertrag weiter die innerpane-
mesischen Gesellschaftskonflikte. Die Menschen im Kapitol und in
den Distrikten betrachteten einander als Feinde, nicht als Friedens-
parteien. Der Hass der Distrikte auf das Kapitol wuchs an und im
Moment der Umkehrung gierten die Rebellen nach der Chance, ihren Peinigern und Ausbeutern alles doppelt und dreifach heimzuzahlen. Der Frieden im Innern des Machtkomplexes der Zivilisation
will nach außen verteidigt werden, durch Gewalt und Waffen.
Wettrüsten ist gefährlich, ein Ungleichgewicht aber auch. Man
könnte zwar alle Waffen auf dieser Welt abschaffen, aber damit
würde »die Welt« nach außen, wie extraterrestrische Zivilisationen
und Kulturen ein solches Außen darstellen mögen, wehrlos sein.
Dies ist der Grund, weshalb es Waffen geben und also ein Gleichgewicht gehalten werden muss, niemals aber ein waffenfreier Zustand erreicht werden kann.

Inwieweit oder inwiefern sich der totale Weltherrschaftsanspruch eines totalitären Regimes offen zeigt, hängt maßgeblich von
seinen Mitteln ab, über die es verfügt, diesen in der Welt durchsetzen zu können. Donald Sutherland, dem Wilhelm Reichs *Psychoanalyse des Faschismus* gut bekannt war, glaubte, Panem sei kein spezifisch faschistischer Staat. Da Panem jedoch alle drei Wesensmerkmale des Faschismus zeigt (autoritärer Gesellschaft-Charakter, Infantilismus und Totalitarismus) würde ich Panem als faschistoid
oder sogar »post-faschistisch« bezeichnen. Damit möchte ich ausdrücken, dass der Faschismus bestrebt ist, eine »Einheit der Reinheit« herzustellen, die nach den Dunklen Tagen durch die strikte

Segregation zwischen Kapitol und Distrikten, Innen und Außen, Gut und Böse in der Tat erreicht wurde.

Es ist Snows semi-biophilen Charakter zuzuschreiben, dass die Hungerspiele als Medienereignis das Bedürfnis nach »Fabrikation von Totem« bediente, bei real verhältnismäßig geringem Verlust an Leben. Hitler träumte von »Interessensphären«. Man wollte die USA etwa besiegen, aber nach dem »Endsieg« diese kolonialisieren, um auch Handel mit den unterworfenen Völkern treiben zu können oder diese – wie in Osteuropa – auszubeuten, so wie Panem im Innern auf das Gleiche zielt.

Wie eine post-faschistische Weltordnung nach dem Zweiten Weltkrieg hätte aussehen können, der zu Gunsten der Achsenmächte Nazi-Deutschland, Italien und Japan entschieden wurde, hat Philip K. Dick 1962 in seinem Buch *Das Orakel vom Berge* (*The Man in the high castle*) koloriert. Die kontinentalen USA sind dabei in zwei Besatzungszonen von Japan und Nazi-Deutschland – getrennt von einer entmilitarisierten Zone – aufgeteilt. Die Bevölkerung wird durch massive Repressionen beherrscht und ethnische Reinigungen dauern an. Während einer Verkehrskontrolle – eine ganz beiläufige Szene in der Serienverfilmung des Buches – beginnt es zu schneien. Der Polizist sagt gleichgültig und ganz selbstverständlich, so meine ich mich zu erinnern, das seien die Juden, die man am Morgen »abgeholt« hätte.

Mit der gleichen Entfremdung werden auch die Tribute eingetrieben und in die Arenen gesteckt. Anders als in allen uns bisher bekannten totalitären Regimen, die Massenmordprogramme geheim zu halten versuchten, wird in Panem der Kinderhass in aller Offenheit zum Staatskult erhoben. Der Krieg der Dunklen Tage war entschieden, aber nicht beendet. Immer mehr Kinder mussten in diesem Krieg ihr Leben lassen.

Die Hungerspiele als Gladiatorenkämpfe misszuverstehen, ist ein fundamentaler Fehler, denn sie dienten der Kontrolle der Distrikte durch das Kapitol in einem längst entschiedenen Krieg, der niemals enden will. Ein Krieg, der nicht beendet werden kann, muss also beherrscht werden. Die Tribute sind gefallene Soldaten in einem Krieg, der sich in eine Gestalt *transformiert* hat, die mit allen uns bekannten Kriegen vollkommen unvergleichbar ist. Es ist die Aufgabe der Kriegsforschung, *neue Kriege* als solche erkennen und analysieren zu können.

## 4.3.3 Asymmetrische und hybride Kriege im 21. Jahrhundert

>»Als Weltkrieg wird ein Krieg bezeichnet, der durch sein geographisches Ausmaß über mehrere Kontinente und durch den unbegrenzten Einsatz aller verfügbaren strategischen Ressourcen weltweite Bedeutung erlangt oder der im Ergebnis eine grundsätzliche Neuordnung der weltweiten internationalen Beziehungen mit sich bringt.«[171]

In früheren Zeiten, noch vor der Globalisierung, verstand sich unter einem Weltkrieg ein solcher, der sich dadurch kennzeichnet, dass Staaten auf internationaler Ebene kriegerische Handlungen ausüben. Der Staat kann in prä-globalisierten Zeiten als höchste und mächtigste Instanz angesehen werden, er ist bis heute eine Großorganisation geblieben.

Im Zuge der Globalisierung erlangten jedoch zunehmend auch nicht-staatliche Organisationen an internationalem Einfluss, also solche, die nicht als Staat bezeichnet werden. In einer globalisierten Welt ist es möglich, dass eine international agierende nicht-staatliche Organisation mehr Machtverhältnisse in sich bündelt, als manch einzelner Staat in sich konzentriert, so hat etwa ein bedeutender Erdölkonzern mehr Macht inne als ein kleines Archipel im Pazifik, oder die NATO mehr als ein afrikanisches Entwicklungsland, von den großen Tech-Konzernen ganz zu schweigen.

Wir sehen also, dass der Staat in einer globalisierten Welt zunehmend an Macht und damit an Bedeutung verliert, diese hin zu nicht-staatlichen Organisationen verlagert wird. Betrachtet man Terrormilizen als Organisationen, unter Umständen sogar als Großorganisationen, welche sie organisationssoziologisch betrachtet auch sind, so stellt man fest, dass in heutigen Zeiten Großorganisation international agierend kriegerische Handlungen ausüben, so kam und kommt es weiterhin zu einer Vielzahl an Terroranschlägen etwa in den USA, Westeuropa und Russland. Eine Allianz aus Staaten tritt hierbei einer terroristischen Großorganisation entgegen, was in etwa mit dem politischen Auftreten der Alliierten und dem NS-Regime verglichen werden kann. Ob Bomben einer staatlichen oder einer nicht-staatlichen Organisation nun zu humanitären Opfern führen, kann als sekundär betrachtet werden.

Das internationale Machtgefüge erlebt eine Verschiebung. Der Mensch wird von seiner Epoche geprägt, diese Prägung spiegelt sich nicht zuletzt in innenpolitischen Wenden wieder, welche auch außenpolitische Neuausrichtungen nach sich ziehen. Dies zeigt sich etwa in den Beziehungen zwischen Europa und den USA, der Wiederkehr Russlands als Weltmacht, oder einfach, doch überdeutlich: im Verhältnis der europäischen Staaten zueinander selbst.

\*\*\*\*\*

Diese Gedanken habe ich bereits im Mai 2017 formuliert, zu einer Zeit, in der Europa innenpolitisch noch von der Flüchtlingskrise der Jahre 2015 und 2016 gebeutelt, zugleich aber auch außenpolitisch gefordert war, nachdem Donald Trump sein Amt als 45. Präsident der Vereinigten Staaten von Amerika angetreten ist.

Die Vorstellung, seit dem Ende des Zweiten Weltkrieges und der Gründung der Europäischen Gemeinschaft gäbe es eine nie zuvor dagewesene Ära des Friedens in Europa, ist eine blanke Illusion. Blutige Kämpfe gab es auf europäischem Boden 1989 in der Rumänischen Revolution, 1991 zehn Tage lang im Slowenischen Krieg und bis 1995 im Kroatien- und Kosovo-Krieg, 2001 im Mazedonien-Krieg, nicht zu vergessen den seit 2014 andauernden Ukraine- und Krim-Konflikt. Richtig ist, dass innerhalb der Europäischen Union alle Mitgliedsstaaten auf Diplomatie, nicht auf Kriege setzen, aber man darf nicht der Fehlauffassung aufsitzen, dass Europa frei von Kriegen sei oder dass der bestehende Frieden unendlich lange fortdauere.

Nur ein Jahr vor Ausbruch des letzten Krieges schockierte Egon Bahr eine Schulklasse mit seiner Geschichte: »Hitler bedeutet Krieg«, hat sein Vater 1933 zu ihm gesagt. Als Jugendlicher hat er nicht daran geglaubt. Heute aber sagt er: »Ich, ein alter Mann, sage euch, dass wir in einer Vorkriegszeit leben.«[172]

Wie ich schon 2017 anmerken wollte, spielen in Kriegen heute nicht immer nur Staaten eine partizipierende Rolle, sondern zunehmend Terrororganisationen. In Deutschland kennt man die RAF oder den NSU, in Israel die Hamas und in Afghanistan sind unlängst die Taliban an die Staatsmacht gelangt. Das Wesen der Kriegsführung hat sich im Laufe der Jahrhunderte stark gewandelt.

Bis zum 19. Jahrhundert wurden Kriege unter Heeren in Schlachten ausgetragen. Erst das 20. Jahrhundert führte vor Augen, welches Zerstörungspotenzial industrialisierte Kriegsführung heraufbeschwören mag. Die »atomare Gefahr« ist seit dem Kalten Krieg nicht gebannt, sondern keimt mit fortschreitender Nukleartechnologie erneut auf.

Die Atommächte unserer Welt heute wollen keine nukleare Kriegsführung mit hunderten Millionen Toten. In einer zunehmend digitalisierten und automatisierten Kriegsführung aber entscheidet nicht der Mensch, sondern ein Algorithmus. Die Gefahr, dass Fehleinschätzungen eine Kettenreaktion in Gang setzen, in der der Mensch nur Zuschauer, aber nicht mehr Akteur ist, ist gegeben. Daneben können kleinere, präzisere Bomben dazu verlocken, auch tatsächlich gezündet zu werden. Die neuen Waffentechniken könnten die Hemmschwelle zum Einsatz von Atomwaffen sinken lassen.[173] Ein Atomkrieg muss nicht mehr die Menschheit an den Rand der Selbstausrottung treiben. Die Bedrohungen gehen dabei keineswegs ausschließlich von den bekannten und viel beachteten Krisenherden (Iran/Israel, Indien/Pakistan, USA/Nordkorea) aus.

Um die potenziellen Fallstrike erkennen zu können, in denen die Gefahr des Krieges für das Menschengeschlecht gegeben ist, ist es erforderlich, sich mit dem Wesen des Krieges zu befassen und seine Transformation begreifen. Für Machiavelli gab es im 16. Jahrhundert zwei wesentliche Arten von Kriegen:

Im ersten geht es um die Ausdehnung oder Verteidigung des eigenen Herrschaftsgebietes, wodurch der Ehrgeiz von Alleinherrschern wie Republiken befriedigt werde: »Diese Kriege sind gefährlich, vertreiben aber die Bewohner eines Landes nicht völlig, weil es dem Sieger genügt, wenn die unterworfenen Völker gehorchen; auch lässt er ihnen meist ihre Gesetze und immer ihre bewegliche und unbewegliche Habe.«

Dieser Typ von Krieg als ein Mittel zur Durchsetzung politischer Ziele kann als instrumentell bezeichnet werden. Von existenzieller Art ist hingegen der zweite Typus Krieg, der beginnt, »wenn ein ganzes Volk mit Weib und Kind, durch Hunger oder Krieg gezwungen, aufbricht und neue Wohnsitze und Länder sucht, nicht um über diese zu herrschen, sondern um sie ganz in Besitz zu nehmen und die alten Bewohner zu vertreiben oder zu töten«.

Bei den »Kriegen aus Ehrgeiz« geht es nur um den Austausch des Herrschers oder der herrschenden Klasse: »Eroberungssucht ist eine ganz natürliche und weit verbreitete Eigenschaft. Immer, wenn die Menschen nach besten Kräften Eroberungen machen, so werden sie gelobt oder wenigstens nicht getadelt« und »Man soll nie einem Überstand seinen Lauf lassen, um einen Krieg zu vermeiden; denn man vermeidet ihn nicht; man schiebt ihn nur auf zu seinem eigenen Nachteil«.

Bei den »Kriegen aus Hunger« dagegen geht es um Landeroberung, die mit ethnischen Säuberungen einhergehen, was diesen Krieg »besonders grausam und schrecklich« mache.[174]

Krieg ist »keine autonome Erscheinung und kein Naturereignis, sondern ein Mittel zur gesellschaftlichen Machtdurchsetzung gegen Widerstände. (.) Der Sieg über eine gegnerische Streitmacht auf dem Schlachtfeld oder das Erobern eines Landes sind Vorgehensweisen, um einen Krieg zu entscheiden. Eine andere Möglichkeit ist es, eine Situation herbeizuführen, in der ein Gegner erkennt, dass er seine Ziele keinesfalls mit militärischer Gegengewalt erreichen kann. Schließlich kann man mit Abwarten, Demonstration der Stärke, List oder Tücke Entscheidungen herbeiführen, die es einer Kriegspartei ermöglicht, ihr Ziel kampflos durchzusetzen. Für Sun Tsu ist es ein wichtiges Kriegsziel, den Gegner ohne dessen Gegenwehr zu unterwerfen. Dazu empfiehlt er, die gegnerische Diplomatie mit Täuschung und List zu verhindern, Bündnisse zu stören, die eigene strategische Ausgangslage mit Subversion, mit Hilfe von Spionen und Agenten zu verbessern sowie die Strategie des Gegners frühzeitig zu erkennen und zu durchkreuzen. Sun Tzu besticht durch systematisches Denken, analytische Schärfe und eigenständige Vorstellungen einer umsichtigen Kriegsführung. Die strategische List und Täuschungen von Sun Tsu sind von den USA in den ersten Tagen des Irakkrieges 2003 maßgeblich genutzt worden.«[175]

Der Irakkrieg war ein historischer Krieg. Die Bush-Regierung behauptete damals »ohne jeden Anhaltspunkt die Existenz von Massenvernichtungswaffen Irak und rechtfertigte damit einen Krieg. Auch die externe Einflussnahme auf Wahlen durch gezielte Desinformation ist eine altbekannte Praxis. Sowohl die USA als auch die Sowjetunion versuchten während des Kalten Krieges unter dem Stichwort ‹hybride Kriegsführung› immer wieder Wahlen in anderen Ländern zu beeinflussen,«[176] eine Form der Kriegskunst, die in der Welt von Big Data, Social Media und Infotainment mit Fake News und »alternativen Fakten« dominanter denn je geworden ist. In der »klassischen« Kriegstheorie kannte man die Macht dieser neuen »Waffen« noch nicht. Ein wichtiger Aspekt der »neuen Kriege« ist auch

»die schrittweise Privatisierung des Krieges, die zur Folge hat, dass die Staaten nicht länger die Monopolisten des Krieges sind. Das mögen sie faktisch nie gänzlich gewesen sein, aber kriegsvölkerrechtlich und politisch ist seit dem 17. Jahrhundert in Europa stets mit der Annahme gearbeitet worden, dass sie es seien. Diese Annahme, Grundlage für viele Formeln des Völkerrechts, ist inzwischen in vielen Fällen nicht mehr aufrechtzuerhalten; para- und substaatliche Akteure haben einen mindestens ebenso großen Einfluss auf das Kriegsgeschehen gewonnen wie die Staaten und das von ihnen eingesetzte reguläre Militär.

Die Vorstellung von der Westfälischen Ordnung, die vielen modellanalytischen Arbeiten der amerikanischen Politikwissenschaft zugrunde lag, ist, sofern sie auf der Annahme vom Staat als Monopolisten des Krieges beruht, obsolet geworden. Es sind Warlords unterschiedlicher Provenienz, die in den letzten zwei Jahrzehnten entscheidenden Einfluss auf das Kriegsgeschehen gewonnen haben.«[177]

Auf die »privatisierte Gewalt« in »neuen Kriegen« weist auch Herberg-Rothe hin:

»Die neuen Kriege sind gekennzeichnet durch den Verfall von Staatlichkeit und das Überhandnehmen privatisierter Gewalt, das Auftreten scheinbar längst der Vergangenheit angehörender Waffenträger wie Söldner, Kindersoldaten und Warlords sowie durch Kämpfe um Identität, Bodenschätze und grundlegende existentielle Ressourcen wie etwa Wasser. Ihr äußeres Kennzeichen ist das vermehrte Auftreten irrational scheinender und exzessiver Gewalt (Selbstmordanschläge, Formen von Mega-Terror wie bei den Anschlägen vom 11. September), Massakern linker wie rechter, islamistischer oder sonstiger religiöser Bewegungen oder das Umschlagen von nachbarschaftlichen Beziehungen in den ‹Kampf aller gegen alle› in ethnisch überformten Konflikten. Die neuen Kriege und das Auftreten massenhafter Gewalt sind jedoch nur die eine Seite. Die andere ist charakterisiert durch eine technologische Revolution, die nur mit der Einführung der Motorkraft in die Kriegsführung vergleichbar ist, vor allem von Panzern und Flugzeugen Anfang des 20. Jahrhunderts.«[178]

Innenpolitisch ist die »Privatisierung« des Krieges oder »privatisierte Gewalt« eine ernste Bedrohung für die staatliche Ordnung; so Snyder:

»In den USA ist die Gewaltanwendung bereits in hohem Maße privatisiert: Die amerikanische Bundesregierung setzt in ihren Kriegen auf Söldner, und die Regierungen der US-Bundesstaaten bezahlen Unternehmen dafür, dass sie Gefängnisse betreiben. Neu ist, dass ein Präsident, obwohl schon im Amt, eine persönliche Sicherheitstruppe behalten will, die während seines Wahlkampfs Gewalt gegen Andersdenkende ausübte, Als Kandidat bediente sich der Präsident eines privaten Sicherheitsdienstes, um Protestierer aus Wahlveranstaltungen zu entfernen, doch er ermunterte auch das Publikum selbst, Menschen, die anderer Meinung waren, hinauszuwerfen. Wer protestierte, wurde zunächst mit Buhrufen begrüßt, dann mit frenetischen

‹USA›-Rufen niedergebrüllt und schließlich gezwungen, die Veranstaltung zu verlassen.

Auf einer Wahlveranstaltung sagte der Kandidat: ‹Da ist noch einer› und zeigte auf einen Protestierer. ‹Vielleicht kann man den rausschmeißen. Schmeißt ihn raus.› Die Menge ließ sich das nicht zweimal sagen und versuchte, auch andere Leute, die möglicherweise anderer Meinung waren, aus dem Saal zu bugsieren, und das alles unter fortwährenden ‹USA›-Rufen. Der Kandidat rief dazwischen: ‹Ist das nicht viel lustiger als eine ganz normale langweilige Wahlveranstaltung? Für mich ist das ein Riesenspaß.› Diese Form von Mob-Gewalt sollte das politische Klima verändern, und genau das geschah. Damit Gewalt nicht nur das Klima, sondern auch das System verändert, müssen die Emotionen von Wahlkampfveranstaltungen und die Ideologie der Exklusion in die Ausbildung bewaffneter Sicherheitstrupps Eingang finden. Diese fordern zunächst Polizei und Militär heraus, durchdringen anschließend Polizei und Militär und verändern schließlich Polizei und Militär grundlegend.«[179]

Außenpolitisch wirkt sich, so Münkler, die Demilitarisierung der Gewalt auch auf die Kriegsführung aus:

»Die Demilitarisierung des Krieges, womit gemeint ist, dass das reguläre Militär nicht länger der Monopolist der Kriegführung ist. Das zeigt sich mit Blick auf die kriegführenden Parteien, die immer häufiger aus Kriegern und nicht mehr aus Soldaten bestehen, wie auch den Zielen kriegerischer Gewaltanwendung, bei der es nur noch selten um genuin militärische Objekte geht; meist sind es Zivilisten und zivile Infrastruktur, die getroffen werden sollen. Die Folge dessen ist die Erosion der Unterscheidung zwischen Kombattanten und Nonkombattanten, die eine der wichtigsten Errungenschaften des Kriegsvölkerrechts gewesen ist. Aber mit der Demilitarisierung des Krieges löst sich auch die klare Unterscheidung zwischen Krieg und Frieden auf, und an die Stelle des Kriegsparadigmas tritt zunehmend das Kriminalitätsparadigma.«[180]

Das führt zu neuen Herausforderungen und Bedingungen, an denen sich eine Kriegsführung nach der Theorie der neuen Kriege orientieren muss:

»Im Prinzip gleichartige Gegner anerkannten sich in ihrer Gleichartigkeit, und diese wechselseitige Anerkennung bildete die Grundlage ihrer politischen Rationalität, die dann zu Rüstungswettläufen, aber auch zu Rüstungsbegrenzungsvereinbarungen oder Abrüstungsschritten führen konnte. Auf dieser Anerkennung beruhte zugleich das Kriegsvölkerrecht, wie es bis heute Gültigkeit besitzt. Doch diese Konstellationen, in denen zeitweilige Disproportionalitäten zwischen den Mächten immer wieder ausgeglichen wurden, bevor sie sich zu manifesten Asymmetrien auswuchsen, gibt es nicht mehr: Kein Staat der Erde, auch nicht eine Koalition von Staaten, kann

heute den USA mit militärischen Mitteln Paroli bieten – das beginnt bei
Flugzeugträgern und Luftstreitkräften, geht über die Satellitenaufklärung
und lasergesteuerte Bomben und endet bei Nuklearwaffen und Raketensys-
temen. Unter der Voraussetzung einer symmetrischen Kriegführung nach
dem Modell zwischenstaatlicher Kriege gibt es keine Macht, die den USA
auch nur im Entferntesten gewachsen ist. Ganz anders sieht es freilich aus,
wenn diese asymmetrischen Konstellationen ihrerseits mit Strategien der
Asymmetrisierung beantwortet werden. Solche Strategien sind der Partisa-
nenkrieg, der Terrorismus und schließlich auch das, was im Palästina-Kon-
flikt als Intifada bekannt geworden ist: der Angriff Steine schleudernder Jugendlicher auf schwer bewaffnete Soldaten, bei dem der einzige Schutz der
Angreifer die Kameras der Weltpresse sind, die die ungleichen Bedingungen des Kampfes in alle Welt verbreiten. Was für die Soldaten Panzer und
Schnellfeuerwaffen, sind für die angreifenden Jugendlichen die Fernseh-
teams, und die Steine dienen allenfalls als Mittel, deren Aufmerksamkeit zu
wecken.

Wie machtlos Militärapparate gegen asymmetrische Strategien sein können, mussten die USA erstmals während des Vietnamkrieges erleben, als sie
trotz ihrer immensen waffentechnischen Überlegenheit nicht in der Lage
waren, einen nach Partisanenart kämpfenden Gegner entscheidend zu
schlagen.«[181]

Die Machtlosigkeit der Militärapparate zeigt sich jedoch auch in einer anderen Dimension. Der IS setzt soziale Medien, über die er Bilder von Enthauptungen, brennenden Flaggen und Hassbotschaften
verbreitet, gezielt als »Angriff auf die Kollektivpsyche westlicher
Gesellschaften« ein.[182] Im digital-industriellen Zeitalter ist Propaganda – wie wir es auch in Panems Bürgerkrieg ausgezeichnet dargestellt sehen konnten – zur gefährlichsten und schärften Waffe im
Krieg avanciert. »Kriegspropaganda liefert ein verzerrtes Realitäts-
bild, indem sie den Krieg in jedem Falle als legitim erscheinen lässt,
die Größe der eigenen Seite betont und den Feind dämonisiert.«[183]

Es geht nicht mehr darum, militärische Ziele zu zerstören und einen Gegner »zu Boden zu werfen«, sondern es geht um nicht weniger als die Kontrolle von Gedanken, Gefühlen und Einstellungen
nicht nur der militärischen Abteilungen, sondern ganz besonders
der zivilen Bevölkerung. Dies erfordert ein Um- und Neudenken,
was die Berichterstattung über Kriegsgeschehen und Terroranschläge betrifft:

»Der Krieg der Bilder ist hier kein sekundärer Begleiter des eigentlichen
Krieges, sondern er ist selbst – vielleicht nicht immer und überall, aber doch
in einigen Fällen – zum eigentlichen Krieg geworden, jedenfalls so lange,
wie der Krieg nicht zu einer existenziellen Auseinandersetzung geworden

ist. Das hat weitreichende Folgen für den Umgang mit Nachrichten und Bildern:

Nicht in deren Blockierung, sondern im geschickten Umgang mit ihnen liegt die Chance effektiven Gegenhandelns. Man kann die Wirkung der auf schockartigen Schrecken abzielenden Terroranschläge nämlich je nach Art der Berichterstattung verstärken oder abschwächen. So hat etwa die An- und Abmoderation von Nachrichten erheblichen Einfluss darauf, wie Anschläge und Geiselnahmen von den Zuhörern und Zuschauern aufgenommen werden. Journalisten müssen darin über die Rolle des bloßen Beobachters und Berichterstatters hinausgehen; da sie von den Gewaltakteuren als Bestandteil ihrer Strategie funktionalisiert worden sind, müssen sie selbst Partei ergreifen und diese Strategie durchkreuzen. Das beginnt damit, dass sie die neue Rolle des Berichterstatters im Falle von Terrorattacken begreifen. Eine Strategie durchkreuzt man nicht mit gutem Willen und aufrichtiger Absicht, sondern dazu bedarf es einer Gegenstrategie. Die in Waffen umfunktionalisierten Bilder müssen also von denen, die sie verbreiten und kommentieren, im buchstäblichen Sinn entschärft werden. Das kann, nachdem Nachrichtensperren obsolet geworden sind, beispielsweise durch eine Liturgisierung der Berichterstattung erfolgen: Die Information über einen Anschlag wird in Formeln eingebettet, die dem Schrecken entgegenwirken: Statt plötzlicher Unterbrechungen des Programms oder am unteren Bildrand durchlaufender Eilmeldungen wird die Information in einen Rahmen eingefasst, der dem Schrecken entgegenwirkt. Nimmt man dem Schrecken die Wirkung, verwandelt sich der Anschlag in einen Unfall oder eine kleinere Katastrophe, und mit beidem haben wir umzugehen gelernt. In dieser Situation agieren Journalisten politisch: Aus Vektoren des terroristischen Angriffs werden sie zu Blockaden seiner Wirkung.«[184]

Mit dem Beginn des Krieges stürzen sich Medien zuerst auf die Berichterstattung über die Handlungen, da Krieg für sie »big news«, Aufmerksamkeit, Quote, Auflage und Umsatz bedeutet. »Mit Hilfe von neuen Technologien (Digitalisierungs-, Kabel- und Satellitentechnik) eröffnen sich dem Nachrichtenjournalismus gegenüber der Vergangenheit neue Wege bei der Informationsübertragung – der Weltöffentlichkeit werden fast zeitgleich umfangreiche und technisch perfekte Kriegsberichte geliefert. Die Qualität der Bilder steht aber nicht in Frage, sondern deren Wahrheitsgehalt. Zwar sind die Kriegsberichterstatter in ihrer Arbeit an eine journalistische Ethik gebunden, die sie verpflichtet, objektiv (unparteilich) und wahrheitsgetreu zu berichten, was auch im Artikel 5 des Grundgesetzes geregelt ist. Doch im Kriegsfall, also in einer besonderen politisch-militärischen Situation, werden sie in ihrem Recht auf Meinungs-, Informations- und Pressefreiheit mehr oder weniger stark eingeschränkt.«[185] Ob und wenn ja, wie eine solche Einschränkung aussehen könnte, ist daher nicht mehr nur eine Frage der Informationen »an sich«, sondern im besonderen zu einer Frage der »Art und Weise«, wie welche Informationen medial vermittelt werden können, dürfen oder sollen.

In den neuen Kriegen nehmen nicht nur fortentwickelte nukleare Technologien und digitale Medien eine zentrale Rolle ein, sondern auch autonome Waffensysteme im Allgemeinen. Stephen Hawking warnte bis zuletzt vor einem Wettrüsten mit autonomer Waffentechnik, denn es müsse klar sein, dass ein derartiges Wettrüsten nur in einen möglichen Ausgang münden könne. Daher sei der beste Zeitpunkt, ein solches Wettrüsten zu beenden: »Sofort!«[186]

Die Entwicklung der Atombombe wurde von vielen Stimmen als das Öffnen der »Büchse der Pandora« bezeichnet. Die schockierende Erkenntnis war, dass in einem atomaren Krieg die Menschheit als Ganzes »tödbar« ist, wie es Anders treffend formulierte. Die schockierende Erkenntnis eines Wettrüstens autonomer Waffen jedoch ist, dass die Menschheit als Ganzes nicht nur tödbar, sondern »verzichtbar« ist. Ein Krieg, der von autonomen Waffen geführt wird, die allein von Algorithmen gesteuert und kontrolliert werden, kann mit den heutigen zerstörerischen Waffen die Menschheit nicht nur töten und alles Leben auf der Erde auslöschen, sondern auch noch lange nach dem Verschwinden des allerletzten Lebens auf der Erde ungehindert fortdauern.

Während Fromm noch glaubte: »Der Mensch, der nichts erschaffen kann, will zerstören«,[187] so könnte man trefflich formulieren: *Die Menschheit, die nichts erschaffen kann, will alles zerstören.* Das Bemerkenswerte und Schockierende an der Anatomie der menschlichen Destruktivität ist die Erkenntnis, dass sie auch noch lange nach dem Verschwinden des Menschen als Spezies alles und jeden vernichten kann. Wenn es dieser Menschheit nicht gelingt, bleibende Spuren in der Welt zu hinterlassen, so könnte man meinen, wird nicht einmal diese Welt selbst als Hinterlassenschaft menschlichen Daseins im Universum übrig bleiben.

Dass ein solcher Krieg die Erde verheeren könne, wenn er einen Auslöser findet, ist wohl kaum zu bezweifeln. Dass ein solcher Krieg einen Auslöser findet, ist dabei gutmöglich. Kissinger warnte in seiner *Weltordnung* vor dem nuklearen Potenzial des Irans und Pakistans, welches sich mit Indien in einem mal mehr, mal weniger blutigen, aber nicht wirklich enden wollenden Krieg befindet.[188] Bestehende Atommächte, so Kissinger, müssten sich darüber verständigen, wie auf neue Atommächte zu reagieren sei, um zu verhindern, dass Nuklearwaffen zu »konventionellen Kampfmitteln« würden.[189]

Neben der realen Welt ist durch die digitale Technologie aber auch ein paralleler *Cyberspace* entstanden, die beide aneinander gekoppelt sind. Ein Krieg in der wirklichen Welt bleibt im digitalen Raum nicht unbemerkt – in den neuen Kriegen sogar ganz im Gegenteil –, und ein Cyberkrieg kann verheerende Auswirkungen auf das Leben in der wirklichen Welt nehmen. Auch hier zeigt sich der Verfall der Staatlichkeit, da Unternehmen, so Kissinger, im Cyberraum teilweise mehr Einfluss haben als Staaten.[190]

Die Gestalt des Krieges hat sich im digital-industriellen Zeitalter gewandelt. Im 21. Jahrhundert sind Kriege nicht unwahrscheinlich, sondern – vom Typus der Hungerkriege – sogar sehr wahrscheinlich. Die »Blut und Boden«-Ideologie der Nazis war ein treffliches Beispiel für die besondere Grausamkeit dieser Kriege, in denen Lebensraum erobert und ethnische Säuberungen durchgeführt werden sollen, wie Machiavelli sie beschrieb. Was im 20. Jahrhundert ein schockierendes und schier unvorstellbares Ausmaß angenommen hat, könnte im 21. Jahrhundert noch übertroffen werden. Zwar werden diese Kriege vermutlich nicht offen angekündigt werden, so wie Hitler seinen Krieg in *Mein Kampf* vorwegnahm, doch die umweltfaktoriellen Veränderungen – allen voran durch die Klimakrise – machen deutlich, dass die Herausforderungen für politische Lösungen gesellschaftlicher Konflikte ungemein hoch sind, wie sie auch dringlich sind.

Die neuen Kriege haben nicht nur das Potenzial, besonders grausame Kriegsverbrechen zu begehen; auch nicht nur das Potenzial, alles Leben auf der Erde auszulöschen; sondern sie haben sogar das Potenzial, alles Leben auf der Erde zu überdauern und unentwegt nach ihren eigenen deterministischen und algorithmischen Gesetzen abzurollen.

### 4.3.4 Kindersoldaten

Wie Herberg-Rothe beschrieb, sind »die neuen Kriege sind gekennzeichnet durch den Verfall von Staatlichkeit und das Überhandnehmen privatisierter Gewalt, das Auftreten scheinbar längst der Vergangenheit angehörender Waffenträger wie Söldner, Kindersoldaten und Warlords.«[191] Den Aspekt der Kindersoldaten möchte ich an dieser Stelle, da er auch im Panemesischen Bürgerkrieg eine wichtige Rolle spielte, genauer beleuchten.

Als Kindersoldaten werden Jungen und Mädchen bezeichnet, die jünger als 18 Jahre alt sind und die in Armeen oder anderen bewaffneten Gruppierungen militärisch oder zivil eingesetzt werden. Katniss soll zwar vor allem als Gallionsfigur vornehmlich für die Propaganda der Rebellen eingesetzt werden, dennoch findet sie sich ständig in kriegerischen Kampfhandlungen wieder (das gilt auf für ihre Erlebnisse in der Arena). Ihr Schwester Prim hingegen ist ein klassisches Beispiel für eine »zivile Kindersoldatin«. Das internationale Kinderhilfswerk UNICEF schätzt, dass weltweit 300.000 Kinder als Soldaten.[192] Wann aber werden Kindersoldaten eingesetzt?

Je länger ein bewaffneter Konflikt andauert, desto wahrscheinlicher ist es, dass Kinder an ihm aktiv teilnehmen. »Für die meisten Kriege gilt die Faustregel: Je länger ein Krieg dauert, desto mehr Kinder werden rekrutiert. Je mehr Kinder rekrutiert werden, um so jünger werden die Kinder. Nicht selten kommt es zu einem ‹Wettlauf› der Kriegsparteien bei der Rekrutierung von Kindern: Die Kinder werden nicht nur eingezogen, weil eine Kriegspartei die Kinder für den Kampf braucht, sondern auch, um dem Gegner zuvorzukommen.«[193]

Während viele Kinder unmittelbar an der Front kämpfen müssen, arbeiten andere als Spione, Boten, Wächter, Träger oder Diener. Einige von ihnen werden sogar als »Sexsklaven« missbraucht. »Mädchen fliehen oft vor häuslicher Gewalt, Ausbeutung oder sexuellem Missbrauch. Einige finden Zuflucht und Bestärkung in den bewaffneten Gruppen, andere hingegen erfahren, dass sie weiter ausgebeutet werden. Weibliche Kindersoldaten werden oft vergewaltigt und sexuell versklavt. Allerdings wird auch über Jungens berichtet, denen dies widerfährt. (.) Sogar in den Streitkräften der industrialisierten Länder kommt es vor, dass junge Rekruten und besonders Mädchen schikaniert und missbraucht werden.«[194] Russmann beschreibt weiter:

»Kinder müssen Minen verlegen und räumen. Man zwingt sie, Grausamkeiten zu begehen, oftmals sogar gegen die eigene Familie und Nachbarschaften. Die meisten Kindersoldaten werden in der Armee körperlich misshandelt. In Extremfällen werden sie in den Selbstmord getrieben oder selbst zu Mördern, wenn sie die Misshandlungen nicht länger ertragen können. Auch wenn die meisten Kindersoldaten im Durchschnitt 15 Jahre alt sind, wird vereinzelt über erst siebenjährige Kinder berichtet, die sich an Kämpfen beteiligt haben. (.) Sobald die Kinder stark genug sind, um Sturmgewehre oder Halbautomatische Waffen zu bedienen (normalerweise mit zehn Jahren), werden sie als Frontkämpfer eingesetzt. Ein ehemaliger Kindersoldat aus Burundi erzählt: ‹Wir verbrachten schlaflose Nächte mit dem Warten auf den Feind. Meine erste Aufgabe war es, eine Lampe für die älteren Rebellen zu tragen. Später wurde mir gezeigt, wie man Handgranaten einsetzt.›«[195]

Um Kinder zu rekrutieren, gibt es verschiedene Möglichkeiten. Neben der Wehrpflicht und der Zwangsrekrutierung ist auch die Aufnahme von »freiwilligen« Kindern in den Dienst möglich. Doch wie »freiwillig« ist freiwillig? Es gibt keine eindeutigen Erklärungen, wessenthalben Heranwachsende freiwillig in die bewaffneten Gruppen gehen.

»Die meisten Jugendlichen befinden sich in einer Situation, die ihnen kaum eine andere Möglichkeit lässt. Der wichtigste Faktor ist der Krieg selbst. Ein weiterer Grund ist Armut. Oft herrscht in den Kriegsgebieten Hunger, da Ernten vernichtet und Vorräte geplündert werden. In der Truppe hoffen die Kinder, dass sie etwas zu essen bekommen und vor Feinden beschützt werden. Andere Gründe für eine ‹freiwillige› Rekrutierung sind eine fehlende Schul- und/oder Berufsausbildung sowie fehlende Arbeits- und Einkommensmöglichkeiten. Kinder ohne Familien sind besonders gefährdet, eingezogen zu werden. Dabei spielt es keine Rolle, ob sie ständig oder nur zeitweise von ihrer Familie getrennt sind. Andererseits werden Kinder auch von manchen Familien ermutigt, sich direkt oder indirekt am bewaffneten Kampf zu beteiligen. (.) Manche Mädchen hingegen wollen Gleichwertigkeit mit ihren Brüdern beweisen und melden sich deshalb. Die meisten Kinder suchen Schutz und Unterstützung bei den bewaffneten Gruppen, weil sie ihre Eltern oder Gemeinschaften aus ethnischen, politischen, religiösen oder anderen Gründen verfolgt werden. Viele Kinder haben miterlebt, wie Eltern oder Verwandte ermordet wurden, und wollen ihre Angehörigen nun rächen. Das eigene Gewehr und die Zugehörigkeit zu einer bewaffneten Gruppe verschaffen eine gewisse Sicherheit und auch das Gefühl von Macht.«[196]

Der Einsatz von Kindern ist aus strategischer Sicht günstig, denn sie sind die billigsten Kämpfer. Sie brauchen weniger Nahrung als Erwachsene und können ohne Sold in den Kampf geschickt werden. Die Hälfte der Kämpfer in manchen kolumbianischen Rebellen- und Partisanenverbänden sind Kinder und Jugendliche. Aber nicht nur in Rebellengruppen, sondern auch in Regierungsarmeen in über 30 Staaten der Welt kämpfen Kinder, so Russmann:

»Kinder können leicht dazu gebracht werden, bedingungslos zu gehorchen und alle Befehle auszuführen. Oft sind die Kinder noch sehr jung, wenn sie Soldat werden. Ihre Persönlichkeit ist noch lange nicht gefestigt und sie haben noch keine ausgeprägten Moralvorstellungen. Das macht sie zu leichten Opfern von Manipulation und Gehirnwäsche. ‹Kleine Jungen machen Sachen, zu denen ausgewachsene Männer nicht in der Lage wären. Sie haben nie gelernt, ein Gefühl für Gerechtigkeit zu entwickeln›. (.) Auf der Suche nach Vorbildern möchten sie den Erwachsenen gefallen. In angespannten Situationen gelten sie als ‹schießfreudiger›, Die Unreife der Kinder kann dazu führen, dass sie außerordentliche Risiken auf sich nehmen. ‹Kinder sind gute Kämpfer, weil sie jung sind und sich beweisen wollen. Sie glauben, es sei alles ein Spiel, daher sind sie so furchtlos.›. ‹Erwachsene denken an ihre Familien. Sie haben Angst. Die Kleinen denken allein ans Angreifen. Sie sind die brutalsten Gegner.›«[197]

Da Kinder glauben, alles sei »ein Spiel«, ist es leicht, sie zum Töten abzurichten, wenn man ihnen das Gefühl vermittelt, nichts anderes zu tun als in Computerspielen. »Kriegsfilme, Kriegsberichterstattung und Computerspiele ähneln sich insofern, als sie den Krieg zu audiovisuellem Ereignis und Erlebnis werden lassen. Die Emotionalisierung des Publikums erfolgt sowohl durch die optischen und akustischen Elemente als auch durch eine spannende Narration. Alle Bildschirmmedien bemühen sich, dem Zuschauer das Gefühl des Dabei-Seins zu geben. Diese Illusion, stets dabei zu sein, mitten drin im Krieg, wird von Filmen genauso stark vermittelt wie von Fernsehnachrichten. Computerspiele gehen einen Schritt weiter, weil sie nicht nur das Gefühl geben, dabei zu sein. Sie ermöglichen dem Spieler, in das kriegerische Geschehen (nach den im Programm vorgesehenen Handlungsoptionen) selbst einzugreifen.«[198] Wenn digitale Technologie nicht verfügbar ist – wie im Alten Rom – so können kriegerische Handlungen auch durch Kinderspiele zu etwas ganz »Normalen« gemacht werden. Die Auswirkungen auf die Kinder sind gravierend und meist leiden die Kinder(soldaten) ihr Leben lang unter ihren Erlebnissen und begangenen Taten. »Es ist schwer, sie wieder in die Gesellschaft einzugliedern. Durch das jahrelangen (sic!) Leben in einem gewalttätigen Umfeld sind sin ihrem Sozialverhalten oft schwer gestört. Kindersoldasen verlieren ihre Kindheit, Ausbildungs- und Entwicklungsmöglichkeiten. Sie riskieren zudem körperliche Verletzungen, psychische Traumata und sogar den Tod.

Die Kinder, die als Soldaten rekrutiert werden, verlieren oft jeden Bezug zu ihrem früheren Leben. Besonders belastend für die betroffenen Kinder ist die Trennung von den Eltern und der ursprünglichen Lebensgemeinschaft. Manche Kinder werden gezwungen, ihre eigene Familie zu erschießen, damit sie keine Bindung zu ihrem ‹früherem› Leben mehr haben.«[199] Reintegrationsprogramme sind für friedensschaffende Anstrengungen, die langfristige Stabilität und Entwicklung von Nachkriegsgesellschaften lebenswichtig. Die Vereinten Nationen haben auf die Wichtigkeit »der Einbeziehung von Entwaffnung, Demobilisierung und Reintegration ehemaliger Kindersoldaten in Friedensverhandlungen und -vereinbarungen hingewiesen.«[200] Doch die meisten Kindersoldaten bekommen nicht die nötige Hilfe, die sie brauchen, um ihre traumatischen Erfahrungen verarbeiten und ein neues, gesundes Leben beginnen zu können.

Auch Katniss ist so auch nach der Revolution noch immer auf sich allein gestellt und wird nach D12 »abgeschoben«. Natürlich ist es höchst fraglich, ob sie überhaupt Hilfe von außen annehmen würde – Johanna etwa lehnt jede psychologische Betreuung in Distrikt 13 ab –, doch steht Katniss hier stellvertretend für das Schicksal vieler ehemaliger Kindersoldaten, die Familienangehörige verloren haben und auch nach ihrem aktiven Dienst um ihr Überleben kämpfen müssen.

## 4.4 Über Kriegsverbrechen

### 4.4.1 Die Atombombe

Die vielleicht schwerwiegendste Entscheidung, die je getroffen wurde, betraf den Abwurf der Atombomben auf die japanischen Städte Nagasaki und Hiroshima. Der unmittelbare Tod traf alle Menschen gleichermaßen: Männer, Frauen, Kindern, Jugendliche, Babys wie Greise, Behinderte und Kranke. Cohen berichtet:

»Im Frühjahr 1945 hatte die US Air Force nahezu die Lufthoheit über sämtliche japanische Städte. Mit zigtausend Napalmbrandbomben entfachte sie Feuerstürme, die über die Holzhäuser Tokios und einer Reihe kleinerer Städte hinwegfegten. Die Japaner hatten sich als grausame und gnadenlose Feinde gezeigt. Ihren Opfern, häufiger Zivilisten als Soldaten, begegneten sie gleichgültig und mitleidlos – sie behandelten sie, man kann es nicht anders sagen, wie Tiere. (.) mit einem Mal sah es so aus, als wären die Sieger des Zweiten Weltkriegs moralisch keinen Deut besser als die Besiegten.

Jetzt, wo das japanische Volk buchstäblich am Boden lag, wäre es für die Sieger an der Zeit gewesen, ihre überlegenen Werte, ihr Mitgefühl und ihre Menschlichkeit unter Beweis zu stellen. Stattdessen trat unter dem Vorsitz des Verteidigungsministers zum ersten Mal so etwas wie eine militärische Ethikkommission zusammen, um den Einsatz einer neuen Bombe zu erwägen. Die bis heute namentlich unbekannten Mitglieder der Kommission hatten ein Memorandum der am Manhattan Project beteiligten Wissenschaftler vorliegen, die vor dem Einsatz warnten: Die USA würden damit die Büchse der Pandora öffnen.«[201]

Anders als die amerikanischen Öffentlichkeit war der Kommission bekannt, dass Japan militärisch besiegt war und sich auch nicht auf einen »Endkampf« vorbereitete, sondern bereits die Kapitulation verhandelte. Dennoch riet die Kommission zum Abwurf der Bombe, »auf eine wichtige Rüstungsfabrik, die viele Arbeiter beschäftigt und dicht von Arbeitersiedlungen umgeben ist«. Man warnte die Japaner auch nicht vor der verheerenden Wirkung der neuen Waffe. Weiter schreibt Cohen:

»Am 17. Juli 1945, einen Tag nach dem erfolgreichen Test der Bombe in der Wüste von New Mexico, wandten sich die Atomwissenschaftler in einer Petition an den Präsidenten und sprachen sich gegen den Einsatz aus. (.) Gerade zum rechten Zeitpunkt sprachen die USA und Großbritannien dann im Rahmen des Potsdamer Abkommens auch die Drohung aus, Japan müsse mit ‹umgehender und völliger Zerstörung› rechnen, wenn es nicht ‹bedingungslos› kapituliere – ein Ultimatum, das wie eine leere Drohung klingen musste und umgehend zurückgewiesen wurde. Und am 6. August 1945 explodierte die erste Atombombe zur morgendlichen Rushhour ungefähr 600 Meter über dem Shima-Krankenhaus von Japans fünftgrößter Stadt. Ein gewaltiger Feuerball tötete innerhalb von 60 Sekunden 100.000 Menschen. Präsident Truman verkündete, die neue Bombe sei ‹auf eine wichtige Militärbasis› gefallen, die man ausgewählt habe, um die Zivilbevölkerung zu schonen. Ein ganz anderes Bild vermittelte ein Bericht, der einen Monat später, als Japan bereits von den Alliierten besetzt war, aus dem Land geschmuggelt wurde.

... die Patienten siechten dahin und starben. Dann wurden Menschen, ... die nicht einmal hier gewesen waren, als die Bombe explodierte, krank und starben. Ohne erkennbaren Grund ging es ihnen schlecht. Sie verloren den Appetit, die Haare fielen ihnen aus, ihr Körper bekam blaue Flecken, und sie begannen aus Nase, Mund und Augen zu bluten. Wir verabreichten ihnen Vitaminspritzen, doch das Fleisch verfaulte um die Einstichstelle der Injektionen. Alle diese Patienten starben.

Die USA verbreiteten eine andere Sicht der Lage. Ein regierungsnaher Journalist, Zeuge der Explosion, beschrieb sie enthusiastisch als ‹Erscheinung von solcher Lebendigkeit und Herrlichkeit, dass jeder Bildhauer darauf hätte stolz sein können›; sie sei beseelt gewesen von einer seltsamen Kraft, die ihm das Gefühl vermittelt hätte, ‹etwas Übernatürliches zu erleben›. Ein General versicherte dem Kongress, ein Team von Wissenschaftlern hätte in Hiroshima keinerlei radioaktive Verseuchung feststellen können, und überhaupt sei der Strahlentod ‹eine sehr angenehme Art zu sterben›. Fakten werden nicht selten geleugnet, weil sie leicht Werte im Schlepptau führen. Doch gerade in kritischen Zeiten sind auch Werte schwierig zu fassen, sie lassen sich nur schwer ausmachen, und noch schwerer wird man sich über sie einig.«[202]

### 4.4.2 Held oder Kriegsverbrecher?

In einem Zeitungsartikel »Unbarmherziger Stolz« (1982) berichten US-Soldaten über den Abwurf der Bombe.[203] Eigener Aussage nach war es ein »[idealer Tag] für einen Bombenangriff« gewesen, sodass die amerikanische Besatzungsmannschaft lediglich einen Knopf zu drücken brauchte, um die Atombombe über der japanischen Stadt Hiroshima am 6. August 1945 abzuwerfen. Nüchtern beobachteten sie die Detonation und vermeldeten lediglich »Auftrag ausgeführt«. Nachdem eine weitere Bombe über Nagasaki abgeworfen worden war, kapitulierte Japan und die Besatzung wurde von ihrem Heimatland als »Kriegshelden« gefeiert. Ihre Tat galt als »Akt des Patriotismus«. So renommieren sich die Soldaten bis in die 1980er Jahre mit ihrer Tat, obgleich Gerüchte von angeblichen Schuldgefühlen kursierten und erinnern sich gerne an die »glorreiche Zeit« zurück. Auch bis zum Erscheinen dieses Artikels änderte sich nichts an ihrer Haltung: Alle, die daran beteiligt waren, werden als Helden angesehen und die Erinnerung an die Tat erfüllt die Besatzungsmitglieder mit Stolz.

Ich kann gut verstehen, dass die Besatzungsmitglieder eine solche Haltung gegenüber ihrer Tat einnahmen. Schließlich herrschte der Zweite Weltkrieg und die USA fanden in Japan eine ernstzunehmende Bedrohung. Mit dem Angriff auf Pearl Harbour erlebte die zivile US-Bevölkerung erstmals seit dem Bürgerkrieg wieder die Destruktivität kriegerischer Auseinandersetzungen, wenngleich auch nicht auf dem kontinentalen Festland. Ich glaube nicht, dass sich die Soldaten ihrer Tat in voller Tragweite bewusst waren. Die Atombombe war damals noch »neu« und ihre reale Wirkung – vor allem langzeitig – noch unbekannt. Sie brauchten darüber hinaus nur einen kleinen Knopf zu drücken, um sie abzuwerfen, was eine deutliche Distanz darstellt, denn so verspürten sie kaum die Konsequenzen, weil es nur eine Kleinigkeit war, mit der sie großes Unheil verübten.

Es fehlt den Soldaten daher an Bezug. Sie folgten lediglich ihren Anweisungen und verteidigten ihr Vaterland. Ob es sich bei den Gerüchten über mögliche Schuldgefühle wirklich nur um Gerüchte handelt, oder ob einige tatsächlich Reue empfanden, kann man wirklich nicht so einfach feststellen. Zum einen mangelte es eben an Bezug zu der Tat, zum anderen ist es gut vorstellbar, dass die Soldaten die »Kriegsschrecken« verdrängten. Dies könnte also psychisch bedingt sein. Fest steht jedoch, dass die Soldaten nach ihrer Heimkehr gefeiert wurden und so sofort nach der Tat darin unterstützt wurden, das Richtige getan zu haben.

Man kann sagen, dass die Einstellung der Bomberbesatzung zu ihrer Tat nachvollziehbar ist, weil sie aus psychischer Sichtweise nur so die Tat verarbeiten konnte, zu der sie ohnehin kaum Bezug hatte und dazu das heldenhafte Gefühl vermittelt bekam, was sich insgesamt über Jahrzehnte hinweg festsetzen und verstärken konnte. Die Japaner scheinen vergeben zu haben, denn als Mitglieder der Besatzung nach Japan reisten, um sich das tatsächliche Ausmaß der Zerstörung vor Augen zu führen, waren sie weder »feindselig noch abweisend«. Dass die Amerikaner enttäuscht waren, nicht Zerstörung in acht Meilen um Hiroshima – wie erhofft – angerichtet zu haben, zeigt, dass die Soldaten den Bezug zu der Tat vollständig verloren haben und es für sie lediglich eine Aufgabe war, die sie distanziert und gefühllos möglichst erfolgreich ausführen wollten. Aus heutiger Sicht sind ihre Tat und eine solch überzeugte und positive Einstellung dazu als erschreckend, unverständlich und unbarmherzig zu betrachten. Seit dem Artikel sind erneut über drei Jahrzehnte vergangen. Wir wissen heute um die Gefahr der Atombombe und darum, wie wenig erstrebenswert Weltkriege sind. Liest man den Artikel heute, ist es erschütternd, dass die Soldaten keine Reue zeigten und mitleidslos auftraten.

Dies macht der Verfasser des Artikels auch deutlich. So seien etwa auch nachträgliche Diskussionen darüber geführt worden, dass manch einer bei der Namenswahl des Bombers »Enola Gay« übergangen worden sei. Als »Irrsinn der Normalität« bezeichnet der Autor, dass am Ende des Films ein Japaner namens Mr. Shimodoi als Ehrengast geladen verkündet, er sei dankbar, die Soldaten kennenzulernen und erklärt, das jährliche Gedenkfest würde von

Kommunisten organisiert und das wahre Hiroshima denke ganz anders, obwohl er selbst als Zwölfjähriger schwerste Verbrennungen erlitt. Ich halte dies für absolut unrealistisch und daher für gut möglich, dass Mr. Shimodoi als Figur in dem Film gewissermaßen dazu instrumentalisiert wird, um eine patriotische Propaganda durch den Film vermitteln zu können. Dass er dies so in der Realität gesagt oder gemeint hat, halte ich für zu abwegig.

Abschließend möchte ich noch festhalten: Ich mutmaße mir nicht an, die Soldaten für ihre Einstellung geschweige denn ihrer Tat zu verurteilen, denn ich kann mir nicht vorstellen, wie ich in einem Krieg handeln und danach damit umgehen würde.[*]

### 4.4.3 Faschismus als Wechselwirkung

>»Die offizielle Bilanz des amerikanischen Militärs bestätigte im Juli 1946: ‹Japan hätte auch ohne den Abwurf der Atombombe kapituliert.›«[204]

Der Antifaschismus, dessen erklärtes Endziel die Vernichtung des Faschismus ist, kann genauso faschistisch werden wie der Faschismus selbst. Er teilt die Welt ebenso in ein Innen und ein Außen. Faschismus ist immer bestimmt von einer reziproken Wechselwirkung. Der Antifaschismus übersieht, dass nämlich die Veranlagung zum *Faschist-Sein* in einem jeden von uns selbst verwurzelt ist. Wie ist dies zu verstehen?

Das wesentliche Element, das es braucht, um die latenten Potenziale des Faschismus zu entzünden, ist die Angst in einer großen Kriese. Wenn nun die Bedrohung durch ein faschistisches Regime von außen kommt, führt dies zu einer unbedingten Wechselwirkung nach innen. Da faschistische Regime den Anspruch verfolgen, ihr Herrschaft im Weltmaßstab auszudehnen, ist es lediglich eine Frage ihrer Mittel, wie weit sie für dieses Streben tatsächlich auch gehen. Wenn sie über diese Mittel verfügen, dann resultiert daraus eine ständige reale Bedrohung. Wenn sie nun aber nicht über diese Mittel verfügen, aber andere glauben machen können, dass sie sie hätten, dann resultiert daraus eine eingebildete, aber doch ständige

---

[*] Der Text in diesem Unterabschnitt entstand im Rahmen eines Aufsatzes während meiner Oberstufenschulzeit am 15. März 2015.

Bedrohung, die schließlich die gleichen ängstlich machend Mecha- nismen in Gang setzen, wie wenn es sich um eine solche reale Be- drohung handeln würde.

In Deutschland musste man erkennen, dass ein Friedensabkom- men nicht genügte, um den Ersten Weltkrieg zu beenden. Er war dadurch zwar entschieden, aber im Grunde war der Zweite Welt- krieg – befeuert von der Dolchstoßlegende – nur die Verlängerung des ersten Krieges. Während es 1945 schon gelungen war, Deutsch- land zur »bedingungslosen Kapitulation« zu bewegen, so dauerte der Krieg in Asien noch an. Auch wenn man wusste, dass der Krieg schon entschieden war, so wollte man sichergehen, dass er auch wirklich ein Ende finden würde. Der Mythos, ohne den Einsatz der Atombombe hätten Millionen japanische Zivilisten in Kamikaze- Einsätzen ihr Land verteidigt, sollte den Abwurf der Bomben utili- taristisch rechtfertigen. Doch das Kalkül war nicht utilitaristisch, sondern wurzelte in einer Angst, in einigen Jahren könnte sich er- neut Widerstand erheben. Eine Lage, wie sie in Deutschland nach dem Ersten Weltkrieg vorzufinden war, wollte man um jeden Preis vermeiden.

Der Abwurf der Atombombe war weder utilitaristisch, noch rati- onal-realistisch begründet. Nun kann man sagen, die Nazis in Eu- ropa und das faschistische Japan in Asien hätten ungeheure Verbre- chen an der Menschlichkeit verübt. Nicht nur Europa kannte den Holocaust, sondern auch Asien, der sich besonders durch die Miss- handlung der chinesischen Bevölkerung durch die japanischen Truppen ereignete. Diese Feststellung ist so sicher richtig, doch sie lässt außen vor, dass das Gemetzel an der Zivilbevölkerung in Eu- ropa auch durch die Alliierten betrieben wurde und dass die Atom- bomben in Japan von den USA abgeworfen wurden.

Ob aus Notwehr oder als militär-strategisches Kalkül, in jedem Fall handelte es sich sehr wahrscheinlich um eines der größten Kriegsverbrechen in der Menschheitsgeschichte. Die Soldaten, die nur einen Knopf zu drücken brauchten – ob beim Abwurf der Atombombe in Japan, der Napalmbomben in Vietnam, bei Droh- neneinsätzen in Afghanistan und dem Nahen Osten oder beim Ab- wurf von Brandbomben auf fliehende Zivilisten bei der Auslö- schung eines Distrikts –, sie fühlten sich wie in einem Spiel auf Le- ben und Tod, bei dem sie selbst aus weiter Ferne sich des Ausgan- ges schon sicher sein konnten.

Diese historischen Gründe wirken sich auf die Massenpsychologie ganzer Gesellschaften aus. Die USA ringen, das ist in der heutigen Zeit ganz deutlich zu spüren, um einen Weg zwischen biophiler und nekrophiler Ethik. Dass immer noch positive, lebensbejahende und der Zukunft zugewandte Elemente – wenn auch nur im Schatten negativer, lebensverneinender und der Vergangenheit anhängender Dominanzen – existieren, zeigt sich in der kreativen Neid-Kultur: »Jemand hat etwas, was ich nicht habe.« – »Was kann ich tun, um es auch zu bekommen?«, statt der in Deutschland weitläufig verbreiteten negativen Neid-Kultur: »Jemand hat etwas, was ich nicht habe.« – »Was kann ich tun, um es ihm kaputt zu machen?« Aber auch in der Freude und Vorfreude und der spannenden Erwartung der Zukunft: Die Präsidentschaftswahlen sind entschieden, der President-elect aber noch nicht einmal vereidigt, da wird schon darüber gesprochen, wer denn in vier Jahren zur Wahl antreten könnte.

Die USA, die sich immer als »das Land der Freiheit« begriffen, sind dies heute nicht mehr, wie wir erkennen müssen. Die historischen Gründe sind vielfältig. Einerseits ist die Oligarchie so mächtig, dass die Demokratie ernstlich bedroht ist; doch dies erklärt noch nicht die Bedrohungen der Freiheit. Die ökonomischen und gesellschaftlichen Umbrüche erzeugen – wie die Globalisierung – ihre ganz eigenen »Gewinner« und »Verlierer«, »Sieger« und »Besiegte«. Es ist die Angst, dass die Wahlen 2024 die »letzten« wirklich freien Wahlen sein könnten, und fortan – durch Ausschluss ganzer Wählerschaften aus den Wahllisten, das Gerrymandering, die Blockadepolitik in Parlamenten, die Anfechtung von Wahlergebnissen, die Intensivierung von Wahlmanipulationsversuchen durch Fake News, Desinformation und »soziale Medien« wie auch die radikale Ideologisierung des Obersten Bundesgerichts – Wahlen nicht mehr »frei« stattfinden und schließlich nicht mehr nur ein Präsident, sondern der unbedingte Machtwille einer ganzen republikanischen Rechten verfassungswidrig an höchsten Ämtern festhalten wird.

Ämter und Parlamente in vielen Bundesstaaten werden von Republikanern besetzt, die immer weiter die Lüge verbreiten, Trump habe die Wahl gewinnen. Man sagt: »Die Brandstifter sind dabei, die Feuerwehr zu übernehmen.« Wie in Bradburys *Fahrenheit 451* ist die Feuerwehr nicht dazu da, Brände zu löschen, sondern Brände zu legen.

Die historischen Wurzeln aber liegen sehr viel tiefer. Die sich auf ihre »Vierte Wende« zubewegende Gesellschaft in Amerika hat einen langen Weg bestritten und sieht bereits das Abendrot des aufkommenden Weltbrandes, der die bestehende Ordnung zu Asche reduziert, ehe ein neuer Zyklus beginnen kann.

# 5. Über Zyklen und Wendungen

## 5.1 Kulturzyklen und der Kreislauf der Verfassungen

### 5.1.1 Verständnisse von Geschichte und Zeit

In der Antike glaubten die Griechen, Zeit sei wie eine Schleife, denn sie stellten fest, dass sich Ereignisse wie Tag und Nacht, Jahreszeiten oder auch Naturkatastrophen in bestimmten Zeitabständen regelmäßig zu wiederholen scheinen. Man glaubte an einen ewigen Kreislauf des Entstehens und Vergehens. Dieses Weltbild blieb während des stationären Mittelalters im Grunde unberührt.

Reisende berichteten von einem ungewöhnlichen Brauch unter Dorfbewohnern in Mittelfrankreich. Wann immer ein Ereignis von lokaler Bedeutung eintrat, ohrfeigten die Ältesten die Ohren eines kleinen Kindes, um sicherzustellen, dass sich das Kind sein ganzes Leben lang an diesen Tag und dieses Ereignis erinnern würde.

Nur wenige Denker wie Thomas von Aquin erkannten zyklische Abläufe, so wie Kinder zu Erwachsenen reifen und Menschen immer nur älter werden, niemals aber jünger. Niccolò Machiavelli hingegen war von einem Kreislauf der Geschichte fest überzeugt.

Erst durch die »Amerikanische Revolution« – die Frohe Kunde von dem Land, das weder Armut noch Elend kannte – glaubte man, sich aus den Fesseln der Armut und der Ordnung des Feudalsystems befreien zu können. Die Zeit erhielt eine Richtung, der Fortschrittsglaube war geboren. Doch Katastrophen, Unglück und Unheil verschwanden nicht. So wurde der Kreislauf der Zeit auf fortschreitende Zeitachse projiziert. Eine periodische Abbildung entsteht, die zyklisch um eine fortlaufende Zeitachse schwingt. Goethe stellte sich die Geschichte wie eine Spirale vor; so Forst:

»Von einer historischen Warte aus betrachtet, ist der die westliche Tradition prägende Begriff des Fortschritts höchst speziell und verdankt sich einer Reihe von Entwicklungen. Zunächst musste die Vorstellung eines linearen Zeitablaufs im Unterschied zu zyklischen Konzeptionen herausgebildet und etabliert werden, und danach wich die Begrenzung des Säkulums bis zur Wiederkehr Christi der Idee einer prinzipiell offenen Zukunft.«[205]

Geschlossener Kreislauf und fortlaufende Zeit

Im deutschsprachigen Raum stammt die populärste Zyklentheorie von Oswald Spengler, die sich in seinem pessimistischen Untergang des Abendlandes findet. Jede Kultur durchlaufe unterschiedliche Wachstumsphasen, kenne Kindheit, Jugend, Männlichkeit und Greisenalter. Sie erblühe auf dem Boden einer bestimmten Landschaft, an die sie wie eine Pflanze gebunden bleibe, und die Zivilisation sei das Ende der Entwicklung, die in den Verfall übergehe.[206]

Francis Fukuyama stellte 1992 in seinem Buch *Das Ende der Geschichte* dar, dass liberale Demokratien die finale Form der Regierung für alle Nationen seien. Von diesem Punkt an könne es keine Veränderung zu einem alternativen System geben. Er stellt fest, dass sich die liberale Demokratie gegen alle anderen Staats- und Wirtschaftssysteme durchgesetzt habe. Defizite seien der mangelnden Umsetzung, niemals aber dem Prinzip selbst geschuldet.

Fukuyama beruft sich auf Hegel und Marx, denen zufolge Geschichte sich in Kämpfen abwickle und zu einem Endzustand gelange. Das Ende der Geschichte heißt nicht, dass dann »keine großen Ereignisse mehr stattfinden, aber dass es keinen weiteren Fortschritt in der Entwicklung grundlegender Prinzipien und Institutionen mehr geben würde, da alle wirklich großen Fragen endgültig geklärt wären.«[207] Der Kampf des Menschen gegen die Natur und der Menschen gegeneinander seien die Triebkräfte für Fortschritt und würden ihr friedliches Ende in Kapitalismus und Demokratie finden.

Diese These hat Fukuyama längst verworfen. Wir können heute in der Welt und besonders in liberalen Demokratien Regressionen erkennen, die einen Schritt zurück zu autoritären Systemen gehen. Dabei sind Politik und Wirtschaft eng miteinander verbunden, wie ich noch eingehender erläutern werde. Zunächst aber möchte ich noch einige Gedanken aufgreifen, die sich mit politischen Systemen innerhalb der Kulturzyklen befassen.

## 5.1.2 Der Kreislauf der Verfassungen

Machiavelli stellte bereits im 16. Jahrhundert fest, dass politische Schriftsteller oft nur drei Regierungsformen annehmen, »nämlich die Monarchie, Aristokratie und Demokratie, für deren eine sich der Begründer eines Staates je nach der Zweckmäßigkeit entscheiden müsse. Andre dagegen, und nach der Ansicht vieler die Klügeren, sind der Ansicht, daß es sechs Regierungsformen gibt, von denen drei abscheulich, die drei andern an sich zwar gut seien, aber so leicht ausarteten, daß sie gleichfalls verderblich würden. Die guten sind die drei oben genannten, die schlechten sind drei andere, die aus ihnen entstehen.«[208]

Machiavelli glaubte – wie Aristoteles und Polybios in der Antike – an einen Kreislauf der Verfassungen. Die Monarchie könne leicht zur Tyrannis ausarten, wenn ein Herrscher zum Gewaltherrscher werde; die Aristokratie könne zur Oligarchie führen, wenn der Adel nur darum bemüht ist, selbst immer mehr Reichtümer anzuhäufen; und die Demokratie könne leicht zur Zügellosigkeit entkommen, oder mit anderen Worten: zur Pöbelherrschaft.[209] Machiavelli erklärt den Kreislauf der Verfassungen wie folgt:

»Diese verschiedenen Regierungsformen sind durch Zufall entstanden. Im Anfang der Welt, als die Menschen noch spärlich waren, lebten sie zerstreut wie die Tiere. Später, als ihr Geschlecht sich vermehrte, schlossen sie sich zusammen und begannen, um sich besser verteidigen zu können, den Stärksten und Tapfersten unter ihnen zu achten, machten ihn zu ihrem Oberhaupt und gehorchten ihm. Daraus entsprang der Begriff des Edlen und Guten im Gegensatz zum Schädlichen und Bösen. Denn man sah, daß aus dem Unrecht, das einer seinem Wohltäter zufügte, Haß und Mitleid entsprang, daß die Undankbaren getadelt, die Dankbaren aber geehrt wurden; auch sagte sich jeder, daß ihm die gleiche Unbill selbst widerfahren könnte.

Um ähnlichen Übeln vorzubeugen, entschloß man sich, Gesetze zu schaffen und ihre Übertretung zu strafen. Hieraus entstand der Begriff der Gerechtigkeit. Infolgedessen sah man fortan bei der Wahl eines Oberhauptes nicht mehr auf den Tapfersten, sondern auf den Klügsten und Gerechtesten. Als man aber später den Fürsten durch Erbfolge und nicht durch Wahl bestimmte, begannen die Erben sofort auszuarten, vergaßen die Taten ihrer Vorfahren und wähnten, die Fürsten hätten nichts weiter zu tun, als die andern in

Pracht, Zügellosigkeit und jeder Art von Üppigkeit zu übertreffen. So wurde der Fürst verhaßt und begann sich wegen dieses Hasses zu fürchten. Von der Furcht ging er bald zu Gewalttaten über, und so entstand bald Tyrannis.

Das war der Anfang der Umstürze, der Meutereien und Verschwörungen gegen die Fürsten. Deren Anstifter aber waren nicht die Furchtsamen und Schwachen, sondern die Edelmütigsten, Hochherzigsten, Reichsten und Vornehmsten, die das schimpfliche Leben des Fürsten nicht ertragen wollten. Die Menge folgte dem Ansehen dieser Mächtigen, erhob die Waffen gegen den Fürsten, vertrieb ihn und gehorchte ihren Befreiern.

Da diesen der Fürstenname verhaßt war, bildeten sie aus ihrer Mitte eine Regierung und hielten sich, der früheren Tyrannis eingedenk, anfangs im Rahmen der von ihnen gegebenen Gesetze, ordneten ihren eignen Vorteil dem Gemeinwohl unter und verwalteten und erhielten die öffentlichen und Privatangelegenheiten mit größter Sorgfalt. Dann aber ging die Regierung auf ihre Söhne über, die den Wechsel des Glücks nicht kannten und nie das Unglück erfahren hatten.

Sie wollten sich mit der bürgerlichen Gleichheit nicht begnügen, sondern ergaben sich der Habsucht, dem Ehrgeiz, den Gelüsten nach Frauen und machten die Herrschaft der Vornehmen zur Herrschaft der Wenigen, ohne irgendwelche Rücksicht auf die bürgerlichen Rechte. So erging es ihnen in kurzem wie dem Tyrannen. Die Menge ward ihrer Herrschaft überdrüssig und schloß sich jedem an, der Miene machte, die Herrschenden zu stürzen; und so erhob sich bald einer, der sie mit Hilfe der Menge vertrieb.

Nun war die Erinnerung an den Fürsten und an seine Bedrückung noch frisch; man hatte die Herrschaft der Wenigen gestürzt und wollte die des Fürsten nicht wieder aufrichten: so ging man zur Volksherrschaft über, in der weder einige Machthaber noch ein Fürst irgendwelche Gewalt erhielten. Da nun jede Regierungsform zu Anfang einige Ehrfurcht einflößt, erhielt sich die Volksherrschaft eine Weile, aber meist nicht lange, besonders wenn das Geschlecht, das sie eingeführt hatte, ausgestorben war.

Bald kam es zur Zügellosigkeit, die weder vor Privat- noch vor Amtspersonen haltmachte, und da jeder auf seine Art lebte, fügte man sich täglich tausendfaches Unrecht zu. So kehrte man denn notgedrungen, sei es unter dem Einfluß eines redlichen Mannes,

oder um der Zügellosigkeit zu entgehen, von neuem zur Fürsten-
herrschaft zurück, und aus dieser von Stufe zu Stufe, in der nämlichen Art und aus denselben Gründen, wieder zur Zügellosigkeit.

In diesem Kreislauf hat sich die Regierung aller Staaten bewegt
und bewegt sich noch, und doch kehren sie selten zu den gleichen
Regierungsformen zurück; denn kaum ein Staat besitzt so viel Lebenskraft, daß er solche Umwälzungen mehrmals durchmachen
kann, ohne zugrunde zu gehen. Wohl aber geschieht es, daß ein
Staat in seinen Wirren, wenn es ihm dauernd an Kraft und gutem
Rat fehlt, in die Gewalt eines Nachbarstaates kommt, in dem bessere Ordnung herrscht. Aber geschähe das nicht, so könnte sich Jeder Staat ohne Ende im Kreis dieser Regierungsformen drehen.

Nach meiner Meinung sind alle diese Staatsformen verderblich,
die drei guten wegen ihrer Kurzlebigkeit und die drei andern wegen ihrer Schlechtigkeit.«[210]

Wie bereits Cicero und Polybios in der Antike, so sah auch Machiavelli die beste Lösung – den einzigen Ausweg aus dem Di-
lemma der Verfassungen – in einer Mischverfassung aus den drei
besten Regierungsformen. Nachdem die etruskischen Könige aus
Italien dem heutigen vertrieben wurden, entstand die Römische Republik:

»Als nun die Könige aus den oben genannten Gründen die Herrschaft verloren, setzten ihre Vertreiber an Stelle der Könige sofort
zwei Konsuln ein und verdrängten damit nur den Königsnamen,
nicht die Königsgewalt aus Rom. Infolgedessen bestand der Staat
nun aus Konsuln und Senat, also nur aus zweien der oben genannten drei Formen, der Fürsten- und Adelsherrschaft, und es blieb
noch der Volksherrschaft Raum zu geben.

Als daher der römische Adel aus den unten anzuführenden
Gründen übermütig wurde, erhob sich das Volk gegen ihn, und um
nicht alles zu verlieren, mußte er dem Volk seinen Anteil an der Regierung abtreten. Andrerseits behielten die Konsuln und der Senat
so viel Ansehen, daß sie ihren Rang im Staate behaupten konnten.
So entstand die Einrichtung der Volkstribunen, durch die der Staat
vollends befestigt wurde, denn nun waren alle drei Regierungsformen vertreten.

So günstig war Rom das Geschick, daß es in derselben Stufenfolge
und aus den gleichen Ursachen, die wir oben erwähnten, von der

Königsherrschaft über die Herrschaft der Vornehmen zur Volksherrschaft überging, ohne die ganze Königsgewalt dem Adel aus-
zuliefern und ohne die Gewalt des Adels ganz dem Volke zu geben.

Die Mischung aller drei Regierungsformen führte zu einem voll-
kommenen Staat, und diese Vollkommenheit entsprang aus der Un-
einigkeit zwischen Volk und Senat, wie in den zwei folgenden Ka-
piteln ausführlich gezeigt werden soll.«[211]

Die Ideale Mischform der Verfassungen sah also mit zwei Konsuln ein *monarchisches*, mit dem Senat ein *aristokratisches* und mit der
Volkversammlung ein *demokratisches* Element vor. Auf diese Weise
würden zu bestimmten Zeiten einzelne Elemente dominieren, jedoch das Verfassungssystem insgesamt stabil und erhalten bleiben,
insbesondere auch dann, wenn es zu wirtschaftlichen und gesellschaftlichen Umbrüchen kommt.

## 5.2 Ray Dalio: Wie die Wirtschaftsmaschine funktioniert

Ray Dalio[212] hat einen einfachen, praktischen, wenn auch unkon-
ventionellen Leitfaden beschrieben, der ihm doch sehr gut geholfen
hat, zu verstehen, wie die Transaktionen in einem Wirtschaftssystem drei Antriebskräfte schaffen: Produktivität, einen kurzzeitigen
Zyklus und einen langzeitigen Zyklus.

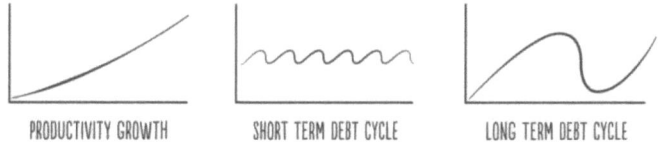

PRODUCTIVITY GROWTH    SHORT TERM DEBT CYCLE    LONG TERM DEBT CYCLE

Wirtschaft ist für Dalio die Summe aller Transaktionen, die beim
Handel von Waren, Dienstleistungen oder Kapitalanlagen getätigt
werden. Kredite sind wie Geldausgaben. Unser Geldsystem beruht
auf einem Kreditsystem.* Der Markt umfasst alle Käufer und Ver-

---

* Die ersten Anfänge des Kreditwesens sind bereits um 3000 v. Chr. in Me-
sopotamien zu finden, als Getreidesaat an Bauern verliehen wurde, welches
diese erst nach der Ernte zuzüglich Zinsen zurückgegeben mussten. Im antiken Griechenland entstanden im Laufe des 7. Jahrhunderts v. Chr. die ersten geprägten Münzen, sodass sich erste Geldwechsel- und Leihgeschäfte

käufer. Eine Zentralbank steuert die Geldmengen im Wirtschafts-kreislauf. Sie kann den Leitzins senken oder erhöhen, um Kredite billig oder teuer zu machen, aber auch durch Gelddrucken die physische Geldmenge im System kontrollieren.

Kredit ist Dalio zufolge ein wichtiger, aber oft unverstandener Bestandteil unseres Wirtschaftssystems. Er erfüllt sowohl Kreditgebern als auch Kreditnehmern Wünsche, er kann aus dem Nichts entstehen.* Der Kredit ermöglicht also Transaktionen.

---

etablieren konnten, die als »Kredite« bezeichnet werden können. In Griechenland entwickelte sich das Kreditwesens dadurch weiter, dass freigelassene Sklaven einen besseren rechtlichen Status erwarben und daher weder Grund erwerben noch in der Landwirtschaft tätig sein durften. So arbeiteten viele von ihnen im Geldwesen.

Im römischen Recht war die Grundlage des Kreditgeschäfts ein formloses Darlehen. Dabei vereinbarte man die Rückgabe einer Geldsumme oder von Gütern (Saatgut, Wein, Öl) in der gleichen Summe oder Menge.

Im Mittelalter wurde wegen des Bargeldmangels Konsumkredite gewährt. Hinderlich war in der Kreditwirtschaft das christliche Zinsverbot. Papst Alexander III. erlaubte lediglich den Juden im Jahr 1179 das Zinsgeschäft. Der Erfolg der Juden im Kreditgeschäft bewog die Franziskaner 1462 zur Einrichtung von Kreditkassen mittels christlichem Geld, um die Christen »aus den Klauen jüdischer Wucherer« zu befreien.

»Im Jahr 1609 wurde Papiergeld durch die Niederländer auch in Europa etabliert, was nach anfänglichem Misstrauen der Bevölkerung gegenüber den Papierscheinen zu florierenden Leihgeschäften führte. Diese Entwicklung beeinflusste das Kreditwesen und somit auch den Handel nachhaltig. Reisende Kaufleute erhielten schon im Mittelalter gegen Hinterlegung von Geld bei einem Bankier Kreditbriefe, gegen deren Vorlage auf der Reisestrecke Teile des hinterlegten Geldes ausgezahlt wurden und das Beraubungsrisiko auf Reisen damit vermindert werden konnte. Möglich wurde dies durch enge familiäre Beziehungen der frühen Bankiers.

Heinrich VIII. legalisierte 1575 die Zinszahlung, doch erst mit der Lockerung des kanonischen Zinsverbots und mit dessen endgültiger Aufhebung im Jahr 1741 konnte legal Kreditzins verlangt werden. Dadurch verbreitete sich das gewerbliche Kreditgeschäft. Die 1619 gegründete berühmte Hamburger Bank war noch keine Kredit-, sondern nur eine Zahlungsbank. Bei Banken ergab sich nun eine Änderung der Kreditpolitik, als ab 1795 auch städtischen Bürgern Kredit gewährt wurde. Im Jahre 1856 entstanden die ersten großen modernen Kreditbanken in Hamburg.« (Wikipedia: Kredit. Zul.abg.: 24.10.2021; 20:49 MEZ)

* Man muss an dieser Stelle anmerken, dass Banken durch den Staat eine Lizenz zur Kreditvergabe haben, in dem Sinne, als dass sie mehr Kredite vergeben können, als sie über Einlagen verfügen. Eine Bank, welche eine

Wird der Kredit beglichen, so verschwindet sowohl das Vermögen als auch die Schuld und die Transaktion ist abgeschlossen. Die Ausgaben des einen machen die Einnahmen des anderen möglich und führen so zu Wachstum. Kredit folgt einem sich selbst verstärkenden Muster.

Produktivität und Lebensstandard werden langfristig gesteigert. Kredit und Schulden können kurzfristig zu mehr Konsum als Produktion führen, bei einer Kreditrückzahlung zu weniger.

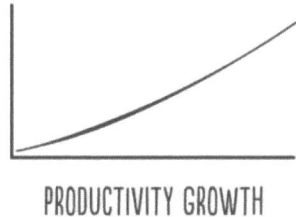

PRODUCTIVITY GROWTH

Dies führt zu zwei Zyklen, die Dalio den *kurzzeitigen* und den *langzeitigen* Zyklus nennt. Diese zeigen sich als Schwingungen um die Produktivitätssteigerung herum und sie entstehen durch das Angebot von Krediten.

LONG TERM DEBT CYCLE

---

Million Euro an Einlagen durch Anleger und Sparer hält, kann so etwa bis zu 10 Millionen Euro an Krediten verteilen. Eine Bank verleiht nicht einfach nur das Geld, über welches sie auch tatsächlich verfügt.

Dies wird oft kritisiert und es gibt Vorschläge, diesen Rahmen stärker zu begrenzen oder es sogar zum hoheitlichen Recht der Zentralbanken zu machen, sodass private Banken lediglich das Geld verleihen können, welches sie auch verwalten. Dies ist ein sehr radikaler Vorschlag, aber man muss über eine Regulierung des Finanzmarktes nachdenken können. Spätestens seit der Finanzkrise 2008 wissen wir um die Gefahren eines entfesselten Finanzmarktes.

In einer Wirtschaft ohne Kredit können mehr Ausgaben nur bei Mehreinnahmen getätigt werden, also nur durch mehr Produktivität und mehr Arbeit. Langfristig führt dies auch zu mehr Wachstum ohne Zyklen. In einer Wirtschaft mit Kredit gibt es Zyklen, da der Kredit nichts anderes ist als Geld, welches man sich aus der Zukunft geliehen hat. Der Kredit setzt also zukünftige Mechanismen in Gang, welche eine vorhersehbare Kette von Ereignissen bilden. Es ist die deterministische Mechanik der Kreditwirtschaft. Mit Kredit ist es leicht, mehr Ausgaben zu tätigen. Ein Kredit ist schlecht, wenn er zu Überkonsum führt. Ein Kredit ist gut, wenn er klug eingesetzt wird und zu einer langfristigen Produktivitätssteigerung dient.

*Beispiel.* Der Kauf eines Fernsehers dient dem Konsum, der Kauf eines Traktors dient der Produktivitätssteigerung in der Agrarwirtschaft. Durch Konsum kann der Kredit nicht beglichen werden, durch Produktivitätssteigerung können mehr Einnahmen generiert werden, sodass der Kredit beglichen werden kann.

Der Vorteil einer auf Kredit basierten Wirtschaft ist nun, dass in kurzzeitigen Phasen schneller mehr Wachstum möglich ist. In einem kurzzeitigen Wirtschaftszyklus findet so eine Expansion statt: Die Ausgaben steigen, durch eine erhöhte Nachfrage steigen auch die Preise, da die Nachfrage das Angebot übersteigt. Diese Preissteigerung nennen wir *Inflation*.

Die Zentralbanken können die Inflation durch den Leitzinssatz kontrollieren. Ein niedriger Zinssatz macht Kredite billig, ein hoher Zinssatz teuer. Es können also weniger Kredite aufgenommen werden, weil die Kosten der Schulden steigen. Dies führt zu weniger Konsumausgaben, die Nachfrage sinkt unter das Angebot, die Preise fallen. Das nennen wir *Deflation*. Eine Rezession findet statt. Um dem entgegen zu steuern, kann die Zentralbank den Zinssatz wieder senken und durch billige Kredite wieder einen Aufschwung ermöglichen. Phasen des Aufschwungs sind Phasen günstiger Kredite, Phasen des Abschwungs sind Phasen teurer Kredite. Dieser kurzzeitige Zyklus dauert fünf bis acht Jahre.

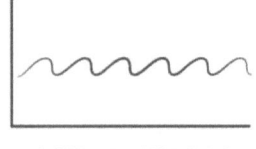

SHORT TERM DEBT CYCLE

Durch die Produktivitätssteigerung haben die Menschen aber einen Anspruch darauf, in einem folgenden Zyklus mehr zu besitzen und mehr zu konsumieren als in einem früheren Zyklus.

Dies führt zu dem langfristigen Wirtschaftszyklus. In einer Phase des Booms konzentriert sich alles auf das Geschehen, nämlich das Wachsen der Wirtschaft. Das ist gefährlich, denn es kann zu einer Blasenbildung führen. Die Schuldenlast übersteigt dann das Einkommen und die Blase kann platzen.

Die Menschen müssen ihre Ausgaben kürzen, um ihre Schulden bedienen zu können. Da die Ausgaben des einen die Einnahmen des anderen sind, sinkt auch das Einkommen. Mit weniger Einkommen sinkt auch die Kreditwürdigkeit der einzelnen Akteure und es wird insgesamt weniger Kredit vergeben, sodass die Ausgaben weiter sinken.

Ein Schuldenabbau ist notwendig. Das System beginnt sich umgekehrt aufzulösen. Ein rapider Kreditschwund führt zu weniger Wohlstand. Der Leitzins ist aber kein Rettungsring, da er bereits sehr niedrig ist und zu keiner weiteren Stimulation führen kann. Sowohl Staat als auch die Bürger müssen ihre Ausgaben kürzen. Dies nennt man Austeritätspolitik. Diese ist deflationär und führt oft auch zu hoher Arbeitslosigkeit. Es gibt vier Mechanismen, diesen Schuldenabbau bewältigen zu können.

Der erste ist der *Schuldenschnitt*. Dabei wird ein Teil der Schulden erlassen. Jedoch sind die Schulden des einen das Vermögen des anderen. Die Menschen müssen erkennen, das ihr angenommenes Vermögen nicht real existiert. In einer Depression fallen so auch Immobilienpreise. In der Finanzkrise von 2008 kam es in der USA so zu dem Paradox, dass die Kredite auf neue Immobilien schließlich höher waren als deren realer Wert. Gläubiger lassen sich daher auf einen vereinbarten Kompromiss durch einen Schuldenschnitt ein, da sie lieber *den Spatz in der Hand als die Taube auf dem Dach* haben.

*Beispiel.* Wenn jemand einem anderen 100 € schuldet, doch nicht so viel Geld besitzt, ist es sinnvoller, nur 50 € zurückzufordern und diese auch zu bekommen, als auf seine vollen 100 € zu bestehen, diese jedoch nicht zu bekommen, wenn der Schuldner dadurch pleitegeht.

Ein Schuldenabbau ist deflationär. Eine Regierung verfügt über weniger Einnahmen bei höheren Ausgaben für beispielsweise Arbeitslose und Sozialversicherungen. Um dieses Haushaltsdefizit

162

auszugleichen können so auch die Reichen zur Verantwortung gebeten werden, etwa durch eine *Vermögensabgabe*. Dies kann zu einer sozialen Spaltung führen, die Steuern für Wohlhabende werden höher, während gleichzeitig ihre Vermögensanlagen weniger wert sind. Dies kann Unternehmen weiter belasten. Auch zwischen Schuldner- und Gläubigerstaaten können so politische Spannungen auftreten, man denke nur an die hohen Reparationszahlungen Deutschlands nach dem Ersten Weltkrieg. Diese Spannungen können sehr extrem werden und manchmal wie in Deutschland 1933 sehr radikal. (Auf den Zusammenhang zwischen Zyklen der Staatsverschuldung und Kriege sowie Rebellionen weist auch Münkler hin.)[213]

Der Druck, die Krise zu beenden, ist daher sehr hoch. Eine Vermögensabgabe jedoch wirkt deflationär und führt zu weiterem Preisverfall. Zentralbanken können auch *Geld drucken* und durch eine Inflation den Aufschwung der Wertanlagen und der Kreditwürdigkeit zu steigern, so wie in den USA in den 1930er Jahren wie auch in den USA und Europa seit der Finanzkrise 2008:

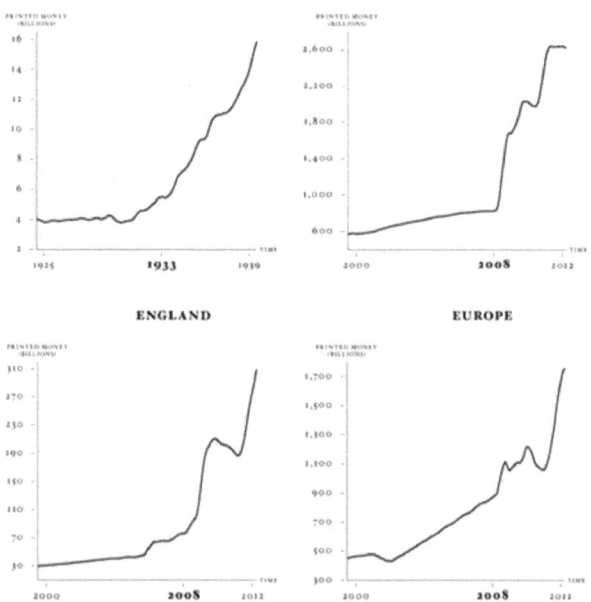

Zentralbanken können auch direkt in *Asset-Klassen investieren* und so Aktien oder Anleihen, insbesondere Staatsanleihen, aufkaufen und dem Staat somit Geld geben, durch das er Konjunkturprogramme finanzieren kann. Diese vier Mechanismen haben sowohl Vor- als auch Nachteile und müssen sorgfältig abgewogen werden. Sie müssen sich so ergänzen, dass ein Ausgleich zwischen deflationären und inflationären Maßnahmen gewahrt ist. Mehr gedrucktes Geld führt nicht zu mehr Inflation, wenn es lediglich den Kreditmangel ausgleicht. Es kann jedoch missbraucht werden, weil es eine leichte und einfache Maßnahme ist. In Deutschland führte dies in den 1920er Jahren zu einer Hyperinflation.

Das Ziel ist es, durch einen Aufschwung die Schuldenlast zu senken. Eine Depression kann zwei bis drei Jahre dauern, der Schuldenabbau sieben bis zehn Jahre. Man spricht deshalb auch von einem verlorenen Jahrzehnt. Legt man den langzeitigen Wirtschaftszyklus über das langfristige Produktivitätswachstum, so ergibt sich die globale Schwingung:

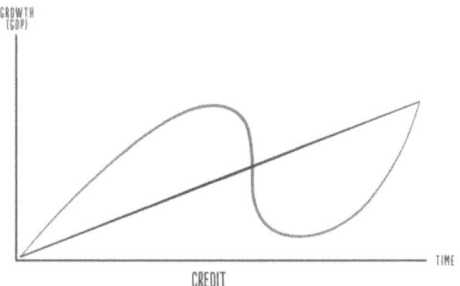

Nimmt man den kurzzeitigen Wirtschaftszyklus hinzu, so zeigen sich die lokalen Schwingungen:

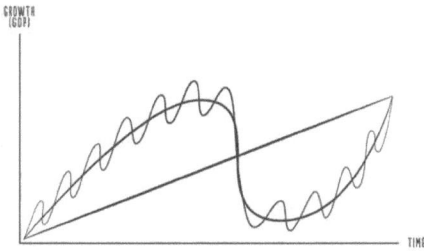

Ray Dalio fasst seine Annahmen in einem einfachen Leitfaden zusammen, der zu Orientierung einer klugen Wirtschaftspolitik dienen kann:

1. Die Schulden dürfen nicht schneller wachsen als das Einkommen.
2. Das Einkommen darf nicht schneller steigen als die Produktivität.
3. Langfristig muss die Produktivität gesteigert werden, um den Wohlstand zu sichern und zu mehren.

Die Kreditwirtschaft folgt also ihrem eigenen Determinismus, welcher auch in der Psychologie des Menschen begründet liegt. Ist ein Kredit einmal initiiert, muss dieser in der Zukunft zurückgezahlt werden, was einen Zyklus produziert.

In einer Phase, in der der Kredit dann zurückgezahlt werden muss, also in einem Tief, will man, um sozial und gesellschaftliche Spannungen zu verhindern, schnellstmöglich durch Wachstum aus diesem Tief herauskommen. Dies gelingt mit einem weiteren Kredit, der wiederum selbst einen Zyklus erzeugt.

Die Kreditwirtschaft rollt nach ihren eigenen Regeln ab und lässt dem Menschen selbst nur geringe Eingriffsmöglichkeiten, sie folgt jedoch auch der menschlichen Psychologie und ist keineswegs universell, aber ihre Zugkraft ist eine sehr mächtige.

## 5.3 Howe and Strauss: *The Fourth Turning*

William Strauss und Neil Howe beleuchten in ihrem Buch *The Fourth Turning* (1997) die Vergangenheit, erklären die Gegenwart und denken die Zukunft neu. Sie bieten eine Prophezeiung darüber, wie Amerikas Vergangenheit seine Zukunft vorhersagen wird und auf welche Ereignisse wir uns alle einzeln und gemeinsam vorbereiten können.

Strauss und Howe stützen ihre Thesen auf einer provokanten Theorie der amerikanischen Geschichte und blicken 500 Jahre in die Vergangenheit, die ein Muster bildet: Die moderne Geschichte bewegt sich in Zyklen, von denen jeder etwa die Länge eines Menschenlebens andauert. Jeder Zyklus besteht aus vier Epochen oder »Wenden«, die etwa zwei Jahrzehnte dauern und immer in der gleichen Reihenfolge wiederkehren.

Zuerst kommt ein »Hoch«, eine Phase zuversichtlicher Expansion, während eine neue Ordnung heranwächst, nachdem die alte hinweggefegt wurde. Als nächstes kommt ein »Erwachen«, eine

Zeit der spirituellen Erforschung und Rebellion gegen die etablierte Ordnung. Dann kommt eine »Entwirrung«, eine zunehmend unruhige Ära, in der der Individualismus über bröckelnde Institutionen triumphiert. Am Ende eines Zyklus steht eine große Krise: die vierte Wende, in der die Gesellschaft ein großes und gefährliches Tor in der Geschichte passiert. Zusammen bilden die vier Wendungen den jahreszeitlichen Rhythmus der Geschichte von Wachstum, Reifung, Entropie und Wiedergeburt.

Wenn wir älter werden, erkennen wir, dass uns die Summe einprägsamer Ereignisse in vielerlei Hinsicht geprägt hat, wer wir sind. Wie genau uns diese großen Ereignisse geprägt haben, hat viel damit zu tun, wie alt wir waren, als sie passierten. So entstehen nach Howe und Strauss »Generationen«: Historische Ereignisse prägen Peergroups je nach Lebensphase unterschiedlich. Generationen werden von den sich überschneidenden Gezeiten von Leben und Zeit geprägt.

Als eine Generation wird die Gesamtheit aller Menschen definiert, die über einen Zeitraum von etwa 20 Jahren oder etwa der Länge einer Lebensphase geboren wurden: Kindheit, junges Erwachsenenalter, Lebensmitte und Alter. Da die Mitglieder einer Generation nachhaltig durch die Epochen geprägt werden, in denen sie als Kinder und junge Erwachsene aufgewachsen sind, teilen sie auch einige gemeinsame Überzeugungen und Verhaltensweisen, einschließlich grundlegender Einstellungen zu Risikobereitschaft, Kultur und Werten, bürgerschaftlichem Engagement und Familienleben.

Die Beschreibungen der »Four Turnings« beziehen sich auf ein Vier-Phasen-Modell des sozialen Wandels des Soziologen Talcott Parsons, der die Hypothese aufstellte, dass die Gesellschaft jedes Mal in eine neue Phase übergeht, wenn die Verfügbarkeit oder Nachfrage nach sozialer Ordnung steigt oder fällt.[214]

### 5.3.1 Die Vier Wendungen

*Erste Wendung*

Die erste Wende ist ein *Hoch*. Alte Propheten sterben, Nomaden werden älter, Helden treten in die Mitte des Lebens ein, Künstler treten ins junge Erwachsenenalter ein und eine neue Generation von Propheten wird geboren. Dies ist eine Ära, in der Institutionen stark und der Individualismus schwach sind. Die Gesellschaft ist zuversichtlich, wohin sie kollektiv gehen will, auch wenn sich diejenigen außerhalb des Mehrheitszentrums von der Konformität erdrückt fühlen.

Amerikas jüngste erste Wende war das American High nach dem Zweiten Weltkrieg, das 1946 begann und mit der Ermordung von John Kennedy 1963 endete, was ein wichtiger Lebenszyklus-Marker für die heutigen älteren Amerikaner war. Während dieses Hochs wurde die künstlerische *Silent Generation* erwachsen (geboren 1925 bis 1942), die bekannt ist für ihre Vorsicht, Konformität und ihr institutionelles Vertrauen. Die meisten heirateten früh, suchten nach stabilen Firmenjobs und schlüpften leise in Amerikas glänzende neue Vororte.

Für Parson ist eine erste Wende eine Ära, in der sowohl die Verfügbarkeit sozialer Ordnung als auch die Nachfrage nach sozialer Ordnung hoch sind. Beispiele für frühere *First Turnings* sind die Ära des Wiederaufbaus nach dem Bürgerkrieg, die manchmal als viktorianisches Hoch des industriellen Wachstums und stabiler Familien bezeichnet wird, und die Ära der guten Gefühle nach der Verfassung, als Thomas Jefferson den Fortschritt von Wissenschaft und Imperium feierte.

## Zweite Wendung

Die zweite Wende ist ein *Erwachen*. Nomaden sterben, Helden werden älter, Künstler treten in die Mitte des Lebens ein, Propheten treten in das junge Erwachsenenalter ein und eine neue Generation Nomaden von wird geboren. Dies ist eine Ära, in der Institutionen im Namen der persönlichen und spirituellen Autonomie angegriffen werden. Gerade als die Gesellschaft ihren Höhepunkt des öffentlichen Fortschritts erreicht, werden die Menschen plötzlich der sozialen Disziplin überdrüssig und wollen ein Gefühl der persönlichen Authentizität zurückgewinnen. Junge Aktivisten und Spiritualisten blicken auf das vergangene Hoch als eine Ära kultureller Armut zurück.

Amerikas jüngstes Erwachen war die »Bewusstseinsrevolution«, die von den Campus- und Innenstadtrevolten Mitte der 1960er Jahre bis zu den Steuerrevolten der frühen 1980er Jahre reichte. Während dieses Erwachens wurde die prophetische *Boom Generation* erwachsen (geboren 1943 bis 1960), deren leidenschaftlicher

Idealismus und die Suche nach authentischem Selbstausdruck die Stimmung der Zeit verkörperten.

Für Parson ist eine zweite Wende eine Ära, in der die Verfügbarkeit sozialer Ordnung hoch, aber die Nachfrage nach einer solchen Ordnung gering ist. Beispiele für frühere Second Turnings sind das Dritte Große Erwachen um 1900, das von Arbeiterprotesten, Billy-Sunday-Evangelikalen und Feministinnen der »neuen Frau« geprägt war.

## Dritte Wendung

Die dritte Wende ist eine *Entwirrung*. Alte Helden sterben, Künstler werden älter, Propheten treten in die Mitte ihres Lebens ein, Nomaden treten in das junge Erwachsenenalter ein und eine neue Generation von Kinderhelden wird geboren. Die Stimmung dieser Ära ist in vielerlei Hinsicht das Gegenteil eines Hochs. Institutionen sind schwach und misstrauisch, während der Individualismus stark ist und gedeiht. Auf Krisen folgen Höhen, die die Lektion erteilen, dass die Gesellschaft zusammenwachsen und aufbauen muss. Entwirrungen folgen auf das Erwachen, die die Lektion erteilen, dass die Gesellschaft atomisieren und genießen muss.

Amerikas jüngste Enträtselung war der Lange Boom und die Kulturkriege, die in den frühen 1980er Jahren begannen und wahrscheinlich 2008 endete. Die Ära begann mit einem triumphalen »Morning in America«-Individualismus und driftete in Richtung eines allgegenwärtigen Misstrauens gegenüber Institutionen und Führern, einer nervösen Populärkultur und die Aufspaltung des nationalen Konsenses in konkurrierende »Werte«-Lager ab. Während dessen wurde die *Generation X* erwachsen (geboren 1961-1981), dessen pragmatische, frei handelnde Persönlichkeit und Selbsttests im Survivor-Stil die Stimmung der Ära verkörperten.

Für Parson ist eine dritte Wende eine Ära, in der sowohl die Verfügbarkeit sozialer Ordnung als auch die Nachfrage nach einer solchen Ordnung gering sind. Beispiele für frühere Enträtselungen sind die Zeiten um die »brüllenden« 1920er Jahre der Prohibition, der mexikanische Krieg in den 1850er Jahren und die Franzosen- und Indianerkriege in den 1760er Jahren. Dies waren alles Zeiten des Zynismus und der schlechten Manieren, als sich die bürgerliche Autorität schwach fühlte, soziale Unordnung allgegenwärtig war und die Kultur erschöpft war.

168

*Vierte Wendung*

Die vierte Wende ist eine *Krise*. Alte Künstler sterben, Propheten werden älter, Nomaden treten in die Mitte des Lebens ein, Helden treten in das junge Erwachsenenalter ein und eine neue Generation von Kinderkünstlern wird geboren. Dies ist eine Ära, in der Amerikas institutionelles Leben abgerissen und von Grund auf neu aufgebaut wird – immer als Reaktion auf eine wahrgenommene Bedrohung für das Überleben der Nation. Die bürgerliche Autorität lebt wieder auf, kultureller Ausdruck findet einen gemeinschaftlichen Zweck, und die Menschen beginnen, sich als Mitglieder einer größeren Gruppe zu positionieren. In jedem Fall sind Fourth Turnings schließlich zu neuen »Gründungsmomenten« in der amerikanischen Geschichte geworden, die die nationale Identität auffrischen und neu definieren.

Amerikas jüngste vierte Wende begann mit dem Börsencrash von 1929 und gipfelte im Zweiten Weltkrieg. Die Generation, die während dieser vierten Wende volljährig wurde, war die heldenhafte *G.I. Generation* (geboren 1901 bis 1924), deren Kollektivgeist und Leistungsbereitschaft die Stimmung der Zeit verkörperten. Die heutige Generation des Heldenarchetyps, die Generation der Millennials (geboren 1982 bis 2004), weist viele ähnliche Merkmale auf wie die G.I. Jugend, einschließlich zunehmendem bürgerschaftlichen Engagement, Verbesserung des Verhaltens und des kollektiven Vertrauens.

Für Parson ist eine vierte Wende eine Ära, in der die Verfügbarkeit sozialer Ordnung gering ist, aber die Nachfrage nach einer solchen Ordnung groß ist. Beispiele für frühere Fourth Turnings sind der Bürgerkrieg in den 1860er Jahren und die Amerikanische Revolution in den 1770er Jahren – beides Zeiten folgenschwerer Krisen, in denen die Identität der Nation auf dem Spiel stand.

### 5.3.2 Zeitpunkt der Generationen und Wendungen

Die Grundlänge sowohl der Generationen als auch der Wendungen – etwa 20 Jahre – ergibt sich aus langjährigen sozial und biologisch bedingten Lebensphasen. Aus diesem Grund ist sie über Jahrhunderte relativ konstant geblieben.

Einige argumentieren, dass der rasante technologische Fortschritt in den letzten Jahrzehnten die Dauer einer Generation verkürzt. Solange der Übergang ins Erwachsenenalter etwa im Alter von 20 bis

22 Jahren, der Übergang in die Lebensmitte etwa Anfang 40 und der Übergang ins Alter etwa im Alter von 65 Jahren stattfindet, bleiben die Grundlänge der Generationen und der Abgänge jedoch etwa gleich. Schließlich besteht die Geschichte der Menschheit aus Leben, von der Geburt bis zum Tod. Von den dem Menschen bekannten Zyklen ist der menschliche Lebenszyklus vielleicht der Grundlegendste. Keine andere gesellschaftliche Kraft, nicht Klasse, nicht Nationalität, nicht Kultur, nicht Technologie, hat eine so vorhersehbare Chronologie.

Es ist jedoch wichtig, sich daran zu erinnern, dass weder Wendungen noch Generationen auf einem genauen Zeitplan erscheinen. Wenn das Timing genau wäre, würde es zeigen, dass menschliche Ereignisse den einfachen, anorganischen Bereich der physikalischen Zeit besetzen, was die Gesellschaft kaum komplexer machen würde als ein umkreisender Komet oder ein tickendes Metronom. Stattdessen zeigt sich das ungenaue *Saeculum*.

Die Natur bietet zahlreiche Beispiele für diesen Bereich: das Schlagen eines Herzens, die Knospen einer Blume, das Häuten einer Schlange. Der bloße Akt des Atmens erfordert viele von physiologischen Rückmeldungen, die Blutchemie, neuronale Signale, hormonelles Gleichgewicht und Körpertemperatur beinhalten. Niemand kann sein Timing mit exakter Präzision vorhersagen. Aber jede Atemphase muss in der richtigen Reihenfolge und ungefähr im richtigen Moment auf die andere folgen, sonst würde ein Mensch schnell sterben.

Ebenso verhält es sich beim Saeculum: Die Geschichte bewegt sich in einer Abfolge von Ebbe und Flut, deren Zeitplan zwar regelmäßig, aber nicht genau festgelegt ist. Wie der Historiker Arthur Schlesinger Jr. einmal im Sinne seines eigenen Zyklus der amerikanischen Politik argumentierte:

»Ein wahrer Zyklus … ist selbstgenerierend. Sie kann, abgesehen von einer Katastrophe, nicht durch äußere Ereignisse bestimmt werden. Krieg, Depressionen, Inflationen können Stimmungen verstärken oder komplizieren, aber der Kreislauf selbst rollt weiter, in sich geschlossen, autark und autonom... Die Wurzeln dieser Selbstgenügsamkeit liegen tief im natürlichen Leben der Menschheit.«

Selbst wenn der Winter etwas früher oder später beginnt, kann man noch voraussehen, in welcher Reihenfolge die Blätter fallen, die Vögel in den Süden ziehen und die Seen zufrieren. Man könnte es auch anders formulieren: Man kann Jahreszeiten nicht herbeiführen, aber man kann auf günstige Gelegenheit für seine Ziele lauern.

*Missachtet man das Verbot von der Unantastbarkeit des Apfelbaumes, so wird der Ernteertrag weitaus größer sein, wenn man im Herbst kräftig an ihm rüttelt, wohingegen im Frühjahr oder Sommer alle Bemühungen dahingehend erfolglos bleiben werden.*

Indem man diese Dinge richtig vorhersagt, kann man sich auf das Kommen einer harten Jahreszeit vorbereiten. Wenn man andererseits keine Ahnung hat und zum Beispiel denkt, dass die Geschichte zufällig ist und dass die 50er genauso gut auf die 60er oder die 70er auf die 80er folgen könnten, könnte man genauso gut glauben, dass der Frühling dem Sommer folgen könnte und dass Vögel rückwärts fliegen.

### 5.3.3 Wie Panem um die Ecke blickt

Die europäische Kultur ist durch die starke transatlantische Anbindung seit dem Zweiten Weltkrieg in politischer, aber auch durch die Globalisierung in kultureller Dimension eng mit dem amerikanischen Zyklus verbunden. Nicht zuletzt stimmen die wirtschaftlichen Zyklen durch die internationalen Finanzmärkte und der besodners engen wirtschaftlichen Beziehungen innerhalb der »westlichen« Welt sehr gut überein. Das Konzept von Ray Dalio und die Theorie von Howe und Strauss greifen in diesem Sinne ineinander: Die langzeitigen Schuldenzyklen sagen kommende Krisen ebenso vorher wie die Vierte Wendung, nämlich in Zeiträumen von 80 bis 100 Jahren. Dass die Bedeutung des Kapitals für eine Gesellschaft nach dem Zusammenbruch des statischen Mittelalters und dem Erfolg des Kapitalismus zunahm, geht mit den von Howe und Strauss beschriebenen Kulturzyklen seit dem Mittelalter auch konform und erzeugt keine relevanten Widersprüche.

Was bedeuten die Theorien von Howe und Strauss sowie Dalios Wirtschaftstheorie für uns? Sie sagen beide eine große Krise, eine Vierte Wendung innerhalb der nächsten zehn oder zwanzig Jahre vorher. Auch Analysten großer Bankenhäuser sehen ein »Zeitalter der Unordnung« aufkommen, welches das »Zeitalter der Globalisierung« von 1980 bis 2020 ablösen wird.[215] Weltweite Ungleichheit, Generationenkonflikte, China als neue Weltmacht, neue Technologien und Urbanisierung wie auch klimatische Veränderungen stellen die Menschheit als Ganzes vor große Herausforderungen. Wird Europa diese Zeit meistern oder daran zerbrechen? Wie werden die

USA einen Weg aus dem »kulturellen Bürgerkrieg« finden, der mit zeitlicher Verzögerung auch mehr und mehr in Europa eingespült wird?

Dass eine Zeit der inneren und äußeren Unruhe bereits begonnen hat, zeigen die Entwicklungen um Donald Trumps Präsidentschaft, den Brexit, das Aufkeimen des Populismus und Radikalismus in vielen Ländern der Welt. Das alles stellt eine ernstzunehmende Bedrohung für die Freiheit und die Demokratie dar. Autoritäre Tendenzen sind nicht mehr zu übersehen. Die Corona-Pandemie wirkte dabei als Katalysator, zeigten sich doch viele Menschen empfänglich für totalitäre Systeme und fanden sogar Gefallen daran, was sich in der Forderung »Mehr Diktatur wagen« widerspiegelt. In wirtschaftlicher Hinsicht sind die Vorboten eines ausgehenden langen Zyklus, einer kommenden Vierten Wende, gut erkennbar, wie Lars Erichsen anhand der Zins- und Wirtschaftswachstumsentwicklung aufzeigt:

Langfristig fallende Zinsen[216]

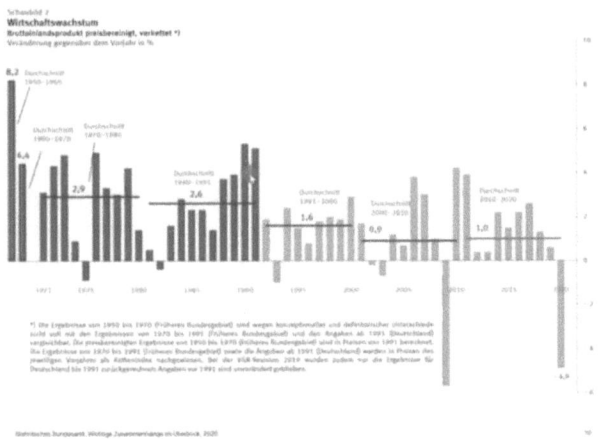

Langfristig zurücksendendes Wirtschaftswachstum[217]

Der Kapitalismus hat zum Verdienst, Gesellschaften aus Armut zu Wohlstand geführt zu haben. Heute leben auch viel weniger Kinder in bitterer Armut als noch vor 100 Jahren. Doch diese Erfolgsgeschichte hat durchaus ihren Preis, besonders in ökologischer Dimension. Die extremen Auswüchse des Kapitalismus spalten die Gesellschaft zusehends. Die Kritik des Sozialismus und Kommunismus, diese Systeme haben historisch evident nie funktionieren können, lässt außen vor, dass auch der Laissez-faire Liberalismus des 19. Jahrhunderts gescheitert ist.

»Der Arbeiter, oder vielmehr seine Arbeitskraft, war eine Ware, die der Kapitalbesitzer kaufte, die sich nicht wesentlich von irgendeiner anderen Ware auf dem Markt unterschied und die vom Käufer nach Kräften ausgenutzt wurde. Da sie auf dem Arbeitsmarkt zum angemessenen Preis gekauft wurde, war von einer wechselseitigen Beziehung oder von irgendeiner Verpflichtung von seiten des Kapitalbesitzers über die Lohnzahlung hinaus nicht die Rede. Wenn Hunderttausende von Arbeitern arbeitslos und am Rande des Hungertodes waren, dann war das eben ihr Pech, die Folge ihrer mangelnden Begabung oder einfach ein soziales oder naturgebenes Gesetz, an dem nichts zu ändern war.

Die Ausbeutung war nichts Persönliches mehr, sondern sie war nun gleichsam etwas Anonymes geworden. Es war das Gesetz des Marktes, das einen Menschen dazu verdammte, für einen Hungerlohn zu arbeiten, und es war nicht die Absicht oder die Habgier eines einzelnen daran schuld. Niemand war dafür verantwortlich und daher konnte auch niemand diese Situation ändern. Es handelte sich um die ehernen Gesetze der Gesellschaft.«[218]

Der freie Markt hat sehr starke eigene Kräfte, aber dass der Markt selbst alles regeln könne, ist weder richtig noch ein universelles Naturgesetz. In der Geschichte war oft zu beobachten, dass nicht nur Politik und Wirtschaft eng miteinander zusammenhängen, sondern auch über die extremen Auswüchse der Wirtschaft politische Unruhen bedingt waren, welche schließlich zu deren Versagen und auch zum Zivilisationsbruch führte.

Man denke nur an die extremen wirtschaftlichen Verhältnisse im Deutschland der 1920 und 1930er Jahre, die zur Machtergreifung Hitlers und der Nationalsozialisten gereicht haben. Es war das Kleinbürgertum, wie Erich Fromm in seiner Psychoanalyse des Faschismus erarbeitet hat, welches durch den Kapitalismus zunehmend »wegrationalisiert« und aus den Bahnen er Geschichte geworfen wurde. Auch heute ist etwas Ähnliches in den USA zu beobachten und in der Tat ist die Trump-Bewegung eine totalitäre.

Wirtschaftliche Umbrüche radikalisieren vor allem die sozial schwächsten Mitglieder eines Gemeinwesens. Dabei ist das Proletariat, wie es in der Antike oder noch zu Marxens Zeiten existierte, in den meisten Industriestaaten heute verschwunden und vom Prekariat abgelöst worden. Kaum müssen Menschen noch auf Arbeit verzichten, aber durch die Neoliberalisierung der Wirtschaft seit den 1980er Jahren ist ein Niedriglohnsektor und durch die Globalisierung ein Lohn-Dumping-System entstanden, sodass viele Menschen trotz Arbeit nicht gut und sicher von ihrem Gehalt leben können. Die Digitalisierung eröffnet die Chance, dass der Wohlstand weiter gemehrt wird, doch sie birgt zugleich die Gefahr, dass viele Menschen in ein neues Proletariat abrutschen. Das betrifft nicht nur heute schon prekär beschäftigte Arbeitnehmer, sondern auch »Leistungsträger«, besonders im Finanzsektor.

Die sozialen, politischen, gesellschaftlichen und wirtschaftlichen Umbrüche werden nicht nur von kurzer Dauer sein, sondern sich bis weit in die Mitte des 21. Jahrhunderts erstrecken. Den Klimawandel aufzuhalten, abzumildern und möglicherweise durch negative $CO_2$-Bilanzen »rückgängig« zu machen, wird mehrere Jahrzehnte dauern. Viele Industriestaaten werden erst 2040, 2045 oder 2050 »klimaneutral« sein. Treibhausgase aus der Atmosphäre zurückzuziehen, dürfte ebenfalls zwei oder drei Jahrzehnte andauern und die Auswirkungen auf die Natur erst zum Ende des Jahrhunderts spürbar werden.

Um die großen Herausforderungen bewältigen zu können, kann nicht nur auf freie Marktwirtschaft gesetzt werden. Staaten und Regierungen müssen stärker in das wirtschaftliche und alltägliche Leben eingreifen. Im akademischen Raum ist unlängst von einem »eingebetteten Liberalismus« die Rede. Auch Viktor Shvets resümiert in seinem Buch *The Great Rupture*: Die Lehren der letzten fünf Jahrhunderte waren eindeutig: Ohne Freiheit konnte es weder Wohlstand noch Glück geben. Wie aber steht es im Informationszeitalter darum?

Moderne Technologien verändern unsere Gesellschaften und verändern jeden Aspekt unseres Lebens, von der Art der Arbeit und dem, was wir an sich schätzen, bis hin zu unserer Information, Unterhaltung und Bildung – sie verspricht eine viel tiefere Störung als die industrielle Revolution. Die Menschheit steht an einem wichtigen Wendepunkt, und wie wir auf die Verschmelzung von Technologie und Kapitalmärkte reagieren, wird unsere Zukunft bestimmen.

Indem Shvets aus der Vergangenheit lernt und Erkenntnisse in die Zukunft projiziert, untersucht Shvets die schwächenden Verbindung zwischen Freiheit und Wohlstand und was dies für die Zukunft der Menschheit bedeutet. Seit der Geburt unserer modernen Welt haben entscheidende Ereignisse in der Geschichte der Menschheit zum Zusammenbruch nichtwestlicher Zivilisationen geführt: mongolische Krieger, die über die eurasischen Steppen fegen; der Schwarze Tod und ein Wiedererwachen des menschlichen Geistes.

Auf dem Weg in diese ungewisse Zukunft müssen wir entscheiden, ob unsere geschätzten individuellen Freiheiten für Erfolg und Wohlstand noch notwendig sind oder ob nicht-westliche Zivilisationen durch die Anpassung an neue Technologien jetzt besser für diese neue Welt aufgestellt sind und illiberale Ordnungen schaffen, die möglicherweise nicht mehr unter Stagnation der Ideen leiden. Zum ersten Mal seit mindestens fünf Jahrhunderten haben wir die

Möglichkeit und die Werkzeuge, um eine andere Gesellschaft und Wirtschaft aufzubauen, resümiert Shvets, aber am Ende geht es um die Gefahr der Freiheit und der Demokratie: Wird Kapitalismus oder Kommunismus, Feudalismus oder Despotismus die Antwort auf die großen Krisen des 21. Jahrhunderts sein?

Wie man es auch immer dreht und wendet, Panem »grinst« mit hässlicher Fratze hinter der nächsten Wende der Geschichte hervor. Es ist an uns, ob wir stehen oder fallen, ob wir gemeinsam oder gegeneinander handeln. Aber um ein System zu verändern, ohne die Gefahr einer Barbarei einzugehen, braucht es mehr als »destruktive Jugendfantasien«, nämlich Realitätsbezug und eine sehr genaue Analyse der aufgehenden Problemfelder.

# 6. Panem *today*?

»Wir haben unserem Planeten das katastrophale Geschenk des Klimawandels beschert. Steigende Temperaturen, Rückgang der Polkappen, Waldsterben, Überbevölkerung, Krankheiten, Krieg, Hungersnot, Wassermangel und die Dezimierung der Tierarten. (.)

Eine nukleare Konfrontation oder eine Umweltkatastrophe wird, das halte ich für nahezu unausweichlich, die Erde auf die eine oder andere Weise irgendwann in den kommenden 1000 Jahren verheeren – auf der geologischen Zeitachse ein kurzer Augenblick. (.)

Die gegenwärtige Weltordnung wird, das glaube ich trotz allem, eine Zukunft haben, aber sie wird ganz anders aussehen.«

– Stephen Hawking[219]

## 6.1 Die Krisen des 21. Jahrhunderts

»Ohne etwas prophezeien zu wollen, glaube ich, daß es heute für den modernen Menschen und für den Menschen auf dieser Erde überhaupt im wesentlichen nur die Alternative gibt zwischen der Barbarei und einer neuen Renaissance des Humanismus. Vielleicht stimmt, wovon manche Wissenschaftler über-. zeugt sind, daß es auf Grund der gegenwärtigen Zerstörungskraft der Atomwaffen nicht einmal mehr zur Barbarei kommen wird, sondern einfach zur Auslöschung der menschlichen Rasse und alles Lebendigen. Kommt es dazu nicht, dann ist die eine Möglichkeit, daß es zu einer Barbarei kommen wird, zur Diktatur der Überlebenden nach einem atomaren Krieg. Die Überlebenden werden eine Weltdiktatur errichten, in der alle Werte der westlichen Tradition verloren sein werden, und die eine Diktatur von Robotern über Roboter sein wird.«

– Erich Fromm, 1964[220]

Panem ist in vielfacher Hinsicht ein wie durch ein Brennglas gebündelter Lichtpunk unserer eignen Welt. Die thematisierten Gegenstände sind zahlreich: Armut und wirtschaftliches Ungleichgewicht, die Spaltung zwischen Stadt und Land, Hunger, Kriege und Kindersoldaten, Flucht vor Krisen und Diktatur, die atomare Gefahr, Bio- und Gentechnologie, geopolitische Machtverhältnisse und ihre Verschiebungen, eine Mediensatire und eine Mahnung vor der Überwachung durch die Technokratie, politische Theorien und Menschenbilder, und nicht zuletzt sind es persönliche, individuelle Lebensgeschichten, welche vor dem großen Hintergrund der globale Unordnung koloriert werden. Auf Themenkomplexe, die bisher noch nicht in den vorangegangenen Essays belichtet wurden, möchte ich an dieser Stelle noch pointiert eingehen.

### 6.1.1 Flucht vor Krieg und Klimakatastrophen

»Wir haben die Maschine zur Gottheit erhoben und werden selbst Gott gleich, indem wir sie bedienen. Welche Formulierung wir wählen, ist nicht wichtig; entscheidend ist, daß sich der Mensch im Augenblick seiner größten Ohnmacht einbildet, dank seiner wissenschaftlichen und technischen Fortschritte allmächtig zu sein. Je mehr wir in unserer Isolierung gefangen sind, je unfähiger wir werden, emotional auf die Welt zu reagieren, und je unvermeidlicher uns gleichzeitig ein katastrophales Ende erscheint, desto bösartiger wird die neue Religion. Wir sind nicht länger Herren der Technik, sondern werden zu ihren Sklaven – und die Technik, einst ein wichtiges schöpferisches Element, zeigt uns ihr anderes Gesicht als Göttin der Zerstörung (.), der Männer und Frauen sich selbst und ihre Kinder zu opfern bereit sind. Während sie bewußt noch an der Hoffnung auf eine bessere Zukunft festhält, verdrängt die kybernetische Menschheit die Tatsache, daß sie begonnen hat, die Göttin der Zerstörung zu ihrem Idol zu erheben. [es wird] praktisch nichts unternommen, um die Gefahr einer ökologischen Katastrophe zu bannen. Kurz, es wird nichts getan, um das Überleben der Menschheit zu sichern.«

– Erich Fromm, 1976[221]

Panem entstand aus den Trümmern einer untergegangenen Zivilisation. Pandemien, Klimakatastrophen, in Folge eine Verknappung der Ressource Wasser und ein Schwinden der bestellbaren Agrarflächen lösten Kriege aus, und damit auch Fluchtbewegungen. Vor diesem Hintergrund sollte uns Panem eine eindringliche Mahnung sein, wie wir als Weltgemeinschaft mit den wertvollen Ressourcen dieses einen Planeten umgehen.

Nicht nur haben Raubbau an der Natur für die Gewinnung von Erdöl und Kohle zu massiven $CO_2$-Emissionen gesorgt, der einen Treibhauseffekt zur Folge hat und eine globale Erwärmung herbeiführt. Das Verschwinden ganzer Ökosysteme durch klimatische Veränderungen, der Verschiebung von Klimazonen und Jahreszeiten, starken Extremwetterereignissen wie Waldbrände und Hochwässer, das Abschmelzen der Gletscher und der Polkappen, die Erwärmung der Meere, das Verschwinden von Korallenriffen und des Phytoplanktons, die drohende Gefahr eines abreißenden Golfstroms und damit ein raueres Klima in Europa, dem Auftauen von

Permafrostböden und der Freisetzung jahrtausendalter Krankheits-
erreger, steigende Meeresspiegel, die Erosion der Küsten – all das
ist nur ein kleiner Teil dessen, was sich an Umweltzerstörung durch
den Mensch als Spezies benennen lässt.

Die meisten Umweltschäden stehen nicht in Verbindung mit dem
Messwert »$CO_2$«. Dazu gehören die Überfischung der Meere, die
Schädigung der Ozonschicht durch andere Treibhausgase, das Verpesten ganzer Landstriche durch die chemische Industrie, das Um-
graben ganzer Landesteile für Bergbau von Erzen und seltenen Er-
den, das Austrocknen natürlicher Ökosysteme und das Roden ganzer Urwälder – die Spezies Mensch bedroht das Leben auf der Erde
wie keine andere.

Die bittere Ironie der Geschichte ist nun, dass durch das Auftauen
der Permafrostböden wie das Vordringen in evolutionäre Hotspots,
um Regenwälder für Agrarwirtschaft zu roden, die Menschheit mit
ganz neuen Krankheitserregern konfrontiert, dass durch Hochwas-
ser, Starkregen oder Waldbrände ganze Städte von der Natur ver-
schlungen werden, dass durch den steigenden Meeresspiegel Küs-
tenlinien, an denen Millionenstädte liegen, drohen zu verschwinden und der Menschheit ihr eigener Raubbau an der Natur zum
Verhängnis wird.

Aber was ist die *Menschheit*? Den *historischen Preis der Freiheit*, den
der Streifzug der Industriestaaten in der zweihundertjährigen Geschichte der Industrialisierung fordert, zahlen nicht die Ausbeuter,
sondern die Ausgebeuteten. Die großen Krisen dieses Jahrhunderts
werden zu Krieg um Wasser und Ackerland besonders in den ohnehin schon ärmsten Teilen der Welt führen. Viele Millionen Menschen werden ihre Heimat verlieren durch Naturkatastrophen,
durch Kriege, durch Armut, durch Hunger. Dies bedeutet auch eine
Herausforderung für die industrialisierte und wohlhabende Welt.
Einerseits hat die Flüchtlingskrise des Jahres 2015 gezeigt, dass die
Europäische Idee im Angesicht von Fluchtmassen *versagt*, was auch
in Zukunft zu innenpolitischer Instabilität führen kann; andererseits ergeben sich so ganz neue außenpolitische Herausforderungen
in einer globalisierten Weltordnung. Unterdrückte, ausgebeutete,
drangsalierte und alleingelassene Völker sind nicht selten die, die
ihren vermeintlichen wie wirklichen Verwahrlosern destruktiv ge-
genübertreten.

Nicht erst in einem im Jahr 2017 erschienen Artikel warnen 50 Nobelpreisträger* vor den »größten Gefahren für die Menschheit«.[222] Weiterhin nennen sie – noch nicht angesprochene Risiken – eine atomare Kriegsführung, Populismus und Terrorismus. Im Hinblick auf Verschwörungstheorien und die Radikalisierung einiger gesellschaftlicher Randgruppen während der Corona-Pandemie steht in Deutschland in der Tat der innere Frieden der Gesellschaft auf dem Spiel, können neue Terror- und Untergrundorganisationen wie die RAF oder der NSU hieraus entstehen (von links- und rechtsextremistischer Wurzel ganz zu schweigen).

Insbesondere Terror kann einerseits religiös-fundamentalistisch motiviert sein, aber ich möchte auch darauf hinweisen, dass durch Klimakatastrophen und fehlende Hilfe durch die internationale Gemeinschaft eine ganz neue Brutstätte für terroristische Motive entstehen kann. Dies kann auch vor einem ganz anderen, nämlich innenpolitischen Hintergrund relevant werden; dann nämlich, wenn Umweltbewegungen nicht gehört und ernstgenommen werden, und auf immer drastischere Protestaktionen zurückgreifen. So etwa im Sommer 2021, als ein *Greenpeace*-Aktivist mit einem motorisierten Gleitschirm in einem Fußballstadion zu landen versuchte und dabei mehrere Menschen verletzt wurden.

Ein »Klimalockdown« kann – das darf nicht übersehen werden – auch faktisch von der Natur selbst auferlegt werden und muss nicht zwangsläufig das Resultat von Regierungshandlungen sein; dann nämlich, wenn die Natur Städte vernichtet, Fabriken zerstört und Infrastruktur blockiert und Waren unbrauchbar macht. Umweltbedingte Schäden könnten, wenn die wichtigen Klimaziele von Paris nicht erreicht und die Erderwärmung auf 1,5°C oder maximal 2°C begrenzt werden, einen erheblichen Teil der jährlichen Wirtschaftsleistung weltweit kosten und damit erheblichen Wohlstand zerstören. Schätzungen gehen in den zweistelligen Billionenbereich, was in etwa dem Bruttoinlandsprodukt der USA oder der Europäischen Union heute entspricht.[223] In diesem Sinne ist der Klimalockdown

---

* Auch Stephen Hawking warnt in seinen *kurzen Antworten auf große Fragen* explizit vor der globalen Erwärmung; der Notwendigkeit, Raum und Ressourcen für die massiv anwachsende Erdbevölkerung zu finden; der rapiden Ausrottung anderer Arten; der Notwendigkeit, erneuerbare Energiequellen zu entwickeln; der Zerstörung der Ozeane und der Wälder sowie der Ausbreitung von Epidemien (Hawking, Kurze Antworten auf große Fragen: 228) sowie vor dem Einsatz autonomer Waffensysteme. (Ebd.: 211f.)

die vielleicht größte Bedrohung für die menschliche Zivilisation in diesem Jahrhundert.

*Ökoterrorismus* ist jedoch etwas ganz anders als ein solcher, der in Vergeltung für zerstörte Lebensräume begründet liegt. Der kybernetische Mensch ist dem vorindustriellen Menschen so überlegen, dass diesem als letzter Ausweg nur der Akt des Terrors übrig bleibt. Soweit darf es im internationalen Gefüge der Nationen und Völker nicht kommen.

### 6.1.2 Bio- und Gentechnologie

»Jedem sein eigenes Medikament«, war der Titel eines Beitrags im Spiegel[224] über das Mainzer Biotechnologie-Startup *Biontech*. Nur drei Jahre später gelang es mit der neuartigen mRNA-Technologie, einen wirksamen und sicheren Impfstoff gegen das Coronavirus zu entwickeln. Biontech war eines der ersten Unternehmen und zeigte das gewaltige Potenzial der neuen Biotechnologie auf. Das Unternehmen, welches sich eigentlich auf die Entwicklung von Medikamenten oder Immuntherapien gegen Krebserkrankungen spezialisierte, wurde weltbekannt. Zugleich haben wir erkennen müssen, dass mit der Entgrenzung der Medizin und neuen Gentechnologien der Mensch zu verschwinden droht, wie auch die natürlichen Prozesse der Evolution.

Genmodifizierte Agrarwirtschaft kann auch in Dürre- und Trockenzeiten eine überdurchschnittliche Ernteerträge einbringen. Pestizide und Schädlingsbekämpfungsmittel erhöhen ebenfalls die Erträge und ermöglichen so eine sichere Ernährung einer rasant wachsenden Weltbevölkerung, deren Bedarf nach Genussgütern (Tee, Kakao), Grundnahrungsmitteln (Getreide), synthetischen Kraftstoffen (Mais, Raps) und Fleisch (Tierhaltung) mehr und mehr anwächst. Auf der anderen Seite führte genmanipuliertes Saatgut eines amerikanischen Saatgutherstellers zu Ernteausfällen und – da aus der Ernte keine neue Saat gezogen werden konnte – auch zu zahlreichen Selbstmorden unter zum Tode verurteilten indischen Bauern.

Um den auftauenden Permafrostboden in Sibirien zu festigen, versuchen Forscher das ausgestorbene Mammut zu klonen, welches wieder durch die weiten Ebenen und Steppen wandern soll. Auch die Rückkehr der Dinosaurier ist eine Faszination für sich, wenn es gelingen könnte, sie aus fossiler DNA erneut zum Leben zu erwecken. Wo aber sollen die Grenzen der Eingriffe des Menschen in die Natur liegen? Allen Mahnungen der Skull Islands und Jurassic Parks und Jurassic Worlds werden die Bedrohungen vollständig ausgeblendet. Man lebt in der Traumvorstellung, einen T-Rex als Streicheltier halten zu können und übersieht dabei, dass ein T-Rex entweder *tödlich* oder als harmloses Tier schlichtweg *langweilig* ist. Mit Gentechnologie kann es gelingen, Embryos »krankheitsfrei« auf die Welt zu bringen. Längst ist auch eine intensive Debatte um die Ethik des Klonens aufgekommen. In mehreren gesellschaftskritischen Büchern und Filmen (wie etwa *The Island*)wird bereits die Möglichkeit zum Gegenstand gemacht, für zahlungskräftige Kunden »baugleiche« Menschen zu züchten, die als biologisches »Ersatzteillager« gebraucht werden können.

Durch die Fortschritte der Medizin ist es gelungen, das durchschnittliche Lebensalter eines Menschen von 40 auf 80, 90 oder bald sogar 100 Jahre auszudehnen. Dies führt jedoch zu ganz neuen Problemen, welche zuvor nicht existierten. Man denke nur an den »Pflegenotstand«, der seit den 1980er Jahren in Deutschland öffentlich diskutiert wird. Das Problem, dass Menschen würdelos in ihren Exkrementen liegen und Pfleger sich nicht um sie kümmern können, weil sie gerade mit jemand anderem beschäftigt sind, gab es früher – im Mittelalter – noch gar nicht, weil die meisten Menschen gestorben sind, ehe sie alt werden konnten.

Die Bio- und Gentechnologie ist eine große Chance, aber sie birgt ihre ganz eignen Gefahren zugleich. Die größte Chance sind Gesundheit und Langlebigkeit für alle Menschen, die größte Gefahr das Verschwinden des Menschen und das Ausrotten der natürlichen Evolution.

### 6.1.3 Hunger und Überfluss

Katniss fragte sich, wie es sich anfühlen würde, in einer Welt zu leben, in der Essen auf Knopfdruck erscheint. Und was würde man mit all der Zeit anfangen, die man weder beim Jagen noch bei der Arbeit auf Feldern verbringen würde?

Die neolithische Revolution, in der der Mensch den Ackerbau erfand, war bahnbrechend in dem Sinne, als dass die existenziellen Lebensgrundlagen aus biologischer Sicht gesichert waren. Im Zuge der Industrialisierung entkamen die Menschen mehr und mehr der Agrarwirtschaft oder der fertigenden Industrie. Die Dienstleistungsgesellschaften entstanden. Die Chance, dass Menschen einander als Freunde begreifen, die einander brauchen, einender helfen und für einander da sind, blieb unbegriffen. Der Kapitalismus, dessen Verdienst großer Wohlstand ist, forderte den Preis des Wettbewerbs. Menschen waren Konkurrenten und damit potenzielle Gegner. Die neu gewonnene Zeit durch technischen Fortschritt wurde erneut in mehr Arbeit und mehr Produktivitätssteigerung *investiert*, nicht in soziales Miteinander oder humanistische Bildung. Das Hamsterrad der Megamaschine läuft schneller und schneller. Der Preis für materiellen Wohlstand und Nahrung im Überfluss war nicht minder als die Seele des Menschen selbst.

Wie fühlt es sich also an, in einer solchen Welt zu leben? Ist der Mensch denn noch mehr als ein gutgenährter Automat, der seine Kleidung mit jedem neuen Modetrend wechselt, der alle paar Wochen das alte obsolet werden lässt? Die Fesseln der Natur abzustreifen, brachte dem Menschen die *Freiheit von* diesen Bedingungen, aber er hat die *Freiheit zu* leben noch nicht voll entwickelt. Während in einigen Teilen der Welt, besonders in Entwicklungsländern in Südamerika, Afrika, Zentralasien oder auch in Indien Menschen Hunger leiden, werden in den USA oder Europa Fresswettkämpfe ausgetragen, bei denen Menschen vierzig Hot Dogs in sich reinstopfen. Wer danach erbrechen muss, wird disqualifiziert. Daher trainieren die Wettkämpfer ihre Mägen vor den Turnieren, in dem sie schon Monate zuvor gewaltige Mengen Nahrung in sich reinstopfen. Um nicht so schwergewichtig zu werden, wie etwa die Sumoringer in der japanischen Kultur, treiben sie daher viel Sport. Es ist interessant nebenbei zu erwähnen, dass Sumoringer ein Vielfaches dessen an Kalorien täglich zu sich nehmen müssen, die ein durchschnittlicher Erwachsener zum Leben braucht, allein um ihr immenses Gewicht zu halten.

Während es im europäischen Mittelalter als Schönheitsideal galt, korpulent zu sein, so ist das Ideal der heutigen Zeit ein Schlankheitswahn, der bis in die Magersucht führt. Auch die Medizin hat diesen Markt für sich entdeckt. Mit Fettabsaugungen und Operationen können überschussige Pfunde veräußert werden, die aber eigentlich einem Überangebot an Nahrung geschuldet sind, während in Afrika ein- oder zweijährige Kinder sterben, weil außer Haut nichts Beleibtes mehr an ihren Knochen hängt.

Während es Nahrung im Überfluss gibt, zuweilen diese auch vergammelt einfach weggeworfen wird, hungerten 2017 weltweit etwa

821 Millionen Menschen,[225] 20 Millionen sind akut durch den Hungertod bedroht.[226] Zwar ging die Zahl der Hungerleidenden seit 1990 trotz stark wachsender Bevölkerungszahlen – besonders in Afrika und Indien – um 200 Millionen zurück, doch steigt sie seit 2017 wieder an. Auch durch die Corona-Pandemie und die weltweiten Unterbrechungen von Lieferketten wurde die Hungersnot größer.

Zugleich ist aber auch eine andere Entwicklung zu beobachten. Mexiko galt 2016 als das »dickste Land der Welt«.[227] Jeder dritte Erwachsene ist übergewichtig, jedoch liegt die Ursache dafür nicht in einem Überfluss an Lebensmitteln, sondern vor allem an dem Konsum zuckerhaltiger Getränke wie Cola oder Limonade. Während in Frankreich die Einführung einer Zuckersteuer keine Auswirkungen auf das Konsumverhalten hatte, nahm die Nachfrage nach süßen Getränken in Mexiko um 12 % ab.[228] Die gesundheitlichen Schadfolgen einer überzuckerten Ernährung ist nicht nur in Industriestaaten ein großes Problem geworden, sondern vor allem auch in Entwicklungsländern.

Fertigprodukte sind nicht nur günstig, sondern auch zuckerhaltig. »Die Weltgesundheitsorganisation schlägt Alarm: *Big Food*, die multinationale Nahrungsmittelindustrie, ist noch gefährlicher als die Tabak- und Alkoholindustrie. Aggressiv erobern die Konzerne jetzt arme Länder und drängen mangelernährten Müttern und ihren Kindern krankmachendes Junkfood auf – Instantnudeln, Kekse, Chips, überzuckerte Drinks. Die Folge: eine Pandemie der Fettleibigkeit – allein in China starben 2016 1,3 Millionen Menschen an Diabetes.«[229] Die reichhaltige und exotische Nahrung im Kapitol stammt keinesfalls aus einem Paralleluniversum, sondern ist – darauf haben die Macher hingewiesen – ein Sammelsurium an kulinarischen Spezialitäten, welche heute überall auf der Welt zu finden sind. Die Esskultur im Kapitol ist so dekadent wie die der alten Römer, die zum Ende ihres Reiches Flamingozungen aßen. Diese dekadente Kultur jedoch, hält uns nur den Spiegel vor. Doch auch in reichen und wohlhabenden Ländern gibt es Arme, Obdachlose und Hunger.

Allein in Deutschland mussten dem statistischen Bundesamt zufolge 4,4 Millionen beim Essen sparen.[230] In das gleiche Deutschland flüchten gleichzeitig tausende Menschen wegen Vertreibung, Kriegen, aber auch Hunger. Der Reichtum der westlichen Welt ist heute so ungleich verteilt, wie er es in der Geschichte der modernen Zivilisation selten war.

### 6.1.4 Arm und Reich

*Das Gemälde* Girl with Balloon *des britischen, anonymen Straßenkünstlers Banksy, das ein Mädchen mit einem Ballon zeigt, wurde 2018 für etwa eine Million Pfund an eine Sammlerin versteigert. Kurz nach der Auktion schredderte sich das Bild durch einen eingebauten Mechanismus bis zur Hälfte selbst. 2021 rechnen Experten mit einem Erlös zwischen vier und sieben Millionen Pfund.[231] Am gleichen Tag verhungerten 24.000 Menschen, die meisten davon Kinder unter fünf Jahren.[232]*

Am Ende des Jahres 2020 war schätzungsweise jeder 16. Amerikaner Millionär, was in etwa 19 Millionen an der Zahl sind. Der Hintergrund liegt in der sehr positiven Entwicklung der internationalen Aktien- und Finanzmärkte, von deren Teilhabe ein Großteil der Bevölkerung ausgeschlossen sind, da sie finanziell am Existenzminimum leben.[233] 39% der Amerikaner können nicht einmal 400 $ aufbringen, weil sie keinerlei Rücklagen besitzen. 17% der Amerikaner können ihre monatlichen Rechnungen nicht voll begleichen, 20 % sind mit Kosten für medizinische Behandlung aus dem Vorjahr belastet, die sie noch nicht bezahlen konnten und jeder Vierte verzichtet auf medizinische Behandlung, weil man sich diese nicht leisten kann.[234] Besonders Afroamerikaner und hispanische (weiße) Amerikaner verdienen deutlich unterhalb des Durchschnitts.[235] Sutherland, der ein enzyklopädisches Wissen und ein exzellentes Gedächtnis besitzt, erkennt keinen gravierenden Unterschied zwischen den ökonomischen Verhältnissen in Panem und den USA heute:

»Panem ist kein speziell faschistischer Staat, aber es geht um Hegemonie, um eine Vereinigung der reichsten Menschen, welche Regierung und Gerichte unter Kontrolle halten: Genau das geschieht momentan in den [USA]. (.) 1% der US-Bürger besitzt mehr Reichtümer als die unteren 90% zusammen. Die sechs Walmart-Erben besitzen mehr als die unteren 41% der Bevölkerung. Jeder der sechs größten Hedgefond-Manager hat 2013 mehr als zwei Milliarden Dollar verdient.«[236]

Der Kapitalismus hat zum Verdienst, Gesellschaften aus Armut zu Wohlstand geführt zu haben. Heute leben auch viel weniger Kinder in bitterer Armut als noch vor hundert Jahren. Doch diese Erfolgsgeschichte hat durchaus ihren Preis, besonders in ökologischer Dimension. Die extremen Auswüchse des Kapitalismus spalten die Gesellschaft zusehends. Die Kritik des Sozialismus und Kommunismus, diese Systeme haben historisch evident nie funktionieren können, lässt außen vor, dass auch der Laissez-faire Liberalismus des 19. Jahrhunderts gescheitert ist. Der *freie Markt* hat sehr starke eigene Kräfte, aber dass der Markt selbst alles regeln könne, ist weder richtig noch ein universelles Naturgesetz. Extreme Wirtschaftsverhältnisse treiben Millionen Menschen in Armut, Krankheit, Hunger und verkürzen die allgemeine Lebenserwartung.

In den USA etwa führt der Laissez-faire Liberalismus dazu, dass Insulin-Medikamente so teuer sind, dass sich einige Bevölkerungsschichten diese nicht mehr ausreichend leisten können und daher rationieren müssen; bereits in Einzelfällen mit tödlichen Folgen. Dabei ist ein solch hoher Preis keineswegs notwendig und extreme Preissteigerungen sind besonders in den vergangenen Jahren zu beobachten gewesen. In der Geschichte war oft zu beobachten, dass nicht nur Politik und Wirtschaft eng miteinander zusammenhängen, sondern auch über die extremen Auswüchse der Wirtschaft politische Unruhen bedingt waren, welche schließlich zu deren Versagen und auch zum Zivilisationsbruch führte.

Wirtschaft ist aber kein Krieg. »Wirtschaft und Krieg haben viele gemeinsame Elemente, aber aufgrund der unterschiedlichen und unvereinbaren Kräfte, die sie antreiben, und aufgrund der Ergebnisse, die sie hervorbringen, bleiben sie für immer getrennte Phänomene. Wirtschaftliche Aktivitäten sind untrennbar mit der Schaffung von Werten zum Nutzen für die Gesellschaft und mit dem Wunsch des Einzelnen nach einem produktiven Engagement in der Gesellschaft verbunden. Das gilt heute mehr denn je. Die Wirtschaft, traditionell von großen Organisationen geprägt, hat sich zu einer für kreative Bürger gewandelt, die nach wirtschaftlicher Unabhängigkeit streben und sich den Spannungen des Marktes aussetzen, Kriege haben damit nichts gemeinsam.«[237]

### 6.1.5 Stadt und Land

Über das Aufkeimen des Faschismus zu Beginn des 20. Jahrhunderts schrieb Erich Fromm:

»Das Kleinbürgertum reagierte auf bestimmte ökonomische Veränderungen wie die wachsende Macht der Monopolbetriebe und auf die Inflation nach dem Ersten Weltkrieg mit einer Intensivierung bestimmter Charakterzüge, nämlich seiner sadistischen und masochistischen Strebungen. Die Nazi-Ideologie entsprach diesen Wesenszügen und intensivierte sie noch, und die neuen Charakterzüge bewirkten dann ihrerseits eine weitere Ausdehnung des deutschen Imperialismus.

In beiden Fällen sehen wir, daß immer dann, wenn eine bestimmte Klasse sich durch neue ökonomische Tendenzen bedroht fühlt, sie psychologisch und ideologisch auf diese Bedrohung reagiert und daß die durch diese Reaktion bewirkten psychologischen Veränderungen die Entwicklung der neuen ökonomischen Kräfte fördern, und zwar selbst dann, wenn diese Kräfte den wirtschaftlichen Interessen dieser Klasse widersprechen.

Wir erkennen, daß ökonomische, psychologische und ideologische Kräfte sich so auswirken, daß die Menschen auf Veränderungen in der äußeren Situation reagieren, indem sie sich selbst innerlich verändern, und daß diese psychologischen Faktoren ihrerseits dazu beitragen, den wirtschaftlichen und gesellschaftlichen Prozeß zu prägen. Ökonomische Kräfte üben eine starke Wirkung aus, aber man darf sie nicht als psychologische Motivationen, sondern muß sie als objektive Bedingungen verstehen.

Psychologische Kräfte üben ihrerseits eine starke Wirkung aus, aber man muß sie selbst als historisch bedingt verstehen. Auch Ideen üben eine starke Wirkung aus, aber man muß erkennen, daß sie in der Gesamtstruktur des Charakters der Mitglieder einer gesellschaftlichen Gruppe wurzeln. (.)

[Der] Gesellschaftscharakter (.) resultiert aus der dynamischen Anpassung der menschlichen Natur an die Gesellschaftsstruktur. Wenn die gesellschaftlichen Bedingungen sich ändern, so führt das zu Veränderungen im Gesellschaftscharakter, das heißt zu neuen Bedürfnissen und Ängsten. Diese neuen Bedürfnisse lassen neue Ideen aufkommen und machen die Menschen empfänglich dafür. Diese neuen Ideen zeigen ihrerseits die Tendenz, den neuen Gesellschaftscharakter zu stabilisieren und zu intensivieren und die Menschen in ihrem Handeln zu bestimmen.

Anders gesagt, beeinflussen die gesellschaftlichen Bedingungen die ideologischen Phänomene durch das Medium des Charakters. Andererseits ist der Charakter nicht das Ergebnis einer passiven Anpassung an gesellschaftliche Bedingungen, sondern eine dynamische Anpassung an grundlegende Elemente, welche entweder der menschlichen Natur biologisch mitgegeben sind oder ihr als Ergebnis der historischen Entwicklung inhärent wurden.«[238]

Die Zerspaltenheit zwischen Stadt (Kapitol) und Land (Distrikte) ist für unsere Welt im Jahr 2020 problematischer denn je geworden. In weiten Teilen der Welt entkoppeln sich hier soziale, wirtschaftliche, politische und kulturelle Lebenswirklichkeiten voneinander. Das zeigt sich in Russland, in der Türkei, mehr und mehr in China, auch zunehmend in Deutschland oder Frankreich und ganz besonders in den USA.

Nicht zuletzt waren es Trumpisten aus dem Umland, die am Wahltag des 11. November 2020 mit ihren Jeeps und mit Gewehren bewaffnet in die Städte strömten, um Auszählungen zu Ungunsten ihres Präsidenten Trump zu verhindern. Was in den USA die »fly-over states« sind – eine abwertende Washingtoner Bezeichnung für ländliche, republikanische Binnenstaaten, ist in Deutschland »Dunkel-Deutschland«, was eine abwertende Betitelung der neuen Bundesländer ist.

Schon in den fünfziger Jahren wies Hannah Arendt auf einen Zusammenhang hin, »der heute mehr und mehr an Bedeutung gewinnt: auf das prekäre und bisweilen verhängnisvolle Verhältnis zwischen Isolation und Politik. (.) [Arendt warnte] davor, dass der Verlust sozialer Beziehungen anfällig machen kann auch für Intoleranz und Ideologien. Und wenn Vereinsamung und Isolation zu einem andauernden Zustand werden, ist die Gefahr besonders groß, erst recht in individualistischen Gesellschaften. Interessant ist, wie Hannah Arendt Vereinsamung und Isolation in diesen Zusammenhang versteht. Sie sprach von der ‹Verlassenheit›, die entsteht, wenn ein Mensch ‹aus dieser Welt hinausgestoßen wird›, wenn ‹jeder von jedem verlassen und auf nichts mehr Verlass ist›.

Vor allem ländlichen Regionen haften diese Attribute und Funktionsweisen an, nicht nur in Deutschland. Gleiches gilt in Großbritannien, in Frankreich, in Belgien. Wer einmal durchs Hinterland von Lyon oder Dijon gefahren ist, durch die Provinzen nahe des schottischen Glasgow oder Dumbarton, aber auch durch viele deutsche Dörfer und Gemeinden im tiefen Osten, der weiß, warum der Volksmund das Wort ‹Kaff› erfunden hat. Verblichene, handgemalte Namen kleiner Geschäfte gammeln an schimmeligen Fassaden, die Läden längst aufgegeben. Die wenigen Damenboutiquen bieten vorgestrige Mode an, spätestens am frühen Abend ist kein Mensch mehr zu sehen. Manche mögen diesem Maroden einen gewissen Charme abgewinnen. Meistens sind das jedoch nicht jene Menschen, die in der Tristesse wohnen (müssen).

*Kaff.* Es ist ein spöttisches Wort. Wie auch alle seine Brüder, die das Land auf ähnliche Weise katalogisieren. Walachei, Pampa, Arsch der Welt. Die Benennung des Ländlichen fällt oft beleidigend aus, ebenso die seiner Bewohner. Dorfpomeranzen sind es, Torfköpfe und Hinterwäldler, die jenseits der Städte leben. Die Bezeichnungen sind bezeichnend. Sie drücken allzu deutlich die Kluft aus, die zwischen Stadt und Land herrscht, zwischen ‹mittendrin› und ‹außen vor›, zwischen Teilhabe am Zeitgeschehen und Ausgeschlossenheit.«[239]

Während im Jahr 2016 noch knapp die Hälfte der Weltbevölkerung im ländlichen Raum lebte, so werden schätzungsweise bis 2030 etwa 70% in Städten leben.[240] Nicht nur der ländliche Raum droht abgehängt zu werden, sondern auch das Stadtleben verändert sich in den Megametropolen: Die Menschen leben nicht mehr miteinander und nebeneinander, sondern – wie Helmut Schmidt im Jahr 2007 besorgt feststellte – übereinander. Die Schnelllebigkeit und die mechanisierte Entfremdung vom Leben und der Menschen untereinander führt auch zu Vereinzelung im städtischen Leben. Die gemütlichen und nahbaren Innenstädte werden ebenso verschwinden wie nachbarschaftliche Freundlichkeit einer allgemeinen Anonymität weichen muss.

Schmidts Sorge, dass es zu großen sozialen, politischen und gesellschaftlichen Konflikten kommen werde, ist berechtigt, denn ein *Homo singularis* erlebt den Zustand verschärfter Vereinzelung. Von der Angst ergriffen versucht er diesen Zustand loszuwerden. Dies bildet die Grundlage für das Entstehen totalitärer Bewegungen. Ist eine Masse, eine ganze Gesellschaft von Vereinzelung, Vereinsamung, Abgetrenntheit und Isolation ergriffen, ist nicht selten politische Radikalisierung und die Erosion der Demokratie zu beobachten: »Spätestens dann wird Einsamkeit zur Gefahr«, stellt Kinnert fest.[241] Der Mensch »kann durch Hunger oder Unterdrückung leiden, aber er leidet nicht an dem Allerschmerzlichsten – an völliger Einsamkeit und Zweifel.«[242] Beschallt von Massenmedien und dadurch leicht »hysterisierbar« gemacht, wie Schmidt meinte, seien Konflikte unter den unzähligen *Singularitäten* unvermeidlich.

Die sozialen Spannungen innerhalb der Städte sind das eine, etwas anderes ist das Gefälle zwischen Stadt und Land. Das Prekariat,* welches vom Leben ausgeschlossen ist, fällt wie das frühere Proletariat seine Entscheidung an der Wahlurne entsprechend, nämlich immer rechts und zunehmend rechtsradikal, wo man in aller Offenheit die Verbrechen an Staat und Verfassung ankündigt. Verwunderlich ist das nicht. Es ist der Durst nach Drama und die

---

* »Prekariat« meint anders als »Proletariat« nicht Arbeitslosigkeit, sondern das Bestehen von Arbeitsverhältnissen, die dennoch zu Armut oder »prekären« Lebensverhältnissen führen. Das betrifft insbesondere den Niedriglohnsektor. In Deutschland zum Beispiel müssen Arbeitnehmer so trotz Arbeit mit Sozialhilfe ihr Einkommen aufstocken, um nicht unter die Armutsgrenze zu fallen.

Destruktivität bietet dieses Drama als Ausflucht der billigsten Art. »Der Mensch, der nichts erschaffen kann, will zerstören.«[243]

Die Popularität totalitärer Führer, schreibt Arendt, »ist keineswegs das Produkt einer meisterhaften und lügnerischen Propaganda, welche die Dummheit und Unwissenheit der Massen auszunutzen versteht; denn die Propaganda totalitärer Bewegungen, die der totalen Herrschaft vorausgehen und sie bis zu einem gewissen Punkt weiterhin begleiten, ist zwar letztlich verlogen, aber keineswegs geheimnistuerisch; totalitäre Führer beginnen ihre Karriere meist damit, dass sie sich ihrer vergangenen Verbrechen mit unvergleichlicher Offenheit rühmen und ihre zukünftigen mit unvergleichlicher Genauigkeit ‹voraussagen›. (.) Um die Bedeutung (.) ihrer Lügen nicht zu überschätzen, muß man sich die an sich viel zahlreicheren Fälle vor Augen halten, in denen [etwa] Hitler an Aufrichtigkeit und brutaler Eindeutigkeit in der Definition der eigentlichen Ziele nicht das geringste zu wünschen übrigließ, die aber dann von einem auf diese Konsequenz nicht vorbereiteten Publikum einfach nicht zur Kenntnis genommen wurden.«[244]

Der Satiriker Dieter Hallervorden hatte im Jahr 1995 einen Sketch mit dem Titel »Aktionsgemeinschaft Freunde der Diktatur« gedreht, in dem er als Verfechter der Diktatur als Alois Moosbrecher interviewt wird. Die Anspielungen auf die NS-Zeit sind dabei unverkennbar. Moosbrecher sagt, Hitler habe die Diktatur missbraucht für seine Zwecke, er hingegen wolle die Demokratie im Ganzen abschaffen und mit Stumpf und Stiel ausrotten. Dies ginge nur mit Gewalt, »anders geht es nicht.« Es müssten auch nicht alle Zuschauer zustimmen, denn diejenigen, »die jetzt nicht zustimmen, können wir uns nachher nochmal gesondert vornehmen.«

Hallervordens Sketch ist harte Satire, die tief unter die Gürtellinie geht; es ist empörend. Er ist deshalb empörend, weil der Sketch eigentlich keine Satire ist, sondern historische Wahrheit. Das selbstbewusste Auftreten und die erschreckende Offenheit, wie Moosbrecher seine Verbrechen und antidemokratischen Absichten ankündigt, sind keinesfalls freie Erfindungen, sondern evidente Strategien totalitärer Führer.

Trump warb im US-Wahlkampf 2016 damit, Muslime an der Einreise zu hindern – viele seiner Wähler waren daraufhin entsetzt, als er per angeordnetem Dekret einen dreijährigen Jungen »als Gefahr für die nationale Sicherheit« am Flughafen verhaften ließ. Bolsonaro gab sich während des Wahlkampfes zur Präsidentschaft in

Brasilien 2018 als großer Fan der überwundenen Militärdiktatur zu erkennen und in Europa haben es Rechtspopulisten offen zum Ziel erklärt, die Europäische Union zerstören zu wollen. Die Polemik, mit der uns Hallervordern vor unserer eigenen Blindheit warnen will, ist eine wichtige Mahnung. Nur leider ist gerade dieser Aspekt seines Sketches in der Bitterkeit des *schwarzen Humors* in der breiten Masse untergegangen.

Die totalitären Führer rühmen sich offen mit ihren begangenen Verbrechen und kündigen in erschreckender Klarheit ihre künftigen, noch folgenden an. Das alles fasziniert die destruktiven Massen. Man denke nur an die Verbrechen an Menschlichkeit, Staat und Verfassung, welche Trump vor seiner Wahl ankündigte. Putins Kernwählerschaft, wie auch Erdogans Machtbasis wurzeln in den ländlichen Regionen. In Deutschland sind es nicht nur AfD-Funktionäre, sondern zunehmend auch extreme Politiker in anderen Parteien, die auf dem Vormarsch sind.

In den neuen Bundesländern, besonders in Sachsen und in Thüringen – wo man die AfD nicht trotz, sondern gerade wegen ihrer radikalen Führer wie Björn Höcke wählt – sind es nicht unbedingt die älteren Menschen, welche die DDR-Diktatur noch miterlebt haben, sondern vor allem die jungen Menschen, deren Lebenswirklichkeit an Isolation und Langeweile erstickt, die in der Schule nicht Bildung verinnerlichen, sondern stumpf das konsumieren, was ihnen die Reklame vorgibt.

Soweit eine politische Radikalisierung unter älteren Menschen zu beobachten ist – tendenziell ins linke Spektrum –, so lässt sich dies gewiss auch durch eine nach wie vor defizitäre Bildung einer deutschen Einheit erklären. Man darf nicht übersehen, dass die Gesellschafts-Charaktere einer sozialistischen Diktatur mit einer Planwirtschaft und einer liberalen Demokratie mit (sozialer) Marktwirtschaft gesellschaftlich-kulturell und psychisch um Welten auseinanderliegen.

Die Mentalitäten, Wertvorstellungen, das Denken, Fühlen und Handeln lässt sich nicht ohne Weiteres verändern. Eine von der Internationalen Erich-Fromm-Gesellschaft im Jahr 1995 herausgegebene Studie trägt den provokanten Titel *Die Charaktermauer*.[245] Die Erkenntnisse dieser Studie waren zwar nicht repräsentativ, aber umkreisen einen wichtigen Punkt: Während in den neuen Bundesländern der Gesellschafts-Charakter im Jahr 1995 noch stark »autoritär« war, so traf dieser auf einen »marketing- oder narzisstischorientierten« Gesellschaftscharakter in den westdeutschen Bundesländern.[246]

Der *autoritäre* Gesellschafts-Charakter ist durch Herrschaft und Hierarche gekennzeichnet, wohingegen der *Marketing*-Charakter eine immerzu konformistische Anpassung an die Bedingungen des Marktes betreibt, ohne sich selbst zu binden und zu identifizieren. *Leicht narzisstische* Charaktere sehen Personen immer nur vor dem Hintergrund des Nutzens oder Wertes für einen selbst oder als Spiegelbild oder Ergänzung des eigenen Ichs. Der humanistische, *produktive* Charakter, der sich auf sich, andere und die Natur in einer liebenden und vernünftigen Weise bezieht, lässt sich hingegen nur in geringem Maße feststellen. Eine *produktive* Orientierung führt zu Integration und Wachstum des Selbst, wohingegen eine *nicht-produktive* Charakterorientierung zur Entfremdung führt.[247]

Da einerseits mit den wirtschaftlichen Umbrüchen durch die Wiedervereinigung viele berufliche Tätigkeiten »an Wert verloren«, andererseits Werte und Normen sich veränderten und so Unsicherheiten entstanden, tat sich ein – bis heute im Jahr 2021 – bestehendes, gesellschaftliches Ost-West-Gefälle auf, bei denen die »Ossis« oft als »rückständige Hinterwäldler« das Nachsehen haben. Durch die strukturschwäche der Industrie, aber auch den damit folgenden »Bildungsverfall« erzeugt diese gesellschaftliche Spaltung und Frustration unter den »Abgehängten«. Während Lehrkräfte von »reichen« West-Ländern aus »armen« Ostländern abgeworben werden, um den bundesweit bestehenden Lehrermangel zu kompensieren, vergrößert sich so das Bildungsgefälle, sodass sich die Menschen in »Dunkeldeutschland« nur noch mehr als »lästiges Anhängsel« einer Gesellschaft fühlen, zu der sie kaum mehr eine starke Bindung fühlen oder diese nie richtig aufbauen konnten.

Sie sind die »Globalisierungsverlierer«, verlassen und vergessen im *analogen* Land, das weder Industrie- noch IT-Standort ist. Viele junge Menschen sind in die westbundesdeutschen Länder umgezogen. Im Landtagswahlkampf in Thüringen im Jahr 2018 warb der Spitzenkandidat der christ-demokratischen Union Mike Morhing sogar mit einer Prämie, wenn Menschen nach Thüringen ziehen. Vor dem Hintergrund des »Begrüßungsgeldes«, welches nach dem Fall der Mauer ehemaligen DDR-Bürgern durch die alten Bundesländer gewährt wurde, erscheint dieser Vorstoß vor einer tragischen Ironie der Geschichte in zweifacher Hinsicht, denn auch Fromm schrieb bereits 1941:

»Wenn jedoch die wirtschaftlichen, gesellschaftlichen und politischen Bedingungen, von denen der gesamte Prozeß der menschlichen Individuation
abhängt, keine Grundlage für die Verwirklichung der Individualität (.) bieten, während die Menschen gleichzeitig die Bindungen verloren haben, die
ihnen Sicherheit boten, dann macht dieser leere Raum die Freiheit zu einer
unerträglichen Last. Sie wird dann gleichbedeutend mit Zweifel, mit einem
Leben ohne Sinn und Richtung. Es entstehen dann machtvolle Tendenzen,
vor dieser Art von Freiheit in die Unterwerfung oder in irgendeine Beziehung zu anderen Menschen und der Welt zu fliehen, die eine Milderung der
Unsicherheit verspricht, selbst wenn sie den Menschen seiner Freiheit beraubt. (.)[248]

Der Verlust des Selbst und sein Ersatz durch ein Pseudo-Selbst erzeugt
im Menschen einen Zustand intensiver Unsicherheit. Er ist von Zweifeln besessen, weil er gewissermaßen seine Identität verloren hat, weil er im wesentlichen ein Spiegelbild dessen ist, was andere von ihm erwarten. Um die
aus diesem Identitätsverlust entspringende Panik zu überwinden, muß er
sich anpassen und seine Identität in der ständigen Billigung und Anerkennung durch andere suchen. (.)

Die Automatisierung des Individuums in unserer gegenwärtigen Gesellschaft hat die Hilflosigkeit und Unsicherheit des Durchschnittsmenschen
noch verstärkt. Er ist deshalb bereit, sich neuen Autoritäten zu unterwerfen,
die ihm Sicherheit anbieten und seine Zweifel mindern. Im nächsten Kapitel
wollen wir uns mit den speziellen Bedingungen befassen, welche die Voraussetzung dafür waren, daß die Deutschen dieses Angebot annahmen.«[249]

Fromms Thesen erscheinen vor den heutigen Entwicklungen im
Hinblick auf Polarisierung, Radikalisierung, dem Aufmarsch der
Rechtsextremen in Europa und in Deutschland erneut hochaktuell.
In diesem Zusammenhang wird auch die Mahnung der Mediensa-
tire noch einmal eindringlicher:

»Als Kind macht jeder Mensch ein Stadium der Machtlosigkeit durch, und
die Wahrheit ist eine der stärksten Waffen derjenigen, die nicht über Macht
verfügen. Aber die Wahrheit ist für den Menschen nicht nur wichtig im Hinblick auf seine Orientierung in der Außenwelt; seine innere Stärke hängt
weitgehend davon ab, ob er die Wahrheit über sich selber kennt. Wenn man
sich Illusionen über sich selber macht, dann sind das Krücken, die nur dem
von Nutzen sind, der nicht allein laufen kann; aber sie machen ihn nur noch
schwächer. Der Mensch ist um so stärker, je mehr es ihm gelingt, seine Persönlichkeit zu integrieren, das heißt auch, je besser er sich selbst durch-
schaut. ‹Erkenne dich selbst› gehört zu den fundamentalen Geboten, deren
Ziel Kraft und Glück des Menschen ist. (.)

Die Fähigkeit zum kritischen Denken wird auch durch die Zerstörung eines jeden strukturierten Weltbildes gelähmt. Die Tatsachen verlieren ihre

spezifische Qualität, welche sie nur als Teile eines strukturierten Ganzen besitzen können, und behalten nur eine abstrakte, quantitative Bedeutung. Jede Tatsache ist immer wieder nur eine weitere Tatsache, und es kommt lediglich darauf an, ob wir mehr oder weniger wissen.

Hierbei üben Rundfunk, Film und Presse eine verheerende Wirkung aus. (.) Im Grunde ist das Selbst so geschwächt, daß der Mensch sich machtlos und höchst unsicher fühlt. Er lebt in einer Welt, zu der er keine echte Beziehung mehr hat und in der jeder und alles instrumentalisiert ist, wo er zu einem Teil der Maschine geworden ist, die seine Hände konstruiert haben. (.) Wenn das Leben seine Bedeutung verliert, weil es nicht mehr selbst gelebt wird, gerät der Mensch in Verzweiflung. Die Menschen sterben nicht ruhig den körperlichen Hungertod, und sie sterben auch nicht ruhig den seelischen Hungertod. Wenn wir uns um die wirtschaftlichen Bedürfnisse nur soweit kümmern, wie sie den ‹Normalbürger› betreffen, wenn wir das unbewußte Leiden des automatisierten Durchschnittsbürgers nicht sehen, dann erkennen wir die Gefahr nicht, die unserer Kultur von der menschlichen Basis her droht: die Bereitschaft, jede Ideologie und jeden Führer zu akzeptieren, wenn er nur etwas Aufregendes verspricht und eine politische Struktur und Symbole anbietet, die dem Leben des einzelnen angeblich einen Sinn geben und wieder Ordnung hineinbringen. Die Verzweiflung des automatenhaften Konformisten ist ein fruchtbarer Boden für die politischen Ziele des Faschismus.«[250]

### 6.1.6 Ein »Suigenozid«?

Nun kann man sagen: Suzanne Collins war es doch, die die Hungerspiele erfunden hat. Das ist für die Literaturwissenschaft natürlich richtig, aber letztlich war sie es nur, die dem realen Geschehen in der Welt einen Namen gab. Diese naive Einstellung ist es, die Menschen die Neigung verleiht, ihresgleichen zu begraben, ehe sie tot sind. Nein, Collins hat die Spiele nicht erfunden.

Der moderne Mensch, schreibt Foucault, kommuniziert mit dem »Irren« nicht mehr: »Es gibt keine gemeinsame Sprache (.)«[251] Verschwörungstheorien müssen ernstgenommen werden. Einerseits, weil gesellschaftliche Randgruppen fast immer destruktiv auf ihre Ängste reagieren und nur sehr selten kreativ nach Lösungen suchen; destruktiv in dem Sinne, als dass sie die Projektionsflächen ihrer Angst zu zerstören versuchen, statt kreativ in dem Sinne, nach den eigentlichen Ursachen des Problems zu forschen. Andererseits, weil zwischen und unter allerlei irrationalem Unsinn ist eine tiefere Wahrheit verborgen ist, die nur der Wahnsinnige zu sehen vermag, der außerhalb des Denkens der Meisten steht, welches diese als »Vernunft« bezeichnen.

Ihre Vernunft ist es, die sie nämlich blind macht für alles, was sie nicht sehen wollen und somit verdrängen. Der Wahnsinnige sucht eine Möglichkeit, mit dem Vernünftigen zu kommunizieren. Da Worte oft untrennbar mit dem Denkens verbunden sind, ist dies kaum möglich. Daher zeichnet der Wahnsinnige Bilder, die in seiner Verschwörungstheorie erscheinen.

Man denke nur an die *QAnon*-Bewegung, die propagiert, dass Eliten im »Deep State« Kinder aussaugen würden, für ihre eigenen Gelüste, oder dass die Blutsauger in den Katakomben des Vatikans diese Verbrechen begehen würden. Wenn man dies nicht wörtlich begreift, sondern wie einen Traum deutet, dann ist die Erzählung die Folgende: Erwachsene sind Blutsauger, die sich an Kindern vergehen. Aber sie tun es nicht am helllichten Tag, sondern im Verborgenen, wo es fast unbemerkt bleibt. Die Botschaft könnte kaum klarer sein.

In diesem Zusammenhang erscheint auch der rechte Kampfbegriff »Suigenozid« in einem neuen Licht. Er lässt sich übersetzen als »Selbstmord eines ganzen Volkes«. Erwachsene, die die Gräuel und Unsicherheit dieser Welt erkennen, flüchten in die Destruktivität. Natürlich würde niemand sagen, er wird seine Kinder ermorden, damit sie dieser Welt nicht leben müssen. Aber immer mehr Menschen sagen unbewusst, nur wenige bewusst: »Ich möchte keine Kinder in diese Welt setzen, weil ich nicht weiß, ob sie darin ihr Glück finden werden.« Das Ergebnis sind sinkende Geburtenraten, die oft durch »Karriere« oder »Gleichstellung der Frau« rationalisiert werden.

Rechtsextreme Gruppen transportieren hier die Angst vor dem Verschwinden des eigenen Volkes durch »Selbstausrottung« und einer damit einhergehenden »Umvolkung«. Letztere wird in China seit Jahrhunderten praktiziert. Tibet, Mandschurei, Xinjiang. Durch die staatlich angeordnete Umsiedlung von Han-Chinesen verschwinden Kulturen über die Zeit von alleine. Darauf wies auch Birkenbihl in ihrem Karlsfelder Vortrag über China hin: »Die müssen sie gar nicht alle umbringen. Das passiert ganz von selbst.«

Zwar gibt es im islamischen Raum durchaus stramme Ideologen, die mit Parolen »Gebärt sie zu Tode!« gegen die abendländische Kultur Stimmung machen, jedoch ist eine gezielte Ausrottung europäischer Völker durch eigene Regierungen nicht zu erkennen. Dennoch korreliert der Begriff des Völkerselbstmordes mit dem, was ich oben beschrieben habe. In industriellen, kybernetischen Gesellschaften ist die Liebe zum Toten derart weit verbreitet, dass fast alle Staaten einen tiefgreifenden demographischen Wandel erleben und massive Geburtenrückgänge verzeichnen. Sich der Kreativität zu verweigern, ist der erste Schritt in Richtung Destruktivität.

In Japan etwa sind pornographische TV-Inhalte zur Tageszeit zugelassen, um so Paare zum Kinderkriegen zu animieren. Die Liebe zu Robotern, die Tiere oder Menschen verkörpern, die Senioren pflegen sollen oder einsamen Menschen Gesellschaft leisten, ist hier weit verbreitet. Gesellschaft und Intimität sind ebenso wie auch sexuelle Dienste ein aufsteigender Geschäftsbereich geworden. In Deutschland schlägt sich der Mangel an »Humankapital« besonders im Arbeitsmarkt nieder. Schätzungsweise 300.000 aus dem Ausland jährlich zugewanderte Fachkräfte werden benötigt, um das Produktions- und Sozialsystem stabil und aufrecht zu halten.

Die Lösung, einfach Arbeitskräfte aus dem Ausland zu importieren und für die heimische Bevölkerung arbeiten zu lassen, ist in der Tat wenig überzeugend.* Dies nehmen rechtsradikale Gruppen zum Anlass für ihre Verschwörungstheorien. Sie reagieren destruktiv, in dem sie gegen Ausländer und Minderheiten Stimmung machen, ja sogar zu Gewalt aufrufen und sie an den Grenzen erschießen wollen. Sie reagieren nicht kreativ, indem sie etwa fragen: Wie wird Leben wieder lebenswert? Wie können wir Familien unterstützen? Wie können wir dafür sorgen, dass Menschen wieder gerne und guten Gewissens Kinder in eine sichere Welt setzen wollen?

---

* Die gegenwärtige Migrations- und Arbeitsmarktpolitik ist in der Tat bedenklich. Menschen wandern in unseren Markt ein, wenn sie Gründe haben, ihre eigene Heimat aufzugeben oder zu verlassen. Oft sind die Ursachen Armut, Krieg, Verfolgung, Hunger oder Naturkatastrophen. Wenn nun Fluchtursachen bekämpft und schließlich entfallen würden, dann würde auch Migration als Lösung für die innenpolitischen Probleme wegfallen. Das bedeutet, dass wir hier ein fundamentales Interesse daran haben, dass es weiter Krieg, Hunger, Leid und Armut, ja vielleicht sogar Naturkatastrophen in der Welt geben wird, weil nur so Menschen gewillt sind, in unseren Arbeitsmarkt auch als billige Arbeitskräfte einzuwandern. Damit würden Fluchtursachen nur soweit bekämpft, dass Massenmigration verhindert werden kann, aber Probleme von Ungleichheit und Ungerechtigkeit weiter bestehen bleiben, ebenso wie in imperialistischen oder militaristischen Gesellschaften ein Interesse an existenzieller Armut besteht, um immer weitere Soldaten für Kriege rekrutieren zu können.

Auf all diese Fragen haben totalitäre und faschistische Bewegungen keine Antwort. Schon Wilhelm Reich wusste 1942:

»Man kann den Faschismus nur schlagen, wenn man ihm *sachlich* und *praktisch* mit gut begründeter Kenntnis der Lebensprozesse entgegentritt. Das Politisieren, Diplomatisieren oder Paradieren macht ihm keiner nach. Auf praktische Lebensfragen hat er keine Antwort, denn er sieht alles nur im Spiegel der Ideologie oder in Gestalt der staatlichen Uniform. (.) [Auf die Fragen]: Was tust du praktisch, um die Nation zu füttern, ohne andere Nationen zu morden? Was tust du als Arzt gegen die chronischen Krankheiten, was als Erzieher zur Förderung kindlichen Lebensglücks, was als Ökonom gegen Armut, was als Sozialarbeiter gegen die Zermürbung kinderreicher Mütter, was als Baumeister zur Förderung der Wohnungshygiene? [hat er keine Antwort]. Der internationale Faschismus wird nie durch politische Manöver besiegt werden. Er wird der internationalen natürlichen Organisation der Arbeit, der Liebe und des Wissens erliegen.«[252]

## 6.2 Fanatismus, Populismus und Radikalismus

»Die Filme, die die Alliierten nach Kriegsende in Deutschland und im Ausland laufen ließen, haben nur zu deutlich erwiesen, daß der Irrsinns- und Irrealitätscharakter der fotografierten Begebenheiten aller reinen Reportage standhält. Für den unbefangenen Zuschauer kommt ihnen etwa soviel Überzeugungskraft zu wie den Fotografien mysteriöser Substanzen in spiritistischen Sitzungen. Der gesunde Menschenverstand reagierte auf die Gräuel von Buchenwald oder Auschwitz mit dem plausiblen Argument: ‹Was müssen die Leute nur angestellt haben, daß dies mit ihnen geschah?›

Oder, in Deutschland und Österreich inmitten der Hungersnot, der Übervölkerung und des allgemeinen Hasses: ‹Wie schade, daß man nicht mehr Juden vergast hat!› Oder überall mit dem Kopfschütteln des Mißtrauens gegen einen besonders unwirksamen Propagandatrick. Wenn die Propaganda der Wahrheit ihrer Ungeheuerlichkeit wegen den noch normalen Spießbürger nicht überzeugt, so hat sie eine desto gefährlichere Wirkung auf diejenigen, welche au ihren eigenen Phantasiemöglichkeiten wissen, daß sie so etwas tun könnten, und aus diesem Grunde nur zu froh sind, an die Realität des Gezeigten zu glauben. Urplötzlich stellt sich heraus, daß, was die menschliche Phantasie seit Jahrtausenden in ein Reich jenseits menschlicher Kompetenz verbannt hat, tatsächlich herstellbar ist.«

– Hannah Arendt[253]

### 6.2.1 Das Sichtbare

»Seit einigen Jahrzehnten haben vor allem religiöse Fundamentalisten wieder Auftrieb, also jene, die bestimmte Wahrheiten für unumstößlich halten und ihr gesamtes Welt- und Menschenbild an diesen ausrichten. Typischerweise können Fundamentalisten unterschiedlicher Prägung miteinander nicht mehr diskutieren, da sie eben ganz unterschiedliche Glaubenssysteme im weitesten, nicht nur religiösen Sinne voraussetzen,« konstatierte Nida-Rümelin im Jahr 2020[254] und greift damit eine niemals verjährende Bedrohung für die menschliche Zivilisation auf.

Insbesondere Antisemitismus verjährt nicht im doppelten Sinne: Er bleibt *unvergessen* und hat nach wie vor *weltweiten Bestand*. Legitime Kritik an der Politik Israels unterscheidet sich klar von Antisemitismus dadurch, dass sie sich auf das Handeln der Regierung bezieht, niemals aber sich gegen das grundsätzliche Existenzrecht des Staates Israel selbst richtet. Israels Existenz als Staat wandelt stets auf einem *schmalen Grat*.

Jedoch waren es in der Geschichte nicht immer judenfeindlich gesinnte Menschen gewesen, die den Staat Israel in Frage stellten, sondern vereinzelt sogar Juden selbst, darunter auch Erich Fromm. Fromm lehnte im Sinne der humanistischen Tradition Nationalismus, Militarismus und Machtpolitik konsequent ab und nahm ein zunehmend »kritisches« Verhältnis zum Staat Israel ein. Gleichzeitig zeigte er Verständnis für die Gründung eines »jüdischen Staates« als Reaktion auf den Holocaust, denn:

»Hitlers Macht und das Trauma des Holocaust haben die Juden so tief getroffen, daß die meisten von ihnen spirituell kapitulierten. Nach dem Holocaust glaubten sie, eine Antwort auf die Frage ihrer Existenz in der Gründung eines Staates gefunden zu haben. Der Staat freilich teilt alle Übel, die mehr oder weniger allen Staaten anhaften, eben weil sie sich auf Macht stützen.«[255]

Auch setzte sich Fromm für ein Bleiberecht und die Rückkehr der Palästinenser in den Staat Israel sowie für Frieden und Versöhnung zwischen Juden und Arabern ein. 1948 verfasste er eine entsprechende Erklärung, die schließlich auch mit der Unterschrift von Albert Einstein in der New York Times veröffentlicht wurde. »In den 60er Jahren war Fromm Mitglied eines ‹Komitees für neue Alternativen im Vorderen Orient›.

Im Gegensatz zur bedingungslosen Unterstützung des Staates Israel durch die meisten jüdischen Organisationen in den Vereinigten Staaten war Fromms Position durch heftige Kritik an der israelischen Politik, ja durch einen ‹aggressiven Antiisraelismus› gekennzeichnet, der sogar alte Freunde irritierte. In einer brieflichen Stellungnahme zum israelisch-arabischen Krieg von 1973 beging er das für einen Juden denkbar größte Sakrileg, die Bombardierung von Palästinenser-Lagern durch die israelische Armee mit der Vergeltungsaktion der Nazis in Lidice nach dem Attentat auf Heydrich zu vergleichen.

Solche Kritik erfolgte bei Fromm aufgrund einer religiös-humanistischen Auffassung des Judentums, vor der die ‹Realpolitik› der Israelis einschließlich ihrer Kriegsführung gegen die Araber keinen Bestand haben konnte. Wie der immer noch bald schwelende, bald offen ausbrechende Konflikt zwischen Israelis und Palästinensern mit seinen Wogen des Hasses auf beiden Seiten zeigt, hatte Fromm recht mit seiner Forderung, daß eine Aussöhnung zwischen Juden und Arabern notwendig sei. Inzwischen ist klargeworden, daß nur ein Friedensabkommen, das von beiden Seiten akzeptiert und eingehalten wird, die Feindseligkeiten dauerhaft beendigen kann.«[256]

Vom Standpunkt aus, dass in eigentlich jedem Krieg Verbrechen begangen werden, ja der Krieg selbst ein Verbrechen ist, so ist die Möglichkeit naheliegend, dass auch das Israelische Militär Kriegsverbrechen begangen hat. Man darf dies aber niemals ohne den historischen Hintergrund verstehen, denn der »ideologische Endkampf« um die »Vernichtung Israels« und allem, was »jüdisch« ist, ist bereits in vollem Gange.

Die Bedrohungen kommen aus den umliegenden Staaten; der atomare Schlag droht aus dem Iran, der ständig drohende Terror aus den Grenzgebieten. Für Militärs und Entscheidungsträger stellt eine einmalige, unverhältnismäßige Überreaktion im Zweifel das geringere Übel dar, verglichen mit der Alternative, zu spät und zu zögerlich reagiert zu haben, was zur vollständigen Vernichtung des eigenen Volkes führen kann. Auf diesem schmalen Grat zu wandeln, das ist die Herausforderung für Generäle und Amtsträger der israelischen Politik, welche unendlich schwierig einerseits, andererseits für außenstehende Beobachter in ihrer kulturell-geschichtlichen Einbettung nur schwer zu begreifen ist. Ohne verlässliche Partner in der Welt *wird* Israel nicht, sondern wäre es schon längst verschwunden. Der Antisemitismus ist ungebrochen und eine der größten Bedrohungen für den Frieden in der Welt, denn ein militärischer Konflikt um eine »Zwei-Staaten-Lösung« – bei der Israel und Palästina nebeneinander friedlich koexistieren – würde seine ganz eigenen Dynamiken entfalten und das geopolitische Gleichgewicht leicht umkippen lassen.

Auch hierzulande, fast ein Jahrhundert nachdem die Alliierten die Filme über die Lager zeigten, sagen einige Radikale: »In Auschwitz wurde niemand umgebracht. Und ich betone ausdrücklich: Leider nicht.« Diese Ideologie lässt sich nur begreiflich dadurch machen, dass Menschen an etwas glauben *müssen*. Leichter verständlich, aber nicht weniger schockierend, ist dies bei Holocaustleugnern zu verstehen, die die NS-Zeit selbst noch in ihrer Kindheit erlebt haben. In gewisser Weise sind auch die Täter – darauf wies Erich Fromm als Folgerung aus dem Milgram-Experiment hin – selbst Opfer.

Bei diesem Experiment fügten die Versuchsteilnehmer einer anderen Person Schmerzen durch elektrische Schocks zu, wenn sie von einer Autoritätsperson – dem Wissenschaftler – dazu angewiesen wurden. Sie unterwarfen sich der Wissenschaft, der Vorsehung, einem göttlichen Willen und waren dafür bereits, alle Moral, alle Werte und alle Menschlichkeit dafür abzulegen, um schreckliche Gräueltaten zu begehen.

Das alles macht ihre Taten weder ungeschehen noch entschuldbar. Aber sie verlieren ein Stück weit ihren Schrecken, als dass sie nicht mehr *unerklärbar* erscheinen. Auch sind sie eine stete Mahnung an einen jeden von uns: Normale, gewöhnliche Menschen können – unter bestimmten Bedingungen – zu Monstern werden. Dem muss man sich entschlossen und kompromisslos entgegenstellen, und dies *beginnt* mit der selbst-kritischen Reflexion des eigenen Denkens und Handelns.

Doch dies ist eine Fähigkeit, die nicht jeder beherrscht. Ursula Haverbeck scheint psychologisch auf dem Stand eines jugendlichen »BDM-Mädchens« stehen geblieben zu sein, die immer noch ihren »geliebten Führer« verteidigen muss, so der Historiker Norbert Frei. Ein Mensch, der die Schrecken des Krieges und des Zusammenbruchs der Ordnung erlebte, in der sie einst aufwuchs, und nun wie ein Kind verbittert an dem festhält, was *unhaltbar* ist, weshalb sie niemals von dieser Ideologie weder *selbst loskommen*, noch *befreit werden* kann. Statt ihren Lebensabend in Ruhe zu genießen – und still und leise das zu glauben, was auch immer sie glauben mag – drängt sie in die Öffentlichkeit und scheut keinen Konflikt. Ihr ganzes Leben war und ist nach wie vor bestimmt von allen Versuchen, ihren geliebten Führer »reinzuwaschen«: Ihr Denken, ihr Lesen, ihr Sprechen, ihr Handeln, ihre soziale Interaktion, ihr täglichen Tätigsein und vielleicht sogar ihre nächtlichen Träume.

Auch 80 Jahre nach der NS-Terrorherrschaft ist sie gefangen in den Gedankengebäuden der Nationalsozialisten. Nicht nur als Kind vereinnahmten die Nazis sie voll und ganz und füllten ihre ganze Lebenszeit aus, auch noch lange danach ist sie voll und ganz von dieser Ideologie ergriffen und erfüllt. Sie ist gerade verurteilt worden und noch im Gerichtssaal stehend verteilt sie schon wieder Flyer. Nicht weil sie *will*, sondern weil sie zwanghaft *muss*; sie *kann* gar nicht anders. Die Techniken und Methoden der Nazis, ihre totale Herrschaft über ein menschliches Wesen auch noch lange nach dem Niedergang ihrer Macht aufrechterhalten zu können, zeigen sich nicht nur in den offenkundigen Opfern von Unterdrückung, Verfolgung und Ermordung, sondern auch in den verdeckten Opfern, die das *Menschsein* aufgaben, um unentwegt als Propagandamaschine ihr Dasein zu fristen, gänzlich unfähig zur Einsicht, zum Erkennen, zum Bereuen der Taten, die unentschuldbar sind.

Haverbeck weist immer wieder daraufhin, dass kein lebender Mensch heute sich anmaßen sollte, darüber zu urteilen, wie es »damals« gewesen sei. Und tatsächlich glaube ich, dass in einer gewissen Weise damit die Frage einhergeht: *Hätte ich damals gelebt, wäre ich im aktiven Widerstand gewesen? Wäre ich fähig zum Erkennen gewesen? Oder wäre ich selbst zum Täter oder Mittäter geworden? Würde ich vielleicht selbst noch über das Ende des Dritten Reiches hinaus an dessen Fortbestehen glauben? Oder sogar zu denen gehören, die die Verbrechen der damaligen Zeit leugnen, verharmlosen, relativieren?* Ich glaube, dass mit bestimmten Methoden der totalen Herrschaft jeder Mensch zerstört werden kann, ganz gleich, ob in einem Gefängnis oder außerhalb, da in der totalen Herrschaft im Grunde die ganze Welt als ein einziges Gefängnis begriffen werden muss. In gewisser Weise glaube ich, ist Haverbeck selbst auch ein Opfer der NS-Propaganda geworden, deren Indoktrination auch noch 80 Jahre später unverblümt zu erkennen ist, wenn sie sagt:

»Betrachten wir nun die Weltpolitik nach 1945, so zeigt es sich, dass der Holocaust die größte und nachhaltigste Lüge in der Geschichte ist. (.) Ich ziehe die Erkenntnis daraus [aus dem Buch über die Standort- und Kommadanturbefehle des Konzentrationslagers Auschwitz],[257] dass ich hier den letzten, vielleicht noch ausstehenden Beweis dafür habe, dass Auschwitz kein Vernichtungslager, sondern ein Arbeitslager war, in dem alle Kräfte, die dort waren, eigentlich unentbehrlich für die Rüstungsindustrie waren.«

Das Buch, auf welches sich Haverbeck bezieht, enthält genaue Anweisungen, wie mit den Häftlingen verfahren werden sollte. Da diese nämlich als Arbeitskräfte gebraucht wurden, sollte achtsam nach Vorschrift mit ihnen umgegangen werden. So stellt Hans Püchel, ein Organisator von der NPD, fest:

> »‹Der Zustand der Bekleidung muss laufend überwacht werden, besonders des Schuhwerkes.› Weiter vorne steht, das regelmäßig jede Woche einmal ein Fußappell zu machen ist. Die Häftlinge haben also die Füße vorzuzeigen, dass sie sauber und gesund sind. Weil es viele von sich aus nicht gemacht hätten wahrscheinlich. Oder ein Mal im Monat die Füße waschen. Sonst wäre so eine Anordnung nicht notwendig gewesen.«[258]

Lässt sich daraus – aus diesen und anderen Anweisungen – ableiten, dass jüdische Häftlinge in den Konzentrationslagern gar nicht – wie gemeinhin angenommen wird – drangsaliert wurden, sondern dass »human« und »fürsorglich« mit ihnen umgegangen wurde? Die selektive Zusammenstellung einzelner Befehle, übersieht aber den Kontext und die Funktion der Lager. Norbert Frei, der Herausgeber von Haverbecks »heiligen Schrift«, weist vehement daraufhin, dass Befehle zur Vernichtung niemals konkret niedergeschrieben wurden.

Die Anordnungen richteten sich an einen großen Verteilerring, was eine sprachliche Anpassung erforderlich machte. Wohl aber finden sich vereinzelte Hinweise darauf, dass indirekt Vernichtungen angeordnet wurden, was auch die Kommentatoren der Standort- und Kommadanturbefehle explizit herausgearbeitet haben. Auschwitz war ein Arbeitslager, wurde ab einem gewissen Zeitpunkt darüber hinaus aber auch als Vernichtungslager genutzt. Die Konzentrationslager waren, so Hannah Arendt, Institutionen der totalen Herrschaft. Das Vorzeigen der Füße war also kein Akt der Liebe und Fürsorge, sondern ein Element der Kontrolle und Beherrschung. Fromm erklärt:

> »Ich möchte Ihnen noch ein Beispiel geben von einem Sadisten, der viel schlimmere Sachen gemacht hat als nur zu kontrollieren: Heinrich Himmler. Ich lese Ihnen einen kurzen Brief vor, den er an einen höheren SS-Führer, Adalbert Graf Kottulinsky, geschrieben hat:
>> Lieber Kottulinsky! Sie waren sehr krank und haben stark mit dem Herzen zu tun gehabt. Im Interesse Ihrer Gesundheit lege ich Ihnen für die Dauer von zwei Jahren ein völliges Rauchverbot auf. Nach Ablauf dieser zwei Jahre wollen Sie mir ein ärztliches Gesundheitszeugnis einreichen;

danach werde ich entscheiden, ob das Rauchverbot aufgehoben wird oder aufrechterhalten bleibt. Heil Hitler!

Das ist Kontrolle, das ist auch Demütigung. Er behandelt diesen erwachsenen Menschen wie einen dummen Schuljungen. Er schreibt ihm in dieser Weise, dass er sich gedemütigt fühlen muss. Er kontrolliert ihn. Er lässt noch nicht einmal den Arzt ihn kontrollieren und ihm sagen, ob er wieder rauchen kann, sondern er wird entscheiden, wann er wieder rauchen kann.«[259]

Das Gleiche galt für die Häftlinge in den Lagern, die ihre Füße vorzeigen mussten. Die Absicht war nicht Sorge, sondern Kontrolle und damit auch Demütigung. Wie Himmler die Insassen der Lager zu beherrschen versuchte, versuchte er auch außerhalb der Lager von alle anderen Menschen – zumindest in Ansätzen – zu beherrschen. Arendt resümiert:

»Das eigentliche Ziel der totalitären Ideologie ist nicht die Umformung der äußeren Bedingungen menschlicher Existenz und nicht die revolutionäre Neuordnung der gesellschaftlicher Ordnung, sondern die Transformation der menschlichen Natur selbst; die, so wie sie ist, sich dauernd dem totalitären Prozeß entgegenstellt. Um diese Transformation handelt es sich in den Konzentrationslagern und nicht um das dort verursachte Leiden, von dem es immer zu viel auf der Erde gegeben hat, und nicht darum, wie viele Menschen dort zugrunde gehen. Die totalitäre Expansion im Unterschied zu der imperialistischen ist vor allem darauf bedacht, diesen Laboratorien neues Menschenmaterial zur Verfügung zu stellen, ohne die bereits beherrschten Gebiete allzu sehr zu entvölkern.

Was in der totalen Herrschaft auf dem Spiele steht, ist wirklich das Wesen des Menschen, und wenngleich es scheint, als könnten ihre Experimente dies Wesen zwar zerstören, aber nicht verändern, so sollte man nicht vergessen, daß dieses Experiment bisher noch immer in beschränktem Maßstab ausgeführt worden ist und daß es zwingende Ergebnisse nicht zeitigen kann, bevor nicht die ganze Welt unter seiner Kontrolle steht. Bis jetzt scheint der totalitäre Glaube, daß alles möglich ist, nur bewiesen zu haben, daß alles zerstörbar ist, auch das Wesen des Menschen. Aber in ihrem Bestreben, unter Beweis zu stellen, daß alles möglich ist, hat die totale Herrschaft, ohne es eigentlich zu wollen, entdeckt, daß es ein radikal Böses wirklich gibt und daß es in dem besteht, was Menschen weder bestrafen noch vergeben können.«[260]

### 6.2.2 Das Unsichtbare

Im Oktober 2021 führten frühere Äußerungen einer Sprecherin der *Grünen Jugend* zu einem Aufschrei. Im Alter von 14 Jahren hatte sie sich offenbar antisemitisch, rassistisch und sexistisch unter anderem in sozialen Medien geäußert.[261] Verschwörungstheorien beziehen sich sehr oft auf antisemitischen Gedankengut und so ist besonders in der aufgeheizten Stimmung Antisemitismus seit Beginn der Corona-Pandemie ein weiter gewachsenes Problem geworden. Insofern handelt es sich hier um ein sehr sensibles Thema. Die Verurteilung einer jungen Frau wegen Aussagen, die sie als Kind geäußert haben soll und mittlerweile bereut, halte ich jedoch für scheinheilig und vollkommen unangebracht.

Meiner persönlichen Erfahrung nach muss man in diesem Alter überhaupt erstmal einige Schüler finden, die *keine* Hakenkreuze auf die Schultische malen. Nach einem Schulausflug zum KZ-Buchenwald wurde das im Bus angestimmte *Lied* noch Wochen danach auf dem Schulhof gesungen: »In Buchenwald, in Buchenwald, da machen wir die Juden kalt.«

Hitlers Gruß wurde seltener parodiert als dessen berühmter Bart oder Akzent. Niemand kann mir erklären, sämtliche Aufsichtspersonen hätten davon »nichts gewusst«. Wer einen Vorfall meldete, galt als Petze. Ohnehin war es geradezu unmöglich, ein Vergehen eines Schülers offen anzusprechen, dessen Eltern beide Akademiker oder sogar Lehrkräfte waren. Am Ende fielen »Beschwerden« auf einen selbst zurück.

Offen wurde das alles aber nie ausgelebt. Ein großes Hakenkreuz auf der Außenwand der Schule in Verbindung mit der Beleidigung eines Lehrers (»Herr Keil, Sieg Heil!«) sorgte für große Empörung. Ein kleines Hakenkreuz auf dem Notizblock war dagegen eine gewisse Grundbedingung, um *dazuzugehören*. Wer dabei nicht mitspielte, hatte es schwerer, akzeptiert zu werden. Wer etwas gegen *Witze* sagte, die von Juden, Verbrennung und Aschenbechern in Autos handelten, wurde angepöbelt.

Das Mindeste, um von Jugendlichen einigermaßen akzeptiert zu werden, mit denen man unausweichlich jeden Wochentag zu tun hatte, war, nichts mehr dagegen zu sagen und zu schweigen. Wenn näherer Kontakt aber nötig war, zum Beispiel bei einem gemeinsamen Referat, machte ich es zur Bedingung, dass keine »Blödeleien« während dieser Zeit angestellt werden sollten. Es war ein Versuch der vorübergehenden »Umerziehung«, die jedoch wenig nachhaltig war.

Einerseits glaube ich, dass Nazi-Witze oder Hitler-Parodien in gewisser Weise legitim sind. Auch die Londoner amüsierten sich während der Luftangriffe durch die deutsche Luftwaffe im Zweiten Weltkrieg über einen kleinen Spatz namens Clarence, der seinen rechten Flügel ausstrecke und bis zum Umfallen piepste – eine Hitlerparodie. Wo jedoch liegt die Grenze zwischen *schwarzem Humor* und Antisemitismus oder Nazismus?

Heute kann ich aus psychologischer Sicht bei einzelnen Schülern besser verstehen, weshalb dieses Verhalten auch ins Destruktive ausartete. Für junge Menschen ist es immer reizvoll, etwas Verbotenes zu tun. Solange man nicht erwischt wurde, war es ganz gleich, was es war. Man muss etwas Verbotenes tun, um seinen »Mut« zu beweisen. Man versucht dann das gleichzutun, was andere vormachen. Der Rest rollt nach seinen eigenen Eskalationsregeln ab. Nachdem der NSA-Skandal aufgeflogen war und man musste, dass in WhatsApp-Chats *mitgelesen wird*, wechselten eine ganze Reihe bösartiger Nachrichten hin und her. Immer mit dem nachgestellten Gruß: »Hallo NSA«.

Kindern und Jugendlichen ist oft gar nicht bewusst, wie gefährlich oder wie bösartig ihr Handeln anderen gegenüber ist. Wenn also Jugendliche in der Regel, nicht in der Ausnahme, Hakenkreuze und *Heil*-Grüße irgendwo hinkritzeln, dann sagt dies vor allem etwas über die Gesellschaft aus und nicht so sehr über den genuinen Charakter der an den Pranger gestellten Menschen. Die gleiche Gesellschaft, die eine junge Frau in Misskredit bringt und für alle öffentlichen Ämter lebenslang verbrennen will, weil sie als junges Mädchen in Dummheit etwas sagte, von dem sie sich schon längst distanziert und dafür entschuldigt hat, toleriert zeitgleich Faschisten in Parlamenten, da es keine Mindestanforderung, keine elementare Bedingung gibt, die eine Grundvoraussetzung für die Kandidatur um ein öffentliches Amt darstellt.

Das Gleiche gilt für Politiker, die sich mit Neonazis und Holocaustleugnern fotografieren lassen und anschließend behaupten, sie hätten »diese Bürger nicht gekannt« und einen großen Aufdruck auf der Vorderseite eines Shirts »Solidarität mit Ursula Haverbeck« nicht gesehen. »Shitstürme sind eine Ablenkung vom eigentlichen Problem (.) Äußerungen einer 14-Jährigen sagen oft wenig über die Person aus, die sie mal werden wird. Und viel über die Welt, in der sie aufwächst.«[262]

Eine Gesellschaft, die sich an Nebensächlichkeiten erzürnt, bei den eigentlichen Problemen aber wegschaut, leistet dem Bösen Vorschub. Faschisten und Hassredner in Parlamenten zu dulden, ein junges Mädchen aber zu zerstören, bedeutet nicht, sich Antisemitismus entschlossen und kompromisslos entgegenzustellen, sondern diesen gewähren zu lassen und so Beihilfe zu leisten.

Nichts anderes gilt sowohl für Rassismus als auch für Sexismus, die in unserer Gesellschaft ebenfalls weiterhin verbreitet sind. Medienvertreter und freie Journalisten stehen in der Verantwortung, das Interesse der Öffentlichkeit an charakterlichen Eigenschaften kandidierender Personen gegenüber dem Recht auf Privatsphäre, das Recht auf Vergessen und dem Schutz der Jugend abzuwägen. Über einen wie oben geschilderten Fall hätte niemals offen berichtet werden dürfen, da erstens die Äußerungen wiederrufen wurden, zweitens das damalige Alter für den heutigen Menschen in Verbindung mit voriger Voraussetzung irrelevant ist.

Die eigentliche Sünde in dieser Causa besteht darin, dass eine Gesellschaft zuerst einen Menschen an den Pranger stellt und ihn weiterhin dadurch zerstört, dass er notwendigerweise auch in Schutz genommen werden muss. Der sekundäre Schaden aber vergrößert den ursprünglichen nur noch weiter, wenn die Debatte nicht anonym geführt wird.

An diesem persönlichen Beispiel zeigt sich in aller Klarheit der narzisstische Charakter unserer heutigen Gesellschaft. Aus der inszenierten Wirklichkeit durch Fernsehen, soziale Medien und die öffentliche Meinung insgesamt wird minderwertiges Selbsterleben vergessen und ein Größenselbst inszeniert. Man selbst »ist« großartig, unfehlbar und perfekt – ein Sieger –, andere hingegen werden zur Projektionsfläche für alles Fehlbare, Schmutzige, Hässliche, Unvollkommene – das Versagertum. Nähe zu anderen Menschen wird nur dann empfunden, wenn sie die eigene Grandiosität teilen, fördern, spiegeln und ergänzen. Das zeigt sich bei Cliquen auf dem Schulhof, aber auch in Fan-Clubs und politischen Organisationen.

Stellen sich nun aber Mitglieder der eigenen Gruppe als Nestbeschmutzer, eigenständig denkende, fühlende und handelnde Menschen heraus, so muss man sie sich »vom Hals schaffen«. Ihre Anwesenheit blockiert den eigenen Handlungsspielraum. Ausgestoßene werden zu Verlierern und Versagern, werden sozial und finanziell geächtet, darunter Behinderte, chronisch Kranke, psychisch

Überforderte, Suchtkranke, Langzeitarbeitslose oder schlicht Menschen, die »anders« sind als die Norm.[263]

»Fremdenfeindlichkeit, so argumentieren Persönlichkeitstheorien, die auch in der Tradition von Erich Fromm stehen, habe ihre Ursache nicht in den Fremden, sondern in der Persönlichkeitsstruktur der Fremdenfeinde selbst. Hinter Fremdenfeindlichkeit verbirgt sich eine Furcht vor dem Fremden, und diese Furcht ist weniger ein Ergebnis eines bedrohlichen Verhaltens der Fremden, sondern eher eine Folge eigener Furchtsamkeit. Diese hat ihren Grund in einem schwachen, verunsicherten oder gekränkten Selbstwertgefühl, das zumeist aus deformierenden Familienverhältnissen abgeleitet wird.

Die eigene Unsicherheit macht anfällig für Fluchtwege in Gruppen und Gemeinschaften, deren scheinbare überhebliche Sicherheit den schwachen einzelnen eine Chance gibt, durch Teilhabe an der vorgeblichen Stärke und Überlegenheit der Gruppe ihr eigenes Selbstwertgefühl wieder aufzurichten.«[264]

Demokratie als die politische Ordnungsform der Freiheit »verbindet die Freiheit von staatlicher Willkür und Repression mit der Freiheit des Bürgers zur Partizipation. Demokratie bewährt sich nicht schon durch ihre Existenz. In Zeiten rapiden sozialen Wandels und wirtschaftlicher Bedrängnis können Bürger in Angst die Flucht vor der Freiheit antreten. Demokratische *Strukturen* benötigen für ihre Überlebensfähigkeit und für ihr wirkungsvolles Gedeihen politische *Kulturen*, die sie stützen und sich entwickeln lassen.«[265]

Unsere Gesellschaft aber hat nicht nur das Streiten als Teil einer demokratischen Debattenkultur *verlernt*, sondern ist auch durch und durch narzisstisch geworden. Während also Rassisten in Parlamenten geduldet werden (die das Böse sind), muss das Gute (die Gruppe, der man selbst angehört) »rein« und »unbefleckt« bleiben. Die eigenen Unzulänglichkeiten werden vergessen und wer diese aufweist, wird unversehens in aller Brutalität aus der Gruppe hinausgeworfen und als »Schädling« stigmatisiert.

Was das Mädchen aus dem obigen Fall erfahren musste, erlebte auch ein ehemaliger Fußballspieler, der versehentlich eine Nachricht mit dem Wortinhalt »Neger« an den falschen Adressaten abschickte, nämlich an den, auf den er sich bezog und den er dadurch beleidigte. Umgehend entschuldigte er sich und bat den Betreffenden um Verzeihung. Dass die Aussprache und die Besserung des Fußballspielers im Kleinen gelungen ist, ist aber keineswegs Anlass für die Gesellschaft gewesen, ihm ebenso zu verzeihen

Nicht nur er, sondern auch seine Frau musste auf verschiedene öffentliche und ehrenamtliche Tätigkeiten verzichten, weil sie zur *persona non grata* wurde. Der Schaden, den eine narzisstisch-gestörte Gesellschaft der Demokratie durch diese Ideologisierung und Fundamentalisierung zufügt, ist zwar ungeheuerlich, wird aber immer und unentwegt durch das Argument »Wir sind die Guten« rationalisiert. Dass eben aber genau dieses Denken das Tor zu vorzivilisatorischen Zeiten aufstößt, darf an dieser Stelle nicht unkommentiert bleiben.

»In den letzten Jahrzehnten hat Deutschland den Mut gefunden, seinen eigenen Verbrechen und Verfehlungen ins Gesicht zu sehen, und daraus zu lernen. Kein anderes Land hat eine vergleichbare Leistung erbracht, und Deutschland wird dafür weltweit respektiert.«[266] Aber wie viel ist von diesem Prozess der Aufarbeitung heute noch erhalten geblieben?

Einmal im Jahr hält ein KZ-Überlebender eine kleine Rede im Bundestag, alle Abgeordneten in schwarzer Kleidung sich eine Stunde lang die Musik eines Streichorchesters anhört. Aber wer geht wirklich raus in die Welt, um die Lehren der Geschichte zu *leben*? Das wäre wahrlich etwas Großartiges. Wir müssen uns als Gesellschaft ernsthaft und in aller Bestimmtheit mit der Frage offen beschäftigt, was eigentlich geschehen soll, wenn es keine Zeitzeugen mehr gibt, keine Überlebenden, die einen Funken Rest an Lebendigkeit der Geschichte konservieren.

Das Gedenken an die Opfer von Diktatur, Verfolgung und Repression, an die Toten im Weltkrieg und im Holocaust, muss eine lebendige Mahnung für alle Völker dieser Erde sein und darf nicht zu einem nüchternen Ritual verkommen oder als Sündenfall eines Volkes gedacht und auf dieses abgewälzt werden. Die heutigen Entwicklungen in den USA, in Europa, in China, in Afghanistan und anderen Teilen der Welt zeigen deutlich, dass *Vergleichbares* überall und zu jederzeit dort erneut aufkeimen kann, wo *vergleichbare Bedingungen* herrschen.

Unsere Gesellschaft hat zu lange nur das *Offensichtliche verurteilt*, das *Latente* aber *ignoriert*. Es gibt zwar Vorschläge, wie man Antisemitismus »bekämpfen« könne, etwa dadurch, dass man mit Kindern in eine Synagoge geht, um ihnen die jüdische Kultur näherzubringen. Aber ich halte das für oberflächlich: »einmal raus, alles raus« oder »aus den Augen, aus dem Sinn«. Die notwendige Annäherung muss von innen kommen. So halte ich es für ein unendliches

Versäumnis, dass man nicht einmal versucht hat, die Gedanken von Arendt oder Fromm für den Schulunterricht so aufzubereiten und in den Lehrplänen zu verankern, sodass sie eine große Wirkung entfalten können.

Jemand sagte einmal in einer Talkshow: »Wenn man Menschen fragt, an was sie bei dem Wort ‹Juden› denken, antworten die meisten: Männer mit Hut und Bart oder Benjamin Netanjahu«, der damalige Regierungschef Israels. Bemerkenswert war für mich meine persönliche Erfahrung, dass ich unmittelbar bei dem Wort »Jude« an Arendt denke oder das Gesicht von Fromm vor meinen inneren Augen sehe. Ich glaube, wenn es gelingen würde, die Verbindung zwischen jüdischer Kultur und besonders auch der deutschen Gemeinschaft im inneren beider Existenzen zu verbinden, würde es gelingen, Antisemitismus einfach den Nährboden zu entziehen, sodass er später nicht einmal mehr »bekämpft« werden muss.

Tatsächlich beschreibt auch Fromm eine solche innere, über lange Zeit bestehende Verbindung zwischen Deutschen und Juden. In der Weltgeschichte waren es oft deutsche Juden, die in Geistes- und Naturwissenschaften geniale Leistungen erreichten. Man kann sagen, was Einstein für die Physik war, waren Freud und Fromm für die Psychoanalyse. Bemerkenswert ist auch, dass Einstein und Freud wohlmöglich das Asperger-Syndrom hatten. Auch Fromm wirkt auf mich in seiner Art zu denken, zu sprechen und in seiner Körpersprache so, als sei er im autistischen Spektrum einzuordnen.

Die Verbrechen der Nationalsozialisten stellten einen in der Geschichte in seinem Ausmaß bis dato einmaligen Zivilisationsbruch dar. Dabei waren Deutsche und Juden seitjeher kulturell miteinander verbunden, wie Fromm beschreibt:

»Meines Erachtens gibt es eine solche wesentliche Eigenschaft, die oft außer Acht gelassen wird, weil wir uns bei Deutschland gewöhnlich nur das mächtige Deutsche Reich vorstellen, das ja erst etwa im letzten Viertel des 19. Jahrhunderts entstanden ist, auch wenn seine Entstehung bereits um 1850 angefangen hat. Bis dahin waren Deutsche und Juden über die meiste Zeit ihrer Geschichte ohne Macht. Die Machtlosigkeit der Juden bedarf keines Beweises.* Aber auch die Machtlosigkeit der Deutschen wird deutlich,

---

* Fromm führt diesen Gedanken dennoch aus:
»Auf einen naheliegenden Einwand muß hier eingegangen werden. Waren die Juden selber als Bankiers und Kaufleute im 19. Jahrhundert denn nicht doch recht mächtig? Konnten sie im 19. Jahrhundert nicht die Außenpolitik

wenn wir Deutschland einmal mit Ländern wie Spanien, Portugal, Frankreich und England vergleichen, die seit Jahrhunderten politisch und wirtschaftlich mächtige Völker waren und sich gegenseitig bei der Herrschaft über einen großen Teil der Erde ablösten. Bis 1871 können die Deutschen zu Recht das ‹Volk der Dichter und Denker› genannt werden. Vielleicht verkörpert diesen antinationalistischen und antimilitaristischen Geist keiner besser als Goethe, der größte Deutsche aus jener Zeit. (.)

Für mich ist dieser Mangel an Macht der gemeinsame Boden für die tiefe geistige Verwandtschaft zwischen Deutschen und Juden und deshalb auch eine Voraussetzung für die außerordentliche Fruchtbarkeit ihres Zusammenlebens. Der Mangel an Macht kann auch die Heftigkeit des Antisemitismus im Nationalsozialismus erklären. Der Nazismus verfolgte den Grundsatz, die Macht Deutschlands auszuweiten. Wenn wir bedenken, daß der jüdische Geist den humanistischen Standpunkt, der jede Macht ablehnte, verkörperte, ein Standpunkt, der für das Judentum wie für die frühere deutsche Kultur typisch war, so lag es aus der Sicht der Nazis nahe, die Juden als eine Gefahr für Deutschland anzusehen.

Die Juden stellten schon immer eine Gefahr dar, und zwar nicht nur für Deutschland, denn sie waren der lebendige Beweis dafür, daß ein Volk 2000 Jahre lang ohne irgendwelche Macht überleben kann. Sie erschütterten, ja widerlegten die allgemeine Überzeugung, daß Macht und Gewalt – und beide gehören immer zusammen – für das nationale Überleben notwendige Voraussetzungen zu sein scheinen. (.) Die optimale Voraussetzung scheint dort gegeben zu sein, wo es weder große Macht noch großen Reichtum gibt. Die deutsch-jüdische ‹Mischehe› auf kulturellem Gebiet konnte so lange fruchtbar sein, wie beide Kulturen machtlos waren. Doch dies sollte sich am Ende des 19. Jahrhunderts ändern.

Der ökonomische Aufschwung Deutschlands machte aus einem machtlosen Land die größte wirtschaftliche und schließlich auch militärische Macht

---

dadurch beeinflussen, daß sie verschiedenen Regierungen Darlehen gewährten? Gewiß, sie besaßen auf Grund ihres Reichtums ein gewisses Maß an politischem Einfluß, und doch hatten sie niemals irgendeine direkte politische Macht. Die reichen Juden des 19. Jahrhunderts blieben größtenteils das, was sie das Mittelalter über waren: Hofjuden. Dies beweist das unwürdige schmeichlerische und unterwürfige Verhalten selbst der reichsten Juden gegenüber Königen und der gesamten Feudalklasse im 19. Jahrhundert. (.)

Es stimmt schon, daß die wohlhabenden Juden bei ihrer Emanzipation eben jenen Stolz und jene Würde über Bord warfen, die für sie typisch waren, solange sie arm waren. Doch dies ist kein spezifisch jüdisches Phänomen. Stolz und Würde, Merkmale der meisten Gesellschaften, verschwinden notwendigerweise im Bürgertum, wenn der Mensch in ein Ding verwandelt wird. Dinge haben einen Preis, aber sie sind nicht stolz.« (Fromm, Humanismus als reale Utopie: 124f.)

des europäischen Kontinents. Die deutschen Juden hatten vollen Anteil am Wachstum von Reichtum und Macht Deutschlands und verloren im großen und ganzen die überbrachte Mißbilligung von Macht. Dennoch wäre es naiv anzunehmen, daß genau mit dem Jahr 1871 die auf der Grundlage der Machtlosigkeit gewachsene innere Verwandtschaft zwischen Deutschen und Juden völlig zerbrach.

Es ist eine Tatsache: In den ersten hundert Jahren ihres kulturellen Zusammenlebens hatten die Deutschen und die Juden keine Macht und beteten sie auch nicht an. Meiner Überzeugung nach ist dies der gemeinsame Boden, der die drei deutsch-jüdischen Genies – Marx, Freud und Einstein – hervorbrachte.«[267]

### 6.2.3 Fake News und der Wandel der Demokratie

Auch heute noch sind die Nährboden für Antisemitismus, Rassismus und Sexismus immer noch existent. Es ist noch nicht ausreichend gelungen, durch gute Bildung und Aufklärung dagegen zu wirken. Ziel der Bildung in Schulen muss es sein, nicht durch Verbote, sondern durch Erklären und Aufklären die Menschen für Ideologien und Untaten weniger anfällig zu machen. Es geht darum, die Lehren der Geschichte zu lernen, und sie nicht ungelernt in den Seiten derselben untergehen zu lassen.

Das Konzept der Demokratie, stellt Fromm fest, hat sich im Laufe der Jahrhunderte entwickelt: »Die Demokratie wurde nicht an einem einzigen Tag geboren.«[268] Das Konzept der Demokratie ist aus dem Kampf gegen den Absolutismus in England und Frankreich hervorgegangen und handelt davon, dass kein Monarch das uneingeschränkte Recht hat, über das Schicksal seiner Untertanen zu verfügen. Dieses Recht bleibt dem Volk selbst vorenthalten und das Ziel ist »die Regierung des Volkes durch das Volk für das Volk,« wie Abraham Lincoln es formulierte.

Fromm mahnt aber auch, dass wir die Demokratie in mehreren Dimensionen begreifen müssen, wenn uns »die Rolle des Individuums in der Gesellschaft wirklich am Herzen liegt« [269] und erklärt: »Zeigt ein System die Tendenz, die Menschen in anpassungsbereite Automaten zu verwandeln, oder tendiert es dazu, ihre persönliche Aktivität und ihr Verantwortungsgefühl zu stärken? Tendiert es dazu, die Macht zu zentralisieren, oder bemüht es sich, die Macht und die Entscheidungsprozesse zu dezentralisieren und auf diese Weise die Demokratie gegen die Gefahr abzusichern, daß ein Diktator dadurch, daß er die Opposition ausschaltet, *ipso facto* die ganze Macht an sich reißt? (.)

Es ist besonders wichtig, daß man nicht nur die soziale Rolle des einzelnen in einem bestimmten Augenblick überprüft, sondern die allgemeine Tendenz innerhalb des Systems, ob es die individuelle Entwicklung und das Verantwortungsgefühl des einzelnen sowie die Dezentralisierung fördert oder ob es sie heimlich behindert.«[270]

Dann nämlich dürsten die Menschen nach Drama und finden die Ausflucht der billigsten Art in der Destruktivität. Nicht nur bewundern sie die totalitären Führer für ihre nach innen offen angekündigten, nach außen verklausulierten Verbrechen, sie suchen auch die endlose Unterhaltung. Politik wird so zu einer täglichen *Soap*, als sei es mit der Manipulation und Fälschung von Tatsachen, Handlungen und Äußerungen von Politikern durch Programme mit künstlicher Intelligenz nicht schon schwer genug, der Wahrheit in der Welt Gehör zu verschaffen.

»Als sich Hannah Arendt 1971 mit den Lügen beschäftigte, die in den USA über den Vietnamkrieg verbreitet wurden, tröstete sie sich mit dem Gedanken, dass die Macht der Fakten in einer freien Gesellschaft stärker sei als alle Lügen: ›Unter normalen Umständen kommt der Lügner gegen die Wirklichkeit, für die es keinen Ersatz gibt, nicht auf; so groß das Gewebe aus Unwahrheiten eines Lügners auch sein mag, es wird doch, selbst wenn er Computer zur Hilfe nimmt, niemals groß genug sein, um die Unendlichkeit des Wirklichen zuzudecken.‹ Das mit den Computern stimmt nicht mehr.

Bei der Präsidentschaftswahl 2016 war die zweidimensionale Welt des Internets wichtiger als die dreidimensionale Welt menschlichen Kontakts. Menschen, die von Tür zu Tür gingen, um für ihren Kandidaten zu werben, stießen auf völlig überraschte Bürger, die merkten, dass sie mit einem Menschen aus Fleisch und Blut über Politik würden sprechen müssen, statt über ihre Facebook-Feeds in ihren Ansichten bestätigt zu werden. Innerhalb der Welt des Internets sind neue Kollektive entstanden, die bei Tageslicht unsichtbar sind, Stämme mit spezifischen Weltbildern, verbunden mit Manipulationen. (.) Wir brauchen Printjournalisten, damit sich Geschichten auf der Zeitungsseite und in unseren Köpfen entwickeln können.«[271]

Nur, wenn es uns gelingt, als Gesellschaft die Bereitschaft und den Mut aufzubringen, Demokratie als »Lebensform« zu begreifen, können wir Fanatismus, Populismus und Radikalismus entschlossen und kompromisslos begegnen, denn die Gefahren kommen seltener von außen, als viel häufiger aus uns selbst von innen heraus.

## 6.3 Regression und Revolution

### 6.3.1 Die globale Regression

Die These von Erich Fromm aus dem Jahr 1941 lautet,

»daß der moderne Mensch, nachdem er sich von den Fesseln der vorindividualistischen Gesellschaft befreite, die ihm gleichzeitig Sicherheit gab und ihm Grenzen setzte, sich noch nicht die Freiheit – verstanden als positive Verwirklichung seines individuellen Selbst – errungen hat; das heißt, daß er noch nicht gelernt hat, seine intellektuellen, emotionalen und sinnlichen Möglichkeiten voll zum Ausdruck zu bringen. Die Freiheit hat ihm zwar Unabhängigkeit und Rationalität ermöglicht, aber sie hat ihn isoliert und dabei ängstlich und ohnmächtig gemacht. Diese Isolierung kann der Mensch nicht ertragen, und er sieht sich daher vor die Alternative gestellt, entweder der Last seiner Freiheit zu entfliehen und sich aufs neue in Abhängigkeit und Unterwerfung zu begeben oder voranzuschreiten zur vollen Verwirklichung jener positiven Freiheit, die sich auf die Einzigartigkeit und Individualität des Menschen gründet. (.) nur wenn wir die Gründe für die totalitäre Flucht vor der Freiheit erkennen, können wir uns so verhalten, daß wir die totalitären Kräfte besiegen. (.)

Als der Faschismus [zu Beginn des 20. Jahrhunderts] an die Macht kam, waren die meisten weder theoretisch noch praktisch darauf vorbereitet. Sie konnten einfach nicht glauben, daß der Mensch einen solchen Hang zum Bösen, eine solche Machtgier, eine solche Mißachtung der Rechte der Schwachen und ein solches Verlangen nach Unterwerfung bekunden konnte.«[272]

»Der Mensch hat – je mehr er aus seinem ursprünglichen Einssein mit seinen Mitmenschen und der Natur heraustritt und ‹Individuum› wird – keine andere Wahl, als sich entweder mit der Welt in spontaner Liebe und produktiver Arbeit zu vereinen oder aber auf irgendeine Weise dadurch Sicherheit zu finden, daß er Bindungen an die Welt eingeht, die seine Freiheit und die Integrität seines individuellen Selbst zerstören.«[273]

Wie aber steht es heute, im 21. Jahrhundert? Sind wir – theoretisch und praktisch – auf totalitäre, faschistische Bewegungen vorbereitet? Können wir sie verstehen, analysieren und uns selbst gegen die Gefahren von innen wie außen »immunisieren«?

Die Umbrüche, Herausforderungen und Krisen des 21. Jahrhunderts werden zu radikalen Umwälzungen führen und »Revolutionen« unvermeidlich machen. Die Revolution aber birgt immer die Gefahr der Diktatur, nämlich immer dann, wenn Menschen nach »Freiheit« drängen, aber mit der soeben noch neu errungenen und hart erkämpften überfordert und desorientiert sind. Dann wird das, was eben noch *ist*, vergangen sein und erneut eine Diktatur entstehen, wie in Afghanistan 2021, wo das Taliban Regime nach dem Abzug westlicher Truppen erneut große Unterstützung aus der Allgemeinbevölkerung erhielt oder wie in Deutschland 1933 in der Weimarer Republik, die als eine »Demokratie ohne Demokraten« bekannt wurde.

War Hitlers Machtübernahme also unvermeidlich? »1929 waren Faktoren gegeben, welche die Deutschen geneigt machten, sich dem Nationalsozialismus zuzuwenden: die Existenz eines verbitterten, sadistischen Kleinbürgertums, dessen Mentalität sich zwischen 1918 und 1923 herausgebildet hatte; eine weitverbreitete Arbeitslosigkeit infolge der Weltwirtschaftskrise von 1929; die wachsende Stärke der militärischen Kräfte im Land, die bereits 1918 von den sozialdemokratischen Führern geduldet wurde; die Angst innerhalb der Schwerindustrie vor einer antikapitalistischen Entwicklung; (.) die Existenz eines halbverrückten, wenn auch talentierten opportunistischen Demagogen – um nur die wichtigsten Faktoren zu erwähnen. Andererseits gab es starke anti-nazistische Parteien in der Arbeiterklasse und mächtige Gewerkschaften; es gab eine antinazistische liberale Mittelklasse; es gab eine deutsche kulturelle und humanistische Tradition.*«[274]

Die heute überall in der Welt zu beobachtende Abkehr von Demokratie, internationalen Institutionen und Verträgen, der Rückbau der Globalisierung, das Ende des liberalen Kapitalismus – ohne Zweifel, wir stehen am Ende eines langen Schuldenzyklus und der Vierten Wende. Wie aber werden wir als westliche Gesellschaft, als

---

* Fromm erläutert weiter: »Es gab die Verschwörung einiger militärischer Führungskräfte gegen ihn, und sein militärischer Apparat zeigte Schwächen. (.) Was wäre andererseits geschehen, wenn Hitler die Bevölkerung der besetzten Länder nicht durch seine wahnsinnige Grausamkeit und Brutalität gegen sich aufgebracht hätte? Was wäre geschehen, wenn er auf seine Generäle gehört hätte, die zum strategischen Rückzug aus Moskau, Stalingrad und aus anderen Stellungen rieten?« (Fromm, Die Seele des Menschen: 182)

Weltgemeinschaft darauf reagieren? Werden wir zwangsläufig und unaufhaltsam über den Abgrund gleiten und in die Barbarei zurückfallen? Wird es zum Zivilisationsbruch kommen, wie im 20. Jahrhundert?

Der Determinismus vertritt den Standpunkt, »es gebe in jeder Situation nur eine einzige reale Möglichkeit der Wahl. Der freie Mensch handelt nach Hegel aufgrund der Einsicht in diese eine Möglichkeit, d.h. aufgrund der Einsicht in die Notwendigkeit; der nicht freie Mensch ist blind dafür und ist daher gezwungen, auf eine bestimmte Weise zu handeln, ohne zu wissen, dass er der Ausführende der Notwendigkeit, d.h. der Vernunft, ist.

Dagegen gibt es für ihn vom indeterministischen Standpunkt aus im Augenblick der Wahl viele Möglichkeiten, und es steht dem Menschen frei, unter ihnen zu wählen. Oft ist es jedoch so, dass es nicht nur eine ‹reale Möglichkeit› gibt, sondern zwei oder sogar noch mehr, doch kann der Mensch nicht willkürlich unter einer unbegrenzten Anzahl von Möglichkeiten wählen. Was ist unter einer ‹realen Möglichkeit› zu verstehen?

Die reale Möglichkeit ist eine Möglichkeit, die sich ergeben kann, wenn man die Gesamtstruktur der Kräfte in Betracht zieht, die in einem Individuum oder in einer Gesellschaft am Werk sind. Die reale Möglichkeit ist das Gegenteil der fiktiven, die zwar den Wünschen und Begierden des Menschen entspricht, aber unter den gegebenen Umständen niemals realisiert werden kann.

Im Menschen herrscht eine Konstellation von Kräften, die auf eine bestimmte und feststellbare Weise strukturiert ist.«[275] Fromm resümiert:

»Hitler hätte eine reale Möglichkeit gehabt, den Krieg zu gewinnen – oder doch wenigstens ihn nicht so katastrophal zu verlieren –, wenn er die eroberten Völker nicht mit einer derartigen Brutalität und Grausamkeit behandelt hätte, wenn er nicht so narzisstisch gewesen wäre, dass er niemals einen strategischen Rückzug zuließ und so weiter. Aber außerhalb dieser Alternativen gab es für ihn keine realen Möglichkeiten. Zu hoffen, er könne seiner Destruktivität gegenüber der eroberten Bevölkerung freien Lauf lassen und seine Eitelkeit und seinen Größenwahn damit befriedigen, dass er nie einen Rückzug antrat, zu hoffen, er könne durch seinen maßlosen Ehrgeiz zu einer Bedrohung für alle anderen kapitalistischen Mächte werden und den Krieg gewinnen – all das zusammen lag nicht im Bereich der realen Möglichkeiten.«[276]

George Bernard Shaw sagte einmal: »Ich glaube nicht an Zufälle, denn die Menschen, die auf diese Welt kommen, gehen raus in die Welt und suchen sich die Zufälle, die sie wollen, und wenn sie sie nicht finden, dann führen sie sie herbei.«[277] Und Erich Fromm glaubte: »Der Mensch wird jedoch nicht nur von der Geschichte geschaffen. Die Geschichte wird auch ihrerseits vom Menschen geschaffen.«[278]

Die Geschichte, die einerseits nichts weiter zu sein scheint als die Summe aufeinanderfolgender Zufälle, und doch so unausweichlich daherkommt, *macht* nicht nur den Menschen, sondern der Mensch *macht* auch die Geschichte. Die Revolution in Panem zeichnete sich lange ab und trat unausweichlich ein, doch letztlich ist es dem Wirken eines Strategen zuzuschreiben, dass sie stattfand.

Dieser Stratege, der Oberste Spielemacher, ist ein gebildeter, kluger, immer Bücher mit sich tragende Plutarch Heavensbee. Was Collins wusste oder nicht wusste, ist, dass nur ein Jahrzehnt später ein Filmproduzent, der schlau und vermögend ist und wie ein College-Professor immer Bücher mit sich trägt, eine historische Rolle spielen sollte, wie sie es auch in Heavensbee angelegt hat.

Stephen K. Bannon, oder Steve Bannon, ist ein sehr schlauer Mensch, der wie Heavensbee keinen großen Wert auf ein extravagantes äußeres Erscheinungsbild legt. Seine Rolle bleibt im verdunkelten Hintergrund, seine volle Lebenskraft konzentriert er in seiner Gedankenwelt und verschwendet keine Energie für Modetrends. Beide glauben, nur ein radikales Zerstören der bestehenden Ordnung könne etwas Neues erblühen lassen. Bannon gab offen zu, dass das Ziel die Zerstörung der politischen Institutionen im Inland, und im Ausland der internationalen Weltordnung ist.

Während die Eskalationen während Trumps Präsidentschaft mit Nordkorea oder dem Iran wie auch der Handelskrieg mit China und der Europäischen Union für uns hierzulange gut sichtbar wurden, so war der Schaden für die Demokratie durch das Unsichtbare um einiges größer. Bannons Strategie ist es, unqualifizierte, inkompetente oder radikal destruktiv eingestellte Minister und Mitarbeiter in die höchsten Ämter der amerikanischen Institutionen zu setzen.[279]

Anders als Plutarch ist Bannon jedoch nicht humanistisch gebildet. Sein Weltbild ist geprägt von der Vorstellungen eines unentwegten »Rassenkrieges«, der sich durch die Bevölkerungszunahme und die Industrialisierung afrikanischer und arabischer Staaten zu

Ungunsten der »höheren« weißen »Rasse« zu entwickeln droht. Diese »Herrenrasse« nämlich war es, die andere Völker über Jahrhunderte ausgebeutet und versklavt hat. Nun, wenn die Christen die »Weltherrschaft« an die Muslime »verlieren«, wird deren »Rache« vernichtend sein.[280] Terroristen werden die Welt in Angst und Schrecken versetzten und Araber die Weißen »zu Tode gebären«.

Der Gedanke der Rache ist in der amerikanischen Kultur tief verwurzelt. Bannon selbst machte davon während des Wahlkampfes für seinen Präsidentschaftskandidaten Donald Trump gebrauch: *Wenn ein Feind dich angreift, musst du hundertmal so stark zurückschlagen.*[*] Damit und mit seinem rassistischen Weltbild ist Steve Bannon ein strammer Ideologe, der über sein propagandamedium *Breitbart News* die extreme Rechte in den USA »groß« machte. Neiman nennt ihn daher den »Goebbels digital«.[281]

Dass Bannon mit seiner Ideologie so erfolgreich ist, hängt einerseits damit zusammen, dass die Geschichtskultur in den USA niemals eine so intensive Aufarbeitung wie etwa in Deutschland erlebt hat, andererseits sind Aspekte seines Weltbildes der Wahrheit entsprechend. Man darf nämlich nicht übersehen, dass es in der muslimisch-arabischen Welt ebenso stramme Ideologen gibt, ja sogar Regierungschefs, die darüber fantasieren, in wenigen Wochen ganz Europa zu überfallen oder ihre Landsleute dazu ermuntern, in die westliche Welt zugehen um »die weiße Rasse zu Tode zu gebären«. Dann gewähren sie ihnen billige Kredite, während die Wirtschaft im eigenen Land zugrunde geht.

»Der türkische Präsident Recep Tayyip Erdoğan hat die in Europa lebenden Türken aufgerufen, ihren Einfluss auszubauen und mehr Kinder zu bekommen. ‹Macht fünf Kinder, nicht drei, denn ihr seid Europas Zukunft›, sagte Erdoğan bei einem Wahlkampfauftritt im westtürkischen Eskişehir. Dies sei die ‹beste Antwort› auf die ‹Unhöflichkeit› und ‹Feindschaft›, die ihnen entgegengebracht werde. (.) In der Vergangenheit hatte er die türkischen Frauen bereits dazu aufgerufen, mindestens drei Kinder zu haben, was bei

---

[*] Nachdem ein Videomitschnitt auftauchte, in dem Trump über Frauen sagte, sie würden sich alle von ihm an die »Pussy graben« lassen, organisierte Bannon umgehend eine Pressekonferenz mit Trump und Frauen, die aussagten, sie seien von dem früheren Präsidenten Bill Clinton – dem Ehemann der demokratischen Kandidatin Hillary Clinton – sexuell »attackiert« worden. Der Zweck dieser Show war klar: Trump redet zwar abfällig über Frauen, aber nur bei den Demokraten werden sie tatsächlich »vergewaltigt«.

Frauenrechtsaktivistinnen auf scharfe Kritik gestoßen war. ‹Da wo ihr arbeitet und lebt, ist nun eure Heimat. Gründet noch mehr Betriebe. Schickt eure Kinder in bessere Schulen. Lasst eure Familien in besseren Stadtteilen leben. Steigt in die besten Autos. Wohnt in den schönsten Häusern›, sagte Erdoğan bei seinem Auftritt weiter. Zugleich warf er den Europäern vor, Türken nur zu dulden, wenn diese niedere Arbeiten verrichteten.«[282]

Steve Bannon, der sein Leben lang nach einem »Sinn« suchte und sich als Produzent von rechtspopulistischen Propagandafilmen die Zeit vertrieb, fand diesen schließlich in der billigsten Art und Weise, nämlich in der Destruktivität. Es ist nicht zu erkennen, welchen Plan er für die Zeit nach der großen Revolution durch die »weltweite Bewegung« – wie er sein Publikum bezeichnet – und der Zerstörung der amerikanischen Demokratie hat. Bannons Verständnis von Geschichte ist durchdrängt von der Unausweichlichkeit der Vier Wendungen.

Seiner Angst vor der Rache der »minderwertigen Rassen« und ihrem Hass auf die weiße »Herrenrasse« sucht er zu entkommen, indem er sich und seinesgleichen auf der »richtigen Seite der Geschichte« wägt. »We are on the right side of history.« Seiner Bedeutungslosigkeit, seiner Langeweile, seiner Angst und empfundenen Hilflosigkeit sucht er dadurch zu entkommen, dass er sich selbst als Teil eines mächtigeren Ganzen begreift, das niemals verlieren, sondern immer nur siegen kann, weil die Geschichte es so und nur so und niemals anders vorsieht.

Der Schaden, den Bannon der amerikanischen Demokratie mit Präsident Trump und der Radikalisierung nicht nur der extremen Rechten, sondern auch der Rechten aus der Mitte der Gesellschaft zugefügt hat, darf jedoch nicht überschätzt werden. Die Demokratie ist seit Jahrzehnten von der Oligarchie des militärindustriellen Komplexes in den USA schleichend ausgehöhlt worden, der seit dem Zweiten Weltkrieg an der Macht ist.

Alle Richter am *supreme court* sind handverlesene Ideologen, durch das »Gerrymandering« wählen nicht die Bürger eines Wahlkreises ihren Abgeordneten ins Parlament, sondern Politiker schneiden sich ihre Wahlkreise so zu, dass sie Bürger finden, von denen sie sich schließlich wählen lassen können. Die Präsidentschaftswahl selbst ist so überflüssig wie das Werfen einer gezinkten Münze, die ohnehin auf beiden Seiten gleich aussieht.

Die Kandidaten der Demokraten und der Republikaner durchlaufen bei den Vorwahlen einen »Marathon«, an dessen Ende in jedem Fall durch Wahlkampfspenden und *Superpac*-finanzierte Wahlwerbung ein Sieger steht, mit dem die Machtelite des Landes sich so oder so arrangieren kann – Detailfragen lassen sich im Kongress noch klären, umstoßen, verhindern oder durchsetzen.

Noch nie zuvor wurde so viel Geld in Wahlwerbung investiert wie bei der Präsidentschaftswahl 2020, bei der man – wie schon so oft – in »sicheren« Staaten gar nicht bemerkte, dass ein Wahlkampf geführt wird, weil dieser sich fast ausschließlich auf die Wechselwähler in den *swing states* fokussierte, nachdem Datenanalysten von *Cambridge Analytica* – wie schon beim Brexit-Referendum – die brüchigen Stellen des Systems – bis an deren Haustür folgend – herausgespalten hat.

Der Gesamtbetrag aller Wahlkampfausgaben lag im zweistelligen Milliardenbereich. Ob nun Biden oder Trump die Wahl gewinnen sollten, blieb aus militärindustrieller Sicht unerheblich, da der Etat für Rüstung und die Umsätze der Waffenindustrie nicht gefährdet werden. Ein Bernie Sanders, der die Rüstungsausgaben mehr als halbieren wollte, hat es niemals über die entscheidenden Phasen der Vorwahlen hinaus geschafft.

»Wir wissen (.) nicht, aber wir können es ahnen, wie viele Menschen sich in Erkenntnisihrer wachsenden Unfähigkeit, die Last des Lebens unter modernen Verhältnissen zu ertragen, sich willig einem System unterwerfen würden, das ihnen mit der Selbstbestimmung auch die Verantwortung für das eigene Leben abnimmt.«[283]

– schrieb Hannah Arendt und fuhr fort:

»Die Grunderfahrung menschlichen Zusammenlebens, die in totalitärer Herrschaft politisch realisiert wird, ist die Erfahrung der *Verlassenheit*.«[284] Dann, so Fromm, »überwindet der Einzelne sein Gefühl der Ohnmacht gegenüber der überwältigenden Macht der Außenwelt, indem er entweder auf seine individuelle Integrität verzichtet oder indem er andere zerstört, so daß die Welt für ihn nicht länger bedrohlich ist.«[285]

Und Welzer resümiert:

»Die menschliche Lebensform ist die der wechselseitigen Beziehung; kein Mensch wird *allein*, ohne ein soziales Beziehungsgeflecht erwachsen. Totalitarismus ist vor allem daran interessiert, die eigensinnigen und autonomen Beziehungen zu zerstören, die Menschen also voneinander zu isolieren. Erst in diesem Zustand kann totale Beherrschung stattfinden. ‹Verlassenheit› und Isolation bilden die perfekte Voraussetzung dafür.«[286]

In Panem haben wir erlebt, wie alle sozialen Strukturen gezielt unterdrückt werden, sodass der Einzelne vereinzelt und ohne das große und mächtige Panem selbst nicht mehr leben kann. Der Mechanismus, der sich durch diese Grunderfahrung in Gang setzt, ist und bleibt derselbe, wenn Vereinzelung nicht gezielt herbeigeführt wird, sondern ein unbeachteter Nebeneffekt ist oder nicht verhindert wird. Eine Welt, in der Essen »auf Knopfdruck« erscheint, aber der Mensch nicht mehr ist als nur ein gut genährter Automat, ist eine Welt der Vereinzelung, Singularisierung und *Ent-Sinnung*.

Die gesellschaftlichen Fliehkräfte in den USA sind vielleicht nicht neu, so dachte auch Hannah Arendt in der zweiten Hälfte des 20. Jahrhunderts Jahren über eine Auswanderung nach, als sie die amerikanische Republik in Gefahr sah. Doch die Fliehkräfte sind in der ersten Hälfte des 21. Jahrhunderts nicht milder, sondern stärker geworden. Und da es naiv ist, zu glauben, dass Frieden und Ordnungssysteme, die schon seit Jahrhunderten bestehen, auch weitere Jahrhunderte bestünden, müssen wir es als eine reale Gefahr betrachten, dass die Verfassung in den USA gut möglich noch in diesem Jahrhundert in einer Rebellion gestürzt wird.

Steve Bannon glaubt, »dass die weißen Bürger Amerikas als auserwähltes Volk gegen das ‹Biest› kämpfen müssen, das sich unter anderem im Islam, im Feminismus oder im Versuch der Schwarzen, durch hohe Geburtenraten einen ‹weißen Genozid› zu erreichen, verkörpern soll,«[287] und bietet damit vielen Amerikanern, die sich von der amerikanischen Politik vergessen, ignoriert und herabgesetzt fühlen, eine politische Heimat, die eine neue »frohe Kunde« eines Landes verheißt, der Abermillionen gleichfühlender Europäer bereit sind sich anzuschließen.

Der Schock des Landes, das nie die destruktiven und grausamen Seiten des Krieges selbst auf dem Festland erfahren musste – und den Bürgerkrieg vielleicht noch gutheißt, weil er das Ende der Sklaverei besiegelte – wurde mit den Terroranschlägen vom 11. September 2001 traumatisiert. Damit ist der Nährboden für Radikalisierung, Totalitarismus und Fanatismus bereitet.

Steve Bannon versteht es als Oberster Spielemacher, den nötigen Funken zu entzünden, den es braucht, um die »große Regression«

220

zu entfachen. Er schreibt die Geschichte dadurch, dass er ihren Verlauf liest und begreift und sich die Zufälle sucht, die es braucht, um seine Agenda durchzusetzen.

### 6.3.2 Unser Staat, unsere Zukunft, unsere Verantwortung

*Im Mai 2017 schrieb ich in einem unveröffentlichten Essay…*

Angesichts der derzeitigen politischen Weltlage: Ein unberechenbarer Autokrat ist der wohl mächtigste Mann der Welt, verfügt über keinerlei politische Erfahrung und, glaubt man Satirikern, nicht einmal über den Wortschatz eines Dreijährigen; ein Diktator, den die Bild-Zeitung gerne auch mal mit *c* schreibt, wird des Säbelrasselns nicht müde; im Nahen Osten tobt der Wahnsinn, von Bürgerkrieg bis Terrorkampf reicht die Bandbreite der Unmenschlichkeit; der »Despot vom Bosporus« ist auf dem besten Wege, sein Land – wohlgemerkt demokratisch legitimiert – in eine Diktatur zu führen; der Europäische Gedanke entgleitet uns, die Weltgemeinschaft bröckelt.

Unverkennbar, wir leben in Zeiten des Umbruchs, wir sind auf dem Weg in ein neues Zeitalter. Doch wie mag uns dieses empfangen? Eint uns die Krise als Weltgemeinschaft, oder werden wir uns entzweit hinter hohen Mauern vor dem Fremden verstecken, das einst doch unsere Mitgemeinschaft war, aber heute *nur* noch *die anderen*?

Die *Insel der Pinguine* »ist ein 1908 erschienener historischer Roman des französischen Autors Anatole France. Vorgeblich eine Chronik des fiktiven Landes *Alka* in acht Büchern, ist der Roman eine Satire auf die Geschichte Frankreichs im Besonderen und die Geschichte des christlichen Abendlandes im Allgemeinen. (.) Im achten Buch unternimmt France einen kühnen Sprung in die Zukunft. Über eine Gesellschaft, die sich technologisch immer weiter entwickelt, kulturell jedoch verkümmert, herrscht eine Schicht von Plutokraten, deren einziges Ziel es ist, immer mehr Reichtümer anzuhäufen.

Dieses Regime, ‹das auf die stärksten Pfeiler der menschlichen Natur gebaut war, auf Dünkel und auf Gier›, ruft jedoch eine Revolte von terroristischen Attentätern hervor, denen es gelingt, mit hochentwickelten Sprengstoffen Zerstörungen unvorstellbaren

Ausmaßes anzurichten. Das Ergebnis ist, dass nicht nur die Zivilisation, sondern ebenfalls die Erinnerung an sie verschwindet. Die Geschichte hebt zu einem neuen Zyklus an, der in denselben Bahnen verlaufen wird.«[288]

Am Erstaunlichsten ist nicht einmal die Präzision, mit der France die Entwicklung einer zukünftigen Gesellschaft hat beschreiben können, vielmehr schockierend ist der Umstand, dass sein Werk bereits in das Jahr 1908 datiert werden kann. Seinem Roman zufolge liegt die Macht und die Kontrolle über die Gesellschaft bei einer kleinen Gruppe schwer reicher Personen, die sich nicht um das Allgemeinwohl scheren, sondern nur und ausschließlich auf ihren eigenen Vorteil bedacht sind. Wachstum ist das Ziel, ein *Immer-Mehr* die oberste Maxime – die Gier kennt keine Grenzen. France zufolge führe diese Hybris zum Ende eben dieser Zivilisation, der Lauf des Lebens geht weiter, doch wer nicht aus der Geschichte lernt, der ist dazu verdammt, sie zu wiederholen.

Die düstere Vorhersage sollte sich bewahrheiten, manche sagen sogar, die soziale Kälte in der Welt werde den Klimawandel kompensieren. Das ist natürlich kein ernstgemeinter Standpunkt. Wie sieht es heute aus, über einhundert Jahre nach Frances Dystopie?

Der Kapitalismus hat uns als Weltgemeinschaft Fortschritt und Wohlstand gebracht, die liberale Marktwirtschaft sollte den Wettbewerb zwischen konkurrierenden Unternehmen fördern – um eine Monopolbildung, also ein einseitiges Wettbewerbsschwergewicht, zu verhindern, schlug man den Weg des Neoliberalismus, des *neuen* freien Marktes ein.

Die Idee: Der Staat solle sich weitgehend aus wirtschaftlichen Vorgängen heraushalten, nur ein Minimum an Regulierungen sollte Wettbewerbsfairness sichern. Was das System *Kapitalismus* stark machen sollte, war seine Wachstumsfähigkeit. Ein jeder sollte investieren und zum eigenen Unternehmer werden können, sich auf dem Markt etablieren und so zu Wohlstand gelangen können und diesen mehren – eine schöne Idee.

Doch was wir in der Natur beobachten können, was ein vergleichsweises exponentielles Wachstum an den Tag legt, nennen wir *Krebs!* Ein grenzenloses exponentielles Wachstum ist in einer Welt endlicher Ressourcen unmöglich, die Folgen sehen wir schon heute: Massensterben von Tierarten, Überfischung der Meere, Vermüllung und Vergiftung der Natur und Umwelt, somit schlechtere Lebensqualität, steigende Temperaturen und einen immer höher

werdenden Meeresspiegel, verschwindende Küsten, Stürme, Hitze-
wellen, Dürren und Hungersnöte, ja der Mensch wird von den Folgen seines Handelns eingeholt.

Und in sozialer Dimension? Unsere Gesellschaft verkümmert immer mehr, wie France es vorhersah. Das, woran wir vornehmlich
glauben, ist das Geld – und wir müssen daran glauben, denn hörten
wir damit auf, so verlöre es mit einem Wimpernschlag all seinen
Wert. Geld ist überhaupt das Wichtigste, denn es ist das Kapital,
der Dünger unseres künftigen Wohlstandes.

Wie das Geld, so *gibt* es den Staat auch eigentlich nicht. Er ist ein
von Menschen erdachtes Konstrukt, welches unserem Gemeinwohl
dienbar sein soll. Die Aufgabe des Staates in einer globalisierten
Welt? – Er soll soziale Ungleichheit vermeiden, man spricht vom
Sozialstaat. Wirft man einen kritischen Blick auf die Zahlen und Statistiken, so muss ein jeder das Versagen dieses Staates eingestehen:
nie zuvor in der Geschichte der Menschheit waren die Vermögen so
unterschiedlich verteilt.

Die reichsten zwei Prozent der Weltbevölkerung halten über 80%
des Gesamtvermögens in ihren Händen, allein das oberste Prozent
besitzt dabei mehr als der Rest der Welt zusammen, mit anderen
Worten: unser heutiges System hat sich zu einem entwickelt, das
99% aller Menschen benachteiligt.

Wie ist dem beizukommen? Durch Wachstum? Denkbar wäre
dies durchaus. Ein jeder in unteren Vermögensschichten kann investieren und selbst zu Wohlstand gelangen – doch dies ist nur eine
nette Idee. Man darf nicht vergessen, dass das Geld in unserer Welt
das Kapital ist, und wer bereits viel Geld hat, damit über ein großes
Kapital verfügt, kann selbst ganz andere Investitionen tätigen, und
so seinen eigenen Reichtum mehren. Das Ergebnis in der Realität:
Die Schere zwischen Arm und Reich wird fortwährend größer.

Warum sich dennoch nichts ändert? Weil das oberste Prozent das
Geld besitzt, und damit die Wirtschaft und den Staat lenkt? Weil
die Reichen nicht wollen, dass sich etwas ändert, und so ändert sich
auch nichts? Leben wir in einer Diktatur des Kapitals, in einer Diktatur des Marktes? Gibt es nicht mehr *den* mündigen und aufgeklär-
ten Staatsbürger, sondern nur noch den Konsumenten, den Verbraucher, der gehorsam den Regeln des Marktes sich unterwerfend
folgt?

»Ein Mensch ist nämlich niemals ein Individuum; man sollte ihn besser ein einzelnes Allgemeines nennen: von seiner Epoche totalisiert und eben dadurch allgemein geworden, retotalisiert er sie, indem er sich in ihr als Einzelheit wiederhervorbringt. Da er durch die einzelne Allgemeinheit der menschlichen Geschichte allgemein und durch die allgemeinmachende Einzelheit seiner Entwürfe einzeln ist, muß er zugleich von den beiden Enden her untersucht werden.«

– Jean-Paul Sartre[289]

Ein Mensch ist kein Individuum – diese Sichtweise Sartres zu bedenken vermag auf den ersten Blick ein leichtes Unterfangen zu sein, doch bei näherer Betrachtung muss man feststellen, es ist dies nur, sofern man sich auf eine Dimension beschränkt.

*Neoliberalismus* bezeichnet eine politische Denkrichtung, welche die Absicht verfolgt, den Eingriff des Staates in ökonomische Prozesse auf ein Mindestmaß zu beschränken, um in liberalen Marktwirtschaften Monopolbildungen zu vereiteln. Der moderne Neoliberalismus jedoch verkennt dieses zugrunde liegende Motiv und verklärt ein gesteigertes Konkurrenzdenken unter den einzelnen Individuen zum Leitbild innerhalb einer neoliberalen Gesellschaft. Es wird die Sichtweise propagiert, dass nahezu alles ein Markt sein kann, auf dem man sich möglichst kompetent präsentieren soll; man soll zum Unternehmer seines Selbst werden.

Die Folge dieses arbeitsmarktpolitischen Denkens ist, dass das Individuum zu einem Dividuum herabsinkt; der Mensch wird gesehen als eine formbare Gestalt, die im Sinne ökonomischer Anforderungen und Interessen sich selbst möglich nutzbar machen soll – nicht zuletzt biopolitische Regulationen, wie ein jeder *gesund* zu leben hat, und Gouvernementalität, also die Kunst des Sich-Selbst-Regierens, unterwandern unsere vermeintlich demokratische Gesellschaftsordnung; wir leben in einer Diktatur des Marktes, weil der Diktator eines jeden ein jeder selbst ist.

Die Konsequenzen dieses endlosen Strebens nach Selbstoptimierung: Viele Arbeitnehmer und Arbeitnehmerinnen fühlen sich völlig überfordert, restlos aufgebraucht, geradezu aufgefressen von ihrer Arbeit – nie ist ein Abschalten, ein Zur-Ruhe-Kommen möglich, immer weiter soll man die Ideale des *homo oeconomicus* verinnerlichen, immer weiter auch auf einst private Lebensbereiche ausweiten. Wer nicht Erfolg hat, der hatte nicht Pech; nein, er hat versagt – weil er zu faul war, sich nicht anpassen wollte, nicht den Anforderungen gerecht werden konnte. Hier offenbart sich das Gegenbild des Unternehmerischen Selbst, das *gescheiterte* Selbst; eine Spirale der Prekarisierung setzt an und erstreckt sich bis ins Unendliche fort.

Warum aber ist dies mit uns machbar? Sollten aufgeklärte Menschen dieses System nicht durchschauen können? Aufgeklärte Menschen, im Sinne humanistischer Bildung, wie es Humboldts Ideal widerspiegelt, wären gewiss dazu in der Lage, jedwede Form Diktatur des Marktes setzt bereits in den Kinderschuhen der Kritik an: in den Schulen. Bildung bedeutete einmal selbstdenkend, kritisch über sich selbst und die Welt, in der man lebt, reflektieren zu können.

Doch der Dämon des Neoliberalismus hat auch dieses Ideal zerfressen: In den Schulen von heute wird nicht mehr *wahre Erkenntnis* vermittelt, die Schüler lernen nicht mehr, Dinge kritisch zu hinterfragen – dies ist von Seiten der Wirtschaft auch nicht gewünscht. Man will einfach gestrickte Konsumenten und gehorsame Untergebene, die Teil des Systems sind, in dem sie sich selbst als Produkte vermarkten.

So verkommt Bildung immer mehr zu Ausbildung. Ausgebildet werden auch keine Fähigkeiten, sondern Kompetenzen, mit anderen Worten: Wer heute aus der Schule kommt, kann nichts, aber wenn er etwas können müssen muss, dann *weiß* er sich dessen schnell anzueignen. Man muss gar nicht mehr Goethes *Faust* studieren, es genügt das einfache Lesen einer Gebrauchsanweisung für eine Brotbackmaschine.

Auch hier wird der Unterschied zwischen Fähigkeiten und Kompetenzen deutlich: Wer über eine Lesefähigkeit verfügt, der kann schön und gut lesen, er macht sich gewiss gut als Vorleser Texte aller Art – wer hingegen nur Lesekompetenzen zur Hand hat, der kann – wenn er irgendwann einmal etwas lesen oder vorlesen muss – schnell diese Fähigkeiten erlernen. Man lernt also nicht für das Leben und für sich selbst, nein, man *lernt*, um später selbst lernen zu können.

In unserer neoliberalen Gesellschaft verfällt der Wert der Bildung, das Unternehmerische Selbst beraubt eines jeden seiner Individualität und zwängt den Menschen eine Art *zu sein* auf, bestimmt nach den Regeln der Wirtschaft und des Marktes. Das, was man gemeinhin Volk, Kultur oder Gesellschaft nennt, verliert somit seine wahre, ihm einwohnende Identität. Dabei ist Neoliberalismus per se kein Teufelswerk; was wir brauchen ist eine Rückkehr zum ursprünglichen Verständnis des Neoliberalismus und wir brauchen eine Renaissance der Bildung. So kann unsere Gesellschaft in Wohlstand leben, doch fühlt sich nicht seiner kollektiven und individuellen Identität beraubt, die soziale Gerechtigkeit wird gewahrt.

Was wir in unserer heutigen Zeit erleben, ist eine Spaltung der Globalgesellschaft in Arm und Reich. Die Folge sind vielerorts Armut, Krisen, Hunger führen zu Aufständen, Kriegen und Terror. Wie nicht anders angekündigt, ist eine Revolte terroristischer Attentäter hervorgerufen worden, die mit mörderischen Sprengstoffen nicht nur unseren Frieden, sondern unsere ganze Existenz bedrohen. Dass nicht zuletzt die Ursachen hierzu ökonomischer Natur, oder vielmehr *Un*-Natur sein mögen, ist symptomatisch für das Zeitalter des Menschen, das wir Anthropozän nennen.

Unsere Gesellschaftsordnung, unser Wirtschaftssystem sind keine Universalien, sie sind von Menschen für Menschen erdacht worden, eben diese beginnen sie zu unterdrücken und auszubeuten. Wir können sie selbst wählen, sie ändern – und angesichts der Umstände, dass sich die *reiche* Welt selbst in Arm und Reich zu spalten droht, sollten wir dies auch tun. Was die Politik nicht geschafft hat, war den Wohlstand unserer Nationen gerecht zu verteilen. Es entsteht das Gefühl der Ungerechtigkeit; , dies ist – und auch das verkannte die Politik nur allzu lange – der fruchtbarste Nährboden für radikale Bewegungen.

Der Terror, der zu uns kam, uns und unsere kultivierte Art zu leben so sehr verachtet, brachte zu Ungerechtigkeit auch noch Angst und Schrecken – eine Dynamik brach sich Bahn, die nichts aufhalten konnte. Auch konnte sie gerade deshalb nichts aufhalten, weil uns ein kollektives Empfinden fehlt; der Föderalismus erscheint als Teil dieses Übels. Föderalismus ist obsolet, alles versinkt in einem tiefen Sumpf der Bürokratie – hätten viele der grausamen Anschläge nicht verhindert werden können, wenn die Behörden vernünftig miteinander kommuniziert hätten? Gewiss. Hier zeigt sich die Unfähigkeit des Staates, seine Bürger zu schützen. Brauchen wir einen Staat als nationalistische Einheit?

Die globalisierte Welt ist kompliziert geworden, zu kompliziert. Unionen bringen die Nachteile von Drücken und Zwängen mit sich, es bedarf an außerordentlicher Kompromissbereitschaft – und eben dies ist oft ein Problem, denn was am Ende rauskommt, das will eigentlich keiner haben. Eine mögliche Lösung: eben diese Zwänge beseitigen. Gibt es keine Union, so gibt es auch keine Zwänge; jeder für sich, alleine, doch leicht überschaubar. Das ist das Credo des Rechtspopulismus: Alleine zu verlorener Stärke erwachsen.

Das Problem dabei: es widerstrebt dem Staatsgedanken.

Ist der Staat eine Universalie? Aristoteles meint ja, Foucault widerspricht ihm. Der Staat selbst mag vielleicht keine Universalie sein, seine Ordnung ist allein von Menschen erdacht und wandelbar, doch das ihm zugrundeliegende Prinzip, dass Individuen, dass Menschen zu einer Gemeinschaft zusammenstreben, ein kollektives Bewusstsein entwickeln, dieses Prinzip ist gewiss eine Universalie.

Doch eine Gemeinschaft braucht eben auch Kompromisse. Wollte man nun konsequent alle Zwänge gemeinschaftlichen Zusammenlebens beseitigen, so würde dies unweigerlich das Ende des Staates bedeuten. Anarchisten springen hierbei vor Freude in die Luft, doch ein Zusammenbrechen kollektiven Zusammenlebens würde uns in die Steinzeit zurückwerfen – weiter noch: selbst damals fanden die Menschen zu Gruppen zusammen und teilten sich gemeinschaftliche Aufgaben wie das Jagen oder das Umsorgen der Kinder.

Eine mögliche Antwort darauf, wie man sie in China gefunden hat, ist der Staatsglaube. Man löst sich von bisherigen Religionsverständnissen und entwickelt diese hin zu einem Staatsglauben fort. Der Staat allein ist das Credo, das seine staatliche Gemeinschaft mehr und mehr vergisst.

Dieser Glaube an diese Gemeinschaft aber, wohnt uns Lebewesen inne; er ist universell, also von beständiger und absoluter Dauer. Der Glaube an eben diese Gemeinschaft ist die Währung in einem solchen Staat. Der Feudalismus meint, dass den Reichen und Adeligen der Staat gehört. Doch wenn er ihnen nicht gehört, sie aus seinem Besitz von Land, Rohstoffen und Kulturgütern Anreize eben für diesen Besitz ziehen können, sondern der Staat allen gehört und seine Regierung selbst autonom in ihrem Handeln ist, so kann von einer Demokratie gesprochen werden.

Dieser Staat unterstützt all seine Bürger, der Sozialstaat vornehmlich seine Bedürftigen. Er investiert in zukünftige Generationen, in Bildung, in Gesundheit, kurzum: in die Menschen. Jedoch, obschon er in sie investiert, darf er sie nicht zu Humankapital herabsenken; er achtet nicht nur, sondern fördert insbesondere ihre Individualität, ihre ganz eigene Art und Weise des Menschseins. Ein solches System bricht nicht einfach zusammen, denn dies könnte nur drohen, wenn die Menschen aufhörten, an ihre Gemeinschaft zu glauben, und eben dieser Glaube ist unerschütterlich in uns und unserer Natur verankert.

Wozu würde uns hingegen Abschottung und Protektionismus führen? Erinnern wir uns an die Geschichte, aus der wir zu lernen gewillt sind: Merkantilismus, auch genannt Colbertismus, gab es bereits im absolutistischen Frankreich des 18. Jahrhunderts. Wie sah dieses System aus? Es war ausnahmslos verfügt worden, Rohstoffe zu importieren und Endprodukte – gefertigt in Frankreich – zu exportieren, die Zölle wurden hoch gehalten. Zunächst sollte es ein sehr erfolgreiches System sein, denn es flossen keine Gelder mehr in Unsummen ins Ausland ab, sondern der Wohlstand der Nation wurde durch seine Exportkraft genährt.

Doch als andere Staaten es sich zu eigen machten, eben dieses System zu kopieren, brach es in allen seinen Staaten zusammen. Weshalb? Es ist recht simpel: wenn nur noch Rohstoffe importiert und Endprodukte exportiert werden, wer importiert dann noch eben diese Endprodukte und wer würde überhaupt die dazu notwendigen Rohstoffe liefern?

Die Folgen: Die armen Länder der Welt, insbesondere Länder Afrikas und Südamerikas, würden weiterhin die Rohstoffe liefern müssen – eine sehr schmale Einnahmequelle. Die reichen Nationen hingegen, die Nordamerikas, Europas und gewiss einige des arabischen und asiatischen Raumes, würden von dem Export ihrer Endprodukte profitieren. Wer ihre Waren kauft? Natürlich die armen Länder. Die unabwendbare Konsequenz: Die Reichen werden immer reicher, die Armen immer ärmer. Die bestehenden Krisen würden verschärft, neue kreiert. Nein, Nationalismus ist gewiss keine Lösung, denn er löst nicht unsere Probleme, er verstärkt sie obendrein.

Wir brauchen eine *Festung Europa*, ein unerschütterliches Bollwerk an Werten und Normen unseres kultivierten, gesellschaftlichen Lebens. Gemeinsam müssen wir Europa zu alter Größe verhelfen, zu alter Stärke zurückfinden – und eben diese Stärke ist die des Humanismus, der Vernunft und der Menschlichkeit. Wir brauchen ein gemeinsames, kollektives Identitätsgefühl. Eben dieses Gemeinschaftsgefühl können wir erlangen, oder vielmehr müssen wir sogar erlangen durch das Bewerkstelligen großer Konflikte.

Es ist nun an uns, den Terror zu bekämpfen, den Frieden zu sichern; es ist an uns, ökonomisch nachhaltiger zu leben, unseren

Wohlstand zu bewahren; es ist an uns, wieder im Einklang mit Natur und Kosmos zu leben, unserer Verantwortung als Menschengeschlecht gerecht werden und nicht bloß Rechnung tragen. Was wir brauchen, ist kein unaufhaltsames Wachstum; was wir brauchen ist Gerechtigkeit innerhalb unserer starken, solidarischen Gemeinschaft.

Wir brauchen die Festung Europa, in welcher wir unseren kulturellen Lebensstandard bewahren und uns effektiv gegen den uns bedrohenden Gefahren dieses Jahrhunderts erwehren können, auf dass Freiheit, Demokratie und Humanismus in neuem Glanze erstrahlen mögen.

*Mai 2017*

### 6.3.3 Eine Revolution

»Für mich hatten die Panem-Bücher eine wunderbare Botschaft, die junge Leute im ganzen Land begreifen konnten. Ich wollte ein Teil dieses Aufrufs zu einer Revolution sein.«

– Donald Sutherland[290]

»Ein Mensch mit einer Überzeugung, die so stark ist, dass er dem Widerstand der Menge trotzt, ist die Ausnahme und nicht die Regel und wird oft noch von späteren Jahrhunderten bewundert, von den eigenen Zeitgenossen aber meist verlacht.«

– Erich Fromm[291]

»Wir sind nicht nur verantwortlich für das, was wir tun, sondern auch für das, was wir nicht tun.«

– Molière

Collins ist stark kritisiert worden dafür, dass sie ihre Trilogie ohne harmonisches Ende hat enden lassen. Die Filme versuchen diesen Umstand leicht zu korrigieren. Doch eigentlich ist dies die intelligenteste Form, dieses monumentale Werk enden zu lassen. Nach der Rebellion herrscht Ideenlosigkeit, die Menschen traten in den Kampf gegen System, aber was dann folgen sollte, wusste niemand. Dies ist Ausdruck der beschriebenen Infantilismus-Dynamik, die Collins hier sehr gut umgesetzt hat.

Donald Sutherland sagte, es sei an der Zeit, dass sich die jungen Menschen erheben und die Probleme, die gelöst werden müssen, lösen.[292] »Auch Erich Fromm schrieb (.) 1971, in ‹Überfluss und

Überdruss in unserer Gesellschaft› über die ‹Krise der patriarchalisch-autoritären Struktur› und die voranschreitende Entwicklung weg vom Patriarchat: ‹Die Frauen waren wie die Kinder Objekt und Eigentum der Männer. Das ist anders geworden. (.) Und es spricht alles dafür, dass diese Revolution der Frauen weitergehen wird, genauso wie die Revolution der Jugendlichen und Kinder. Sie werden ihre eigenen Rechte erkennen, artikulieren und vertreten.›«[293]

Kinder und Jugendliche sind in diesem Alter völlig »durchgeknallt«. Würden sich erwachsene Menschen derart verhalten, würde man sie höchstwahrscheinlich als wahnsinnig bezeichnen. Spielt ein Fünfjähriger mit seinem Kot, muss dies noch nichts Pathologisches sein. Einen 30Jährigen würde man aber umgehend in eine Anstalt einweisen. Dennoch, gerade deshalb verfügen Kinder über die Macht des Wahnsinns, die – um mit Foucault zu sprechen – das Offensichtliche, was von anderen verdrängt wird oder die Weisheit der Unwissenden nicht wahrzunehmen vermag, in aller Klarheit vorauszukünden fähig ist.

Greta Thunberg verkörpert für mich als Person des öffentlichen Lebens, nicht als Mensch mit einer eigenen Individualität, die Symptomatik unserer Welt. Gretas Mut ist im Wesentlichen ein Mut, das auszusprechen, was niemand hören will. Und alles zu versuchen, was immer nötig erscheint, um die Welt zu einem lebensfreundlichen Ort zu machen. Ein Kind, welches nichts anderes tut, als auf das hinzuweisen, wovor kluge Menschen seit Jahrzehnten warnen, wird um den ganzen Globus gekarrt, aber nichts verändert sich. Alle stehen daneben und bewundern das Kind, wie niedlich es sich für seine eigene Zukunft einsetzt, und bejubeln es. Bis heute aber hat sich im grundlegenden Denken und Handeln nichts verändert, denn im Wesentlichen läuft die Megamaschine weiter. Der Unterschied ist nur, das wir währenddessen von der Seitenlinie ein Kind beklatschen können, dass seine eigene Jugend geopfert hat. Auch hier zeigt sich die neue Banalität des Bösen: Niemand scheint sich zuständig zu fühlen, den ersten Schritt zu machen – aus Angst, Arbeitsplätze zu verlieren, sich bei Wählern unbeliebt zu machen, aus Faulheit, Bequemlichkeit und Borniertheit.

Man kann sagen, der Bezug zur Banalität des Bösen sei unerhört, da Eichmann an Massenmord beteiligt war. Dabei nehme ich aber nicht Bezug auf Eichmann, von dem einige auch sagen, er sei mehr als nur ein »Schreibtischtäter« gewesen und habe die Rolle nur »gespielt«, um ungestraft zu bleiben, denn in Wirklichkeit habe er sich vor Ort ein Bild von der Lage gemacht, um seine Methoden zu »perfektionieren«. Mein Bezug richtet sich dagegen auf das Konzept von Arendt, ohne eigenes Urteil über Eichmann.

Andererseits stellt sich mir die Frage, ob wir heute nicht alle irgendwie an Massenmord beteiligt sind? Wer ist denn verantwortlich für das Artensterben, das in der Erdgeschichte seinesgleichen sucht? Es ist nicht der Mensch im Allgemeinen, sondern es ist im besonderen unsere Kultur, unsere Gesellschaft, unsere moderne, auf Massenkonsum ausgerichtete Zivilisation. Wenn ein Junge im Wald Hunde und Katzen verstümmelt, erfüllt uns das mit Schrecken – wenn wir im Kollektiv aber drauf und dran sind, fast alle Arten des Lebens – was schließlich auch unsere eigene Spezies betreffen wird – auszurotten, indem wir ihnen die Lebensgrundlagen entziehen – die Regenwälder roden, die Ozeane verpesten, die Pole zum Schmelzen bringen – dann verschwindet die Schuld und Verantwortlichkeit des Einzelnen.

Soweit es die »Banalität« betrifft, von der Arendt im englischen Sinne von »allgemein«, statt des deutschen Wortsinnes »einfach« sprach, so möchte ich darauf hinweisen, dass wir seit einem halben Jahrhundert – nicht zuletzt als der *Club of Rome* zu Beginn der 1970er Jahre auf die Grenzen des Wachstums verwies – von unserer schädlichen Wirkung auf das Leben dieses Planeten wissen. Dabei waren wir nicht nur träge, sondern »perfektionierten« unser Tun: Wenn die Polkappen immer weiter abschmelzen, den Sommer über immer öfter eisfrei sind, die Eisbären aussterben und die Permafrostböden auftauen, so gibt es nicht wenige, die sich freuen, dass nun neue Seewege für den Welthandel erschlossen und Rohstoffe in den Polarkreisen noch leichter abgebaut werden können.

Über kollektive Verantwortung schrieb Arendt, dass niemand ohne Gemeinschaft leben kann, man also immer in die Taten und Untaten des Gemeinwesens verstrickt ist, auch ohne etwas getan zu haben. Gleichwohl die Frage ungemein schwerer wird, wenn man über diejenigen spricht, die seit jeher von der Willensbildung ausgeschlossen waren, was im Besonderen Kinder betrifft. Man kann von Kindern unmöglich erwarten, für alle Probleme, die sie ansprechen, eine Lösung zu haben. Besonders der Klimaschutz ist Aufgabe für Profis – und selbst die sind oft heillos überfordert damit. Es kann also nicht die Aufgabe der Kinder sein. Aber es ist die Aufgabe der Kinder, kritisch zu denken, zu mahnen und für die Sicherheit ihrer eigenen Zukunft entschlossen und kompromisslos einzutreten.

Während im revolutionären Frankreich die Menschen nicht mehr an Wahlen glauben und eine infantile Masse auf den Straßen protestiert und randaliert, um etwas zu verändern, so sind es im weniger revolutionären Deutschland nicht infantile Erwachsene, sondern allein die Kinder, welche den Protest auf der Straße offen darstellen. Die Missachtung ihrer Bewegung und allgemeine Geringschätzung ihres Engagements, wie auch die mangelnde politische Reaktion darauf, stellen ein großes Problem für die Akzeptanz der Demokratie dar. Wenn der Wahlgang vieler junger Menschen zu keinem zufriedenstellenden Ergebnis führt, weil sie gesellschaftlich eine Minderheit darstellen, und ohnehin schon den Protest auf die Straße verlagert haben, dann erscheint Demokratie als wenig reizvoll und Wahlen als unwirksames Mittel, um Veränderungen herbeizuführen. Das Ergebnis ist das Gleiche wie in Frankreich: Eine Generation wird von der Demokratie *weg*-sozialisiert.

Fühlen sich Menschen als überflüssig oder werden nicht gehört, so werden sie zu Objekten, nicht zu Subjekten der Gesellschaft. Das Gleiche gilt für Arbeitslose oder Sozialhilfebezieher. »Die allgemeine Passivität, der Mangel an gestaltender Mitwirkung bei den eigenen und den sozialen Lebensentscheidungen – das ist der Boden, auf dem Faschismus oder Bewegungen ähnlicher Art, für die wir die Namen meistens erst nachträglich finden, wachsen können,« schreibt Fromm[294] und Adorno stellt fest:

»Wenn sie leben wollen, bleibt ihnen nichts übrig, als dem Gegebenen sich anzupassen, sich zu fügen; sie müssen eben jene autonome Subjektivität durchstreichen, an welche die Idee von Demokratie appelliert, können sich selbst erhalten nur, wenn Sie auf ihr Selbst verzichten. (.) Die Notwendigkeit solcher Anpassung, die zur Identifikation mit Bestehendem, Gegebenem, mit Macht als solcher, schafft das totalitäre Potential. Es wird verstärkt von der Unzufriedenheit und der Wut, die der Zwang zur Anpassung selber produziert und reproduziert. Weil die Realität jene Autonomie, schließlich jenes mögliche Glück nicht einlöst, das der Begriff von Demokratie eigentlich verspricht, sind sie indifferent gegen diese, wofern sie sie nicht insgeheim hassen. Die politische Organisationsform wird als der gesellschaftlichen und ökonomischen Realität unangemessen erfahren; wie man selber sich anpassen muß, so möchte man, daß auch die Formen des kollektiven Lebens sich anpassen, um so mehr, als man von solcher Anpassung das streamlining des Staatswesens als eines Riesenunternehmens im keineswegs so friedlichen Wettbewerb aller sich erwartet. Die, deren reale Ohnmacht andauert, ertragen das Bessere nicht einmal als Schein; lieber möchten sie die Verpflichtung zu einer Autonomie loswerden, von der sie argwöhnen, daß sie ihr doch nicht nachleben können, und sich in den Schmelztiegel des Kollektiv-Ichs werfen.«[295]

Snyder glaubt, »die Politik der Unausweichlichkeit ist ein intellektuelles Koma, in das wir uns selbst versetzt haben.«[296] Es braucht eine Revolution, und eine Revolution setzt eine Rebellion voraus. Wenn man aber rebelliert, sollte man *wissen*, wogegen oder gegen wen man rebelliert und vor allem, *warum* man rebelliert, und *was* man damit zu verändern bestrebt ist.

Die anonyme Autorität – und das macht eine Rebellion ungemein schwer – kann anders als die offene Autorität sagen: »Ich verbiete doch gar nicht.« Ebenso sagt auch der Neue Faschismus: »Ich töte doch gar nicht« und die neue Banalität des Bösen: »Ich leiste doch gar niemandem Beihilfe« oder im Gewand des *gutgemeinten Bösen*: »Ich handle doch nur zu deinem Besten«. Das Böse aber ist niemals gutgemeint, sondern durch den gedankenlosen Täter allenfalls als solches rationalisiert; es gehört damit als ambivalente Eigenschaft zur neuen Banalität des Bösen. Die Banalität des Bösen denkt nicht nach und ist gedankenlos. Die neue Banalität denkt zwar nach, aber zwingt ihre Gedanken jemand anderem auf, der aber ganz andere Bedürfnisse hat, welche ihm dann vorenthalten werden. Die Banalität des Bösen leugnet ihre Verbindung zur Tat nicht, sondern erklärt, dass die Tat kein Verbrechen gewesen sei. Die neue Banalität des Bösen leugnet die Verbindung zum Verbrechen zwar, aber sie kann auch nichts vorbringen, was getan wurde, um sich dem Unheil entgegenzustellen.

Die Banalität sieht sich »im Sinne der Anklage« als »nicht schuldig«, die neue Banalität sieht nicht einmal den Grund für eine Anklage ein. »Intelligenz ist (.) weitgehend eine Funktion der Unabhängigkeit, des Mutes und der Lebendigkeit; Dummheit ist ihrerseits ein Resultat der Unterwürfigkeit, der Angst und des inneren Abgestorbenseins.«[297] *Im Totalitarismus sehen wir, dass mit der Freiheit auch das Denken und schließlich sogar das Leben selbst endet.* »Das Fazit von der Banalität des Bösen, vor der das Wort versagt und an der das Denken scheitert«,[298] lässt erkennen, dass die neue Banalität des Bösen darin besteht, dass das Denken nie stattfand und also das Handeln versagt.

Die Macht kommt nicht von außen, sondern von innen. Das Kapitol ist das Haupt eines jeden Einzelnen. Der Gefängnisdirektor ist ein jeder sich selbst. Die Gefahren durch den Faschismus kommen nicht von außen, sondern aus uns selbst heraus. Aktiver Widerstand beginnt mit der Bereitschaft zur Kreativität. Nur wenn man etwas erschafft, ist dies Kreativität. Wenn man etwas zerstört, ist dies Destruktivität. Aber auch überall dort, wo Kreativität fehlt, ohne dass etwas gezielt zerstört wird, herrscht die Destruktivität. Ihr Nährboden, ihre Macht ist der Mangel an Kreativität, der Mangel an Widerstand gegen die Trägheit und Bequemlichkeit. »Was von einem mundanen Standpunkt aus die Tragödie der Juden war – der Verlust ihres Landes und des Staates –, war für sie vom humanistischen Standpunkt aus der größte Segen: Da sie zu den Leidenden und Verachteten gehörten, waren sie in der Lage, eine Tradition des Humanismus zu entwickelt und zu bewahren«, erklärt Fromm, in der die Ideale von Internationalismus, Frieden und Gerechtigkeit proklamiert wurden.[299]

Der Machtlose kann sich Trägheit nicht erlauben, er muss kreativ werden, um zu überleben. Er findet seine reife »Anatomie der menschlichen Kreativität« und entkommt so der Maschinerie der Macht, der er ansonsten hilflos ausgeliefert wäre. Er beginnt, die Zusammenhänge der Welt zu begreifen und so sein Leben selbstbestimmt führen zu können. Das Unerklärliche wird erklärbar, das Unsichtbare erkennbar. So schrieb 1814 schon Goethe, der sich gegen den erstarkenden Nationalismus zu Beginn des 19. Jahrhunderts wandte: »Am besten sollten Deutsche wie Juden über die ganze Welt verstreut sein, um alles Gute, was in ihnen sei, zum Wohle der Menschheit voll entfalten zu können.«[300]

Destruktive Jugendfantasien sind nämlich ebenso gefährlich wie die Politik des Unausweichlichen oder die der Ewigkeit. Aber wenn beide eine Symbiose eingehen, dann wird es möglich, etwas in der Welt wirklich nachhaltig zu verändern. Es ist wichtig, dass wir aber verstehen, wie wir funktionieren, weil wir selbst es sind, die uns in einem Hamsterrad gefangen halten, das von uns selbst am Laufen gehalten wird.

Der Widerstand gegen Panem muss aktiv von uns kommen, indem es uns gelingt, ein Eutopia zu gründen. Auch, wenn es aussichtslos erscheint, so müssen wir dennoch alles dafür tun, um es zu versuchen. Wer vor Angst reglos liegen bleibt, hat schon verloren. Die Menschheit steht vor der Frage, ob es ihr gelingt, aus dem

Mechanismus der Macht auszubrechen und sich aus dem selbstge-
strickten Netz zu befreien, oder ob sie mit diesem gemeinsam untergehen wird und Panem die dystopische Zukunft unserer eigenen
Geschichte real werden wird.

Panem ist nicht mehr so weit von uns entfernt, wie wir gemeinhin
zu glauben scheinen oder unbedingt glauben wollen. Wenn wir
kein Eutopia gründen werden, dann wird Panem nach Jahren des
totalen Vernichtungskampfes und dem Untergang fast aller Existenz entstehen. Es geht um nicht weniger als die Frage: Wollen wir
Panem gründen, um die Scherben menschlicher Existenz hinterher
zusammenzukehren, oder gelingt es uns, ein Panem in Vorausschau verhindern?

Ist eine Revolution möglich? Können wir ein Eutopia als Gegen-
entwurf zu Panem vorweggründen? »Die Revolutionen, die sich in
der Geschichte ereignet haben, sollten nicht die Tatsache verdecken,
dass Kleinkinder und Kinder auch Revolutionen machen, dass sie
aber infolge ihrer Machtlosigkeit ihre eigenen Methoden, nämlich
sozusagen die der Guerilla-Kriegführung, anwenden müssen. Sie
kämpfen gegen die Unterdrückung ihrer Freiheit mit unterschiedlichen individuellen Methoden, die von einem eigensinnigen negativen Verhalten, der Weigerung, zu essen und sich zur Sauberkeit erziehen zu lassen, vom Bettnässen bis zu den drastischeren Methoden einer autistischen Abwendung von der Außenwelt und einer
Pseudodebilität reichen. Die Erwachsenen benehmen sich dabei wie
jede Elite, deren Macht man den Kampf ansagt. Sie wenden physische Gewalt an, oft in Verbindung mit Bestechungsversuchen, um
ihre Stellung zu behaupten. Die Folge ist, dass die meisten Kinder
nachgeben und lieber kapitulieren, als sich ständig quälen zu lassen.

In diesem Krieg kennt man kein Erbarmen, bis der Sieg errungen
ist, und unsere Hospitäler sind voll von den Opfern dieser Methoden. Trotzdem ist es eine bemerkenswerte Tatsache, dass alle
menschlichen Wesen – die Kinder der Mächtigen wie die der
Machtlosen – die Erfahrung gemeinsam haben, dass sie einmal
machtlos waren und um ihre Freiheit gekämpft haben. Es ist daher
anzunehmen, dass jedes menschliche Wesen – von seiner biologischen Mitgift ganz abgesehen – sich in seiner Kindheit ein revoluti-
onäres Potenzial erworben hat, das zwar lange schlummern, aber
unter bestimmten Umständen auch wieder mobilisiert werden
kann.«[301]

Erich Fromm sagte einmal: »Eine Gesellschaft vollbringt nur dann schöpferische Leistungen, wenn ihre Mitglieder von einer Vision motiviert sind, die in den Bedingungen der menschlichen Existenz verwurzelt sind und den Menschen die extra Energie verleiht, Neues zu gestalten. Es geht um die Bedürfnisse, die über die nackte Lebenserhaltung hinausgehen, den Menschen anfeuern und sein Leben interessant machen. (.) Statt Freiheit finden wir den verwalteten Menschen.«[302] Das Streben menschlichen Daseins nach Freiheit *hat* bereits die »Freiheit von« errungen, aber es *ist* noch nicht die »Freiheit zu« geworden. Um diese Freiheit zu befreien, braucht es eine Revolution. Fromms Mahnung ist heute – mit Blick auf die Klimakrise, den erstarkenden Populismus und Radikalismus wie die wieder zunehmende atomare Bedrohung aktueller denn je. Lewis Mumford, dessen Verständnis der »Megamaschine« ihm den Vorwurf von Kulturpessimismus einbrachte, hatte wenig Hoffnung, dass der Zerfall unseres Systems gestoppt werden könne.

»Es gibt viele andere, die (.) glauben, der Zerfall des Systems könne gestoppt werden, indem man sich mit den Symptomen befaßt. Und es gibt eine Minderheit, die glaubt, man müsse das System vernichten, um ein besseres zu errichten. Sie scheinen nicht zu sehen, daß solch eine Zerstörung im günstigsten Fall für Jahrhunderte zu Blutvergießen und Barbarei führen würde. Angesichts der gegenwärtigen Ausrüstung mit zerstörerischen Kräften würde eine solche Lösung wahrscheinlich nicht nur zu der Zerstörung des gegenwärtigen Systems führen, sondern auch zur physischen Zerstörung des größeren Teils der Menschheit, wenn nicht allen Lebens.«[303]

»Niemals war die menschliche Fähigkeit zu verstehen, die Fähigkeit zu kritischem und analytischem Denken, für das Überleben der menschlichen [Spezies] notwendiger als heute«,[304] denn – wie Albert Einstein erkannte – »Probleme kann man niemals mit derselben Denkweise lösen, durch die sie entstanden sind.«

Aus Erich Fromms *Credo eines Humanisten* (1965):[305]

Ich glaube, daß der Mensch grundsätzlich die Wahl hat zwischen Leben und Tod, zwischen Kreativität und destruktiver Gewalt, zwischen Wirklichkeitssinn und Illusion, zwischen Objektivität und Intoleranz, zwischen brüderlicher Unabhängigkeit und einer Bezogenheit auf Grund von Über- und Unterordnung.

Ich glaube, daß man dem Leben die Bedeutung andauernder Geburt und beständiger Entwicklung zuschreiben kann.

Ich glaube, daß man dem Tod die Bedeutung des Endes von Wachstum beziehungsweise ständige Wiederholung zuschreiben kann.

Ich glaube, daß der Mensch, der sich für das Vorwärtsgehen entscheidet, eine neue Einheit finden kann, indem er alle seine menschlichen Kräfte zur vollen Entfaltung bringt. Diese können sich in drei Weisen entfalten und allein oder im Verbund in Erscheinung treten: in der Biophilie, in der Liebe zur Menschheit und zur Natur und in Unabhängigkeit und Freiheit.

Ich glaube, daß der Mensch, der die regressive Antwort gibt, dadurch Einheit zu finden versucht, daß er sich von der unerträglichen Angst vor Einsamkeit und Unsicherheit zu befreien versucht, indem er das, was ihn menschlich macht und zum Problem wird, entstellt. Die regressive Orientierung entwickelt sich in drei Erscheinungsweisen, die getrennt oder im Verbund auftreten: in der Nekrophilie,* im Narzißmus† und in der inzesthaften Symbiose.‡

---

* »Mit *Nekrophilie* meine ich die Liebe zu allem, was mit Gewaltanwendung und Destruktivität zu tun hat; den Wunsch zu töten; die Bewunderung von Macht; das Angezogensein vom Toten, vom Selbstmord, vom Sadismus; den Wunsch, Organisches mit Hilfe von ‹Ordnungschaffen› in Anorganisches zu verwandeln. Da dem Nekrophilen die erforderlichen Eigenschaften für Kreatives abgehen, ist es ihm in seiner Unfähigkeit ein leichtes, zu zerstören, denn für ihn dreht sich alles nur um Gewalt.«

† »Mit *Narzißmus* meine ich, daß der Mensch aufhört, ein lebendiges Interesse an der Außenwelt zu zeigen, und eine starke Bindung an sich selbst, an seine eigene Gruppe, an den eigenen Klan, die eigene Religion, Nation, Rasse usw. entwickelt. Dabei kommt es zu gravierenden Verzerrungen in seinem rationalen Urteilsvermögen. Ganz allgemein entsteht das Bedürfnis nach narzißtischer Befriedigung, wenn materielle und kulturelle Armut kompensiert werden muß.«

‡ »Mit *inzesthafter Symbiose* meine ich die Tendenz, an die Mutter und ihre Ersatzfiguren – das Blut, die Familie, den Stamm – gebunden zu bleiben, der unerträglichen Bürde der Verantwortung, der Freiheit und des Bewußtseins zu entfliehen und in einem Hort von Sicherheit und Abhängigkeit Schutz und Liebe zu bekommen. Dafür bezahlt der einzelne mit dem Ende seiner eigenen menschlichen Entwicklung.«

# 7. China: Panem *tomorrow*?

## 7.1 Das Kollektiv als Religion

Erich Fromm glaubte 1961, dass künftige Geschichtsschreiber vielleicht feststellen werden, dass das wichtigste Ereignis des 20. Jahrhunderts die »chinesische Revolution« gewesen sein könnte. Diese markierte die Umkehr einer historischen Entwicklung über mehrere Jahrhunderte. Wie auch andere Länder Asiens und Afrikas, war auch China politisch und wirtschaftlich von den europäischen Großmächten beherrscht und ausgebeutet worden. Diese Unterdrückung und Versklavung ist es, die China mit den anderen Völkern dieser Welt verbinde, wie Chinas Staatspräsident Xi Jinping unserer Tage immer wieder betont. Der rassenideologische Gedanke – in umgekehrter Richtung – ist jedoch »allenfalls in der teilweise geradezu panischen Angst vor der Auslöschung der ‹gelben› im Kampf mit der ‹weißen Rasse› [zu erkennen], die auch noch im konfuzianischen Manifest von 1958 nachwirkt, und in weitgehend defensiven Vorstellungen der nationalen Selbststärkung lässt sich der Einfluss sozialdarwinistischer Rassenideologie feststellen.«[306]

Schon in den 1960er Jahren strebte China nicht nur nach dem Status einer Großmacht, sondern baute auch ein eigenes Industriesystem auf, über welches Fromm schon damals schrieb, dass der Preis dafür die »Missachtung der menschlichen Individualität« sei. Die chinesische Revolution ist für ihn das am weitesten fortgeschrittene Beispiel der kolonialen Revolution. Die Entwicklungs- und Schwellenländer verfolgen ein Programm von Nationalismus und Industrialisierung. Dabei spielt nicht nur eine wirtschaftliche, sondern auch eine psychologische Komponente eine wichtige Rolle: »Die Industrialisierung war so lange das Privileg der westlichen Länder – das Merkmal ihrer Macht – dass industrielle Autonomie auch aus psychologischen Gründen zum Ziel der Kolonialvölker geworden ist. Historisch gesehen bedeutet die chinesische Revolution das Ende des westlichen Kolonialismus und den Beginn der Industrialisierung der gesamten übrigen Welt.«[307]

Die Chinesen erkannten, dass »ein armes Land mit unzureichendem materiellem Kapital eine andere Form des Kapitals, nämlich sein ‹menschliches Kapital› einsetzen kann, indem es die physische

Energie, die Leidenschaft und das Denken seiner gesamten Bevölkerung zentral organisiert und lenkt.«[308]

Diese »Entdeckung« der Chinesen stellt »eine wirkliche Bedrohung der Werte der humanistischen Tradition« dar, denn »dieses total organisierte menschliche ‹Rohmaterial› kann einen großen Teil der fehlenden materiellen Hilfsquellen ersetzen (.); auf diese Weise wurden die ägyptischen Pyramiden gebaut; auf diese Weise marschierte die Armee der Nazis (.) – jedoch war keiner der früheren Versuche so gründlich und total wie das, was die chinesischen Führer zu vollbringen versuchen. Außerdem scheint es dem chinesischen System bis jetzt gelungen zu sein, bei einem beträchtlichen Teil der Bevölkerung (.) in einem nie dagewesenen Maße das Gefühl, ja die Überzeugung hervorzurufen, dass sie alle ihre Opfer freiwillig und freudig bringen.«[309]

Die marxistische Ideologie dient dabei als »intellektuelles Bezugssystem«, oder besser gesagt als »Dogma«, welches keinen Zweifel offen lässt und auf das sich alles Denken und Planen bezieht. Es stützt sich auf die »mythischen Gestalten« Marx, Engels, Lenin und den »zum Idol erhobenen Mao Tse-tung«. Es ist eine Mischung aus der Tradition der Mandarine und des Konfuzianismus, dem religiöser Eifer und psychologische Methoden der Überredungskunst beigemischt sind. Dieses Denken auf eine einfache Formel gebracht, könnte man sagen: »Jeder Mensch ist das Produkt seiner Umgebung und kann geändert werden, wenn die Umgebung geändert wird. Wer nicht geändert werden kann, ist auszustoßen.«[310]

Den ersten Teil der Formel teilt sich das chinesische Denken mit der Aufklärungsphilosophie des 18. Jahrhunderts, der zufolge die Umwelt der einzige Faktor ist, der für Einstellungen, Tugenden, Laster und Charakterunterschiede der einzelnen Menschen verantwortlich ist. Auch die katholische Kirche lehrte das Denken, dass diejenigen, die nicht »bekehrt« werden können, »verloren« seien.

Von anderen Formen der Diktatur und des Kommunismus unterscheidet sich die chinesische Methode dadurch, »dass sie *primär* nicht auf Gewalt, sondern auf Überredung baut (.) – nicht nur intellektueller Art, sondern weitgehend emotional ist und sich auf das Schuldgefühl des Betreffenden, auf seine Isoliertheit und seinen Wunsch stützt, wieder mit der Gruppe eins zu werden – das heißt, mit der Partei und der Volksgemeinschaft, und nicht mehr wie früher mit der Familie,«[311] dem Clan oder dem Dorf. Fromms Zeitdiagnose, dass es »nirgends sonst eine so universale, so gründliche und (.) erfolgreiche psychologische Methode der ‹Überredung› – der individuellen und gesellschaftlichen Gehirnwäsche gegeben [hat],« erscheint im Hinblick auf das *Social Credit System* aktueller denn je.

Diese neue »wirkungsvolle Religion« kommt keineswegs von ungefähr, sondern wurde von den chinesischen Führern bereits vor über 60 Jahren geschaffen. Diese Religion kennt zwar keinen Gott – ebenso wenig wie der Taoismus oder der Konfuzianismus – sie strebt aber eine strenge Moral an, in der Stolz, Überheblichkeit und Egoismus als Hauptlaster gelten, die durch Demut und den selbstlosen Dienst am Volk ersetzt werden sollen. »Die neue Religion hat viele Verzweigungen. Sie beeinflusst die politischen Ansichten, die persönlichen Gewohnheiten und die Weltanschauung jedes einzelnen. (.)

Gedanken und Gefühle, die von politisch- moralischen Zielen abweichen, sind böse und mit aller Macht zu bekämpfen.«[312] Damit steht der chinesische Kommunismus dem sowjetischen System in keiner Weise nach. Zwar ging es Stalin darum, »gefährliche Elemente« zu liquidieren, wohingegen die Chinesen sie »erziehen« wollen,[313] doch das Beispiel der Uiguren unserer Tage zeigt, dass über die Grenzen der »Umerziehbarkeit« hinaus man in China nicht davor zurückschreckt, auch einen Völkermord zu begehen, um sich von »verlorenen«, »beschmutzenden« und »auszustoßenden« Elementen zu »befreien«.

Fromm resümiert: »Dieses totalitäre System ist höchst wirksam und eindrücklich. Es ist das Gegenteil von allen jenen Werten des Individualismus und des freien kritischen Denkens, die zu den kostbarsten Blüten der westlichen Kultur gehören. Es wäre jedoch etwas naiv, wollte man übersehen, dass eine derartige Kontrolle über das Denken in vielen Religionen üblich war und dass es diese Art von Indoktrination in vielen Kulturen überall auf der Welt gegeben hat.«[314]

Um den chinesischen Kommunismus verstehen zu können, müsse man ihn als Ganzes begreifen, so Fromm. Im Vergleich zu den USA verfügte China zur Mitte des 20. Jahrhunderts bei der vierfachen Bevölkerung über eine kleinere kultivierte Agrarfläche. Die Aussichten, die Flächen zu erweitern, waren gering, weshalb man versuchte, die Nahrungsmittelproduktion durch Bewässerung und

Fruchtbarmachung des Bodens mit Düngemitteln zu erhöhen. Hinzu kam das Problem, dass China unter seinen primitiven Ackerbaumethoden litt, zugleich aber auch beträchtliche Mengen Nahrungsmittel exportieren musste, um seine Industrialisierung finanzieren zu können.

Die Rechtfertigung war darin gefunden, dass China eine weitaus bessere Ernährung sicherstellen könne, sobald die Industrie Traktoren, Dünger und Bewässerungsanlagen herstellen kann und China durch seinen Wohlstand in der Lage sein wird, Nahrungsmittel aus Südostasien und anderen Teilen der Welt einzukaufen.[315]

In Auseinandersetzungen um Fragen der Menschenrechte verteidigen chinesische Repräsentanten ihre Auffassung, dass erst jeder etwas zu Essen haben müsse, ehe man über eine Fortentwicklung der Menschenrechtsideen in China sprechen könne. Daher dulde man keine Einmischung in innenpolitische Angelegenheiten des Landes. Während in Industriestaaten enorme Mengen an Energie dafür aufgebracht werden, um Unmengen an Nahrungsmitteln zwischenzulagern (und viele schließlich doch weggeworfen werden), ist es das Ziel der chinesischen Führung, innerhalb kürzester Zeit »Reichtum für alle« zu schaffen.

Der Gedanke ist nicht weit entfernt von der Idee der sozialen Marktwirtschaft, die maßgeblich durch Ludwig Erhard unter dem Slogan »Wohlstand für alle« etabliert wurde. Man scheint in reichen Kulturen vergessen zu haben, dass die Frage, ob ein Joghurt links- oder rechtsgedreht ist, sich erübrigt, wenn es weder Joghurts noch andere Nahrungsmittel zu kaufen gibt und die Menschen Hunger leiden.

Tatsächlich ist es China gelungen, in beeindruckender Geschwindigkeit von etwa nur einem Viertel Jahrhundert aus der Armut zur Großmacht aufzusteigen. Über diesen Erfolg kann und darf nicht hinweggesehen werden. Das Modell Chinas kann damit leicht zum Vorbild aller armen Entwicklungsländer werden. Die »totale Kollektivierung« des Einzelnen nimmt dabei mit den digitalen Überwachungs- und Kontrollmethoden ein ungeheures Ausmaß an, welches jedoch sozio-kulturell gesehen keineswegs neu ist, sondern sich lediglich durch seine Genauigkeit – nicht jedoch im angestrebten Ziel – von den Religionen der Weltgeschichte unterscheidet.

Überdies ist bemerkenswert, dass das chinesische System auf Überzeugung und »Gehirnwäsche« vertraut, was im eigentlichen Sinne liberale Steuerungstechniken sind. Auch in westlichen und demokratischen Gesellschaften nehmen diese panoptischen und neoliberalen Menschenführungskünste überhand, wie ich im erweiternden Band – *Die Geschichte der Macht und die Macht der Geschichte* – zu zeigen versucht habe. Der Liberalismus wie der Totalitarismus stehen sich hierbei an einer Grenze gegenüber, an der sie ineinander zu fallen drohen. Kommunismus und Kapitalismus können im digitalen 21. Jahrhundert »gleich« werden.

Die Bedrohungen für die Freiheit und die Demokratie, die sich daraus ableiten, verstehen sich von selbst. Aber auch die Bedrohung für den Menschen als Spezies – biologisch wie psychisch – sind gegeben.

## 7.2 The end of »humanity«?

»Der Versuch der totalen Herrschaft, in den Laboratorien der Konzentrationslager das Überflüssigwerden von Menschen herauszuexperimentieren, entspricht aufs genaueste den Erfahrungen moderner Massen von ihrer eigenen Überflüssigkeit in einer übervölkerten Welt und der Sinnlosigkeit dieser Welt selbst.«

– Hannah Arendt[316]

China zeigte in den Jahren 1993 bis 2013 unter den Präsidenten Jiang Zemin und Hu Jintao demokratische Entwicklungen. Seit Xi Jinping 2013 jedoch das Präsidialamt übernommen und den innenpolitischen Kurs des Landes geändert hat, ist in China eine digitale Diktatur entstanden, die leicht das Ende der Menschheit einläuten könnte.

Das Ziel der Kommunistischen Partei ist es, den Kommunismus zu verwirklichen. Dazu wird eine konsequente Strategie verfolgt, die auf wirtschaftliches Wachstum und die Herstellung einer einheitlichen Volksgemeinschaft zielt. Das Abwenden von der Demokratie wurde dabei wohlüberlegt angegangen. In Peking wird so intensiv über Macht nachgedacht wie an kaum einem anderen Ort der Welt.

Das Ziel ist es, durch ein totalitäres System schnellstmöglich zu Wohlstand zu gelangen, sodass in China niemand mehr hungern muss. Minderheiten, »Oppositionelle« und Köpfe mit demokratischem Gedankengut machen nur ein Prozent der Gesamtbevölkerung aus und sind für die KP als »Kollateralschäden« hinnehmbar.

Die Digitalisierung eröffnet dabei ganz neue Möglichkeiten. Das Social Credit System reduziert menschliches Verhalten – wie ich in

»Das Verschwinden des Individuums« (Kap. 3.2.6) gezeigt habe – auf das algorithmisch-bedingte Sammeln von Bonuspunkten. Das Individuum verschwindet, das Kollektiv ist ein Haufen höriger Automaten. Die Bedrohung, die sich für die Existenz des Menschen daraus ergibt, ist immens.

In meinem erweiternden Band – *Die Geschichte der Macht und die Macht der Geschichte* – habe ich im ersten Kapitel gezeigt, dass die religiösen Kulturen Chinas und Indiens in Bezug auf das Karma einander ähneln. Das Karma stellt die Summe der guten und schlechten Taten eines Menschen zu Lebzeiten dar. Das Social Credit System ist deshalb für die Mehrheit annehmbar, weil es im Grunde nichts anderes ist als die Vermessung des eigenen Karmas.

Ein derart totalitäres System – einen allumfassenden Überwachungsstaat – zu errichten, würde in Demokratien auf Widerstand stoßen. Man darf jedoch nicht übersehen, dass nicht nur China, sondern auch Indien zunehmend von demokratischen Ideen abrückt. Um Presse- und Meinungsfreiheit, ja um die Freiheit im Allgemeinen und um die Grundwerte der Demokratie ist es nicht gut bestellt. Indien, das eines der ärmsten Länder der Welt ist, wird von einer Partei regiert, die eine der reichsten der Welt ist.

Wenn nun der Erfolg des chinesisches Systems bemerkenswert ist – nicht nur wirtschaftlich, sondern auch in Krisenzeiten wie in einer Pandemie –, so ist es gut möglich, dass andere Staaten nach Europa und in die USA blicken, wo sie demokratische Strukturen in einer inneren Selbstblockade zerfallen sehen, und sich also für das chinesisch, antiliberale und antidemokratische Modell entscheiden, um in zwei oder drei Jahrzehnten zu enormen Wohlstand gekommen zu sein.

Diese Überlegung betrifft insbesondere Indien, dessen Kultur wie die Chinas empfänglich für ein derartiges Social Credit System wäre und das heute schon starke autoritäre Tendenzen zeigt. Indien ist geprägt von der Erfahrung der britischen Kolonialzeit und durch die Ausbeutung. Man muss sich nun vor Augen führen, dass in China bereits heute 1,4 Milliarden Menschen von diesem System erfasst werden. Sie können schon heute nicht mehr als Menschen begriffen werden, weil sie Sklaven eines allmächtigen Punktesystems geworden sind. Wenn Indien, das in diesem Jahrhundert noch mehr Einwohner zählen wird als China, sich diesem System anschließt, so kann geschätzt werden, dass drei Milliarden Menschen von diesem System ergriffen werden, was ein gutes Drittel der Weltbevölkerung ausmacht.

Damit ist es aber nicht getan. Viele afrikanische Staaten wie Nigeria, Tansania, Äthiopien, Kongo oder Uganda werden einen massiven Bevölkerungsanstieg erfahren, soweit man dies heute durch Geburtsraten prognostizieren kann. Klimakriege, Ressourcenkämpfe und Hungersnöte sind dabei natürlich nicht abschätzbar, aber insbesondere um letztere zu bekämpfen, ist es wichtig, schnellstmöglich zu Wohlstand zu gelangen.

Dabei verspricht das chinesische Modell nicht nur einen Erfolg versprechenden Weg, sondern China leistet durch seine geostrategische Entwicklungshilfe und gezielte Propaganda seinen politischen Zielen Vorschub. Bis zum Ende des Jahrhunderts könnten arme Entwicklungsländer Afrikas, Südamerikas, Zentral- sowie Südost-Asiens dieses Modell eingeführt haben und das Verhalten von fünf, sechs oder sogar sieben Milliarden Einwohnern regulieren, ja sogar die Menschheit als Ganzes könnte davon ergriffen werden. So schreibt Canetti über den Hunger der Masse:

»Es ist wichtig, als erstes einmal festzustellen, daß die Masse sich nie gesättigt fühlt. Solange es einen Menschen gibt, der nicht von ihr ergriffen ist, zeigt sie Appetit. Ob sie diesen auch behalten würde, wenn sie wirklich alle Menschen in sich aufgenommen hätte, kann niemand sicher sagen, doch ist es sehr zu vermuten.«[317]

Und Arendt schreibt über die totale Herrschaft:

»Der Kampf um totale Herrschaft im Weltmaßstab und die Zerstörung aller anderen Staats- und Herrschaftsformen ist jedem totalitären Regime eigen, weil keines sich auf die Dauer halten könnte, ohne die gesamte Wirklichkeit der Erde zuverlässig zu kontrollieren und jede Faktizität innerhalb der Menschenwelt auszuschalten. Selbst ein einziges Individuum kann absolut und total nur beherrscht werden, wenn die gesamte Erde unter totalitärer Herrschaft steht. All dieses ist den totalitären Machthabern entweder bekannt, bevor sie die Herrschaft ergreifen, oder drängt sich in der Herrschaft selbst ganz automatisch auf.[318] (.)

Dem totalen Herrschaftsanspruch bleibt gar nichts anderes übrig, als jede Spontaneität, wie sie in der einfachen Existenz der Individualität sich jederzeit durchsetzt, zu liquidieren und sie in allen Formen privatester Lebensäußerung aufzuspüren, ganz gleich wie unpolitisch oder harmlos diese erscheinen mögen.[319] (.) Das eigentliche Ziel der totalitären Ideologie ist nicht die Umformung der äußeren Bedingungen menschlicher Existenz und nicht die revolutionäre Neuordnung der gesellschaftlicher Ordnung, sondern die

Transformation der menschlichen Natur selbst; die, so wie sie ist, sich dauernd dem totalitären Prozeß entgegenstellt.

Um diese Transformation handelt es sich in den Konzentrationslagern und nicht um das dort verursachte Leiden, von dem es immer zu viel auf der Erde gegeben hat, und nicht darum, wie viele Menschen dort zugrunde gehen. Die totalitäre Expansion im Unterschied zu der imperialistischen ist vor allem darauf bedacht, diesen Laboratorien neues Menschenmaterial zur Verfügung zu stellen, ohne die bereits beherrschten Gebiete allzu sehr zu entvölkern. Was in der totalen Herrschaft auf dem Spiele steht, ist wirklich das Wesen des Menschen.«[320]

Es steht außer Frage, dass wenn die Hälfte, zwei Drittel – oder mehr – der Weltbevölkerung von diesem Punkte-System beherrscht werden, der *Mensch* akut von der Ausrottung bedroht ist und schon fast vollständig durch Automaten ersetzt wurde. Wenn darüber hinaus die Machteliten in Europa und Nordamerika versagen, Bilder zu erzeugen, dann werden auch dort die liberalen Systeme verschwinden und dem Totalitarismus weichen müssen.

Um die Freiheit ist es wahrlich nicht gut bestellt. Wie frei ist die »freie Welt« heute noch? Für Arendt ist die wesentliche Eigenschaft der totalen Herrschaft nicht eine Form der Diktatur oder ein Einparteiensystem, sondern dass sie sich auf alle Lebensbereiche erstreckt. Die Vereinzelung in den großen Menschenmassen kannte man zu früheren Zeiten – vor der Industrialisierung – noch nicht. Das Römische Reich war ein Imperium, aber seine Herrschaft nicht ansatzweise total. Für dieses Begriffsverständnis und die daraus sich ergebende Ähnlichkeit des Nazismus und des Stalinismus ist Arendt oft kritisiert und in den 1960er bis 80er Jahren im akademischen wie öffentlichen Raum weitgehend unbeachtet geblieben (auch weil sie mit ihrem Konzept von der *Banalität des Bösen* aneckte, welches Hans Jonas für völlig inakzeptabel hielt.)

In den USA sind absolut mehr Menschen in Gefängnissen inhaftiert als im totalitären China mit mehr als viermal so vielen Einwohnern. Die digitalen Technologien haben einen absoluten und totalitären Überwachungskapitalismus errichtet und die Überwachung durch die Regierung und die Geheimdienste ist allgegenwärtig. Der digitale Neoliberalismus des 21. Jahrhunderts kommt zwar in freiheitlichem und demokratischem Gewand daher, doch er ergreift alle Lebensbereiche und hat die totale Herrschaft im Zeitalter der Gouvernementalität neu erfunden. Überwachung als Dauerzustand als »Freiheit« zu begreifen, ist ein bizarres Freiheitsverständnis.

In der Anwaltsserie *Boston Legal* greift Alan Shore diesen Gegenstand in Verteidigung seiner Mandantin auf, die von ihrem Arbeitgeber entlassen wurde, weil sie privat rauchte: »Der große irische Autor George Bernard Shaw hatte eine ziemlich verbitterte Meinung von unserem Land. Shaw sagte, unsere Verfassung sei zwar so ausgerichtet, eine politische Diktatur zu verhindern, doch lebten wir in einer Gesellschaft, in der jeder Wahlkreisinhaber, jeder Bankier und jeder private Arbeitgeber ein Diktator sein könne. Ihre [Wähler, Schuldner und] Mitarbeiter seinen total von ihnen abhängig.«[321] Währenddessen glauben sie, frei zu sein, doch diese Freiheit ist eine Illusion, wie Fromm feststellt:

»In den totalitären Ländern herrscht die offene Autorität des Staates (.) Die westlichen Demokratien dagegen sind stolz darauf, das autoritäre System des 19. Jahrhunderts überwunden zu haben. Aber haben sie das wirklich – oder hat sich dort nur die Eigenart der Autorität geändert? Unser Jahrhundert ist das Jahrhundert der hierarchisch organisierten Bürokratien in der öffentlichen Verwaltung, der Wirtschaft und den Gewerkschaften. Diese Bürokratien verwalten Dinge und Menschen in gleicher Weise. Sie folgen dabei gewissen Grundsätzen, vor allem dem wirtschaftlichen Prinzip des Bilanzausgleichs, der Quantifizierung, der maximalen Effizienz und des Profits, und sie funktionieren im wesentlichen nicht anders als ein Computer, der mit diesen Prinzipien gefüttert wurde. Das Individuum wird zu einer Nummer und verwandelt sich in ein Ding. Aber gerade weil es keine offene Autorität gibt, weil der Einzelne nicht ‹gezwungen› wird zu gehorchen, kann er sich der Illusion hingeben, er handle freiwillig und folge nur seinem eigenen Willen und Entschluss oder er richte sich nur nach einer ‹rationalen› Autorität. (.) In der Familie und in der Erziehung geschieht dasselbe. Die missverstandenen Theorien von der progressiven Erziehung haben zu einer Erziehungsmethode geführt, bei der dem Kind nicht mehr gesagt wird, was es zu tun hat, wo ihm keine Anordnungen mehr gegeben werden oder wo es nicht mehr bestraft wird, wenn es solche nicht ausführt. Das Kind soll sich selbst ‹ausdrücken›. Aber es wird ihm von seinen ersten Tagen an ein heilloser Respekt vor der Konformität eingeimpft, die Angst, ‹anders› zu sein, und die Furcht, sich von der Herde zu entfernen. Der so in Familie und Schule aufgezogene ‹Organisationsmensch›, dessen Erziehung dann in den großen Institutionen vervollständigt wird, besitzt Meinungen, aber keine Überzeugungen; er amüsiert sich und ist unglücklich dabei.«[322]

Chinas ideologisches Ziel ist dagegen für totalitäre Massen nicht außergewöhnlich: Nichts Geringeres als den Kommunismus als »einzige Wahrheit« in der ganzen Welt durch das chinesische System zu etablieren ist das Endziel. Man darf sich dabei nicht der naiven Vorstellung hingeben, dass mit dem Erlangen von Wohlstand die

Diktaturen verschwinden und Demokratien erneut aufkeimen werden.

Soweit es die existenziell Lebensbedingungen angeht, können diese nur durch ein totalitäres Regime gesichert werden. Liberale Ansätze sind hier zu risikoreich. Stabilität ist das Wichtigste, gesellschaftlicher und politischer Fortschritt können – und müssen – warten. Sie können scheitern oder im kapitalistischen Sinne zu Extremen führen. Das Problem an dem totalitären Ansatz ist nun nicht die Legitimität totalitärer Regime an sich, sondern die Dauer dieser Legitimität.

Wann sind »Wohlstand für alle« oder »Reichtum für alle« erreicht? Wenn man sich in einem Laden immer etwas zu Essen kaufen kann? Wenn man einen Fernseher zu Hause hat? Wenn man drei Fernseher zu Hause hat? Oder noch ein großes Auto fahren kann?...

Wenn Ziele totalitärer Regime erreicht sind, ist in der Geschichte oft zu beobachten gewesen, dass entweder neue Ziele erklärt wurden, um ein totalitäres Regime weiterhin zu legitimieren, oder aber dass das bisher erreichte Ziel erhalten werden sollte, und dies nur – so wurde argumentiert – durch ein Fortbestehen des bisherigen Regimes möglich ist. So wurde in der DDR noch lange nach dem Niedergang der NS-Diktatur der Faschismus als die Bedrohung durch den Westen propagiert, weshalb der Sozialismus das einzig richtige System sei, das es auch »mit der Waffe in der Hand« zu verteidigen gelte.

Totalitäre Regime beginnen, sich nach ihrer eigentlichen Zielerreichung über ihre eigene Legitimitätsdauer hinaus selbst erhalten zu wollen. Dies ist oft verknüpft mit einem Selbsterhaltungstrieb der Machteliten. Um die Ziele zu erreichen, sind nicht selten Verbrechen begangen worden, die in totalitären Systemen kaum Beachtung fanden, in liberalen Systemen jedoch geahndet würden.

»Auf Macht ist kein Verlass; sie entsteht, wenn Menschen sich für ein bestimmtes Ziel zusammentun und organisieren, und verschwindet, wenn dies Ziel erreicht oder verloren ist.«[323]

– Hannah Arendt

Die Macht beginnt im Totalitarismus sich selbst Selbstzweck zu werden und um sich selbst zu erhalten, verübt sie Unterdrückung und Gewalt gegenüber einem Außen, um das immer kleiner werdende Innen zu schützen. Schließlich stürzt sie unter dem Gewicht ihrer eigenen bürokratischen Ordnung in sich selbst zusammen und versinkt in den Seiten der Geschichte, sodass Lehren, die gelernt werden müssen, ungelernt bleiben.

Vor diesem Hintergrund ist auch verstehbar, weshalb die chinesische Führung erbittert versucht, Hongkong unter den Einfluss der Zentralregierung in Peking zu bringen und demokratische Ideen im Keim zu ersticken, obschon dieses im Jahr 2048/49 ohnehin seinen Sonderstatus als semidemokratische Sonderverwaltungszone verlieren würde, wobei es unwahrscheinlich ist, dass die demokratische und freiheitlich aufgewachsenen Generationen auch dann nur allzu bereitwillig auf ihre Art zu leben verzichten würden. Bis zur Mitte des Jahrhunderts soll – so das Ziel der KP – der Kommunismus schon verwirklicht sein. Um ihn zu sichern, muss also ein System etabliert werden, das vor allem auf Stabilität gründet und jeden Fortschritt vereitelt.

Von einer historischen Warte aus betrachtet, »ist der die westliche Tradition prägende Begriff des Fortschritts höchst speziell und verdankt sich einer Reihe von Entwicklungen. Zunächst musste die Vorstellung eines linearen Zeitablaufs im Unterschied zu zyklischen Konzeptionen herausgebildet und etabliert werden, und danach wich die Begrenzung des Säkulums bis zur Wiederkehr Christi der Idee einer prinzipiell offenen Zukunft (.) Keine Gesellschaft kann auf den Fortschrittsimperativ ganz verzichten, denn er ist ein zutiefst sozial-normativer: eine Forderung, die von denen kommt, die unterdrückt und gegängelt werden oder deren Leben durch Missstände gekennzeichnet ist. Die Idee des Fortschritts ist daher keine fremde, von außen aufgedrängte Macht, sondern zunächst und zuerst eine intern generierte – das Verlangen nach gesellschaftlicher Verbesserung.

Der erste und ursprüngliche Ort des Fortschritts ist nicht ein globales Spielfeld politischer und technologischer Allmachtsphantasien, sondern die Infrastruktur einer Gesellschaft, die in (konflikthafter) Bewegung ist, weil ihre Mitglieder sie verbessern wollen. (.) Ein solches Bild ist die Konstruktion des »Westens« als Kultur der technologischen und gesellschaftlichen Entwicklung, während der ‹Rest› in altertümlichen Traditionen, Perspektiven und Gesellschaftsordnungen befangen sei. (.) Man neigt in dieser Sichtweise auch dazu zu übersehen, dass die westliche Geschichte selbst von ständigen Auseinandersetzungen darüber gekennzeichnet ist, was

Fortschritt bedeutet und ob er etwas Gutes ist. In westlichen Gesellschaften gab es keine unilinearen Entwicklungen, und es gab keinen
Konsens, wohin man fortschreiten sollte.(.)

Wie man am Beispiel Chinas sehen kann, gibt es in einem Zeitalter der multiplen Moderne kein allgemein gültiges Skript für den
Zusammenhang von wirtschaftlicher, kultureller und politischer
Modernisierung im Sinne einer Demokratisierung. Ob aber das eine
ohne das andere auf Dauer gelingen kann, ist fraglich. Ein Regime
wird durch Zuwächse an Wohlstand und technischen Möglichkeiten gestärkt, durch neue, aufstrebende Gruppen aber zugleich ge-
prüft und in Frage gestellt. (.)

Was Menschenrechte sind, wird (.) in der reflexiven Bestimmung
der Rechte [festgelegt], die niemand mit guten Gründen anderen
vorenthalten kann. So gilt international wie auch national, dass niemand für andere bestimmen darf, was Fortschreiten für sie bedeutet. Dies ist eine Forderung der Gerechtigkeit. (.) die Sprache der
Menschenrechte, der Selbstbestimmung und der Gerechtigkeit die
Sprache des Fortschritts (.) ergibt sich (.) als moralisches Gebot aus
der Kritik des falschen Fortschrittsdenkens selbst wie auch aus der
Kritik der Verhinderung sozialen Fortschreitens. Denn das ‹Fort›
aus einer Situation der Unterdrückung und Entrechtung ist ein
Menschenrecht, heute wie zu aller Zeit.«[324]

Politisch betrachtet sind die Verhältnisse in China heute »mittel-
alterlich«. In Europa brach das Mittelalter und seine Feudalord-
nung zusammen, als der Kapitalismus um sich griff. Somit ist es gut
möglich, dass demokratische Ideen eine Konjunktur und Renaissance in der Allgemeinbevölkerung erfahren, wenn die existenziellen Lebensbedingungen gesichert und Wohlstand erreicht sind. Um
dies zu verhindern, wird demokratisches und freiheitliches Gedankengut im Innern »ausgerottet«. Das Volk der Uiguren, das selbst
auf einem eigenen Staat hofft, wird »ausgerottet«, so wie China zuvor Tibet und die Mandschurei kulturell durch Repression und
Umvolkung von Han-Chinesen per Anordnung aus Peking aufge-
sogen hat.

Es versteht sich fast von selbst, dass auch verhindert werden
muss, dass demokratische Ideen von außen eingeschleppt werden,
weshalb Hongkong deutlich vor der Mitte dieses Jahrhunderts in
das einheitliche System eingegliedert werden muss, solange die
Mehrheit der Bevölkerung hinter der KP und der chinesischen Füh-

rung steht. Ähnliche Überlegungen, ergänzt um den totalitären Anspruch von der Herstellung einer einzigen Einheit, sind auch im Hinblick auf Chinas Taiwan-Politik zu beachten. Der westlichen Welt fehlen bis heute Antworten auf die Frage, wie China und seiner Ideologie begegnet werden kann. Erstaunt blickt man auf das Social Credit System und scheint überrascht zu sein, als es vor einigen Jahren in einzelnen Metropolen eingeführt wurde. Dabei war das Ziel der KP bereits in den 1960er Jahren mehr als deutlich zu erkennen.

Europa muss eine Keimzelle der Freiheit und der Demokratie sein, deren Strahlkraft die Welt erleuchtet und eine echte Alternative zur totalen Herrschaft des chinesischen Totalitarismus aufzeigt. Jedoch müssen wir heute erkennen, dass die »liberalen« Systeme ihrerseits totalitär werden. Statt dem prinzipiell freien Individuum finden wir den verwalteten Menschen, der selbst nur ein Automat ist.

»Wir müssen verstehen, wer der Feind ist«, sagte der Neoliberalismus-Kritiker Michael Hardt bereits im Jahr 2010.[325] Während China von einer Vision motiviert ist und in einer Einheit aufzugehen sucht, dividieren sich die Menschen in der westlichen Welt zu »Singularitäten« auseinander, die miteinander konkurrieren. Als ich noch zur Grundschule ging, lernte ich von meinen Eltern und Großeltern, die sehr christlich geprägt waren, dass Gott überall sein könne und daher um alle meine Taten wisse. Wenn ich nun also an einem Bettler vorbeigehe, ist es eine gute Tat, ihm etwas Geld zu geben.

Die gleichen Menschen, die mich als kleines Kind so erzogen, beschimpfen mich heute – nur etwa 15 Jahre später – als »blöd«, wenn ich ihnen erzähle, dass ich einem Bettler 50 Cent gegeben habe. Dieses Narrativ ist symptomatisch für unsere ganze Gesellschaft geworden. Die neoliberale Indoktrination war nicht weniger erfolgreich als die chinesische »Gehirnwäsche«. Der Mensch wird zum Automaten, die »Menschheit« ist im Begriff zu verschwinden und die »Menschlichkeit«, so scheint es, sucht man vergeblich in dieser Welt.

Präsident Snows Feststellung gegenüber Peeta: »War might end humanity«, bereitete mir große Schwierigkeiten, da nicht klar war, ob er von der »Menschheit« oder von der »Menschlichkeit« sprach. Wir müssen aber erkennen, dass die angemessene Übersetzung hier unerheblich ist, weil beide enden, ohne den bemerkenswerten Umstand, dass es je einen offenen Krieg gegeben hat. »Die Menschheit schafft sich ab«, so entfremdet ist sie vom Lebendigen. Da erscheint es fast als Ironie der Geschichte, könnte man nicht ohne Zynismus feststellen, dass chinesische Arbeiter unlängst Blüten per Hand bestäuben müssen, weil die Insekten, die diese Arbeit seit jeher getan haben, verschwunden sind, und der Mensch, der das Leben hasst und das Tote vergöttert, auf Umwegen zur Natur zurückfindet.

## 7.3 Der chinesische Faschismus

In einem aktualisierten Vorwort zu seinem Buch *Die Massenpsychologie des Faschismus* (1933) schrieb Wilhelm Reich 1942: Faschismus ist »die emotionale Grundhaltung des autoritär unterdrückten Menschen der maschinellen Zivilisation und ihrer mechanistisch-mystischen Lebensauffassung. Der mechanistisch-mystische Charakter der Menschen unserer Epoche schafft die faschistischen Parteien und nicht umgekehrt. Der Faschismus wird auch heute noch, infolge des politischen Fehldenkens, als eine spezifische Nationaleigenschaft der Deutschen oder der Japaner aufgefasst. Aus der ersten Fehlauffassung folgen alle weiteren Fehldeutungen.

Der Faschismus wurde und wird noch immer, zum Schaden der echten Freiheitsbestrebungen, als die Diktatur einer kleinen reaktionären Clique aufgefasst. Die Hartnäckigkeit dieses Irrtums ist der Angst vor dem Erkennen der wirklichen Sachlage zuzuschreiben: Faschismus ist eine internationale Erscheinung, die sämtliche Körperschaften der menschlichen Gesellschaft aller Nationen durchsetzt. (.) Meine charakteranalytischen Erfahrungen überzeugten mich (.), dass es heute keinen einzigen lebenden Menschen gibt, der nicht in seiner Struktur die Elemente des faschistischen Fühlens und Denkens trüge. Der Faschismus als politische Bewegung unterscheidet sich von anderen reaktionären Parteien dadurch, dass er von den Menschenmassen getragen und vertreten wird«,[326] und »heute ist es ganz allgemein klar geworden, dass ‹Faschismus› keine Tat eines Hitler oder Mussolini, sondern Ausdruck der irrationalen Struktur der Massenmenschen ist.«[327]

Reich war die Verantwortungsfülle seiner Behauptungen bewusst und er ergänzte: »Die Rassentheorie ist keine Schöpfung des Faschismus. Umgekehrt: Der Faschismus ist eine Schöpfung des Rassehasses und sein politisch organisierter Ausdruck. Demzufolge gibt es einen deutschen, italienischen, spanischen, anglosächsischen, jüdischen und arabischen Faschismus«,[328] oder – um Reichs Gedanken zu Ende zu führen – einen chinesischen Faschismus.

Dass die Gesellschaft in China totalitär ist und einen autoritären Charakter zeigt, muss nicht erneut erklärt werden. Relevant ist hingegen zu beschreiben, worin sich ihr Infantilismus zeigt; nämlich in dem Glauben an eine Zukunftsvision, deren Erreichen man bis ins Detail vorausplanen zu können glaubt. Dieses Denken in der Zukunft steht nicht im Widerspruch zur Vergangenheitsfixierung. »Zukunft« ist nicht das Unberechenbare, das Lebendige, sondern lediglich das tote Produkt geschichtlicher Architekten. Alles, was dem Geplanten nicht entspricht, wird umgedeutet, sodass verkündet werden kann, alle Ziele seien erreicht oder sogar übertroffen worden. Die zeitlichen Grenzen von gewisser Vergangenheit, erlebter Gegenwart und ungewisser Zukunft sind aufgehoben. Auf eine Geschichte von Armut, Repression und Kämpfen blickt man nicht gerne zurück. Auch in Panem hat sich der Zeithorizont verschoben zu *today, tomorrow, forever.*

Nicht nur versucht die chinesische Führung – die eine »nationale Verjüngung« anstrebt –, die eigene Geschichte umzuschreiben und Verbrechen und Gräueltaten vergessen werden zu machen – wie das Tiananmen-Massaker[329] – Staatspräsident Xi Jinping wird – wie auch andere mystische Gestalten und besonders Mao Tse-tung – geradezu vergöttert. »Papa Xi« ist »der Vater der Nation« geworden, gut möglich auf Lebenszeit. Wer Xi widerspricht, der hat den Tod zu fürchten, wie in der stalinistischen Sowjetunion.[330]

Damit schließt sich das Dreieck des Faschismus. Der »chinesische Traum« fußt auf »westlicher Aggression« vergangener Zeiten, man denke so etwa an die Opiumkriege im 19. Jahrhundert mit der britischen Kolonialmacht. Auch waren es chinesische Arbeiter, die bei Sprengungen mit Nitroglycerin die gefährlichsten Arbeiten verrichteten, um in den USA die transkontinentale Eisenbahn bauen zu können.

Die Liebe zum Toten zeigt sich in den Betonbauten, den Mega-Städten, der Umweltzerstörung und der Ausrottung »unreiner« Elemente der Gesellschaft; Unterschiede im Innern werden nicht geduldet. Wer hörig und folgsam ist, wird öffentlichkeitswirksam gelobt; wer sich hingegen im Sinne der Vorgaben »schlecht« verhält, wird öffentlich an den Pranger gestellt und sozial geächtet.

Der chinesische Faschismus führt heute zu der Frage, worin die Ursprünge faschistischer Systeme verwurzelt sind. Während die Trump-Bewegung sich vor allem vor wirtschaftlichen Hintergründen radikalisiert hat, finden wir in China ganz andere Bedingungen. Es stellt sich die Frage, ob es möglich ist, faschistische Gesellschafts-Charaktere in Vorausschau ausfindig machen zu können oder zumindest festzustellen, wo Bedingungen für solche Entwicklungen zu finden sind.

Deutschland war bis zur Gründung des Deutschen Reiches eine Ansammlung von Fürstentümern. Einen National- oder Zentralstaat wie in Frankreich, England oder Spanien gab es nicht. »Der 30jährige Krieg in Deutschland (1618-48) war eine mörderische Katastrophe der größeren Art. Er wurde um zwei Prinzipien geführt: Um die Vorherrschaft der katholischen oder der evangelischen Konfession und um die Vorherrschaft des Kaisers im Reich oder die Unabhängigkeit der Fürsten. Er endet mit der Unabhängigkeit der Fürsten. Damit ist die Ausbildung eines Nationalstaats blockiert. Das Ergebnis ist: Ohnmacht des Reiches und Kleinstaaterei. Das bedeutet für den Kampf der Konfessionen ein Unentschieden: Der jeweilige Kleinfürst bestimmt, welcher Glaube in seinem Kleinstaat gilt. (.)

Mit dieser Kleinteiligkeit wurde es provinziell. Da eine Hauptstadt fehlte, entwickelte es auch keine städtische tonangebende Gesellschaft, die der Nation in Geschmack, Sprache und Lebensart ein Vorbild sein konnte. Die Deutschen verloren den Kontakt zu einer Kultur der Sprache und der Verständigung: Gespräch, Rhetorik, Konversation, Witz, Unterhaltsamkeit, Verständlichkeit, Manieren, Lebensart, Humor, Eleganz des Ausdrucks, alles das gehört nicht zu den Eigenschaften, für die andere Nationen uns besonders rühmen. So flüchteten die Deutschen in die Sprache jenseits der Sprache: in den Gesang und die Musik. Oder in die simple Verbohrtheit.

Im übrigen machte sie das Dauermassaker des 30jährigen Krieges schwermütig und todessüchtig. In einigen Gegenden wurden durch den Krieg zwei Drittel der Bevölkerung ausgerottet. An der Schlächterei beteiligte sich fast ganz Europa: Frankreich, Dänemark, Schweden, Spanien, Polen und viele andere. Am Ende lag das Land in Trümmern, zurückgemordet in die Barbarei und seelisch schwer traumatisiert. Das kollektive Gedächtnis hat das nicht verarbeiten können.

Im Wettlauf der Nationen war Deutschland ausgeschieden. Erst über zweihundert Jahre später erschien es wieder, inzwischen in zwei Blöcke zerfallen: Preußen und Österreich mit dem heutigen Süddeutschland in der Mitte. Das war die Entscheidung für einen katastrophalen Weg in die Moderne in Gestalt einer Unglücksgeschichte und Tragödie: Die Form des Nationalstaats wurde verfehlt. Der war aber die Form, in der die Demokratie zuerst erschien,« resümiert Schwanitz.[331]

In Frankreich zahlten die Untertanen den Preis ihrer Freiheit, indem sie zur totalen Unterwerfung unter den absolut regierenden König bereit waren. Dafür gab es Ordnung und Sicherheit in einer Zeit, in der unentwegt blutige Bürgerkriege drohten.[332] Nicht anders soll der Staat Panem entstanden sein. Man kann den Absolutismus kritisieren oder ablehnen, aber er war seiner Zeit eine Staatsform, die bis zum Ende des 18. Jahrhunderts Stabilität sicherte und so wurde er als eine Mischung aus Despotismus und rationaler Verwaltung zum Vorbild für noch unterentwickelte Länder in Osteuropa, wo aufgeklärte Despotien entstanden.[333]

Während das Mittelalter wirtschaftliche und soziale Stabilität gab und nur die Einheit des christlichen Glaubens kannte, so zerfiel Deutschland nach dem Dreißigjährigen Krieg im 17. Jahrhundert in eine Splitterkultur, politisch wie kulturell. Diese Vereinzelung führte zu einer großen empfundenen Ohnmacht. Was die Triebkräfte des Faschismus wurden, war der tiefe Wunsch nach dem Einswerden mit einem großen, mächtigen Ganzen. Die Macht, die im Einzelnen fehlte, sollte durch das Totale simuliert werden. Mit der Gründung des Deutschen Reiches erlangten die Deutschen zu einer Macht, mit der sie noch nicht richtig umzugehen wussten. Schwanitz schreibt weiter:

»Besoffen vor Kraftgefühl hat [das wilhelminische Bürgertum] den galoppierenden Machtzuwachs der geeinten Nation seelisch nicht verarbeitet. Durch die Militarisierung des Lebens aufgrund der allgemeinen Wehrpflicht und des Prestiges der Militärs fühlen sich die Bürger als halbe Aristokraten und nehmen deren Gewohnheiten an: den Kasernenton in der Kommandosprache von Ämtern und Behörden, den zackigen Drill in der Schule, das Duell in den Verbindungen der Universitäten, den Schmiß im Gesicht, als ob man aus der Schlacht käme, und Uniformen, wo es nur geht. Die Welt staunt über einen neuen Maschinenmenschen und beginnt, ihn als Horrorgestalt zu fürchten. Das Image der Deutschen, die früher als verträumte Poeten und skurrile Gelehrte angesehen wurden, ändert sich: Jetzt sieht man ihn als unberechenbaren, aber seelenlosen Pickelhaubenträger, ein Kerl aus Metall, durch vernünftiges Reden nicht mehr erreichbar. In Mitteleuropa ist ein Monster erschienen.[334] (.)

Unvorstellbar ist heute, daß der Kriegsausbruch, zumal in Deutschland, einen Freudentaumel auslöste. Man erlebte die Verschmelzung des Kollektivs im Fest, das von den Hemmungen eines in Routine erstarrten Lebens einer Industriegesellschaft entlastete] Zugleich stellte man sich jeden Krieg wie den letzten vor, weil man die Folgen des waffentechnisches Fortschritts noch nicht kannte.«[335]

Wie Deutschland war auch Italien lange Zeit ein Splitterstaat. Nach dem Zusammenbruch des Römischen Reiches und dem Ende der Antike gab das Mittelalter lange Zeit Stabilität und Sicherheit. Italien gehörte im 15. Jahrhundert zu den am stärksten urbanisierten Regionen Europas. Die wirtschaftlichen Umbrüche vollzogen sich hier, wie Fromm gezeigt hat, besonders schnell und umfangreich. Einen Nationalstaat wie in Spanien, Frankreich oder England gab es nicht, sondern einzelne selbstständige Mächte wie das Herzogtum Mailand, die Republik Venedig, Florenz, den Kirchenstaat und das Königreich Neapel.

Wie Deutschland wurde auch Italien von Napoleons Feldzug zum Ende des 18. Jahrhunderts geradezu überrollt. Nach dem Wiener Kongress 1814/1815 blieben Deutschland und Italien zersplittert. Fast zeitgleich mit der Gründung des Deutschen Reiches gelang auch in Italien die »Vollendung der Einheit«, die in den 1860er Jahren mit der Gründung des Königreichs begann und 1870 abgeschlossen war.

Die beiden historischen Beispiele Deutschland und Italien deuten darauf hin, dass über lange Zeit »machtlose« Völker für totalitäre, ja faschistische Tendenzen prädestiniert sind. Jedoch lässt sich von diesem Ansatz ausgehend erstens nicht die faschistische Bewegung der Falangisten in Spanien und zweitens nicht das Aufkommen vergleichbarer Bewegungen zu expliziten Zeiten und Wendungen erklären.

Meine These ist daher, dass potenziell jedes Land und jedes Volk die Veranlagungen zu solch radikalen Bewegungen in sich trägt, und dass diese unter bestimmten Bedingungen aufkeimen und wachsen können. Eine Machtlosigkeit, Vereinzelung und Haltlosigkeit bieten Voraussetzungen, die ein Land, eine Kultur, eine Gesellschaft oder ein Volk weniger oder mehr anfällig machen können.

Treffen auf diesen Nährboden passive Lebensbedingungen, Hilflosigkeit und Ohnmacht, so können daraus radikale Bewegungen entstehen.

Ein Beispiel hierfür sind die Trumpisten in den USA heute. Nicht nur zeichnet sich dort das Ende eines langen Schuldenzyklus mit wirtschaftlichen Umbrüchen und einer Vierten Wendung ab; auch ist die Gesellschaft durch die fast ununterbrochenen Kriege seit dem Zweiten Weltkrieg – und im Besonderen durch die Erfahrung des Kalten Krieges –»kriegstraumatisiert«.

Der Krieg hat im Grunde nicht mit der Kapitulation Deutschlands oder Japans geendet, allenfalls gelang es, ihn zu kontrollieren. Dieses Kolorit findet sich so auch in Collins Beschreibung von Distrikt 13 wieder. Auch lange nach dem Krieg gibt es Sicherheit nur unter der Erde, folglich ist die Finsternis der Unterwelt der Ort, der beschützt, den man liebt oder zu lieben lernen muss.

Denkt man an Indien, so könnte man sich leicht vorstellen, dass durch die Splitterkulturen des Vielgötterglaubens und die wechselnden Herrschaftsverhältnisse in der Auseinandersetzung mit islamischen Kulturen und der späteren Ausbeutung durch die britische Kolonialmacht eher tiefverwurzelte Bedingungen für faschistische Tendenzen zu finden sind als in China, das im Grunde seit jeher starke und mächtige Kaiser hatte.

Man darf jedoch nicht übersehen, dass die Untertanen von der Macht des chinesischen Reiches im Grunde nicht profitierten, da sie selbst nur Objekte waren, über die ihr Kaiser frei und grausam verfügen konnte. Anders als im absolutistischen Frankreich aber – auf das dieser erste Gedanke auch zutreffen mag – herrschten nicht Frieden und Sicherheit, sondern vor allem Repression und Hilflosigkeit. Hinzu kam die ständige Bedrohung durch die territorialen Kämpfe mit der Mongolei, die noch bis ins 20. Jahrhundert hinein andauernde Herrschaft durch die Mandschu-Dynastie (Qing-Dynastie) oder die Aggression westlicher Kolonialmächte.

256

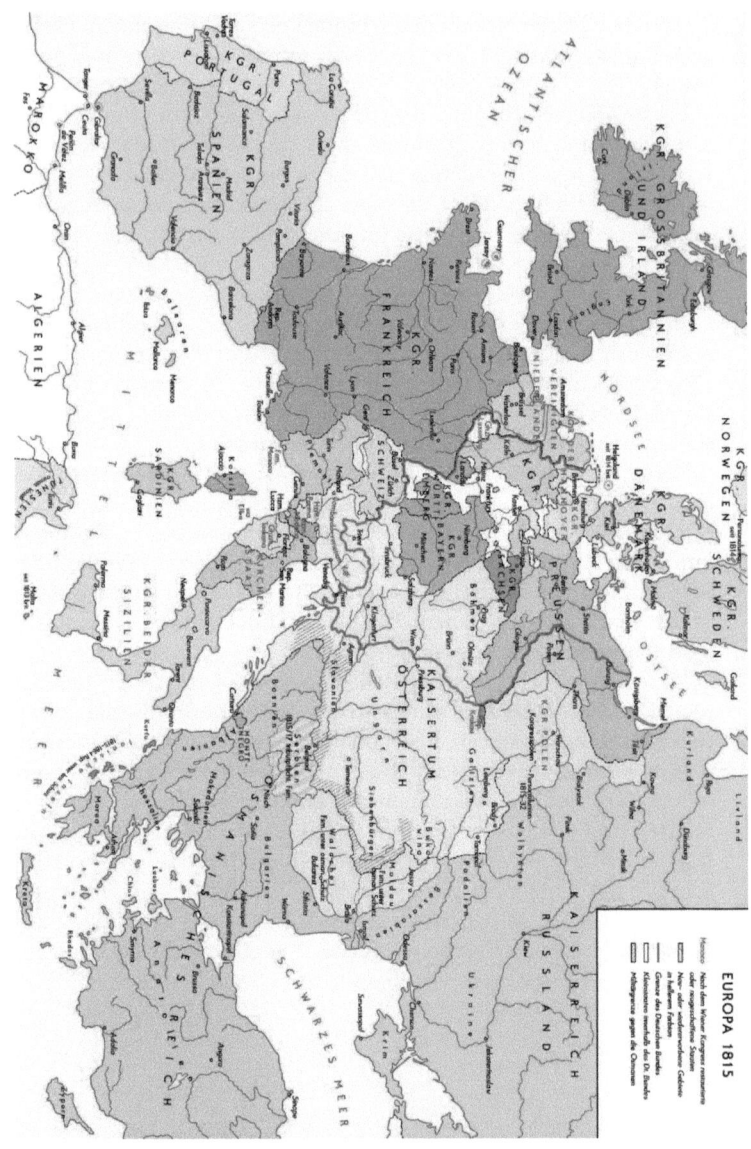

Europa nach dem Wiener Kongress 1814/1815[336]

Auch den Ersten und Zweiten Weltkrieg – im Besonderen die japanische Besatzungsmacht, die sich westlicher Kriegstechniken bediente – hat man in China genauso wenig vergessen wie Napoleon und Hitler in Russland. All diese Bedingungen stellten seit Jahrhunderten kaum behütete Lebensbedingungen dar, sondern waren vor allem eine Ursache einer allgenemein Angst. Der »asiatische Holocaust« durch die mordenden, verstümmelnden und vergewaltigenden japanischen Truppen hat tiefe Wunden in die Massenseele Chinas gerissen.

Geographisch ist China durch die Meere im Süden und Osten, die Wüstensteppe im Westen, den Himalaya und andere Gebirgsformationen im Südwesten wie die USA auf einer quasi Insellage gelegen. Die Chinesische Mauer erfüllte als Schutz vor den mongolischen Reiterkriegern aus dem Norden eine ähnliche Funktion wie der Grenzwall an der US-Südgrenze zu Mexiko.

Das Ziel ist die Kontrolle über das alltägliche Leben, um Sicherheit und Stabilität zu erlangen. Alles, was ungewiss ist, bereitet Angst und Sorge. »Während das Leben durch strukturiertes, funktionales Wachstum gekennzeichnet ist, liebt der nekrophile Mensch alles, was nicht wächst, alles, was mechanisch ist. Der nekrophile Mensch wird von dem Verlangen getrieben, Organisches in Anorganisches umzuwandeln, das Leben so mechanisch aufzufassen, als ob alle lebendigen Menschen nichts anderes seien als Dinge. Alle Lebensprozesse, alle Gefühle und Gedanken wandelt er in Dinge um. Für ihn zählt nur die Erinnerung und nicht das lebendige Erleben, es zählt das Haben und nicht das Sein.

Der Nekrophile kann zu einem Objekt – einer Blume oder einem Menschen nur dann in Beziehung treten, wenn er sie besitzt; daher bedeutet ihm eine Bedrohung seines Besitzes eine Bedrohung seiner selbst; verliert er den Besitz, so verliert er den Kontakt mit der Welt. Daher seine paradoxe Reaktion, dass er lieber das Leben als seinen Besitz verlieren würde, obwohl er ja mit dem Verlust seines Lebens aufhört, als Besitzender zu existieren. Er möchte über die anderen herrschen und tötet dabei das Leben. Eine tiefe Angst vor dem Leben erfüllt ihn, weil da, Leben seinem Wesen nach ungeordnet und unkontrollierbar ist.

Für nekrophile Menschen bedeutet Gerechtigkeit korrekte Teilung, und sie sind bereit, für das, was sie ‹Gerechtigkeit› nennen, zu töten oder zu sterben. ‹Gesetz und Ordnung› sind ihre Idole, und alles, was Gesetz und Ordnung bedroht, wird als teuflischer Angriff auf ihre höchsten Werte empfunden. Typisch für diese Einstellung ist die Frau, die in der Geschichte vom Salomonischen Urteil zu Unrecht behauptet, die Mutter des Kindes zu sein. Sie will lieber ein in zwei Teile geteiltes totes Kind haben, als ein lebendiges verlieren.

Der nekrophile Mensch fühlt sich von Nacht und Finsternis angezogen. (.) Alles, was dem Leben abgewandt oder gegen das Leben gerichtet ist, zieht den nekrophilen Menschen an. Er möchte in die Dunkelheit des Mutterschoßes und in die Vergangenheit einer anorganischen oder tierischen Existenz zurückkehren. Er ist grundsätzlich an der Vergangenheit und nicht an der Zukunft orientiert, die er hasst und fürchtet. Damit verwandt ist sein heftiges Verlangen nach Gewissheit. Aber das Leben ist niemals etwas Gewisses, es ist nie voraussagbar und niemals unter Kontrolle zu bringen; um es kontrollierbar zu machen, muss man es in Totes verwandeln; der Tod ist ja das einzig Gewisse im Leben.«[337]

Es ist eine offene Frage, welche Bedrohung durch faschistische Regime für andere Nationen, Völker und Gesellschaften tatsächlich ausgeht. Hitler strebte eine Aufteilung der Welt in »Interessensphären« an. Jedoch ist es angesichts seiner unbewussten Beweggründe höchst fraglich, wie Fromm feststellt, ob Hitler überhaupt zu einem Sieg in der Lage gewesen wäre. »Hitler war ein Spieler; er hat mit dem Leben aller Deutschen ebenso wie mit seinem eigenen Leben gespielt.

Als das Spiel aus war und er verloren hatte, hatte er nicht allzu viel Grund es zu bedauern. Er hatte gehabt, was er sich immer gewünscht hatte: Macht und die Befriedigung seines Hasses und seines Zerstörungsdranges. Seine Niederlage konnte ihm diese Befriedigung nicht nehmen. Der Megalomane und Zerstörer hatte in Wirklichkeit nicht verloren. Verloren hatten nur die Millionen von Menschen – Deutsche, Angehörige anderer Nationen und die rassischen Minderheiten – für die der Tod auf dem Schlachtfeld noch die mildeste Form des Leidens gewesen war. Da Hitler mit niemand das geringste Mitgefühl hatte, verursachte ihm dieses Leiden weder Schmerz noch Gewissensbisse.«[338]

Wie eine Welt hätte aussehen können, in der die faschistischen Regime der Achsenmächte Deutschland, Italien und Japan den Krieg gewonnen hätten, zeigt Dicks Buch *The man in the high castle*. Auch nach dem »Endsieg« wäre kein Frieden möglich gewesen, nicht nur der unentwegten Repressionen und Verfolgungen in den

besetzten Kolonien in Europa und Amerika wegen, vor denen mög-
licher Weise aus »Arier«, die innerhalb der »arischen Rasse« tiefer-
gestellt waren, ermordet worden wären. So schrieb auch Hannah
Arendt:

> »Es liegt in der Natur eines totalen Anspruchs, daß der Machtanspruch to-
> talitärer Regime prinzipiell unbegrenzbar ist. Er wäre nur gesichert, wenn
> buchstäblich alle Menschen, ohne eine einzige Ausnahme, in allen ihren Le-
> bensäußerungen zuverlässig beherrscht würden. Der außenpolitischen Not-
> wendigkeit, sich ständig neue neutrale Gebiete zu unterwerfen, entspricht
> die innenpolitische Notwendigkeit, immer neue Menschengruppen in im-
> mer erweiterten Konzentrationslagern total zu beherrschen und gegebenen-
> falls zu liquidieren, um wieder neuen Raum zu schaffen.«[339]

Bei Hitlers nekrophilem Charakter ist stattdessen anzunehmen,
dass er im zunehmenden Alter, in dem er sich immer weiter auf
seinen eigenen Tod zu bewegt, erst »richtig« destruktiv geworden
wäre. Ein atomarer Holocaust, den Japan und Deutschland untereinander angerichtet hätten, wäre nicht auszuschließen gewesen.

Der Faschismus ist von seinem dichotomen Weltbild bestimmt:
Ost und West, Gut und Böse, Sieger und Besiegte – das Wettrüsten
ist das Grundprinzip allen politischen Handelns. Ob und – wenn ja
– wie groß die Gefahr durch faschistische Regime von außen für uns
sind, wird vermutlich maßgeblich davon abhängen, von welchen
Motiven ihre Führer geleitet werden und welchem Charakteren
diese entsprechen

Die nekrophilen Charaktere Hitler und Coin glauben in ihrer
nekrophilen Ethik, alles nur durch Gewalt lösen zu können, wohingegen Snow eine eher biophile Ethik vertritt. Daher ist es von höchster Bedeutung, einen genaueren Blick auf die Führer faschistischer
Regime zu werfen.

## 7.4 Die unsichtbaren Hörner des Bösen

Kaiser Wilhelm II. litt unter körperlichen Fehlbildungen und war
geradezu fasziniert von Großmachtfantasien. Deutschland sollte einen »Platz an der Sonne« bekommen. Weite Teile der Welt waren
jedoch schon unter den Kolonialmächten England und Frankreich
aufgeteilt. Eine Ursache des Ersten Weltkrieges liegt in diesem Konflikt begründet.

In der Zeit des Wilhelminismus wurde Adolf Hitler geboren, der
einen narzisstischen Charakter herausbildete. Während seiner

Schulzeit zog er sich mehr und mehr in eine Fantasiewelt zurück, in der er »Krieg spielte«. Sein Interesse an imaginären Spielen, die einen destruktiven Charakter hatten und in denen er allmächtig war, blieb mit zunehmendem Alter erhalten. Diese Spiele erfüllten, so Fromm, mehrere Funktionen:

»Sie gaben ihm das befriedigende Gefühl, Anführer zu sein, und bestätigten ihn in der Überzeugung, daß er die Überredungskraft besaß, andere dazu zu veranlassen, ihm zu folgen. Sie verstärkten seinen Narzißmus; vor allem aber verlegten sie den Mittelpunkt seines Lebens in die Phantasie, wodurch sie dem Prozeß Vorschub leisteten, daß er sich immer mehr der Wirklichkeit, realen Personen, realen Leistungen und realen Kenntnissen entzog.«[340]

Hitler war gescheitert, nachdem er an der Kunstakademie in Wien abgelehnt wurde. »Man hatte ihn auf eben dem Gebiet zurückgewiesen, auf dem er seiner großen Zukunft sicher war. So blieb ihm nichts anderes übrig, als die Schuld den Akademieprofessoren, der Gesellschaft, der ganzen Welt in die Schuhe zu schieben. Sein Hass gegen das Leben muss damals noch gewachsen sein. Sein Narzissmus muss ihn – noch stärker als zur Zeit seines ersten Versagens – dazu veranlasst haben, sich noch mehr von der Realität zurückzuziehen, um zu verhindern, dass sie vor seinen Augen zusammenstürzte. An diesem Punkt setzte ein Prozess ein, in dessen Verlauf Hitler sich fast vollständig von allen Menschen zurückzog (.)

Diese Niederlage hatte nicht nur Hitler, der Künstler, erlitten, sondern auch Hitler, der eingebildete, gut gekleidete Bürger, der für die unteren Klassen nur Verachtung übrig hatte. Jetzt war er selbst zum Strolch, zum Ausgestoßenen geworden. Er gehörte zum Abschaum der Gesellschaft. Dies wäre selbst für einen weniger narzisstisch veranlagten Angehörigen des Bürgertums eine tiefe Demütigung gewesen. Da er genügend Stabilität besaß, nicht daran zu zerbrechen, muss ihn diese Situation innerlich gefestigt haben. Das Schlimmste war eingetreten, und er ging gestärkt daraus hervor; sein Narzissmus blieb ungebrochen. Es kam nun allein darauf an, die Demütigung auszumerzen, indem er an allen seinen ‹Feinden› Rache nahm und sein Leben dem Ziel weihte zu beweisen, dass dieses narzisstische Bild von sich selber keine Phantasie, sondern Realität war. (.)

Meist erholen sich [narzisstischer Personen] nicht. Da ihre innere, subjektive Realität und die äußere, objektive Wirklichkeit völlig auseinanderfallen, können sie psychotisch werden, oder sie leiden an schweren seelischen Störungen. Wenn sie Glück haben, finden sie vielleicht irgendeinen Unterschlupf in der Wirklichkeit – zum Beispiel eine untergeordnete Stellung, die es ihnen erlaubt, ihre narzisstischen Phantasien aufrechtzuerhalten, der Welt die Schuld zu geben und sich durchs Leben zu wursteln, ohne dass es zu einer großen Katastrophe kommt.

Es gibt noch einen anderen Ausweg, aber nur für besonders Begabte. Sie können versuchen, die Realität so umzuwandeln, dass ihre grandiosen Phantasien sich als real erweisen. Das erfordert aber nicht nur, dass der Betreffende Talent hat, sondern auch, dass die historischen Umstände dies ermöglichen. Meist steht diese Lösung politischen Führern in gesellschaftlichen Krisenzeiten offen.

Wenn sie die Begabung haben, die große Masse anzusprechen, und wenn sie geschickt genug sind, sie organisieren zu können, können sie die Realität ihren Träumen anpassen. Häufig rettet der Demagoge, der sich noch diesseits der Grenze zur Psychose befindet, sich dadurch vor dem Wahnsinn, dass er Ideen, die zunächst ‹verrückt› schienen, ‹vernünftig› erscheinen lässt. In seinem politischen Kampf wird er nicht nur von der Leidenschaft zur Macht angetrieben, sondern auch von der Notwendigkeit, sich vor dem Verrücktwerden zu retten.«[341]

Der Ausbruch des Ersten Weltkrieges war für Hitler eine »Fügung Gottes«. Er erlebte das »Gefühl des Stolzes, ein ‹Held› zu sein. Hitler war ein pflichtbewusster Soldat, und [… wurde] für seine Tapferkeit ausgezeichnet und genoss die Achtung seiner Vorgesetzten. Er war kein Ausgestoßener mehr; er war jetzt ein Held, der für Deutschland, für seine Existenz und seinen Ruhm und für die Werte des Nationalismus kämpfte. Er konnte sich seiner Lust an Zerstörung und Sieg in vollen Zügen hingeben – aber jetzt handelte es sich um einen wirklichen Krieg und nicht mehr nur um den Phantasiekrieg kleiner Jungen; und vielleicht stand er während jener vier Jahre fester auf dem Boden der Wirklichkeit als je sonst in seinem Leben. (.)

Das Ende des Krieges empfand er als sein eigenes neues Scheitern: Niederlage und Revolution. Die Niederlage hätte er vielleicht noch ertragen, nicht aber die Revolution. Diese Revolutionäre griffen alles an, was Hitlers reaktionärem Nationalismus heilig war, und sie siegten; sie waren die Herren des Tages, vor allem in München, wo sie eine kurzlebige ‹Räterepublik› gründeten. Der Sieg der Revolutionäre gab Hitlers Destruktivität die endgültige, unausrottbare Form. Die Revolution war ein Angriff auf ihn selbst, auf seine

Werte, seine Hoffnungen und auf seine großspurige Identifikation mit Deutschland. (.) Sein Hass, sein Rachedurst richtete sich auch gegen die siegreichen Alliierten, die Deutschland zur Annahme des Versailler Vertrages zwangen, doch in geringerem Ausmaß als gegen die Revolutionäre und ganz besonders gegen die Juden. (.)

Diesmal hatte Hitler die Möglichkeit, seine persönliche Niederlage und Demütigung in eine nationale und gesellschaftliche Niederlage und Demütigung zu verwandeln, was ihn in die Lage versetzte, darüber sein persönliches Scheitern zu vergessen. Diesmal war nicht er gescheitert und gedemütigt worden, sondern Deutschland. Wenn er nun Deutschland rächte und rettete, rächte er sich selbst, und wenn er Deutschlands Schande auslöschte, löschte er auch seine eigene Schande aus. Sein Ziel war jetzt nicht mehr, ein großer Künstler zu werden, sondern ein großer Demagoge. Er hatte das Gebiet entdeckt, auf dem er eine wirkliche Begabung und daher auch eine reale Erfolgschance besaß.«[342] An erster Stelle im Staat konnte Hitler seine Destruktivität ausleben:

»Die Objekte für Hitlers Destruktivität waren Städte und Menschen. Der große Baumeister, der begeisterte Städteplaner eines neuen Wien, Linz, München und Berlin war derselbe Mensch, der Paris zerstören, Leningrad dem Boden gleichmachen und zum Schluss ganz Deutschland vernichten wollte. Diese Absichten sind belegt. Speer berichtet, Hitler habe auf der Höhe seines Erfolges nach einer Besichtigung des eben eroberten Paris zu ihm gesagt: ‹War Paris nicht schön? (...) Ich habe mir früher oft überlegt, ob man Paris nicht zerstören müsse. Aber wenn wir in Berlin fertig sind, wird Paris nur noch ein Schatten sein. Warum sollen wir es zerstören?›

Schließlich hat Hitler natürlich doch befohlen, Paris zu zerstören, ein Befehl, den der deutsche Kommandant von Paris nicht ausgeführt hat. Der extremste Ausdruck seiner Manie für die Zerstörung von Gebäuden und Städten war sein Erlass ‹Verbrannte Erde› für Deutschland vom September 1944, in dem er im Falle einer Besetzung deutschen Bodens durch den Feind befahl:

Nicht nur die Industrieanlagen, die Gas-, Wasser- und Elektrizitätswerke, die Telefonzentralen sollten vollständig zerstört werden, sondern alles, was sonst zur Aufrechterhaltung des Lebens notwendig sei: die Unterlagen für die Lebensmittelkarten, die Akten der Standes- und Einwohnermeldeämter, die Aufstellungen der Bankkonten; ferner sollten die Lebensmittelvorräte vernichtet, die Bauernhöfe niedergebrannt und das Vieh getötet werden. Selbst von den Werken der Kunst, die die Fliegerangriffe überstanden hatten, sollte nichts erhalten bleiben: die Baudenkmäler, die Schlösser, Burgen und Kirchen, die Theater und Opernhäuser waren ebenfalls zur Zerstörung vorgesehen.

Dies bedeutete natürlich auch, dass es kein Wasser, keine Elektrizität, keine sanitären Einrichtungen mehr geben würde, das heißt, dass Seuchen, Krankheit und Tod für Millionen, die nicht entkommen konnten, die Folge sein würden. Für Speer, der kein nekrophiler Zerstörer, sondern ein biophiler Baumeister ist, riss dieser Erlass einen Abgrund zwischen ihm und Hitler auf. Er versuchte die Unterstützung einiger Generäle und Parteifunktionäre zu gewinnen, die nicht von Hitlers Zerstörungsdrang beseelt waren, und riskierte sein Leben, indem er Hitlers Befehle sabotierte. Dank seiner Bemühungen und der einiger anderer sowie durch besondere Umstände wurde Hitlers Politik der Verbrannten Erde nie durchgeführt.«[343]

Erich Fromm »möchte auf die Haupttäuschung aufmerksam machen, welche die Menschen hindert, einen potenziellen Hitler zu erkennen, bevor er sein wahres Gesicht zeigt. Diese Täuschung beruht auf der Ansicht, dass ein durch und durch destruktiver und böser Mensch ein Teufel sein muss und dass man es ihm auch ansieht; dass er keinerlei positive Eigenschaften haben kann, dass er das Kainszeichen so sichtbar auf der Stirn tragen muss, dass jeder seine Destruktivität schon von weitem erkennt.

Solche Teufel gibt es, aber sie sind selten. Wie ich bereits dargelegt habe, kommt es weit häufiger vor, dass ein intensiv destruktiver Mensch ein liebenswürdiges Gesicht aufsetzt; er ist höflich, bekundet seine Liebe zu seiner Familie und zu Kindern und Tieren. Er spricht von seinen Idealen und guten Absichten. Aber nicht nur dies. Es gibt kaum einen Menschen, dem jede Liebenswürdigkeit und jede gute Absicht abgeht. Wäre dies der Fall, stände er am Rande der Geisteskrankheit, wenn es sich nicht um einen Fall von angeborener ‹moralischer Idiotie› handelt. Solange man daher der Meinung ist, dass ein böser Mensch Hörner hat, wird man einen bösen Menschen nicht erkennen.

Die naive Annahme, dass ein bösartiger Mensch leicht zu erkennen ist, birgt eine schwere Gefahr in sich. Man ist nicht in der Lage, ihn als solchen zu erkennen, bevor er sein Zerstörungswerk begonnen hat. [Fromm glaubt], dass die meisten Menschen keinen so intensiv destruktiven Charakter haben wie Hitler. Aber selbst wenn man schätzungsweise annimmt, dass derartige Personen zehn Prozent unserer Bevölkerung ausmachen, bedeutet diese Zahl eine große Gefahr, wenn sie Einfluss und Macht gewinnen. (.) Einzigartig war nur die soziopolitische Situation, die ihm seinen Aufstieg ermöglichte. Unter uns gibt es Hunderte von Hitlern, die hervortreten würden, wenn ihre historische Stunde gekommen wäre.

Eine Gestalt wie Hitler objektiv und leidenschaftslos zu analysieren, befiehlt uns nicht nur unser wissenschaftliches Gewissen. Es ist auch die Voraussetzung dafür, dass wir für die Gegenwart und Zukunft eine wichtige Lehre daraus ziehen können. Jede Analyse, die Hitlers Bild verzerrt, indem sie ihn seiner menschlichen Eigenschaften beraubt, würde uns nur noch blinder machen für die potenziellen Hitlers, die keine Hörner haben.«[344]

## 7.5 Xi Jinping und sein Panem

In einer seiner ersten Reden als Staatspräsident Chinas legte Xi Jinping seine politische Agenda dar und lies erkennen, von welchem politischen Weltbild sein Denken und Handeln geleitet wird. Seiner Auffassung nach treten der Kommunismus und die liberalen, demokratischen Systeme der politischen westlichen Welt in einen Systemwettstreit ein. Für ihn gibt es im »Kampf der Systeme« und ihrer Vormachtstellung in der Welt nur Sieger und Besiegte, Mächtige und Machtlose, niemals aber eine Win-Win-Chance.

Den Zusammenbruch der Sowjetunion begreift er – ähnlich wie Putin – als eine der größten geopolitischen Katastrophen. Für Xi ist der Kommunismus die »einzige Wahrheit«. In seiner Jugend erlebte er, wie sein Vater unter Mao als Verräter gebrandmarkt wurde. Er selbst wurde mit anderen jungen Menschen auf das Land geschickt, um bäuerliche und andere schwere Arbeiten zu verrichten. Seine Schwester wurde so in den Selbstmord getrieben. Er selbst soll in dieser Zeit sogar in einer Höhle gelebt haben, was unmittelbar an Patrick Süskinds Roman *Das Parfüm* erinnert: Grenouille kehret aus seinem Leben in der Natur als *monstre morale* zurück.

Xi war ein Ausgestoßener, ein Außenseiter. Er wandte sich aber nicht von dem System und von Mao ab, sondern begann, diesen zu bewundern, seinen Vater und seine Familie durch Regimetreue »reinwaschen« zu wollen und studierte Maos Schriften bis zum Paroxysmus und lernte sie auswendig. Ein Biograph sagte über ihn einmal: »Wenn er den Mund aufmacht, spricht Mao.«

Die Einheit Chinas herzustellen, ist eines der wichtigsten Ziele. Das betrifft nicht nur innenpolitische Fragen, sondern auch geopolitische Angelegenheiten. Die »Wiedervereinigung« der Volksrepublik China auf dem Festland mit der Republik China (Taiwan) auf der Insel Formosa, auf die sich die nationalistischen Truppen zurückgezogen haben, nachdem sie von den kommunistischen

Kämpfern unter Mao besiegt wurden, ist für die kollektive Seele Chinas zur höchsten Wichtigkeit erhoben worden.

Taiwan will einer Wiedervereinigung jedoch nicht zustimmen, wenn es auf seine liberalen und demokratischen Werte verzichten muss. Die Aggression der Pekinger Zentralregierung zeigt sich heute schon real in Honkong und im Süd-Chinesischen Meer, wo Peking die Spratly- und Paracel-Inseln für sich beansprucht und durch den zügigen Aufbau von Militärbasen historische Fakten schafft. Peking tritt hier in territoriale Konflikte mit einer Vielzahl an Ländern, darunter Vietnam und Malaysia. Aber auch im Grunde zu fast allen Nachbarstaaten auf dem Festland beansprucht China Gebiete für sich, was zu Konflikten mit anliegenden Staaten führt (oder in der Vergangenheit geführt hat).

Die Zentralregierung tritt hier aggressiv auf, verfolgte aber lange Zeit die Strategie der chinesischen Tradition, den Feind zu zermürben, ohne dass es zu kämpfen kommt. Xi Jinping jedoch schreckt ebenso wenig wie Donald Trump davor zurück, auch Gewalt als Option in Betracht zu ziehen; im Gegenteil: Xi droht Taiwan ausdrücklich mit einer militärischen Intervention, was auch zu ernsten Animositäten mit dessen verbündeten USA führt. In dieser Hinsicht ist erkennbar, welchen Einfluss Xi hat, der von der Kommunistischen Partei nach einer tadellosen, aber nicht überfliegenden Karriere als Vorsitzender gewählt wurde.

In China glaubt man: »Es führt zu nichts, einen Präsidenten per demokratischer Abstimmung zu wählen«, und »erst wenn ein Eisen hundertmal ins Feuer getaucht ist, wird es endlich zu Stahl.« Mit Blick auf die USA ist man geneigt der These zuzustimmen, dass eine »Diktatur der Wissenden und Fähigen« eine bessere Herrschaftsform ist als die Kakistokratie unter Trump, die »Herrschaft der Schlechtesten«.

Xi ist natürlich unbedingt abhängig von dem Wohlwollen der Parteiführung und ideologisch ist er hervorragend auf die Ziele Maos und das Erreichen des Kommunismus abgerichtet; aber Xi, der sich als Marxist versteht, ist mehr als nur eine Marionette der Parteiführung. Das zeigt sich auch in der Außenpolitik Chinas. So ist es Xi zuzurechnen, dass mit einer Militärbasis in Dschibuti am Golf von Aden im Nord-Osten Afrikas die allererste ausländische Militärbasis Chinas installiert wurde (soweit man diejenigen im Süd-Chinesischen Meer im Sinne der KP als inländische Basen begreift).

Die Vorstellung, Probleme immer nur mit Gewalt lösen zu können und daher unentwegt damit zu drohen, ist nicht nur ein Merkmal Trumps, sondern auch Xis. Das Problem der Uiguren, die ihren eigenen Staat fordern und sich nicht recht umerziehen lassen wollen, wird auf die radikalste Weise gelöst, nämlich durch den Genozid. Daraus lassen sich Überlegungen über Xis Charakter anstellen, die spekulativ bleiben, aber eine Hilfe bei dem Versuch einer Einordnung sein können:

Nekrophile Menschen »leben in der Vergangenheit und nie in der Zukunft. Ihre Gefühle sind im Wesentlichen sentimental, das heißt, sie hängen an Gefühlen, die sie gestern empfanden – oder empfunden zu haben glauben. Sie sind kalt, auf Distanz bedacht und bekennen sich zu ‹Gesetz und Ordnung›. Ihre Werte sind genau das Gegenteil von denen, die wir mit dem normalen Leben in Verbindung bringen: nicht das Lebendige, sondern das Tote erregt und befriedigt sie. Charakteristisch für den nekrophilen Menschen ist seine Einstellung zur Gewalt. Gewalt ist die Fähigkeit, einen Menschen in einen Leichnam zu verwandeln, um sich der Definition von Simone Weil zu bedienen. Genauso wie die Sexualität Leben erzeugen kann, kann die Gewalt es zerstören.

Alle Gewalt beruht letzten Endes auf der Macht zu töten. Ich möchte vielleicht einen Menschen nicht gerade töten, sondern ihn nur seiner Freiheit berauben; ich möchte ihn vielleicht nur demütigen oder ihm seinen Besitz wegnehmen – aber was ich auch immer in dieser Richtung tue, hinter all diesen Aktionen steht meine Fähigkeit und meine Bereitschaft zu töten. Wer das Tote liebt, liebt unausweichlich auch die Gewalt. Für einen solchen Menschen ist die größte menschliche Leistung nicht die Erzeugung, sondern die Zerstörung von Leben.

Die Gewaltanwendung ist keine ihm von den Umständen aufgezwungene, vorübergehende Handlung – sie ist seine Art zu leben. Dies ist der Grund, weshalb der nekrophile Mensch in die Gewalt geradezu verliebt ist. So wie für den, der das Leben liebt, die grundlegende Polarität im Menschen die von Mann und Frau ist, existiert für den Nekrophilen eine völlig andere Polarität: die zwischen denen, welche Macht haben zu töten, und denen, welchen diese Macht nicht gegeben ist. Für ihn gibt es nur zwei ‹Geschlechter›: die Mächtigen und die Machtlosen.«[345]

Den scheinbaren Widerspruch, dass Xi, der einen Personenkult um sich propagiert, einen Plan für die Zukunft verfolgt – einen chinesischen Traum, der allen Völkern zugutekommen solle –, habe ich bereits aufgelöst. Das wichtigste Merkmal von Vergangenheit und Zukunft ist die Gewissheit und die Ungewissheit, die in der totalen Herrschaft jedoch auf die radikalste Weise verbogen werden. Die Zukunft soll so und genauso gestaltet werden, wie es in der Vergangenheit von dem großen Vorsitzenden Mao vorhersagt wurde. *Die Zukunft ist nichts anderes als die Vorhersagen der Vergangenheit.*

Sein und Schein fallen zusammen; alles soll so scheinen, wie es sein soll; und alles soll so sein, wie es scheinen soll. Insbesondere über die Grenzen des Innern hinaus offenbart sich hier der Weltherrschaftsanspruch totaler Herrschaft. Man darf hierbei nicht vergessen, dass der vorauseilende Gehorsam ein wesentliches Element der totalen Herrschaft ist. Widerstand gegen die totale Herrschaft kann nur gelingen, in dem man sich nicht verbiegt, sondern entschlossen und kompromisslos zu seinen eigenen, inneren Wahrheiten steht und für diese einsteht. Im Widerstand gegen die totale Herrschaft zu versagen, bedeutet, sich ihr zu fügen und zu unterwerfen, seine Identität und Individualität aufzugeben, auch ohne vorhergehenden, direkten Befehl.

Diese Unterwerfung zeigt sich nicht nur im Verzicht auf persönliche Freiheit, sondern besonders in der Aufgabe elementarer Grundwerte. Auf *Meinungsfreiheit zu verzichten* ist es ganz anderes, als trotz Meinungsfreiheit etwas, was wichtig ist und gesagt werden sollte, *ungesagt* zu lassen. Der Übergriff der totalen Herrschaft totalitärer Systeme von außen besteht nicht nur in den Vorgaben, was *gesagt werden soll*, sondern beginnt mit dem Verbot, was *nicht gesagt werden darf.*

Diese Strategie verfolgen die chinesischen Parteifunktionäre und Diplomaten sehr intensiv. Es geht dabei nicht nur darum, ökonomische Abhängigkeitsverhältnisse zu nutzen, um politisches Regierungshandeln zu unterdrücken, wenn es nicht im Sinne der KP ist und schließlich zur Blockade innerhalb des Bündnisses europäischer Staaten führen soll, sondern auch in der Unterdrückung unerwünschter Meinungen in der Öffentlichkeit. Ein Kinderbuch, das den Ursprung des Sars-Cov-2-Erregers in China verortet muss auf politischen Druck hin eingestampft[346] und Vorlesungen an einer Universität über eine neue Biographie Xi Jinpings müssen abgesagt werden.[347]

Das Ziel ist, kritische Gedanken zu unterdrücken, um ein idealisiertes Bild zu erzeugen und ein Symbol zu glorifizieren.»Viele andere spürten das Nekrophile in diesen Führern nicht und sahen in ihnen Aufbauende, Erlöser und gute Väter. Hätten diese nekrophilen Führer nicht den falschen Eindruck erweckt, aufbauende Beschützer zu sein, so hätte die Zahl derer, die sich zu ihnen hingezogen fühlten, kaum ausgereicht, ihnen an die Macht zu helfen, und die Zahl derer, die sich von ihnen abgestoßen fühlten, hätte sicher schnell ihren Sturz herbeigeführt.«[348]

Chinas »Turbo-Kapitalismus« ist auf ein schnelles Aufbauen und anschließend zugiges Abreißen ausgerichtet, um erneut Neues und Besseres aufbauen zu können. Die Grenzen von Kreativität und Destruktivität verschwimmen, sodass beides zusammenfällt. Aber die Gegenstände dieses Prozesses ist immer das Tote, sind die leblosen Betonbauten der Megastädte.

Das Panem von Morgen entsteht bereits heute. »Aus Peking, der Hafenstadt Tianjin und der Provinz Hebei wird eine neue Megastadt auf einer Fläche von mehr als 200.000 Quadratkilometern. Bis zu 130 Millionen Einwohner soll der Moloch nach seiner Vollendung haben und damit das bei Weitem größte urbane Zentrum weltweit sein. Als Name haben sich die Planer Jing-Jin-Ji einfallen lassen: ein aus den Städtenamen Bei*jing*, Tian*jin* und dem historischen Namen für Hebei, ‹Ji›, gebasteltes Kürzel.«[349]

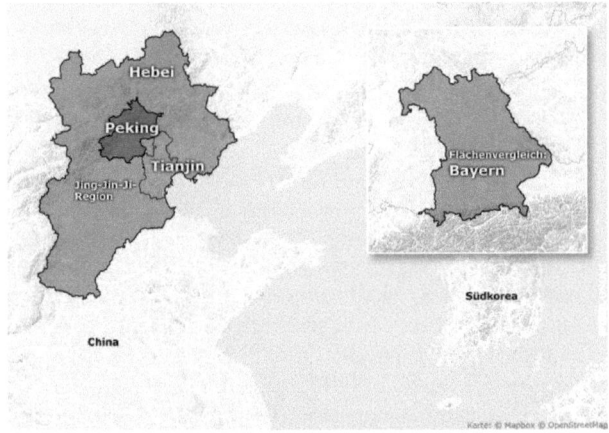

Hier entsteht bis 2030 eine riesige Metropole als Machtzentrum eines Riesenreiches, dessen übrige Bevölkerung in ländlichen Provinzen ums Überleben kämpft, und steht damit symptomatisch für eine globale Verschiebung von ländlichen in städtische Lebensweisen.

Ein chinesisches Sprichwort besagt: »Wer Europa besitzt, dem gehört die Welt.« Vor diesem Hintergrund lassen sich also nicht nur wirtschaftliche, sondern auch geopolitische Beweggründe für das Großprojekt der neuen Seidenstraße ausmachen. Für Europa wird es wichtig sein, eine politische Strategie zu finden, mit der China international begegnet werden kann. Unabhängig davon aber sind die geopolitische Verschiebungen durch die Seidenstraße aber auch für Europa durchaus vorteilhaft.

George Friedman glaubt, der wirtschaftliche Erfolg der USA sei darin begründet, dass sie sowohl auf atlantischer als auch auf pazifischer Seite von Zugängen zu den Seewegen und Handelsrouten profitieren würden. Ein Land wie Island könne niemals wirtschaftlich so stark werden wie die USA, auch wenn es noch so klug regiert werden würde. Umgekehrt würden die USA fast unmöglich wirtschaftlich geschwächt, auch wenn sie noch so schlecht regiert werden. Der Grund, weshalb Europa in seiner Wirtschaftskraft schwächer dasteht als die USA, liegt also darin begründet, dass die Europäer nur den Zugang zum Atlantik, nicht aber zum Pazifik haben.

Die Seidenstraße revolutioniert dieses geopolitische Machtgefüge. Sie verlagert Transportwege von Seerouten auf das Kontinentalland. Damit wird der fehlende zweite Seeweg sowohl für China als auch Europa kompensiert. Es bleibt eine interessante Frage, die es zu beobachten gilt, ob dieser Umbruch tatsächlich zu Veränderungen ökonomischer Machtverhältnisse und daraus resultiert auch eine Verschiebung geopolitischer Einflussspähern führen wird. In jedem Fall muss aber eines klar sein:

Europa muss sich selbst besitzen und für seine ureigenen Interessen und Werte einstehen, niemals aber darf Europa der Appendix der Seidenstraße werden, verbunden mit dem »Reich der Mitte« durch moderne Transportzüge. Europa darf niemals ein Distrikt Chinas werden, sondern muss eine Keimzelle der Freiheit und der Demokratie sein, deren Strahlkraft auch die hintersten und von den langen Schatten des Totalitarismus verdunkelten Winkel der Welt erleuchtet, auf »dass Freiheit, Demokratie und Humanismus in neuem Glanze erstrahlen mögen«.

# Panem *forever*?

Um diesen Band über *Panems Geschichte von Brot und Tod* zum Abschluss bringen zu können, bleibt nun nur noch festzustellen, dass Collins surreale Dystopie nichts anderes ist als das Spiegelbild der Geschichte selbst. Und der Interpret ist wie ein Historiker, ein Archäologe auf der Suche nach den verschütteten und vergessenen Resten der Wahrheit. Was können wir nun also aus dieser Geschichte lernen, welche unsere eigene ist?

Hannah Arendt schrieb, dass die Seele eines Menschen zerstört werden kann, ohne ihm auch nur ein Haar zu krümmen. Der Mensch hat ein seelisches Bedürfnis wie ein biologisches nach Nahrung. Ist er einsam, leidet er ebenso, wie wenn er verhungert. Und neurologisch sind als Warnsignale eben die Hirnareale aktiv, die auch bei physischem Schmerz aktiv sind. Sie warnen den Menschen davor, »an oder mit Einsamkeit« zu sterben. Der Mensch hat sich von den Fesseln des Überlebenskampfes befreit und transzendiert das Leben, so Erich Fromm. Er kann es leben oder es vernichten. Anders als Freud begreift Fromm Destruktivität nicht als Todestrieb, sondern als Folge ungelebten Lebens.

Das, was den Menschen vom Tier unterscheidet, ist seine Seele. Ohne diese ist er kein Mensch mehr und man kann ihn ebenso von innen heraus zersetzen, wie man ihn von außen verletzen kann. Ein sterbender Körper zieht die Seele mit sich in den Tod, aber auch eine tote Seele kann den Körper mit sich reißen. Die Beobachtung, dass Körper die Grundvoraussetzung für Seelen sind, könnte richtig sein, ist aber nicht belegbar. Der Körper wiegt nicht mehr und nicht weniger als die Seele, denn tote Seelen suchen Körper zu zerstören, auf die ein oder andere Weise.

Auf den psychogenen Tod folgt der physische Tod. In der Geschichte der Menschheit wurde nicht selten für das psychische Überleben sogar das biologische Überleben geopfert. Wenn wir etwas aus *Panems Geschichte von Brot und Tod* lernen können, ja vielleicht sogar müssen, dann eben genau dies.

Distrikt 13 ist ein Refugium, in dem die Menschen unter der Erde leben. In der Populärkultur findet sich Vergleichbares im Film *The Island* (2005), der in naher Zukunft spielt. Lincoln Six Echo und Jordan Two Delta, die Protagonisten, leben mit anderen »Produkten« in einem isolierten Komplex. Sie werden glauben gemacht, dass die Außenwelt mit Ausnahme einer kleinen Insel durch Atomkriege verseucht wurde. Jede Woche wird eine Lotterie durchgeführt und der Gewinner darf den Untergrund verlassen, um auf der Insel zu leben.

Aber nachdem Lincoln eine lebendige Motte aus der Außenwelt gesehen hat, beginnt er zu fragen, ob es noch mehr geben würde. Er erkennt, dass es keine Kontamination gibt und alle Menschen in der Kolonie, die man auf die Insel schickt, getötet werden. Lincoln und Jordan fliehen aus ihrer Kolonie und erreichen die reale Welt. Sie finden heraus, dass sie und ihresgleichen nur »Produkte« sind, für die ihre Kunden wie für eine Lebensversicherung bezahlen, um bei Erkrankungen oder Unfällen wie auf ein organisches »Ersatzteillager« zurückgreifen zu können.

Der Direktor des Instituts, Dr. Merrick, bemerkt, dass ein Klonfehler für Lincolns menschlichen Willen zur Freiheit und Erleuchtung verantwortlich ist, sodass alle »Echos« entfernt werden müssen, indem sie in einer Kammer lebendig verbrannt werden – nicht aus Hass, sondern nur, weil sie wirtschaftlich unnütz geworden sind, obschon man weiß, dass es sich hierbei nicht um seelenlose Produkte, sondern um Menschen handelt.

Um es genauer zu formulieren: Die Echos werden nicht als Produkte vernichtet, sondern sie sollen vernichtet werden, eben weil sie menschlich sind. Das Menschsein gilt als »Defekt«, der als irreparabel und sogar als gefährlich verstanden wird.

Lincoln und Jordan wollen dieses Massaker verhindern. Es gelingt ihnen, die anderen Produkte zu befreien und in die reale Welt hinauszufinden. Diese Dystopie zeigt, wohin uns die Reduktion des Individuums auf eine einfache Nummer nach einer Wirtschaftlichkeitsprüfung führen kann. Nirgendwo aber ist der Mensch derart auf eine Nummer reduziert worden wie vielleicht in Auschwitz. Ehe man die Menschen in den Gastod schickte, sollten sie sich die Nummer an den Kleiderhaken merken. Auf diese Weise wollte man sie täuschen. Verzweifelt klammerten sie sich noch im Todeskampf an die Hoffnung, sie würden überleben, denn sie besaßen ja eine Nummer. Durch dieses verzweifelte Klammern wurden sie selbst zu dem, was sie als allerletztes, entkleidet und aller materiellen Dinge beraubt noch besaßen: eine Nummer.

In einer Welt, in der Menschen zu Automaten und Produkten geworden sind, werden die schlimmsten Verbrechen begangen, Menschlichkeit ist verschwunden und der Mensch selbst ersetzbar.

Stephen Hawking glaubte, dass »wenn wir keine totalitäre Weltordnung bekommen, dann wird irgendjemand irgendwo ‹verbesserte› oder ‹veredelte› Menschen designen.«[350] Es wäre jedoch naiv zu glauben, dass ein totalitäres System eine solche Entwicklung verhindern würde. Richtig ist allerding die Feststellung, dass Freiheit nicht nur Chancen bietet, sondern auch Risiken darstellt.

Die Medizinethikerin Christiane Woopen sagte einmal: »Keiner hat die Pflicht, überhaupt kein Risiko für andere Menschen zu sein. Wir haben allerdings die moralische Pflicht, auf die Gesundheit anderer möglichst gut aufzupassen und sie nicht willkürlich zu gefährden.«[351] Petra Bahr geht sogar noch einen Schritt weiter und erklärt, dies sei überhaupt nicht möglich.[352] Eine risikoaverse Gesellschaft sei eine Gesellschaft in der man sich auch nicht mehr verlieben würde.

Was wie eine ironische Übertreibung klingt, ist tatsächlich aber Gegenstand vieler dystopischer Romane und Filme geworden, von denen *The Giver* (dt. *Der Hüter der Erinnerungen*) der vielleicht bekannteste ist. In dieser Welt werden Emotionen durch morgendliche Injektionen abgeschafft. Anders als in Huxley's *Brave New World* gibt es kein Soma, das Unglücklichsein unterdrücken und glücklich machen soll, sondern eine Injektion, die das Empfinden von Gefühlen und Emotionen ganz grundsätzlich im Gehirn ausschaltet. In dieser Welt gibt es weder Krieg noch Liebe. Die Vorstellung, dass eine Welt ohne Emotionen auch eine friedliche sei, doch falsch und naiv. Kriege wurden eigentlich immer mit Emotionen geführt, niemals als aber waren Emotionen Ursache von Kriegen. Es ging immer um territoriale, wirtschaftliche, ideologische und vorherrschaftliche Beweggründe.

Es ist möglich, in einer Welt ohne Emotionen Kriege zu führen, ja das gerade in einer Welt ohne Emotionen die grausamsten Verbrechen verübt werden können. Insbesondere die Holocaust-Forschung hat gezeigt, dass die Gedankenlosigkeit der Massen und die vom Leben entfremdeten Bürokraten die schlimmsten Gräueltaten verüben können. Wenn man Moral, Ethik und Humanität beiseitelässt, so war die Architektur der industriellen Massenmorde der Nationalsozialisten bemerkenswert rational, sachlich und nüchtern durchgeplant und durchgeführt. Eine Welt ohne Emotionen würde den Verbrechen der Zukunft kein moralisches Hindernis mehr entgegensetzen.

Produkte können darüber hinaus aber auch aus moralischer Sicht leicht so entsorgt werden, während Menschen nicht obwohl, sondern gerade weil sie Menschen sind, so beseitigt werden müssen. Im 21. Jahrhundert müssen wir befürchten, dass nach dem großen Fortschritt und Wohlstand die Überbevölkerung und Überalterung vieler Gesellschaften die Notwendigkeit der Geburten- und Sterbekontrolle fordern, um das Leben zu sichern und die Sozialsysteme vor dem Kollaps zu bewahren.

Die Überbevölkerung in weiten Teilen Asiens und Afrikas kann die Forderung nach einer strikten Geburtenkontrolle aufkommen lassen, so wie China in den 1980er Jahren nach dem Erreichen der Milliardengrenze die »Ein-Kind-Politik« durchgesetzt wurde. Einige Jahrzehnte später jedoch wird die Folge eine Überalterung der Bevölkerung sein und damit einhergehend eine Überlastung der Sozialsysteme wie der Gesundheits- und Rentenkassen. Huxley geht in seiner Dystopie sogar noch weiter: Alte Menschen werden unter Spährenklängen eingeschläfert, damit ihr bloßer Anblick – der Anblick gebrechlicher und hässlicher Existenzen – die Spaßkultur nicht mit Missstimmung beschmutzt.

Die Entsorgung alter Menschen ist billig und löst viele Probleme, ungeachtet derer, die ein solches Regime neu hervorrufen würde. In der Geschichte der Menschheit jedoch war es oft zu beobachten, dass billige und leicht durchsetzbare Lösungen zur Beseitigung vieler Probleme umgesetzt wurden und die Schattenseiten bewusst im Dunklen gehalten wurden, man denke nur an die Sklaverei.

Dabei können die digital-mechanisierten Systeme - einmal initiiert – vollständig autonom und ohne menschliches Zutun ablaufen. Im Massenmordsystem der Nazis gab es nie verwirklichte Patente auf Krematorium, die so konstruieret waren, dass mit dem Abfallen durch die Schwerkraft bedingt eine Selbstreinigung und damit auch autonome Massenverbrennung möglich werden sollte.

Die »Menschen«, die in einer virtuellen Welt leben, die vollkommen mechanisiert ohne sie abläuft, brauchen weder zu denken noch zu handeln. Sie werden zu Automaten, die untereinander und von allem, was lebendig ist, absolut entfremdet sind. Fromm warnte bezugnehmend auf Mumford eindringlich vor einer solchen Entwicklung:

»Sobald sich eine Gesellschaft in eine ‹Megamaschine› verwandelt, wie Lewis Mumford es nennt, das heißt, sobald die gesamte Gesellschaft zu einer riesigen, zentral gesteuerten Maschine geworden ist, ist der Faschismus auf lange Sicht fast unvermeidbar, a) weil die Menschen zu Schafen werden, die Fähigkeit zum kritischen Denken verlieren, sich ohnmächtig fühlen, passiv sind und sich zwangsläufig nach einem starken Mann sehnen, der ‹weiß›, was zu tun ist – und alles übrige, was sie nicht wissen, weiß; und b) weil die Megamaschine von jedem, der zu ihr Zugang hat, in Gang gesetzt werden kann, einfach, indem er auf die richtigen Knöpfe drückt. Genau wie ein Automobil läuft die Megamaschine im Grunde ganz von selbst. Die Person, die am Lenkrad des Autos sitzt, braucht nur die richtigen Pedale zu bedienen, zu steuern, zu bremsen und auf einige andere ebenso simple Details zu achten. Was beim Auto oder einer anderen Maschine die vielen Rädchen, sind in der Megamaschine die zahlreichen Ebenen bürokratischer Verwaltung. Selbst ein Mensch von geringer Intelligenz und Befähigung kann ohne Mühe ein Staatswesen leiten, wenn er einmal an die Macht gelangt ist.«[353]

Arendt glaubte, dass mit dem Zerfall der Nationalstaaten im 19. Jahrhundert der Boden für die Barbarei des 20. Jahrhunderts bereitet wurde. Die Menschen fühlten sich immer kleiner, unbedeutender und erkannten keinen Sinn mehr im Leben und in der Welt. Diese Sinnlosigkeit war für sei eine zentrale Brutstätte totalitärer Tendenzen. Mit KI, autonomen Waffensystemen und – um auf Fromms Beispiel zurückzukommen – dem autonomen Fahren müssen wir erkennen, dass eine neue Dimension der Sinnlosigkeit und Überflüssigkeit des Menschengeschlechts erreicht wird. Und auch Huxley, der Fromms Thesen über den automatenhaften Menschen, seine Entfremdung vom Leben und die pathologische Normalität sehr gut kannte, schrieb 1957 über den vereinzelten Massenmenschen einer industrialisierten Gesellschaft:

»Während der letzten hundert Jahre war die lange Folge technologischer Fortschritte von entsprechenden Fortschritten im Verwaltungswesen begleitet. Komplizierten Maschinen mußten komplizierte soziale Einrichtungen an die Seite gestellt werden, dazu bestimmt, so glatt und effizient zu funktionieren wie die neuen Produktionsmittel. Um in diese Gefüge zu passen, mußten die Individuen sich entindividualisieren, mußten sie ihre angeborene Verschiedenheit verleugnen und sich einer Norm angleichen, mußten sie sich aufs äußerste bemühen, Automaten zu werden. Die entmenschlichenden Wirkungen der Überorganisierung werden noch verstärkt durch die entmenschlichenden Wirkungen der Übervölkerung. Je mehr die Industrie sich ausdehnt, einen um so größeren Teil der stetig zunehmenden Bevölkerung zieht sie in die großen Städte. Das Leben in großen Städten aber ist geistiger Gesundheit nicht zuträglich (der höchste Anteil von Schizophrenie, so wurde festgestellt, ergibt sich unter den enggedrängten Einwohnern

industrieller Elendsviertel); auch verhilft es nicht zu jener verantwortungs-
bewußten Freiheit innerhalb kleiner, sich selbst regierender Gruppen, die
die erste Bedingung einer echten Demokratie ist. Das Stadtleben ist anonym
und sozusagen abstrakt. Die Menschen stehen miteinander nicht als ganze
Persönlichkeiten in Beziehung, sondern als Verkörperungen wirtschaftlicher Funktionen oder, außerhalb ihrer Arbeit, als verantwortungslose Ver-
gnügungssuchende. Einem solchen Leben unterworfen, neigt der einzelne
dazu, sich einsam und unbedeutend zu fühlen. Sein Dasein hört auf, irgend
welchen Sinn und Zweck zu haben.«[354]

Die Sinnsuche ist oft anstrengend und erfordert Anstrengungen;
Destruktivität hingegen ist leicht und bietet so eine Ausflucht der
billigsten Art. In diesem benebelten und verruchten Zustand können Menschen bereit sein, einander die schlimmsten Gräueltaten
anzutun, die man sich nur irgendwie vorstellen kann.

Die Vorstellung, Menschen ab einem bestimmten Alter einzu-
schläfern oder in Gaskammern zu entsorgen oder von Sozialbezü-
gen ausschließen in dem Wissen, dass sie qualvoll verhungern werden, verliert ihren Schrecken, wenn man sich vorstellt, dass es sich
hier lediglich um Produkte handelt, die ihr »Ablaufdatum« erreicht
haben. Stellt man es ihnen frei, kurzerhand durch eine Pille zu sterben, wird aus Mord Selbstmord, der gut möglich mit großem Stolz
oder zumindest »freiwillig« gewählt wird; sozusagen als »letzte
Bürgerpflicht«, um die übrigen notwendigen Bonuspunkte im *Spiel
von Leben und Tod* zu sammeln, bei dem tote und (noch) lebende
Körper nicht mehr zu unterscheiden, geschweige denn auseinander
zu halten sind – so wie sie ja schon ihr ganzes Leben nichts anderes
taten als eben dies –, damit einem das Schicksal in einem wiederkehrenden Leben auch sicher wohlgesonnen ist.

Der Tod durch Ersticken während des Schlafes, etwa durch Kohlenstoffdioxid, könnte in der Tat das ungeheuerliche Bild hervorrufen, dass menschenähnliche Produkte »freiwillig« und frohen Mutes Gaskammern als ihren Ort des Ablebens wählen wollen. Vielleicht kann man ihnen sogar die Wahl freistellen, mit welchem Gas
sie getötet werden möchten, ob mit Kohlenstoffdioxid oder -mono-
xid oder einem anderen, beliebigen »exotischem« Gas, mit dem in
Katalogen geworben wird, sodass sie sich zu Lebzeiten nicht mehr
ihren Grabstein aussuchen, sondern das Gas, mit dem sie ermordet
werden »wollen« – so wie in Broschüren mit den Krematorien geworben wurde –, damit nicht nur *auch*, sondern ganz besonders der
Tod ein »aufregendes Event« vermarktbar ist. Arendt schrieb zum

Ende ihres Buches über die totale Herrschaft, dass in totalitären System

»alle Menschen gleichermaßen überflüssig [sind] (.) Ganz gleich, wie lange die gegenwärtigen totalitären Systeme sich [trotz ihrer inneren Instabilität] halten können, (.) es steht zu fürchten, daß die Konzentrationslager und Gaskammern (.) nicht nur eine Warnung, sondern auch ein Beispiel bleiben werden. So wie in der heutigen Welt totalitäre Tendenzen überall und nicht nur in totalitär regierten Ländern zu finden sind, so könnte diese zentrale Institution der totalen Herrschaft leicht den Sturz aller uns bekannten totalitären Regime überleben.«[355]

Wir konnten beobachten, dass die totale Herrschaft nicht nur alle Lebensbereiche eines jeden Einzelnen in Weltmaßstab zu beherrschen sucht, sondern dass die totale Herrschaft insbesondere bemüht ist, sich über die Ewigkeit auszuweiten.

Der Geist der Institutionen der totalen Herrschaft erscheint heute in neuem Gewand: Nicht die Henker sind die Schlächter ihrer Opfer, sondern es sind diese selbst. *Battle Royale*, die *Hungerspiele*, *Squid Game* – die elementaren Gedanken sind keinesfalls unabhängig voneinander in die Populärkultur eingeflossen, doch zeigt sich gerade darin ein kollektives Erbe der Vernichtung menschlicher Existenz, die in der totalen Herrschaft einer digital-industriellen Welt »nicht mehr benötigt« wird. Bis auf den besorgniserregenden Umstand, dass das Töten nicht mehr Mittel zum Zweck der totalen Herrschaft, sondern diese selbst nur noch das Mittel zum Zweck des Tötens geworden ist, sollte Hannah Arendt Recht behalten.

*Die Tribute von Panem* einem Genre zuzuordnen, ist bisher nicht einheitlich gelungen. Vielmehr ist »Panem« selbst zu einem Genre geworden. Vergleichbare Bücher in der Kinder- und Jugendliteratur werden beschrieben als »Bücher wie Panem«. Panem ist viel mehr als nur ein Land, das den Kinderhass zum Staatskult erhoben hat.

Zum Abschluss dieses Bandes möchte ich daher versuchen, eine Definition vorzuschlagen. Dabei spielt die Beobachtung eine zentrale Rolle, dass sowohl Lebensmacht als auch die Todesmacht in den Tributen von Panem zusammenfallen. Nicht nur ihr Tod wird durch ihr Los besiegelt, sondern auch ihr Leben wird bis zu ihrem Tod »gemacht«, sodass es ihnen unmöglich ist, sich der Staatsmacht durch Selbstmord zu entziehen. Ihr Leben gehört dem Staat, genau wir ihr Tod.

Ein »Panem« ist also ein Land, in dem die totale Herrschaft allumfassend ist, sodass Lebens- als auch Todesmacht zusammenfallen. Leben wird nicht gemacht *trotz* des unausweichlichen Todes – so wie wir alle mit dieser Gewissheit leben müssen –, sondern *während* das genaue Datum des Todes und seine näheren Gründe feststehen. Das Leben selbst wird nicht »gemacht« als ein Selbstzweck, sondern es ist ein zu überwindender Abstand zum allerlösenden Tod, auf den es sich unentwegt hinzubewegen gilt, weil man diesen für den Beginn der Unsterblichkeit hält. Noch nie zuvor ist Vergleichbares in der Weltgeschichte so allumfassend und so gründlich durchgeführt worden, wie wir es in Panem beobachten mussten. Die Weiterentwicklung von Technologien eröffnen dabei eine ungeahnte Dimension. Panem ist heute im Begriff, allgegenwärtig zu werden. Ganz selbstverständlich und ohne jede Skepsis schreibt etwa Kaku:

»Gegen Ende des 21. Jahrhunderts werden auch wir in beträchtlichem Umfang über diese sagenhafte Macht über Leben und Tod verfügen. Und diese Macht wird sich nicht nur auf die Heilung der Kranken beschränken, sondern auch dazu eingesetzt werden, den menschlichen Körper zu verbessern und sogar neue Lebensformen zu schaffen. Dies wird nicht durch Gebete und Gesänge geschehen, sondern durch das Wunder der Biotechnologie.«[356]

In Huxleys *Schöner neuen Welt* aus dem Jahr 1932 konnten wir erahnen, dass das Leben durch den Staat für den Staat gemacht wird, und der Tod ab einem bestimmten Alter vorgesehen ist, den elternlose Erwachsene freudig und in höchstem Pflichtgefühl erwarten, sodass der Gottesstaat zum Staatsgott wird, der Leben gibt und nimmt. Das Leben des Einzelnen gehört dem Staat, genau wie sein Tod. Die Differenz zwischen dem Leben gebenden und nehmenden Gott und dem Staat wird vollends aufgehoben, da der Staat selbst auch die Geburten kontrolliert, nicht nur die Sterbefälle. Der Staat wird zum Gott, Gott ist der Staat. Der Staatsgott ist ein Gottesstaat. So schrieb Huxley in seinem 1949 hinzugefügten Vorwort:

»Ein wirklich leistungsfähiger totalitärer Staat wäre ein Staat, in dem die allmächtige Exekutive politischer Machthaber und ihre Armee von Managern eine Bevölkerung von Zwangsarbeitern beherrscht, die zu gar nichts gezwungen zu werden brauchen, weil sie ihre Sklaverei lieben. Ihnen die Liebe beizubringen, ist in heutigen totalitären Staaten die den Propagandaministerien, den Zeitungsredakteuren und Schullehrern zugewiesene Aufgabe. (.)

Die Liebe zur Sklaverei kann nicht fest verankert werden, solange sie nicht das Ergebnis einer tiefgehenden persönlichen Revolution in den Gemütern und Leibern der Menschen ist. Um diese herbeizuführen, bedarf es unter anderem folgender Entdeckungen und Erfindungen: erstens einer sehr verbesserten Methode der Suggestion – durch Konditionierung des Kleinkindes und, später, durch die Hilfe von Medikamenten (.), zweitens einer voll entwickelten Wissenschaft der Unterschiede zwischen Menschen, die es den von der Regierung bestellten Managern ermöglicht, jedem beliebigen Individuum seinen oder ihren Platz in der gesellschaftlichen und wirtschaftlichen Rangordnung anzuweisen (kantige Pflöcke in runden Löchern zeitigen gefährliche Gedanken über das Gesellschaftssystem und stecken leicht andere mit ihrer Unzufriedenheit an); drittens bedarf es eines Ersatzes für Alkohol und die anderen Rauschmittel, etwas, das zugleich weniger schadet und mehr Genuß bringt (.); und viertens eines betriebssicheren Systems der Eugenik, darauf berechnet, das Menschenmaterial zu normen und so die Aufgabe der Manager zu erleichtern.«[357]

Und in seinem Buch *Wiedersehen mit der Schönen neuen Welt* erklärte Huxley ein Vierteljahrhundert später:

»Werte aber kann es nur in Hinsicht auf das Leben und das Bewußtsein geben. Eine Organisation nun ist weder bewußt noch lebendig. Ihr Wert ist ein instrumentaler und derivativer. An sich ist sie nichts wert; sie ist nur gut in dem Ausmaß, in dem sie das Wohl der Individuen fördert, welche Teile des kollektiven Ganzen sind. Organisationen einen Vorrang vor Personen einzuräumen, heißt die Zwecke den Mitteln unterordnen. Was geschieht, wenn Zwecke den Mitteln untergeordnet werden, wurde deutlich von Hitler und Stalin dargetan. Unter des einen wie des anderen Schreckensherrschaft wurden individuelle Zwecke organisatorischen Mitteln untergeordnet durch eine Mischung aus Gewalttätigkeit und Propaganda, systematischem Terror und systematischem Manipulieren von Gehirnen. In den leistungsfähigeren Diktaturen von morgen wird es wahrscheinlich viel weniger Gewalttätigkeit geben als unter Hitler und Stalin.

Die Untertanen des künftigen Diktators werden schmerzlos von einem Korps bestausgebildeter Sozialingenieure manipuliert werden. ‹Der Anreiz von Sozialkonstruktionen in unseren Tagen›, schreibt ein enthusiastischer Befürworter dieser neuen Wissenschaft, ‹gleicht dem Anreiz, den technische Konstruktionen vor fünfzig Jahren besaßen. War die erste Hälfte des 20. Jahrhunderts die Ära der technischen Ingenieure, so könnte seine zweite Hälfte durchaus die Ära der Sozialingenieure sein› – und das 21. Jahrhundert wird, vermute ich, die Ära der Weltaufsichtsräte, des wissenschaftlich begründeten Kastensystems und der ‹schönen neuen Welt› sein.«[358]

Es ist vorstellbar, dass nach einer Katastrophe wie einer verheerenden Pandemie, welche die Menschheit an den Rand des Abgrundes führt, der Staat auch das Geben von Leben an sich zieht, um den

Fortbestand der Zivilisation zu sichern, und das in globaler Dimension. Das Ergebnis dürfte einerseits zu einem Weltstaat, andererseits zu einer aktiven Geburtenkontrolle führen, die über die passive – in Form von Verhütungsmitteln und Medikamente oder Kastrationen – hinausgeht. Willkommen in der schönen neuen Welt!

Aber nicht nur die totale Kontrolle des Lebens, sondern insbesondere auch die totale Kontrolle des Todes wird hier verwirklicht. Es steht zu befürchten, dass die Institutionen der totalen Herrschaft – allen voran die Gaskammern und Hochöfen – wenn noch nicht im 21., sodann doch im 22. Jahrhundert nichts Außergewöhnliches mehr sein werden, sondern etwas ganz Normales. Eigentlich sind sie das in mitten einer eigentlich zivilisierten Gesellschaft schon heute. In den USA war es lange Zeit möglich, zum Tode verurteilte Straftäter nicht nur durch die Giftspritze zu töten, sondern auch in Gaskammern zu vergasen. Der letzte Fall geht auf den 3. März 1999 in Arizona zurück, als Walter LaGrand zwischen Giftspritze und Gastod »wählen« konnte.

Erst im Jahr 2001 urteilte der Internationale Strafgerichtshof, dass diese Methode gegen das Völkerrecht verstößt. Seit dem April 2015 besteht in Oklahoma jedoch die Möglichkeit der Vergasung durch Stickstoff, wenn keine Giftinjektion möglich ist, etwa aufgrund eines Inhaltsstoffmangels. Die gefundene Alternative zur Giftspritze sind Gaskammern. Auch wenn seit 1999 diese Möglichkeit nicht ergriffen wurde, so sollte es uns gleichermaßen erschrecken, dass sie nicht immer noch, sondern schon wieder besteht.

»Neben der Giftspritze zugelassen ist die Gaskammer derzeit noch in fünf Bundesstaaten, wobei hier unterschiedliche Vorschriften zum Tragen kommen. In Kalifornien kann der Verurteilte zwischen Spritze und Gastod wählen. In Arizona können vor dem 15. November 1992 Verurteilte zwischen Spritze und Gas wählen, für später Verurteilte ist die Spritze obligatorisch. Eine ähnliche Regelung besteht in Maryland: Hier können Delinquenten wählen, die ihr zum Todesurteil führendes Verbrechen vor dem 25. März 1994 begangen haben. Für alle anderen ist dagegen die Giftspritze vorgeschrieben. In Missouri bestehen beide Hinrichtungsarten nebeneinander, wobei im Gesetz nicht explizit festgelegt ist, ob im Einzelfall der Verurteilte oder die Staatsgewalt die Methode festlegt. In Wyoming ist die Gaskammer nur für den Fall vorgesehen, dass Gerichte die Giftspritze für verfassungswidrig erklären sollten.«[359]

Die Vorstellung, wie »Menschen« jubelnd in ihren eigenen Tod laufen, den sie ich ganzes Leben lang herbeigesehnt haben, verliert ihren Schrecken dadurch nicht, dass diese Dystopie 90 Jahre in der
Welt ist. Was die Unmenschlichkeit des 20. Jahrhunderts verkörperte, waren der Faschismus und der Holocaust. Was die Unmenschlichkeit im 21. Jahrhundert verkörpern wird, werden der
Neoliberalismus und der Klimawandel sein.

Der Faschismus und der Neoliberalismus vereinen, wenn auch
auf grundunterschiedliche Weise, antidemokratische Eigenschaften
und totalitäre Prinzipien in sich: Sowohl die neoliberale Ideologie
als auch der Nationalsozialismus zielen darauf, den Menschen ab
den frühesten Tagen seines Lebens zu vereinnahmen, ihn zu formen und zu einem nicht mehr nur hörigen, sondern vor allem kon-
sumierenden Automaten zu machen.

Während der Holocaust sechs Millionen Juden und eine weitere
Million kranke, behinderte, homosexuelle und von dem NS-Regime
als »nicht arisch« angesehene (ethnische) Bevölkerungsgruppen
das Leben kostete, dem Zweiten Weltkrieg gar 55 Million Menschen
zum Opfer fielen, so könnte der Klimawandel ab der zweiten Hälfte
dieses Jahrhunderts, gewiss gepaart mit menschlicher Hybris, im
wahrsten Sinne des Wortes auf den Sand künstlicher Inseln zu
bauen, dies bei Weitem noch in den Schatten stellen und nahezu alle
Arten des Lebens auf diesem Planeten an den Rand der Ausrottung
treiben.

Es ist gut möglich, dass der Tag kommen wird, an dem sich die
Regierungen dieser Welt auf ein Gesetz verständigen werden, welches es verbietet, die klimatischen Umwälzungen unserer Zeit blind
und naiv zu leugnen. Der Tag, an dem es als Schimpfwort gilt, jemanden »einen Neoliberalen« zu nennen, und dies eine ähnliche
Gefühlslage hervorruft, als nenne man ihn »einen Faschisten«, haben wir – so scheint es mir – schon hinter uns gelassen.[360]

Die schrecklich »Schöne neue Welt« ist Panem. Jedoch möchte ich
vehement feststellen, dass ich trotz dieser großen Herausforderungen dieses Jahrhunderts in Bezug auf das Fortkommen des Menschengeschlechts – soweit es denn in unseren eigenen Händen liegt
– weit weniger pessimistisch eingestellt bin, als es ab und an klingen
mag. Der Band warnt entschieden vor den Gefahren und vor Untä-
tigkeit. Abschließend möchte ich meinen Appell erneut wiederholen:

*Europa muss eine Keimzelle der Freiheit und der Demokratie sein, deren Strahlkraft auch die hintersten und von den langen Schatten des Totalitarismus verdunkelten Winkel der Welt erleuchtet, auf dass Freiheit, Demokratie und Humanismus in neuem Glanze erstrahlen mögen.*

»Solange es Leben gibt, gibt es auch Hoffnung.«

– Stephen Hawking

# Literatur

Aufgelistet habe ich direkt zitierte oder indirekt wiedergegebene Literatur sowie relevante und weiterführende Bücher, die gedanklichen Eingang in das Gesamtwerk meiner Panem-Forschung gefunden haben.

Abraham et al., Martin: Einführung in die Organisationssoziologie. VS, 3. Auflage, Wiesbaden 2004

Acemoglu, Daron; Robinson, James A.: Warum Nationen scheitern. Die Ursprünge von Macht, Wohlstand und Armut. Fischer 4. Auflage, Frankfurt a.m. 2017

Ackerl, Isabella: Die bedeutendsten Staatsmänner. Marix, Wiesbaden 2006

Adorno, Theodor W.: Erziehung zur Mündigkeit. Suhrkamp 26. Auflage, Frankfurt a.M. 2017

Adorno, Theodor W.: Studien zum autoritären Charakter. Suhrkamp 10. Auflage, Frankfurt a.M. 2017

Adorno, Theodor W.; Horkheimer, Max: Dialektik der Aufklärung. Philosophische Fragmente. Fischer 23. Auflage, Frankfurt a.M. 2017

Alt, Franz: Zukunft Erde. Wie wollen wir morgen Leben und Arbeiten? Aufbau, Berlin 2006

Anders, Günther: Die Antiquiertheit des Menschen 1. Über die Seele im Zeitalter der zweiten industriellen Revolution. C.H.Beck 4. Auflage, München 2018

Anders, Günther: Die Antiquiertheit des Menschen 2. Über die Zerstörung des Lebens im Zeitalter der dritten industriellen Revolution. C.H.Beck 4. Auflage, München 2018

Anter, Andreas: Theorien der Macht. Zur Einführung. Junius, Hamburg 2012

APuZ: Essays über Gentechnik, Klonen und Sterbehilfe. 23-24/2004

APuZ: Hitlers »Mein Kampf«. 43-45/2015

APuZ: Holocaust und historisches Lernen. 3-4/2016

APuZ: Hunger. 49/2015

APuZ: Kinderarbeit. 43/2012

APuZ: Klimawandel. 47/2007

APuZ: Medienpolitik. 40-41/2018

APuZ: Sklaverei. 50-51/2015

APuZ: Überwachen. 18-19/2014

APuZ: Wahrheit. 13/2017

APuZ: Wandel des Politischen? 44-45/2017

Arendt, Hannah: Denken ohne Geländer. Texte und Briefe. Piper 9. Auflage, München 2017

Arendt, Hannah: Die Freiheit, frei zu sein. Dtv 5. Auflage, München 2018

Arendt, Hannah: Eichmann in Jerusalem. Ein Bericht von der Banalität des Bösen. Piper, München 2021

Arendt, Hannah: Elemente und Ursprünge totaler Herrschaft. Antisemitismus, Imperialismus, totale Herrschaft. Piper 8. Auflage, München 2001

Arendt, Hannah: Macht und Gewalt. Piper 25. Auflage, München 2015

Arendt, Hannah: Über das Böse. Eine Vorlesung zu Fragen der Ethik, Piper 11. Auflage, München/Berlin 2006

Arendt, Hannah: Über die Revolution. Piper 6. Auflage, München/Berlin 2006

Arendt, Hannah: Wahrheit und Lüge in der Politik. Piper, München 2013

Arendt, Hannah: Was heißt persönliche Verantwortung in einer Diktatur? Piper, München 2020

Arendt, Hannah: Was ist Politik? Fragmente aus dem Nachlass. Piper 2. Auflage, München 2005

Arendt, Hannah; Fest, Joachim. Eichmann war von empörender Dummheit. Gespräche und Briefe. Hrsg. Ursula Ludz & Thomas Wild. Piper, München 2011

Aristoteles. Politik. Link: https://ia600208.us.archive.org/25/items/aristotelespoli01berngoog/aristotelespoli01berngoog.pdf, Antike

Aronson, Elliot et al.: Sozialpsychologie. Pearson, München 2004

Aust, Stefan; Geiges, Adrian: XI Jinping. Der mächtigste Mann der Welt. Piper 2. Auflage, München 2021

Bahrdt, Hans-Paul: Schlüsselbegriffe der Soziologie. Eine Einführung mit Lehrbeispielen. 10. Auflage, Beck, München 2014

Baker, Simon: Rom. Aufstieg und Untergang einer Weltmacht. Reclam, Stuttgart 2006

Bareither, Christoph: Gewalt im Computerspiel. Facetten eines Vergnügens. Transcript, Bielefeld 2016

Batscha, Zwi: Eine Philosophie der Demokratie. Thomas G. Masaryks Begründung einer neuzeitlichen Demokratie. Suhrkamp, Frankfurt a.M. 1994

Bauer, Thomas: Die Vereindeutigung der Welt. Über den Verlust an Mehrdeutigkeit und Vielfalt. Reclam, Ditzingen 2018

Bauer, Wolfgang: China und die Hoffnung auf Glück. Paradiese, Utopien, Idealvorstellungen in der Geistesgeschichte Chinas. München 1989

Bauer, Wolfgang: Geschichte der chinesischen Philosophie. C.H.Beck 2. Auflage, München 2009

Bauman, Zygmunt: Flüchtige Moderne. Suhrkamp, Frankfurt a.M. 2003

Beard, Mary: SPQR. Die tausendjährige Geschichte Roms. S.Fischer, Frankfurt a.M. 2016

Beck, Ulrich: Macht und Gegenmacht im globalen Zeitalter. Suhrkamp, Frankfurt a.M. 2009

Beck, Ulrich: Was ist Globalisierung? Suhrkamp, Frankfurt a.M. 2007

Beck, Valentin: Eine Theorie der globalen Verantwortung. Was wir Menschen in extremer Armut schulden. Suhrkamp, Berlin 2016

Becker, Michael et al.: Politische Philosophie. UTB 4. Auflage, Paderborn 2006

284

Beicken, Peter: Wie interpretiert man einen Film? Reclam, Stuttgart 2004

Bellers, Jürgen (Hrsg.): Klassische Staatenentwürfe. Außenpolitisches Denken von Aristoteles bis heute. Wissenschaftliche Buchgesellschaft, Darmstadt 1996

Berger, Wilhelm: Macht. UTB, Wien 2009

Bernays, Edward: Propaganda. Die Kunst der Public Realtions Orange Press, 2018

Bernholz, Peter; Breyer, Friedrich: Ökonomische Theorie der Politik. Bd.2. Grundlage der politischen Ökonomie. Mohr, Tübingen 1994

Birkenbihl, Vera F. et al.: Positives Denken von A bis Z. So nutzen Sie die Kraft des Wortes, um ihr Leben zu ändern. MVG 8. Auflage, München 2016

Birkenbihl, Vera F.: Humor. An ihrem Lachen soll man Sie erkennen. MVG 7. Auflage, München 2016

Blanke, Tobias: Das Böse in der politischen Theorie. Die Furcht vor der Freiheit bei Kant, Hegel und vielen anderen. Transcript, Bielefeld 2006

Bogner, Alexander: Die Epistemisierung des Politischen. Wie die Macht des Wissens die Demokratie gefährdet. Reclam, Ditzingen 2021

Bosetzky et al., Horst: Mensch und Organisation. Aspekte bürokratischer Sozialisation. Kohlhammer, 6. Auflage, Stuttgart 2002

Bosetzky, Horst: Das »Überleben« in Großorganisationen und der Prinz-von-Homburg-Effekt. Deutsche Verwaltungspraxis, Berlin 1973, 29

Boston Consulting Group, Strategieinstitut: Clausewitz. Strategie denken. Dtv 10. Auflage, München 2016

Bourdieu, Pierre: Die verborgenen Mechanismen der Macht. Schriften zu Politik & Kultur. VSA, Hamburg 2005

Bourdieu, Pierre: Über das Fernsehen. Suhrkamp 11. Auflage, Frankfurt a.M. 2015

Bourdieu, Pierre: Über den Staat. Vorlesungen am College de France 1989-1992. Suhrkamp, Berlin 2017

Bradbury, Ray: Fahrenheit 451. Wilhelm Heyne 14. Auflage, München 2000

Braun, Johann: Einführung in die Rechtsphilosophie. Der Gedanke des Rechts. Mohr Siebeck, Tübingen 2006

Brennan, Jason: Gegen Demokratie. Warum wir Politik nicht den Unvernünftigen überlassen dürfen. Ullstein, Berlin 2017

Brieler, Ulrich: Die Unerbittlichkeit der Historizität. Foucault als Historiker. Böhlau, Köln 1998

Brocker, Manfred (Hrsg.): Geschichte des politischen Denkens. Das 20. Jahrhundert. Suhrkamp, Berlin 2018

Brocker, Manfred (Hrsg.): Geschichte des politischen Denkens. Ein Handbuch. Suhrkamp 5. Auflage, Frankfurt a.M. 2018

Brocker, Manfred: Kant über Rechtsstaat und Demokratie. VS, Wiesbaden 2006

Bröckling, Ulrich et al. (Hrsg.): Gouvernementalität der Gegenwart. Studien zur Ökonomisierung des Sozialen. Suhrkamp, Frankfurt a.M. 2000

Bröckling, Ulrich: Gute Hirten führen sanft. Über Menschenregierungskünste. Suhrkamp, Berlin 2017

Brodocz, Andre; Schaal, Garten S.: Politische Theorien der Gegenwart I. Utb, Opladen/Toronto 2016

Brodocz, Andre; Schaal, Garten S.: Politische Theorien der Gegenwart II. Utb, Opladen/Toronto 2016

Brodocz, Andre; Schaal, Garten S.: Politische Theorien der Gegenwart III. Utb, Opladen/Toronto 2016

Bublitz, Hannelore: Das Archiv des Körpers. Konstruktionsapparte, Materialitäten und Phantasmen. Transcript, Bielefeld 2018

Buchstein, Hubertus; Göhler, Gerhard (Hrsg.): Politische Theorie und Politikwissenschaft. VS, Wiesbaden 2007

Byung-Chul Han: Was ist Macht? Reclam, Stuttgart 2012

Canetti, Elias: Masse und Macht. Fischer TB, 34. Aufl. Frankfurt a.M. 2015

Caparros, Martin: Der Hunger. Wie zum Teufel können wir weiterleben, obwohl wir wissen, dass diese Dinge geschehen? Suhrkamp, Berlin 2015

Cassirer, Ernst: Der Mythus des Staates. In: Barner et al.: Texte zur modernen Mythentheorie. Reclam, Stuttgart 2003

Cathcart, Thomas; Klein, Daniel: Platon und Schnabeltier gehen in eine Bar. Philosophie verstehen durch Witze. Goldmann 10. Auflage, München 2010

Celikates, Robin; Gosepath, Stefan: Grundkurs Philosophie, Bd.6. Reclam, Stuttgart 2013

Chomsky, Noam: Die Verantwortlichkeit der Intellektuellen. Suhrkamp, Frankfurt a.M. 1971

Chomsky, Noam: Eine Anatomie der Macht. Der Chomsky-Reader. Europa, Hamburg 2004

Chomsky, Noam: Hybris. Die endgültige Sicherung der globalen Vormachtstellung der USA. Piper, München 2006

Chomsky, Noam: Media Control. Wie Medien uns manipulieren. Piper 4. Auflage, München 2010

Chomsky, Noam: War Against People. Menschenrechte und Schurkenstaaten. Piper 9. Auflage, München 2017

Chomsky, Noam: Wer beherrscht die Welt? Die globalen Verwerfungen der amerikanischen Politik. Ullstein, Berlin 2016

CIA: Die Welt im Jahr 2035 gesehen von der CIA. Das Paradox des Fortschritts. C.H.Beck, München 2017

Cialdini, Robert B. et al.: Yes! Andere überzeugen – 50 wissenschaftlich gesicherte Geheimrezepte. Huber 1. Nachdruck, Bern 2017

Cicero. De re publica. Link z.B.: http://gutenberg.spiegel.de/buch/vom-staat-1902/1

286

Claessens, Dieter; Tyradellis, Daniel: Konkrete Soziologie. Verständliche Einführung in soziologisches Denken. Westdt. Verlag, Opladen 1997

Clark, Christopher: Von Zeit und Macht. Herrschaft und Geschichtsbild vom Großen Kurfürsten bis zu den Nationalsozialisten. DVA, München 2018

Clausewitz, Carl von: Vom Kriege. Nikol, Hamburg 2008

Cohen, Martin: 99 moralische Zwickmühlen. Eine unterhaltsame Einführung in die Philosophie des richtigen Handelns. Piper 4. Auflage, München/Berlin 2016

Collins, Suzanne: Das Lied von Vogel und Schlange/Die Tribute von Panem. Oetinger, Hamburg 2020

Collins, Suzanne: Flammender Zorn/Die Tribute von Panem Bd. 3 Oetinger, Hamburg 2016

Collins, Suzanne: Gefährliche Liebe/Die Tribute von Panem Bd. 2 Oetinger, Hamburg 2016

Collins, Suzanne: Tödliche Spiele/Die Tribute von Panem Bd. 1 Oetinger, Hamburg 2016

Corsten, Michael: Grundfragen der Soziologie. UVK Verlagsgesellschaft, Konstanz 2011

Czelinski, Michael; Stenzel, Jürgen: Krieg. Philosophische Texte von der Antike bis zur Gegenwart. Reclam, Stuttgart 2004

Diamond, Jared: Kollaps. Warum Gesellschaften überleben oder untergehen. Fischer 3. Auflage, Frankfurt a.M. 2014

Dick, Philip K.: The Man In The High Castle. Das Orakel vom Berge. Fischer TB, Frankfurt a.M. 2017 (Originalausgabe: 1962)

Dimbath, Oliver: Einführung in die Soziologie. UTB, Paderborn 2011

Dippel, Horst: Die Amerikanische Revolution. Suhrkamp, Frankfurt a.M. 1985

Drewermann, Eugen: Moby Dick oder Vom Ungeheuer, ein Mensch zu sein. Melvilles Roman tiefenpsychologisch gedeutet. Patmos, Düsseldorf/Zürich 2004

Dtv-Atlas zur Philosophie. Dtv, München 1991

Dtv-Atlas: Politische Theorie – Politische Systeme – Internationale Beziehungen. Dtv, München 2009

Duman, Yilmaz: Zur Frage der Macht im Werk Michel Foucaults. Unter besonderer Berücksichtigung der Ethnologie der euopäischen Kultur. WUV, Wien 2013

Dunn, George; Michaud, Nicolas: Die Philosophie bei DIE TRIBUTE VON PANEM. Hunger Games – Liebe, Macht und Überleben. Wiley, Weinheim 2013

Elias, Norbert: Was ist Soziologie?. Juventa, Weinheim 11. Aufl. 2009

Elsaesser, Thomas; Hagener, Malte: Filmtheorie. Zur Einführung. Junius, Hamburg 2007

Endruweit, Günter: Organisationssoziologie. Gruyter, Berlin 1981

Eßbach, Wolfgang: Studium Soziologie. Fink, Paderborn 1996

Esser, Hartmut: Soziologie. Allgemeine Grundlagen, Frankfurt am Main und New York, 3. Aufl. 1999

Euchner, Walter: John Locke. Zur Einführung. Junius, Hamburg 1996

Faulstich, Werner: Grundkurs Filmanalyse. UTB 3. Auflage, Paderborn 2002

Fink-Eitel, Hinrich: Michel Foucault. Zur Einführung. Junius, Hamburg 1990

Fisch, Michael: Werke und Freuden. Michel Foucault – eine Biographie. Transcript, Bielefeld 2011

Follath, Erich: Die neuen Großmächte. Wie Brasilien, China und Indien die Welt erobern. Spiegel/Goldmann, München 2015

Forst, Rainer: Normativität und Macht. Zur Analyse sozialer Rechtfertigungsordnungen. Suhrkamp, Berlin 2015

Foucault, Michel: Analytik der Macht. Suhrkamp, Frankfurt a.M. 2005

Foucault, Michel: Der Stil der Geschichte, Dits et Ecrits IV. Suhrkamp, Frankfurt a.M. 2005

Foucault, Michel: Die Geburt der Biopolitik. Geschichte der Gouvernementalität II. Suhrkamp, Frankfurt a.M. 2006

Foucault, Michel: Die Hauptwerke. Suhrkamp 4. Auflage, Frankfurt a.M. 2016

Foucault, Michel: Die Ordnung des Diskurses. Fischer 13. Auflage, Frankfurt a.M. 1991

Foucault, Michel: In Verteidigung der Gesellschaft. Suhrkamp, Frankfurt a.M. 2001

Foucault, Michel: Schriften zur Medientheorie. Suhrkamp, Berlin 2013

Foucault, Michel: Sicherheit, Territorium, Bevölkerung. Geschichte der Gouvernementalität I. Suhrkamp, Frankfurt a.M. 2004

Foucault, Michel: Wahnsinn und Gesellschaft. Eine Geschichte des Wahns im Zeitalter der Vernunft. Suhrkamp 22. Auflage, Frankfurt a.M. 2016

Frech, Selina: Widerstandsutopien in der Jugendliteratur am Beispiel von Suzanne Collins »Tribute von Panem«. Widerstand und Zivilcourage gegen repressive Regierungssysteme. Studienarbeit. Grin, Norderstedt 2015

Frech, Siegfried (Hrsg.): Neue Kriege. Akteure, Gewaltmärkte, Ökonomie.

Freud, Siegmund: Massenpsychologie und Ich-Analyse. Nikol 6. Auflage, Hamburg 2017

Friedman, George: Die nächsten 100 Jahre. Die Weltordnung der Zukunft. Campus, Frankfurt a.M. 2009

Friedrichs, Werner; Lange, Dirk (Hrsg.): Demokratiepolitik. Vermessungen, Anwendungen, Probleme, Perspektiven. Springer VS, Wiesbaden 2016

Fromm, Erich et al.: Zen-Buddhismus und Psychoanalyse. Suhrkamp 28. Auflage, Berlin 2020

Fromm, Erich: Anatomie der menschlichen Destruktivität. Rowohlt 25. Auflage, Reinbek bei Hamburg 2015

Fromm, Erich: Das Christusdogma und andere Essays. Psychosozial, Gießen 2020

Fromm, Erich: Den Menschen verstehen. Psychoanalyse und Ethik. Dtv, München 2017

Fromm, Erich: Die Furcht vor der Freiheit. Dtv 20. Auflage, München 2016

Fromm, Erich: Die Kunst des Lebens. Zwischen Haben und Sein. Herder 4. Auflage, Freiburg im Breisgau 2012

Fromm, Erich: Die Kunst des Liebens. Ullstein 71. Auflage, München 2014

Fromm, Erich: Die Pathologie der Normalität. Zur Wissenschaft vom Menschen. Ullstein 6. Auflage, München 2016

Fromm, Erich: Die Revolution der Hoffnung. Für eine Humanisierung der Technik. Dtv/Klett-Cotta, München 1987

Fromm, Erich: Die Seele des Menschen. Ihre Fähigkeit zum Guten und zum Bösen. Dtv 2. Auflage, München 2017

Fromm, Erich: Es geht um den Menschen: Tatsachen und Illusionen in der Außenpolitik. DVA, Stuttgart 1981

Fromm, Erich: Haben oder Sein. Die seelischen Grundlagen einer neuen Gesellschaft. Dtv 44. Auflage, München 2017

Fromm, Erich: Humanismus als reale Utopie. Der Glaube an den Menschen. Ullstein 3. Auflage, Berlin 2015

Fromm, Erich: Jenseits der Illusionen. Eine intellektuelle Autobiographie. Dtv, München 2020

Fromm, Erich: Liebe, Sexualität und Matriarchat. Beiträge zur Geschlechterfrage. Kindle Edition, 2015

Fromm, Erich: Märchen, Mythen, Träume. Eine Einführung in das Verständnis einer vergessenen Sprache. Rowohlt 21. Auflage, Reinbek bei Hamburg 2017

Fromm, Erich: Über den Ungehorsam. Und andere Essays. Psychosozial, Gießen 2019

Fromm, Erich: Psychoanalyse und Religion. Dtv, München 2018

Fromm, Erich: Über die Liebe zum Leben. Dtv 2. Auflage, München 2014

Fromm, Erich: Vom Haben zum Sein. Wege und Irrwege der Selbsterfahrung. Ullstein 6. Auflage, Ulm 2011

Fromm, Erich: Wege aus einer kranken Gesellschaft. Eine sozialpsychologische Untersuchung. Dtv 9. Auflage, München 2016

Fuchs-Heinritz, Werner et al. (Hrsg.): Lexikon zur Soziologie. 4. Aufl., VS Verlag für Sozialwissenschaften, Wiesbaden 2007

Fukuyama, Francis: Das Ende der Geschichte. Wo stehen wir? Kindler, München 1992

Funk, Rainer et al. (Hrsg.): Erich Fromm heute. Zur Aktualität seines Denkens. Dtv, München 2000

Gädeke, Dorothea: Politik der Beherrschung. Eine kritische Theorie externer Demokratieförderung. Suhrkamp, Berlin 2017

Geldsetzer, Lutz; Hong, Han-ding: Chinesische Philosophie. Eine Einführung. Reclam, Stuttgart 2008

Gesang, Bernward: Eine Verteidigung des Utilitarismus. Reclam, Stuttgart 2003

Gorgoglione, Ruggiero: Paradoxien der Biopolitik. Politische Philosophie und Gesellschaftstheorie in Italien. Transcript, Bielefeld 2016

Graeber, David: Schulden. Die ersten 5000 Jahre. Klett Cotta, Stuttgart 2012

Granet, Marcel: Das chinesische Denken. Inhalt, Form, Charakter. Suhrkamp, München 1985

Greene, Robert: 33 Gesetze der Strategie. dtv, München 2017

Greene, Robert: Die 24 Gesetze der Verführung. dtv, München 2017

Greene, Robert: Power. Die 48 Gesetze der Macht. dtv, München 2016

Hacke, Jens: Existenzkrise der Demokratie. Zur politischen Theorie des Liberalismus in der Zwischenkriegszeit. Suhrkamp, Berlin 2018

Hahlbrock, Klaus: Kann unsere Erde die Menschen noch ernähren? Bevölkerungsexplosion – Umwelt – Gentechnik. Forum für Verantwortung. Fischer, Frankfurt a.M. 2007

Haider, Grabner-Haider: Die wichtigsten Philosophen. Marix 6. Auflage, Wiesbaden 2016

Haig, Matt: Ich und die Menschen. Dtv, München 2015

Hasenbach, Sabine: Aldous Huxley. BRAVE NEW WORLD. Textanalyse und Interpretation. Königs Erläuterungen. Bange, Hollfeld 2015

Hastedt, Heiner: Was ist Bildung? Eine Textanthologie. Reclam, Stuttgart 2012

Hawking, Stephen: Kurze Antworten auf große Fragen. Klett-Cotta, Stuttgart 2018

Heidenreich, Felix; Schaal, Gary S.: Einführung in die Politischen Theorien der Moderne. UTB 3. Auflage, Opladen/Toronto 2016

Heins, Volker: Max Weber. Zur Einführung. Junius, Berlin 1990

Heitmeyer, Wilhelm: Autoritäre Versuchungen. Suhrkamp, Berlin 2018

Helle, Horst Jürgen: Verstehende Soziologie. Lehrbuch, Oldenbourg, München/Wien 1999

Herberer, Thomas: Traditionelle Kultur und Modernisierung. Versuch einer Analyse am Beispiel Chinas. In Springer: Politische Vierteljahresschrift. Juni 1990, Vol. 31 No. 2, pp.214-237

Herberg-Rothe, Andreas: Der Krieg. Geschichte und Gegenwart. Campus, Frankfurt a.M. 2003

Herforth, Maria-Felicitas: George Orwell. 1984. Textanalyse und Interpretation. Königs Erläuterungen. Bange, Hollfeld 2014

Heubel, Fabian: Chinesische Gegenwartsphilosophie. Zur Einführung. Junius, Hamburg 2016

Hickethier, Knut: Film- und Fernsehanalyse. Metzler 5. Auflage, Stuttgart 2012

Hillmann, Karl-Heinz: Wörterbuch der Soziologie. 5., vollst. überarb. u. erw. Aufl., Kröner, Stuttgart 2007

Hirn, Wolfgang: Der nächste Kalte Krieg: China gegen den Westen. S.Fischer, Frankfurt a.M. 2013

Hobbes, Thomas: Leviathan oder Stoff, Form und Gestalt eines kirchlichen und bürgerlichen Staates. Frankfurt a.M. 1989

Hochgeschwender, Michael: Die Amerikanische Revolution. Geburt einer Nation. C.H.Beck, München 2016

Hoeges, Dirk: Niccolò Machiavelli. Die Macht und der Schein. C.H.Beck, München 2000

Höffe, Gerechtigkeit. Eine philosophische Einführung. C.H.Beck 5. Auflage, München 2001

Hoffman, Bruce: Terrorismus. Der unerklärte Krieg. Neue Gefahren politischer Gewalt. Fischer, Frankfurt a.M. 2008

Howard, Dick: Die Grundlegung der amerikanischen Demokratie. Suhrkamp, Frankfurt a.M. 2001

Howe, Neil; William Strauss: The Fourth Turning. An American Prophecy. Three River Press, New York 1997

Hubauer, Anton: Arbeit zur Vorlesung »Interkulturelle Philosophie«: Einführung: http://mailbox.univie.ac.at/Franz.Martin.Wimmer/vo0304.htmlAo. Univ.-Prof. Dr. Franz Martin WimmerWS 2003/04Politische Utopien im alten China und im antiken Griechenland. 2003/2004 Online: https://homepage.univie.ac.at/franz.martin.wimmer/stud-arbeiten/vo0304arbhubauer.pdf

Huntington, Samuel P.: Kampf der Kulturen. Die Neugestaltung der Weltpolitik im 21. Jahrhundert. Goldmann 10. Auflage, München 2002

Hürlimann, Gabriel: Analytik der Revolte. Über agonistische Konstellationen von Macht, Freiheit und Subjekt im Anschluss an Michel Foucault. Turia+Kant, Wien 2015

Hurrelmann et al., Klaus (Hrsg.): Handbuch Sozialisationsforschung. Weinheim: Beltz 2015.

Huxley, Aldous: Eiland. Piper 20. Auflage, München 2016

Huxley, Aldous: Essays. Band III. Seele und Gesellschaft. Piper, München 2018

Huxley, Aldous: Schöne neue Welt. Fischer, Frankfurt a.M. 1991

Huxley, Aldous: Wiedersehen mit der schönen neuen Welt. Piper, München 1987

Ihlau, Olaf: Weltmacht Indien. Die neuen Herausforderungen des Westens. Pantheon, München 2006

Jäger, Jill: Was verträgt unsere Erde noch? Wege in die Nachhaltigkeit. Forum für Verantwortung. Fischer, Frankfurt a.M. 2007

Jäger, Marc-Christian. Michel Foucaults Machtbegriff. Link: http://www.die-grenze.com/downloads/foucaula.pdf, 2000

Jäger, Thomas; Beckmann, Rasmus (Hrsg.): Handbuch Kriegstheorien. VS, Wiesbaden 2011

Jannidis, Fotis et al.: Texte zur Theorie der Autorschaft. Reclam, Stuttgart 2000

Jaster, Romy; Lanius, David: Die Wahrheit schafft sich ab. Wie Fake News Politik machen. Reclam, Ditzingen 2019

Joas, Hans (Hrsg.): Lehrbuch der Soziologie. 3., überarb. und erw. Aufl. Campus, Frankfurt am Main/New York 2003

Jung, C. G.; Kerényi, Karl: Das göttliche Kind. Führung in das Wesen der Mythologie. Edition CG Jung 3. Auflage, Ostfildern 2013

Kaesler, Dirk (Hrsg.): Aktuelle Theorien der Soziologie. Beck, München 2005

Kaesler, Dirk; Vogt, Ludgera (Hrsg.): Hauptwerke der Soziologie. Kröner, Stuttgart 2007

Kaku, Michio: Die Physik der Zukunft. Unser Leben in 100 Jahren. Rowohlt 8. Auflage, Reinbek bei Hamburg 2017

Kaldor, Mary: Neue und alte Kriege. Organisierte Gewalt im Zeitalter der Globalisierung. Suhrkamp, Frankfurt a.M. 2000

Kant, Immanuel: Vom ewigen Frieden. Ein philosophischer Entwurf. Holzinger 4. Auflage, Berlin 2016

Karlfriedrich Herb, Bernd Ludwig. Kants kritisches Staatsrecht. Link: http://epub.uni-regensburg.de/25584/1/ubr12785_ocr.pdf, kein Datum

Kelsen, Hans: Was ist Gerechtigkeit? Reclam, Ditzingen 2016

Kemper, Peter et al.: Wirklichkeit 2.0. Medienkultur im digitalen Zeitalter. Reclam, Stuttgart 2012

Kemper, Peter; Sonnenschein, Ulrich (Hrsg.): Globalisierung im Alltag. Suhrkamp, Frankfurt a.M. 2002

Kersting, Wolfgang: Thomas Hobbes. Zur Einführung. Junius, Hamburg 2002

Kiesewetter, Hubert: Kritik der modernen Demokratie. Georg Olms, Hildesheim 2011

Kilcher, Andreas B.: Franz Kafka. Leben, Werk, Wirkung. Suhrkamp, Frankfurt a.M. 2008

Kinnert, Diana: Die neue Einsamkeit. Und wie wir sie als Gesellschaft überwinden können. Hoffmann und Campe 3. Auflage, Hamburg 2021

Kissinger, Henry et al.: Wird China das 21. Jahrhundert beherrschen? Eine Debatte. Pantheon, München 2012

Kissinger, Henry: China. Zwischen Tradition und Herausforderung. Pantheon, München 2011

Kissinger, Henry: Weltordnung. Pantheon, München 2014

König, Siegfried: Die Welt des Kinos. Amazon, Leipzig 2015

König, Siegfried: Klassiker der politischen Philosophie. Hobbes, Locke, Rousseau. Amazon, Leipzig 2017

König, Siegfried: Michel Foucault. Einführung und Werküberblick. Amazon, Leipzig 2017

Kornblicher, Thomas: Die Sucht, ganz oben zu sein. Psychohistorische Dimensionen von Macht und Herrschaft. Kreuz, Stuttgart 2007

Korte, Hermann: Einführung in die Geschichte der Soziologie. 8. Aufl., VS, Wiesbaden 2006

Kostolany, André: Die Kunst, über Geld nachzudenken. Ullstein, Berlin 2015

Krasmann, Susanne: Die Kriminalität der Gesellschaft. Zur Gouvernementalität der Gegenwart. UVK, Konstanz 2003

Krasmann, Susanne; Volkmer, Michael (Hrsg.): Michel Foucaults »Geschichte der Gouvernementalität« in den Sozialwissenschaften. Internationale Beiträge. Transcript, Bielefeld 2007

Krause, Ralf; Rölli, Marc (Hrsg.): Macht. Begriff und Wirkung in der politischen Philosophie der Gegenwart. Transcript, Bielefeld 2008

Kröll, Friedhelm: Soziologie. Im Labyrinth der Modelle. Eine Orientierung, new academic press, Wien 2014

Krönig, Franz K.: Die Ökonomisierung der Gesellschaft. Systemtheoretische Perspektiven. Transcript, Bielefeld 2007

Kruchem, Thomas: Am Tropf von Big Food. Wie die Lebensmittelkonzerne den Süden erobern und arme Menschen krank machen. Transcript, Bielefeld 2017

Kühl, Stefan: Organisationen. Eine sehr kurze Einführung. VS, Wiesbaden 2011

Kuhn, Axel: Die Französische Revolution. Reclam, Stuttgart 2012

Lamla, Jörn et al. (Hrsg.): Handbuch der Soziologie, UVK, Konstanz 2014

Latif, Mojib: Bringen wir das Klima aus dem Takt? Hintergründe und Prognosen. Forum für Verantwortung. Fischer, Frankfurt a.M. 2007

Lauth, Hans-Joachim et al.: Vergleich politischer Systeme. Utb, Paderborn 2014

Leitner, Ulrich: Imperium. Geschichte und Theorie eines politischen Systems. Campus, Frankfurt/New York 2011

Lemke, Thomas: Biopolitik. Zur Einführung. Junius, Hamburg 2007

Lemke, Thomas: Eine Kritik der politischen Vernunft. Foucaults Analyse der modernen Gouvernementalität. Argument, Hamburg 1997

Lemke, Thomas: Gouvernementalität und Biopolitik. VS, Wiesbaden 2007

Lerg, Charlotte: Die Amerikanische Revolution. UTB, Tübingen 2010

Lettner, Heike: Warum Menschen töten. Steckt in jedem von uns ein Mörder? Goldegg, Wien 2012

Levine, Robert: Die Grosse Verführung. Psychologie der Manipulation. Piper, München/Berlin 2003

Lippmann, Walter: Die öffentliche Meinung. Wie sie entsteht und manipuliert wird. Westend, Frankfurt a.M. 2018

Llanque, Marcus: Geschichte der politischen Ideen. Von der Antike bis zur Gegenwart. C.H.Beck 2. Auflage, München 2016

Locke, John. Zwei Abhandlungen über die Regierung. Link: http://www.welcker-online.de/Texte/Locke/Locke_einf.pdf; http://www.welcker-online.de/Texte/Locke/Locke_1.pdf; http://www.welcker-online.de/Texte/Locke/Locke_2.pdf, 1689

Lorenz, Konrad: Das sogenannte Böse. Zur Naturgeschichte der Aggression. Dtv 22. Auflage, München 2000

Luhmann, Niklas: Die Realität der Massenmedien. Springer 5. Auflage, Wiesbaden 2017

Luhmann, Niklas: Organisation und Entscheidung. VS, 3. Auflage, Wiesbaden 2011

Lusted, Maria Amidon: Suzanne Collins. Words on fire. Lifeline biographies. USA Today, Minneapolis 2013

Maahs, Ina-Maria: Utopie und Politik. Potentiale kreativer Politikgestaltung. Transcript, Bielefeld 2018

Machiavelli, Niccolo: Der Fürst. Kröner 6. Auflage, 1978

Machiavelli, Niccolo: Discorsi. Staat und Politik. Hrsg.: Horst Günther. Insel, Frankfurt a.M. 2000

Machiavelli, Niccolo: Vom Staate. Der Fürst. Kleine Schriften. Nikol 3. Auflage, Hamburg 2017

Mai, Gunther. Die Weimarer Republik. 2014

Marshall, Tim: Die Macht der Geographie. Wie sich Weltpolitik anhand von 10 Karten erklären lässt. dtv, München 2017

Marshall, Tim: Im Namen der Flagge. Die Macht politischer Symbole. dtv, München 2017

Martens, Ekkehard; Steenblock, Volker (Hrsg.): Politik und Utopie. Staatsphilosophie. BSV, München 2004

Mau, Steffen: Das metrische Wir. Über die Quantifizierung des Sozialen. Suhrkamp, Berlin 2017

Mauser, Wolfram: Wie lange reicht die Ressource Wasser? Vom Umgang mit dem blauen Gold. Forum für Verantwortung. Fischer, Frankfurt a.M. 2007

Mayer, Thomas: Die Ordnung der Freiheit und ihre Feinde. Vom Aufstand der Verlassenen gegen die Herrschaft der Eliten. FBV, München 2018

Melville, Herman: Moby Dick. Insel, Frankfurt am Main 2003

Meulemann, Heiner: Soziologie von Anfang an. Eine Einführung in Themen, Ergebnisse und Literatur. 2., überarb. Auflage. VS, Wiesbaden 2006

Meyer, Bernd: Wie muss die Wirtschaft umgebaut werden? Perspektiven einer nachhaltigeren Entwicklung. Forum für Verantwortung. Fischer, Frankfurt a.M. 2007

Meyer, Thomas: Was ist Demokratie? Eine diskursive Einführung. VS, Wiesbaden 2009

Miegel, Meinhard: Hybris. Die überforderte Gesellschaft. List, Berlin 2015

Milgram, Stanley: Das Milgram-Experiment. Zur Gehorsamsbereitschaft gegenüber Autorität. Rowohlt 20. Auflage, Reinbek bei Hamburg 2017

Mill, Stuart: Über die Freiheit. Reclam, Ditzingen 2017

Moestl, Bernhard: Die 13 Siegel der Macht. Von der Kunst der guten Führung. Knaur, München 2013

Monaco, James: Film verstehen. Rowohlt überarbeitet, Reinbek bei Hamburg 2009

Montaigne, Michel de: Von der Macht der Phantasie. Dtv/C.H.Beck 3. Auflage, München 2017

Montesquieu. Vom Geist der Gesetze. 1748

Morris, Ian: Wer regiert die Welt? Warum Zivilisationen herrschen oder beherrscht werden. Campus, Frankfurt a.m. 2012

Morus, Thomas: Utopia. Nikol, Hamburg 2011

Müller, Harald: Weltmacht Indien. Wie uns der rasante Aufstieg herausfordert. Fischer, Frankfurt a.M. 2006

Müller, Harald: Wie kann eine neue Weltordnung aussehen? Wege in eine nachhaltige Politik. Forum für Verantwortung. Fischer, Frankfurt a.M. 2007

Müller, Michael: Vorbemerkung. In: Interpretationen Franz Kafka. Romane und Erzählungen. Michael Müller (Hrsg.) Reclam 2. überarbeitete Auflage, Stuttgart 2003

Müller-Jentsch, Walther: Organisationssoziologie. Eine Einführung. Campus, Frankfurt a.M. 2003

Münch, Richard: Soziologische Theorie. Band 1: Grundlegung durch die Klassiker/Band 2: Handlungstheorie/Band 3: Gesellschaftstheorie. Campus, Frankfurt am Main/New York 2004

Münkler, Herfried: Die neuen Kriege. Rowohlt 6. Auflage, Reinbek bei Hamburg 2015

Münkler, Herfried: Imperien. Die Logik der Weltherrschaft – vom Alten Rom bis zu den Vereinigten Staaten. Rowohlt 3. Auflage, Reinbek bei Hamburg 2014

Münkler, Herfried: Kriegssplitter. Die Evolution der Gewalt im 20. und 21. Jahrhundert. Rowohlt, Berlin 2017

Münkler, Herfried; Straßenberger, Grit: Politische Theorie und Ideengeschichte. Eine Einführung. C.H.Beck, München 2016

Münz, Rainer; Reiteter, Albert F.: Wie schnell wächst die Zahl der Menschen? Weltbevölkerung und weltweite Migration. Forum für Verantwortung. Fischer, Frankfurt a.M. 2007

Narducci, Emanuele: Cicero. Reclam, Stuttgart 2012

Nassehi, Armin: Soziologie. Zehn einführende Vorlesungen. VS, Wiesbaden 2008

Nast, Michael: Generation Beziehungsunfähig. Edel, 3. Auflage, Hamburg 2016

Naumann, Frank: Die Kunst der Diplomatie. Zwanzig Gesetze für sanfte Sieger. Rororo 7. Auflage, Reinbek 2015

Nautz, Jürgen: Die großen Revolutionen der Welt. Marix, Wiesbaden 2008

Neckel, Sighard et al. (Hrsg.): Sternstunden der Soziologie. Wegweisende Theoriemodelle des soziologischen Denkens, Campus Verlag, Frankfurt am Main 2010

Neiman, Susan: Widerstand der Vernunft. Ein Manifest in postfaktischen Zeiten. Ecowin, Wals bei Salzburg 2017

Neuhäuser, Christian: Reichtum als moralisches Problem. Suhrkamp, Berlin 2018

Nida-Rümelin, Julian; Weidenfeld, Nathalie: Die Realität des Risikos. Über den vernünftigen Umgang mit Gefahren. Piper 2. Auflage, München 2021

Noller, Jörg: Theorien des Bösen. Zur Einführung. Junius, Hamburg 2017

Nöllke, Matthias: Psychologie für Führungskräfte. C.H.Beck, 2. Auflage, München 2016

Nordhausen, Frank; Schmid, Thomas (Hrsg.): Die arabische Revolution. Demokratischer Aufbruch von Tunesien bis zum Golf. Berlin 2011

Oberndörfer, Dieter; Rosenzweig, Beate (Hrsg.): Klassische Staatsphilosophie. Texte und Einführungen. Von Platon bis Rousseau. C.H.Beck 3. Auflage, München 2014

Oesterdiekhoff, Georg W. (Hrsg.): Lexikon der soziologischen Werke. Westdeutscher Verlag, Wiesbaden 2001

Oetinger Verlag: The Hunger Games. Die Tribute von Panem. Das offizielle Handbuch zu den Tributen. Hamburg 2012

Oppelt, Martin: Gefährliche Freiheit. Rousseau, Lefort und die Ursprünge der radikalen Demokratie. Nomos, Baden-Baden 2016

Orwell, George: 1984. Ullstein 39. Auflage, Berlin 2016

Osterhammel, Jürgen; Jansen, Jan C.: Dekolonisation. Das Ende der Imperien. C.H.Beck, München 2013

Osterhammel, Jürgen; Jansen, Jan C.: Kolonialismus. Geschichte, Formen, Folgen. C.H.Beck, München 2017

Peglau, Andreas: Rechts Ruck. Wilhelm Reichs Massenpsychologie des Faschismus als Erklärungsansatz. Nora 2. Auflage, Berlin 2017

Perthes, Volker: Der Aufstand. Die arabische Revolution und ihre Folgen. Pantheon, München 2011

Pieper, Annemarie: Gut und Böse. C.H.Beck 3. Auflage, München 2008

Pilling, Iris: Denken und Handeln als Jüdin. Hannah Arendts politische Theorie vor 1950. Peter Lang, Frankfurt a.M. 1996

Platon. Politeia. Link: http://www.alexandria.de/Autoren_und_Werke/Platon/Platon-Der_Staat-Politeia.pdf, Antike

Plutarch: Die Kunst zu leben. Insel 4. Auflage, Frankfurt a.M./Leipzig 2017

Poczka, Irene: Die Regierung der Gesundheit. Fragmente einer Genealogie liberaler Gouvernementalität. Transcript, Bielefeld 2017

Popitz, Heinrich: Prozesse der Machtbildung. Recht und Staat in der Gesellschaft der Gegenwart. Eine Sammlung von Vorträgen und Schriften aus dem Gebiet der gesamten Staatswissenschaft. Mohr Siebeck, Tübingen 1968

Postman, Neil: Das Technopol. Die Macht der Technologien und die Entmündigung der Gesellschaft. S.Fischer, Frankfurt a.M. 1992

Postman, Neil: Das Verschwinden der Kindheit. Fischer, Frankfurt a.M. 1987

Postman, Neil: Wir amüsieren uns zu Tode. Urteilsbildung im Zeitalter der Unterhaltungsindustrie. S.Fischer, Frankfurt a.M. 1985

Precht, Richard David: Von der Pflicht. Eine Betrachtung. Goldmann, München 2021

Preisendörfer, Peter: Organisationssoziologie. Grundlagen, Theorien und Problemstellungen. Springer, 4. Auflage, Wiesbaden 2016

Prisching, Manfred: Soziologie. Themen – Theorien – Perspektiven. 3., erg. und überarb. Auflage. Böhlau, Wien/Köln/Weimar 1995

Prokop, Dieter: Der kulturindustrielle Machtkomplex. Neue kritische Kommunikationsforschung über Medien, Werbung und Politik. Halem, Düsseldorf 2005

Rahmstorf, Stefan; Richardson, Katherine: Wie bedroht sind die Ozeane? Biologische und physikalische Aspekte. Forum für Verantwortung. Fischer, Frankfurt a.M. 2007

Ramge, Thomas: Mensch und Maschine. Wie künstliche Intelligenz und Roboter unser Leben verändern. Reclam, Ditzingen 2018

Rapp, Christoff: Aristoteles. Zur Einführung. Junius, Hamburg 2001

Reckwitz, Andreas: Die Gesellschaft der Singularitäten. Zum Strukturwandel der Moderne. Suhrkamp, Berlin 2017

Reckwitz, Andreas: Die Gesellschaft der Singularitäten. Zum Strukturwandel der Moderne. Suhrkamp, Berlin 2017

Reemtsma, Jan Philipp: Die Gewalt spricht nicht. Drei Reden. Reclam, Stuttgart 2002

Reemtsma, Jan Philipp: Gewalt als Lebensform. Zwei Reden. Reclam, Stuttgart 2016

Reese-Schäfer, Walter: Niklas Luhmann. Zur Einführung. Junius, Berlin 1990

Reich, Wilhelm: Die Massenpsychologie des Faschismus. Kiepenheuer & Witsch 8. Auflage, Köln 2020

Reichardt, Rolf (Hrsg.): Die Französische Revolution. Anaconda, Köln 2012

Reichholf, Josef H.: Die Zukunft der Arten. Neue ökologische Überraschungen. Dtv, München 2009

Reichholf, Josef H.: Ende der Artenvielfalt? Gefährdung und Vernichtung von Biodiversität. Forum für Verantwortung. Fischer, Frankfurt a.M. 2008

Reinhard, Wolfgang: Geschichte der Staatsgewalt. Eine vergleichende Verfassungsgeschichte Europas von den Anfängen bis zur Gegenwart. C.H.Beck 3. Auflage, München 2002

Reinhard, Wolfgang: Geschichte des modernen Staates. Von den Anfängen bis zur Gegenwart. C.H.Beck, München 2007

Reinhold, Gerd (Hrsg.): Soziologie-Lexikon, 3. überarb. und erw. Auflage, Oldenbourg, München/Wien 1997

Rölli, Marc; Nigro, Roberto (Hrsg.): Vierzig Jahre »Überwachen und Strafen«. Zur Aktualität der Foucault'schen Machtanalyse. Transcript, Bielefeld 2017

Rosa, Hartmut: Unverfügbarkeit. Suhrkamp 3. Auflage, Berlin 2021

Rothermund, Dietmar: Indien. Aufstieg einer asiatischen Weltmacht. C.H.Beck, München 2008

Rouoff, Michael: Foucault-Lexikon. UTB 3. Auflage, Paderborn 2013

Rousseau, Jean-Jacques. Der Gesellschaftsvertrag oder die Grundsätze des Staatsrechts. Link: http://www.welcker-online.de/Texte/Rousseau/Contract.pdf, 1880

Sarasin, Philipp: Michel Foucault. Zur Einführung. Junius, Hamburg 2005

Sartre, Jean-Paul: Der Idiot der Familie. Gustave Flaubert. 1821 bis 1857. Rowohlt, Reinbek 1977

Schäfer, Armin; Zürn, Michael: Die demokratische Regression. Suhrkamp, Berlin 2021

Schäfers, Bernhard; Kopp, Johannes (Hrsg.): Grundbegriffe der Soziologie. 9. Aufl., VS, Wiesbaden 2006

Scheidler, Fabian: Das Ende der Megamaschine. Geschichte einer scheiternden Zivilisation. Promedia, Wien 2016

Schieder, Siegfried; Spindler, Manuela (Hrsg.): Theorien der internationalen Beziehungen UTB 3. überarbeitete und aktualisierte Auflage, Opladen und Farmington Hills 2010

Schlüter, Christiane: Die wichtigsten Psychologen im Portät. Marix 5. Auflage, Wiesbaden 2015

Schmid, Bernhard: Die arabische Revolution? Soziale Elemente und Jugendprotest in den nordafrikanischen Revolten. Edition assemblage, Münster 2011

Schmidt, Jochen: Die Geschichte des Genie-Gedankens in der deutschen Literatur, Philosophie und Politik 1750-1945. Band 1. Wissenschaftliche Buchgemeinschaft Darmstadt, Darmstadt 1985

Schmidt, Jochen: Die Geschichte des Genie-Gedankens in der deutschen Literatur, Philosophie und Politik 1750-1945. Band 2. Wissenschaftliche Buchgemeinschaft Darmstadt, Darmstadt 1985

Schmidt, Jochen: Goethes Faust. Erster und Zweiter Teil. Grundlagen – Werk – Wirkung. C.H.Beck 3. Auflage, München 2011

Schmidt, Manfred G.: Demokratietheorien. Eine Einführung. VS 5. Auflage, Wiesbaden 2010

Schmidt-Bleek, Friedrich: Nutzen wir die Erde richtig? Die Leistungen der Natur und die Arbeit des Menschen. Forum für Verantwortung. Fischer, Frankfurt a.M. 2007

Schmitz-Emans, Monika: Aus Politik und Zeitgeschichte 2013, Heft 52. Monika Schmitz-Emans: Monster: Eine Einführung. S.11-17

Schneckener, Ulrich: Transnationaler Terrorismus. Charakter und Hintergründe des »neuen« Terrorismus. Suhrkamp, Frankfurt a.M. 2006

Schopenhauer, Arthur: Die Kunst, Recht zu behalten. Nikol 12. Auflage, Hamburg 2016

Schroth, Jörg (Hrsg.): Texte zum Utilitarismus. Reclam, Stuttgart 2016

Schulin, Ernst: Die Französische Revolution. C.H.Beck, München 1989

Schwaabe, Christian: Politische Theorie 1. Von Platon bis Locke. UTB 2. Auflage, Paderborn 2010

Schwaabe, Christian: Politische Theorie 2. Von Rousseau bis Rawls. UTB 3. Auflage, Paderborn 2007

Schwab, Klaus: Die Vierte Industrielle Revolution. Pantheon, München 2006 Amerikanische Außenpolitik

Schwandt, Michael: Kritische Theorie. Eine Einführung. Schmetterling 2. Auflage, Stuttgart 2010

Schwanitz, Dietrich: Bildung. Alles, was man wissen muß. Goldmann, München 2002

Schweidler, Walter: Der gute Staat. Politische Ethik von Platon bis zur Gegenwart. Reclam, Stuttgart 2004

Sebaldt, Martin; Straßner, Alexander (Hrsg.): Aufstand und Demokratie. Counterinsurgency als normative und praktische Herausforderung. VS, Wiesbaden 2011

Segal, Robert A.: Mythos. Eine kleine Einführung. Reclam, Stuttgart 2007

Shakespeare, William: Coriolanus. Onl. verfüg.: http://www.william-shakespeare.de/coriola1/coriolan.htm

Sheffer, Edith: Aspergers Kinder. Die Geburt des Autismus im Dritten Reich. Campus, Frankfurt a.M. 2018

Shvets, Viktor: The Great Rupture: Three Empires, Four Turning Points, and the Future of Humanity. Boyle&Dalton, 2020

Sieber, Samuel: Macht und Medien. Zur Diskursanalyse des Politischen. Transcript, Bielefeld 2014

Sloterdijk, Peter: Die Verachtung der Massen. Versuch über Kulturkämpfe in der modernen Gesellschaft. Suhrkamp 9. Auflage, Frankfurt a.M. 2016

Smith, Laurence C.: Die Welt im Jahr 2050. Die Zukunft unserer Zivilisation. Pantheon, München 2011

Snyder, Timothy: Über Tyrannei. Zwanzig Lektionen für den Widerstand. C.H.Beck, München 2017

Sofsky, Wolfgang: Zeiten des Schreckens. Amok, Terror, Krieg. Fischer, Frankfurt a.M. 2002

Souchon, Lennart: Carl von Clausewitz. Strategie im 21. Jahrhundert. Mittler, Hamburg 2012

Spilker, Niels: Lebenslanges Lernen als Dispositiv – Bildung, Macht und Staat in der neoliberalen Gesellschaft. München, 2013

Stammen, Theo et al. (Hrsg.): Hauptwerke der politischen Theorie. Kröner, Stuttgart 1997

Straßenberger, Grit: Hannah Arendt. Zur Einführung. Junius, Hamburg 2015

Stroh, Cicero: Redner, Staatsmann, Philosoph. C.H.Beck 3. Auflage, München 2016

Stykow, Petra: Vergleich politischer Systeme. Utb, Paderborn 2007

Sueton: Leben und Taten der römischen Kaiser. Anaconda, Köln 2013

Suhrkampverlag: Michel Foucault. Die Hauptwerke. Suhrkamp 4. Auflage, Frankfurt a.M. 2016

Takami, Koushun: Battle Royale. Wilhelm Heyne, München 2006

Thiele, Ulrich: Die politischen Ideen. Von der Antike bis zur Gegenwart. Marix 2. Auflage, Wiesbaden 2014

Tolstoi, Leo: Krieg und Frieden. Anaconda, Köln 2009

Townshend, Charles: Terrorismus. Eine kurze Einführung. Reclam, Stuttgart 2005

Tranquillus, Gaius Suetons: Die zwölf Caesaren. Holzinger, Berlin 2013

Treibel, Annette: Einführung in soziologische Theorien der Gegenwart. 7., aktualisierte Auflage. VS, Wiesbaden 2006

Trump, Donald J.: Make America Great Again. Wie ich Amerika retten werde. Plassen, Kulmbach 2016

Turek, Jürgen: Globalisierung im Zwiespalt. Die postglobale Misere und Wege, sie zu bewältigen. Transcript, Bielefeld 2017

Varwick, Johannes (Hrsg.): Krieg und Frieden. Eine Einführung. ZpB, Schwalbach 2014

Viehöver, Willy; Wehling, Peter (Hrsg.): Entgrenzung der Medizin, Von der Heilkunst zur Verbesserung des Menschen? Transcript, Bielefeld 2011

Voigt, Rüdiger (Hrsg.): Staatsdenken. Zum Stand der Staatstheorie heute. Nomos, Baden-Baden 2016

Vorländer, Hans: Demokratie. Geschichte, Formen, Theorien. C.H.Beck 2. Auflage, München 2010

Wagner, Hermann-Josef: Was sind die Energien des 21. Jahrhunderts? Der Wettlauf um die Lagerstätten. Forum für Verantwortung. Fischer, Frankfurt a.M. 2007

Weber, Max: Politik als Beruf. Anaconda, Köln 2014

Weber, Max: Soziologische Grundbegriffe. UTB 6. Auflage, Tübingen 1984

Weber, Max: Wirtschaft und Gesellschaft. Grundriß der verstehenden Soziologie. Mohr Siebeck 5. Auflage, Tübingen 1972

Wehler, Hans-Ulrich: Die Herausforderung der Kulturgeschichte. C.H. Beck, München 1998

Wehr, Helmut: Erich Fromm. Zur Einführung. Junius, Hamburg 1990

Weiler, Bernd: Die Ordnung des Fortschritts. Zum Aufstieg und Fall der Fortschrittsidee in der »jungen« Anthropologie. Transcript, Bielefeld 2006

Weizenbaum, Joseph: Computermacht und Gesellschaft. Suhrkamp, Frankfurt a.M. 2001

Welzer, Harald: Die smarte Diktatur. Der Angriff auf unsere Freiheit. Fischer, Frankfurt a.M. 2017

Welzer, Harald: Klimakriege. Wofür im 21. Jahrhundert getötet wird. Fischer, Frankfurt a.M. 2010

Welzer, Harald: Selbst Denken. Eine Anleitung zum Widerstand. Fischer TB 7. Auflage, Frankfurt a.M. 2016

Welzer, Harald: Täter. Wie aus ganz normalen Menschen Massenmörder werden. Fischer 7. Auflage, Frankfurt a.M. 2016

Wiegandt, Klaus (Hrsg.): Mut zur Nachhaltigkeit. 12 Wege in die Zukunft. Forum für Verantwortung. Fischer, Frankfurt a.M. 2007

Wiemers, Eva: Dystopien in aktueller Kinder- und Jugendliteratur. Suzanne Collins »Die Tribute von Panem« im Deutschunterricht. Masterarbeit, Grin, Norderstedt 2012

Wildt, Michael: Volk, Volksgemeinschaft, AfD. Hamburger Edition, Hamburg 2017

Wilhelm, Richard: Chinesische Philosophie. Eine Einführung. Marix, Wiesbaden 2007

Winkler, Heinrich August: Zerbricht der Westen? Über die gegenwärtige Krise in Europa und Amerika. C.H.Beck, München 2017

Wolffsohn, Michael: Zum Weltfrieden. Ein politischer Entwurf. Dtv, München 2015

Woolf, Greg: ROM. Die Biographie eines Weltreiches. Klett-Cotta, Stuttgart 2015

Young-Bruehl, Elisabeth: Hannah Arendt. Leben, Werk und Zeit. Fischer Frankfurt a.M. 2004

Zehnpfennig, Barbara: Platon. Zur Einführung. Junius, Hamburg 1997

Zimbardo, Philip: Der Luzifer-Effekt. Die Macht der Umstände und die Psychologie des Bösen. Springer, Heidelberg 2017

# Anmerkungen

[1] Dick: 114f.

[2] Fromm, Über die Liebe zum Leben: 114f.

[3] Wikipedia: Fahrenheit 451. Zul.abg.: 26.10.2021; 10:12 MEZ

[4] Anders, Die Antiquiertheit des Menschen 1: 125

[5] Ebd.: 126

[6] Ebd.: 128

[7] Ebd.: 129f.

[8] Fromm, Anatomie der menschlichen Destruktivität: 274f.

[9] Collins, Das Lied von Vogel und Schlange: 103

[10] Fromm, Anatomie der menschlichen Destruktivität: 336f.

[11] Fromm, Die Seele des Menschen: 32

[12] Fromm, Die Kunst des Lebens: 92ff.

[13] Snyder: 76

[14] Funk et al., Einleitung: Zur Aktualität Erich Fromm. In: Funk et al., Erich Fromm heute: 7

[15] Ebd.: 8

[16] Erich Fromm zit.n. Rainer Funk: Psychoanalyse der Gesellschaft. Der Ansatz Erich Fromms und seine Bedeutung für die Gegenwart. In: Funk et al., Erich Fromm heute: 37

[17] Rainer Funk, ebd.: 42

[18] Vgl. Ebd.

[19] https://www.republik.ch/2021/03/02/den-jungen-ist-gar-nicht-bewusst-ist-wie-schlecht-es-ihnen-geht Zul.abg.: 14.04.2021; 15:19 MEZ

[20] Erich Fromm zit.n. Rainer Funk: Psychoanalyse der Gesellschaft. Der Ansatz Erich Fromms und seine Bedeutung für die Gegenwart. In: Funk et al., Erich Fromm heute: 29f.

[21] Erich Fromm, zit.n. ebd.: 30

[22] Rainer Funk, Ebd.

[23] Ebd.: 31

[24] https://www.focus.de/kultur/kino_tv/game-2-winter-erster-deutscher-bewirbt-sich-fuer-verstoerende-russische-survival-show_id_6828283.html
Wikipedia: Game2: Winter (engl.). Zul.abg.: 18.10.2021; 13:21 MEZ

[25] Fromm, Anatomie der menschlichen Destruktivität: 301f.

[26] Rainer Funk: Psychoanalyse der Gesellschaft. Der Ansatz Erich Fromms und seine Bedeutung für die Gegenwart. In: Funk et al., Erich Fromm heute: 44

[27] Vgl. Schwanitz: 610-619

[28] Fromm, Die Revolution der Hoffnung: 172

[29] Postman, Wir amüsieren uns zu Tode: 110

[30] Wikipedia: Battle Royale. Zul.abg.: 17.10.2021; 13:54 MEZ
https://japanliteratur.net/battle-royale/ Zul.abg.: 16.05.2021; 12:14 MEZ

[31] Wikipedia: Squid Game. Zul.abg.: 17.10.2021; 14:09 MEZ

[32] https://www.welt.de/vermischtes/article234380184/Squid-Game-Warum-sie-die-bisher-erfolgreichste-Netflix-Serie-ist.html Zul.abg.: 17.10.2021; 14:13 MEZ

[33]
https://www.instagram.com/p/CVnroYtKm3Y/?utm_medium=copy_lin k Zul.abg.: 03.11.2021; 10:04 MEZ

[34] Postman, Wir amüsieren uns zu Tode: 7f.

[35] Ebd.: 189ff.

[36] Graupe/Ötsch in Lippmann: 51

[37] Arendt, Elemente und Ursprünge totaler Herrschaft: 936

[38] Wikipedia: KZ Auschwitz I (Stammlager). Zul.abg.: 25.10.2021; 21:26 MEZ

[39] Arendt, Elemente und Ursprünge totaler Herrschaft: 929

[40] Ebd.: 930

[41] Hans Mommsen im Vorwort zur Neuausgabe Arendt, Eichmann in Jerusalem: 32

[42] Ebd.: 34

[43] Sheffer: 18-23

[44] Ebd.: 203f.

[45] Ebd.: 263

[46] Ebd.: 267

[47] Ebd.: 270

[48] Ebd.: 282

[49] Arendt, Elemente und Ursprünge totaler Herrschaft: 930

[50] Schwandt: 99

[51] Vgl. Sheffer: 255-257

[52] Zit.n. Sheffer: 258

[53] Fromm, Anatomie der menschlichen Destruktivität.: 267

[54] Ebd.: 282f.

[55] Ebd.: 383

[56] Ebd.: 383f.

[57] ARD MiMa,
https://www.instagram.com/p/CVnroYtKm3Y/?utm_medium=copy_lin k Zul.abg.: 03.11.2021; 10:04 MEZ

[58] https://osthessen-news.de/n11627096/weil-er-vom-platz-fliegt-fussballer-schlagt-schiedsrichter-bewusstlos.html
https://www.hessenschau.de/sport/fussball/nach-faustschlag-in-muenster-sechs-monate-bewaehrung-fuer-schiedsrichter-schlaeger,schiri-schlaeger-urteil-100.html
Zul.abg.: 03.11.2021; 10:15 MEZ

[59] Vgl. Funk et al.: Einleitung: Die Aktualität Erich Fromms. In: Funk et al., Erich Fromm heute: 14

[60] Sinngemäß brachte Fromm die besorgniserregenden Entwicklungen seiner Zeit auf diese Formel. (Funk et al., Erich Fromm heute: 175)

[61] Vgl. Sheffer: 42

[62] Arendt, Elemente und Ursprünge totaler Herrschaft: 908f.

[63] Alvin H. Rosenfeld: Das Ende des Holocaust. Vandenhoeck & Ruprecht, Göttingen 2015. Zit.n.: Wikipedia: Holocaustleugnung. Zul.abg.: 17.10.2021; 01:34 MEZ

[64] Vgl.: Arendt, Was heißt persönliche Verantwortung in einer Diktatur?: 10f.

[65] Arendt, Eichmann in Jerusalem: 94

[66] Ebd.: 404

[67] Im Nachwort zur zitierten Neuausgabe: Eichmann in Jerusalem

[68] Ebd.: 425

[69] Vorwort von Hans Mommsen, Ebd.: 29

[70] Foucault zit.n. Wildt: 46

[71] Sheffer: 105

[72] Helmut Johach: Gelebter Humanismus. Zeitdiagnose und politisches Engagement. In: Funk et al., Erich Fromm heute: 76

[73] Fromm, Es geht um den Menschen: 159

[74] Ebd.: 162f.

[75] Helmut Johach: Gelebter Humanismus. Zeitdiagnose und politisches Engagement. In: Funk et al., Erich Fromm heute: 76f.

[76] Helmut Johach, Gelebter Humanismus. Zeitdiagnose und politisches Engagement. In: Ebd.: 77

[77] Vgl. Johach, ebd: 75f.

[78] Bröckling, Gute Hirten führen sanft: 306

[79] Vgl. Wildt: 46

[80] Huxley, Wiedersehen mit der Schönen neuen Welt: 66

[81] Anders, Die Antiquirtheit des Menschen 1: 269

[82] Wikipedia: Panopticon. Zul.abg.: 23.10.2021; 11:06 MEZ

[83] Zit.n. Rainer Funk: Psychoanalyse der Gesellschaft. Der Ansatz Erich Fromms und seine Bedeutung für die Gegenwart. In: Funk et al., Erich Fromm heute: 44

[84] Rainer Funk: Psychoanalyse der Gesellschaft. Der Ansatz Erich Fromms und seine Bedeutung für die Gegenwart. In: Funk et al., Erich Fromm heute: 33

[85] Fromm, Zen-Buddhismus und Psychoanalyse: 132

[86] Fromm, Die Furcht vor der Freiheit: 94f.

[87] Vgl. Fromm, Jenseits der Illusionen: 112f.

[88] Fromm, Anatomie der menschlichen Destruktivität: 96f.

[89] Marie Luise Knott in Arendt, Was heißt persönliche Verantwortung in einer Diktatur?: 82f.

[90] Huxley, Wiedersehen mit der Schönen neuen Welt: 27

[91] Fromm, Anatomie der menschlichen Destruktivität: 26

[92] Fromm, Humanismus als reale Utopie: 39

[93] Fromm, Die Furcht vor der Freiheit: 184f.

[94] Bublitz: 168f.

[95] Fabian Karsch: Neuro-Enhancement oder Krankheitsbehandlung? In: Viehöver & Wehling: 126

[96] Fromm, Die Seele des Menschen: 59

[97] Anders, Die Antiquiertheit des Menschen 1: 48

[98] Fußnote zum vorigen Zitat. Ebd.: 365

[99] Ebd.: 49

[100] Ebd.: 50

[101] Viehöver&Wehling, Verlagsbeschreibung

[102] Viehöver&Wehling: 8

[103] Ebd.: 8

[104] Vgl. Ebd.: 16

[105] Ebd.: 7

[106] Ebd.

[107] Vgl. Spiegel 4/2013, S.110-119, Jörg Blech: Wahnsinn wird normal

[108] Weizenbaum: 133

[109] Bauer, Die Vereindeutigung der Welt: 92-95

[110] Fromm, Die Seele des Menschen: 8

[111] Fromm, Anatomie der menschlichen Destruktivität: 394f.

[112] Ebd.: 398

[113] Wikipedia: Maschinenparadigma. Zul.abg.: 09.10.2021; 13:45 MEZ

[114] https://www.swr.de/swraktuell/baden-wuerttemberg/hundefuehrerschein-wird-zur-pflicht-in-bw-100.html Zul.abg.: 27.05.2021; 17:38 MEZ

[115] Jürgen Link: Normale Krisen? Zit.n. Bublitz: 162

[116] Fromm, Zen-Buddhismus und Psychoanalyse: 103

[117] Fromm, Humanismus als reale Utopie: 56f.

[118] Ebd.

[119] Fromm, Haben oder Sein: 130-132

[120] Zit.n. Rainer Funk: Psychoanalyse und Gesellschaft. Der Ansatz Erich Fromms und seine Bedeutung für die Gegenwart. In: Funk et al., Erich Fromm heute: 41

[121] Funk et al., Einleitung: Die Aktualität Erich Fromms. In: Funk et al., Erich Fromm heute: 9f.

[122] Ebd.: 10

[123] Ebd.: 11

[124] Rainer Funk: Psychoanalyse und Gesellschaft. Der Ansatz Erich Fromms und seine Bedeutung für die Gegenwart. In: Funk et al., Erich Fromm heute: 43

[125] Burkhard Bierhoff: Gesellschafts-Charakter und Erziehung. In: Funk et al., Erich Fromm heute: 95

[126] Rainer Funk: Psychoanalyse und Gesellschaft. Der Ansatz Erich Fromms und seine Bedeutung für die Gegenwart. In: Funk et al., Erich Fromm heute: 40

[127] Foucault, Analytik der Macht: 175

[128] Le Bon, Psychologie der Massen: 19

[129] Ebd.: 27
[130] Ebd.: 29
[131] Ebd.: 31
[132] Ebd.: 32
[133] Ebd.: 33
[134] Vgl. Freud, Massenpsychologie und Ich-Analyse: 14
[135] Le Bon, Psychologie der Massen: 34
[136] Ebd.: 37
[137] Freud, Massenpsychologie und Ich-Analyse: 62
[138] Vgl. Berger: 85
[139] Jochen Schmidt, Die Geschichte des Genie-Gedankens in der deutschen Literatur Bd. 2: 207
[140] Vgl. Ebd.: 211
[141] Goebbels zit.n. ebd.: 212
[142] Fromm, Die Revolution der Hoffnung: 79f.
[143] Le Bon, Psychologie der Massen: 55
[144] Canetti: 162
[145] Vgl. Perthes, insb. 23-49
[146] Huxley, Wiedersehen mit der Schönen neuen Welt: 107
[147] Canetti: 554
[148] Boston Consulting Group: 3
[149] Fromm, Haben oder Sein: 141
[150] Foucault, Analytik der Macht: 20
[151] Vgl. Machiavelli, Discorsi: 87
[152] Vgl. Arendt, Elemente und Ursprünge totaler Herrschaft: 919
[153] Helmut Johach: Gelebter Humanismus. Zeitdiagnose und politisches Engagement. In: Funk at al., Erich Fromm heute: 79
[154] Erich Fromm zit.n. Helmut Johach, ebd.
[155] Fromm, Es geht um den Menschen: 107
[156] Ebd.: 127
[157] Siehe hierzu auch https://www.youtube.com/watch?v=oGvoXeXCoUY Zul.abg.: 13.11.2021; 23:27 MEZ
[158] Fromm, Jenseits der Illusionen: 180
[159] Clausewitz: 72
[160] Ebd.: 45f.
[161] Fromm, Die Seele des Menschen: 30
[162] Boston Legal, Staffel 5 Folge 5
[163] Sun Tsu: 31
[164] Herberg-Rothe: 7
[165] Herberg-Rothe: 129f.
[166] Ebd.: 130
[167] Vgl. Herberg-Rothe: 112
[168] Fromm, Die Seele des Menschen: 20-23
[169] Machiavelli, Vom Staate: 396-399

[170] Schwanitz: 234f.

[171] Vgl. Klaus Schubert und Martina Klein (Hrsg.): Das Politiklexikon. 4. Aufl., Dietz, Bonn 2006. Online auf der Seite der Bundeszentrale für politische Bildung, Zul.abg.: 27.02.2010

[172] https://www.rnz.de/nachrichten/heidelberg_artikel,-Heidelberg-Egon-Bahr-schockt-die-Schueler-Es-kann-Krieg-geben-_arid,18921.html Zul.abg.: 19.11.2021; 22:55 MEZ

[173] Der Spiegel 27/2017: Mehr Wumms. S.110-114

[174] Machiavelli zit.n. Herfried Münkler: Machiavellis Theorie des Krieges. In: Jäger&Beckmann, Handbuch Kriegstheorien: 169f.

[175] Souchon: 32

[176] Jaster&Lanius: 23

[177] Münkler, Kriegssplitter: 210

[178] Herberg-Rothe: 8f.

[179] Snyder: 43ff.

[180] Münkler, Kriegssplitter: 211

[181] Münkler, Die neuen Kriege: 48ff.

[182] Münkler, Kriegssplitter: 230

[183] Christian Büttner & Magdalena Kladzinski: Krieg und Medien. In: Frech&Trummer, Neue Kriege: 180

[184] Münkler, Kriegssplitter: 252f.

[185] Christian Büttner & Magdalena Kladzinski: Krieg und Medien. In: Frech&Trummer, Neue Kriege: 172

[186] Hawking: 211f.

[187] Fromm, Die Seele des Menschen: 30

[188] Kissinger, Weltordnung: 385

[189] Ebd.: 388f.

[190] Ebd.: 390f.

[191] Herberg-Rothe: 8f.

[192] Vgl. Paul Russmann: Kindersoldaten. In: Frech&Trummer, Neue Kriege: 101

[193] Ebd.: 111

[194] Ebd.: 108

[195] Ebd.: 103f.

[196] Ebd. 105f.

[197] Ebd.: 107

[198] Christian Büttner & Magdalena Kladzinski: Krieg und Medien. In: Frech&Trummer, Neue Kriege: 173

[199] Paul Russmann: Kindersoldaten. In: Frech&Trummer, Neue Kriege: 109f.

[200] Ebd.: 113

[201] Cohen: 12f.

[202] Cohen: 13f.

[203] Der Spiegel Nr. 31, 2. August 1982

[204] Cohen: 13

307

205 Forst: 102
206 Wikipedia: Kulturzyklentheorie. Zul.abg.: 24.10.2021; 21:23 MEZ
207 Fukuyama: 13
208 Machiavelli, Discorsi: 20f.
209 Vgl. ebd.: 21
210 Ebd.: 21-23
211 Ebd.: 25
212 https://www.youtube.com/watch?v=dJMiVGlnLSc Zul.abg.:
17.10.2021; 01:34 MEZ
213 Münkler, Die neuen Kriege: 109f.
214 Die Beschreibung der Vier Wendungen habe ich folgender Quelle
entnommen und eigenständig übersetzt:
https://www.fourthturning.com/ Zul.abg.: 11.05.2021; 12:48 MEZ
215 https://www.handelszeitung.ch/konjunktur/neuer-super-zyklus-jetzt-
kommt-das-zeitalter-der-unordnung Zul.abg.: 25.10.2021; 12:06 MEZ
216 Erichsen: Zins-Gefahr! Der geheime Indikator! 28.04.2021
https://www.youtube.com/watch?v=0vshGxb0Qc8 Zul.abg.: 17.10.2021;
01:34 MEZ
217 Erichsen: Kommt der Schuldenschnitt? 29.03.2021
https://www.youtube.com/watch?v=CMNPMY-GvhQ Zul.abg.:
17.10.2021; 01:34 MEZ
218 Fromm, Wege aus einer kranken Gesellschaft: 83f.
219 Hawking: 171, 174f., 187
220 Fromm, Humanismus als reale Utopie: 33f.
221 Fromm, Haben oder Sein: 187
222 https://www.bild.de/politik/ausland/ende-der-
menschheit/nobelpreistraeger-bedrohungen-der-welt-53065518.bild.html
Zul.abg.: 18.10.2021; 23: 47 MEZ
223 Wikipedia: Zwei-Grad-Ziel. Zul.abg.: 07.11.2021; 12:31 MEZ
224 Der Spiegel, Heft 28/2017. S.80f.
225 Wikipedia: Welthunger. Zul.abg.: 18.10.2021; 20:13 MEZ
226 Der Spiegel, Heft 25/2017. S.86f.
227 https://www.welt.de/wissenschaft/video152190479/Das-macht-
Mexikaner-fett-neue-Steuer-soll-helfen.html Zul.abg.: 18.10.2021; 20:18
MEZ
228 Ebd.
229 Kruchem: Am Tropf von Big Food. Wie die Lebensmittelkonzerne den
Süden erobern und arme Menschen krank machen
230 https://www.instagram.com/p/CNNXqzrKcNk/?igshid=hi3tutc9eqon
Zul.abg.: 18.10.2021; 19:47 MEZ
231 https://www.sueddeutsche.de/kultur/banksy-girl-with-balloon-
geschreddert-versteigerung-1.5400313 Zul.abg.: 19.10.2021; 23:48 MEZ
232 https://www.un.org/Depts/german/millennium/mp-povertyfacts-g-
new.pdf Zul.abg.: 19.10.2021; 23:48 MEZ

[233] https://amp2.wiwo.de/finanzen/geldanlage/reichtum-in-den-usa-jeder-16-amerikaner-ist-millionaer-wie-kann-das-sein/25150872.html Zul.abg.: 18.10.2021; 19:52 MEZ

[234] https://www.heise.de/tp/features/USA-39-Prozent-haben-Schwierigkeiten-mit-einer-400-Dollar-Ausgabe-4431039.html Zul.abg.: 18.10.2021; 19:52 MEZ

[235] https://www.businessinsider.de/wirtschaft/superreich-und-hoch-verschuldet-warum-die-usa-unter-spannung-stehen-und-was-das-fuer-joe-biden-bedeutet/ Zul.abg.: 18.10.2021; 19:53 MEZ

[236] https://www.welt.de/kultur/kino/article134613158/Ich-wollte-Teil-dieses-Rufs-nach-Revolution-sein.html Zul.abg.: 18.10.2021; 14:28 MEZ

[237] Boston Consulting Group: 5f.

[238] Fromm, Die Furcht vor der Freiheit: 214f.

[239] Kinnert: 358

[240] https://www.manager-magazin.de/politik/artikel/jingjinji-chinas-plan-fuer-mega-metropole-um-peking-a-1117403.html Zul.abg.: 07.11.2021; 12:16 MEZ

[241] Kinnert: 46

[242] Fromm, Die Furcht vor der Freiheit: 32f.

[243] Fromm, Die Seele des Menschen: 30

[244] Arendt, Elemente und Ursprünge totaler Herrschaft: 659f., 729

[245] Siehe hierzu Gerd Meyer: Gesellschafts-Charaktere in Deutschland: Eine »Charaktermauer« zwischen Ost und West? In: Funk et al., Erich Fromm heute: 46f.

[246] Vgl. Ebd.: 52

[247] Ebd.: 49f.

[248] Fromm, Die Furcht vor der Freiheit: 33

[249] Ebd.:151

[250] Ebd.: 174-185

[251] Foucault, Wahnsinn und Gesellschaft: 8

[252] Reich: 16

[253] Arendt, Elemente und Ursprünge totaler Herrschaft.: 919

[254] Nida-Rümlein&Weidenfeld: 91

[255] Erich Fromm zit.n. Helmut Johach: Gelebter Humanismus. Zeitdiagnose und politisches Engagement. In: Funk et al., Erich Fromm heute: 74

[256] Johach, ebd.

[257] Norbert Frei et al. (Hrsg., 2000): Standort- und Kommadanturbefehle des Konzentrationslagers Auschwitz 1940-1945

[258] ARD: Panorama-Beitrag vom 23.04.2015 Online: https://www.ardmediathek.de/video/panorama/besuch-bei-auschwitz-leugnern/das-erste/Y3JpZDovL25kci5kZS83ZDQxOGJiZi04TU5LTQyMmUtOTk0Yy03NDk2M2I2Y2FjTU/ Auf YouTube: https://www.youtube.com/watch?v=FfcoxBFpwQU Zul.abg.: 21.10.2021; 15:09 MEZ

[259] Fromm, Über die Liebe zum Leben: 71

[260] Arendt, Elemente und Ursprünge totaler Herrschaft: 940f.

[261] https://www.spiegel.de/politik/deutschland/sarah-lee-heinrich-die-empoerung-kommt-zu-spaet-a-c06a27d0-09ab-484b-830d-b9b5e2f7a8aa Zul.abg.: 13.10.2021; 15:12 MEZ

[262] Ebd.

[263] Vgl. Funk et al.: Einleitung: Die Aktualität Erich Fromms. In: Funk et al., Erich Fromm heute: 12f.

[264] K. Peter Fritzsche: Die neue Furcht vor der Freiheit. In: Funk et al., Erich Fromm heute: 227

[265] Ebd.: 226

[266] Neiman: 27

[267] Fromm, Humanismus als reale Utopie: 121-126

[268] Fromm, Es geht um den Menschen: 194

[269] Ebd.: 195

[270] Ebd.: 196

[271] Snyder: 75f.

[272] Fromm, Die Furcht vor der Freiheit: 7-12

[273] Ebd.: 22f.

[274] Fromm, Die Seele des Menschen: 181f.

[275] Ebd.: 182f.

[276] Ebd.: 184f.

[277] Zit.n. Birkenbihl, Positives Denken von A bis Z: 36

[278] Fromm, Die Furcht vor der Freiheit: 16

[279] Vgl. Neiman: 32

[280] Vgl. Ebd.: 30

[281] Ebd.: 26

[282] https://www.zeit.de/politik/ausland/2017-03/recep-tayyip-erdogan-kinderkriegen-europa-aufruf?utm_referrer=https%3A%2F%2Fwww.google.com%2F Zul.abg.: 26.10.2021; 12:11 MEZ

[283] Arendt: Elemente und Ursprünge totaler Herrschaft, zit.n. Welzer, Die smarte Diktatur: 227

[284] Arendt: Elemente und Ursprünge totaler Herrschaft, zit.n. Welzer, Die smarte Diktatur: 228

[285] Fromm: Die Furcht vor der Freiheit, Arendt, zit.n. Welzer, Die smarte Diktatur: 228

[286] Welzer, Die smarte Diktatur: 228

[287] https://www.sueddeutsche.de/kultur/ehemaliger-trump-berater-zuendeln-am-weltenbrand-1.4045461 zul.abg.: 26.10.2021; 12:41 MEZ

[288] Wikipedia: Die Insel der Pinguine. Zul.abg.: 07.05.2017

[289] Sartre: 7

[290] https://www.welt.de/kultur/kino/article134613158/Ich-wollte-Teil-dieses-Rufs-nach-Revolution-sein.html Zul.abg.: 18.10.2021; 14:28 MEZ

[291] Fromm, Die Seele des Menschen: 11

[292] Donald Sutherland on Hunger Games: Mockingjay, Part 1›
https://youtu.be/xCGmms96uzI Zul.abg.: 17.10.2021; 01:34 MEZ
[293] Zit.n.: https://www.spiegel.de/kultur/kinderfeindlichkeit-in-deutsch-
land-woher-kommt-der-kinderhass-a-7fd28a4b-24a9-4b6a-ac78-
aebec9549755 Zul.abg.: 30.06.2021; 22:57 MEZ
[294] Gespräch mit Fromm etwa 1963 in: Fromm, Über die Liebe zum Leben:
159
[295] Adorno, Erziehung zur Mündigkeit: 22f.
[296] Snyder: 119
[297] Fromm, Jenseits der Illusionen: 169
[298] Arendt, Eichmann in Jerusalem: 371
[299] Fromm, Psychoanalyse und Religion: 144
[300] Zit.n. Fromm, Humanismus als reale Utopie: 82f.
[301] Fußnote Nr. 12 in Fromm, Anatomie der menschlichen Destruktivität:
223
[302] Erich Fromm: Entwürfe für eine Gesellschaft von morgen.
https://www.youtube.com/watch?v=ewabxrxT4hQ Zul.abg.: 09.10.2021;
13:44 MEZ
[303] Fromm, Humanismus als reale Utopie: 58
[304] Ebd.
[305] Ebd.: 114-116
[306] Heubel: 192
[307] Fromm, Es geht um den Menschen: 120
[308] Ebd.: 121
[309] Ebd.
[310] Ebd.: 122
[311] Ebd.
[312] Ebd.: 123
[313] Vgl. Ebd.: 122
[314] Ebd.: 123
[315] Vgl. Ebd.: 124f.
[316] Arendt, Elemente und Ursprünge totaler Herrschaft: 938
[317] Canetti: 22
[318] Arendt, Elemente und Ursprünge totaler Herrschaft: 821
[319] Ebd.: 935f.
[320] Ebd.: 940f.
[321] Boston Legal, Staffel 2 Folge 17
[322] Fromm, Über den Ungehorsam: 16f.
[323] Arendt, Wahrheit und Lüge in der Politik: 85
[324] Forst: 102-110
[325] https://www.spiegel.de/kultur/gesellschaft/neoliberalismus-kritiker-
hardt-wir-muessen-verstehen-wer-der-feind-ist-a-685199.html Zul.abg.:
31.10.2021; 21:13 MEZ
[326] Reich: 13
[327] Ebd.: 20

[328] Ebd.: 14

[329] https://www.n-tv.de/politik/China-will-die-Erinnerung-ausloeschen-article22596286.html Zul.abg.: 31.10.2021; 21:54 MEZ

[330] https://www.augsburger-allgemeine.de/politik/Portraet-Chinesischer-Praesident-Papa-Xi-der-Vater-der-Nation-id41965021.html Zul.abg.: 02.11.2021; 11:28 MEZ

[331] Schwanitz: 159f.

[332] Vgl. Ebd: 161

[333] Vgl. Ebd.: 178

[334] Ebd.: 225

[335] Ebd.: 229

[336] Wikipedia: Wiener Kongress. Zul.abg.: 02.11.2021; 11:22 MEZ

[337] Fromm, Die Seele des Menschen: 43f.

[338] Fromm, Anatomie der menschlichen Destruktivität: 484

[339] Arendt, Elemente und Ursprünge totaler Herrschaft: 936f.

[340] Fromm, Anatomie der menschlichen Destruktivität: 430

[341] Ebd.: 438-440

[342] Ebd.: 443f.

[343] Ebd.: 446f.

[344] Ebd.: 486

[345] Fromm, Die Seele des Menschen: 41f.

[346] https://www.br.de/nachrichten/amp/kultur/corona-kinderbuch-china-ist-sauer-ueber-hamburger-verlag,SR9RwrM?__twitter_impression=true Zul.abg.: 03.11.2021; 14:48 MEZ

[347] https://twitter.com/ZDFhannover/status/1452557372912803845?t=t1GOVViEJ_ql2PYnICbSew&s=08 Zul.abg.: 03.11.2021; 14:48 MEZ

[348] Fromm, Die Seele des Menschen: 43

[349] https://www.spiegel.de/wirtschaft/soziales/peking-soll-zentrum-von-130-millionen-stadt-jing-jin-ji-werden-a-1044834.html Zul.abg.: 31.10.2021; 21:02 MEZ

[350] Hawking: 185

[351] Zit.n. Markus Lanz in: Markus Lanz, ZDF am 27.07.2021; nachzulesen bei https://www.tagesspiegel.de/politik/medizinethikerin-woopen-zur-impf-debatte-keiner-hat-die-pflicht-gar-kein-risiko-fuer-andere-menschen-zu-sein/27453812.html Zul.abg.: 15.01.2022; 22:39 MEZ

[352] Bei Lanz, 27.07.2021

[353] Fromm, Haben oder Sein: 225

[354] Huxley, Wiedersehen mit der Schönen neuen Welt: 29f.

[355] Arendt, Elemente und Ursprünge totaler Herrschaft: 942f.

[356] Kaku, Die Physik der Zukunft: 188

[357] Huxley, Schöne neue Welt: 15f.

[358] Huxley, Wiedersehen mit der Schönen neuen Welt: 34

[359] Wikipedia: Gaskammer (Todesstrafe). Zul.abg.: 29.01.2022; 18:35 MEZ

---

[360] Was die Unmenschlichkeit… - Diesen Absatz habe ich leicht überarbeitet aus einer Formulierung übernommen, welche ich wahrscheinlich im Jahr 2017, spätestens jedoch 2018 als Notiz in meinen persönlichen Unterlagen vermerkt habe – sie ist heute, nachdem das Social Credit System in China im Zuge der Corona-Pandemie allgegenwärtig und allumfassend ausgebaut wurde, aktueller denn je.